BⱽT

W0172143

1881 bricht die erste Polarexpedition der Vereinigten Staaten unter dem Kommando von Adolphus Greely in den hohen Norden auf, wo die Mannschaft am Rande des Polareises für zwei Jahre eine Forschungsstation betreibt. Doch die vereinbarten Versorgungsschiffe im Sommer 1882 und 1883 kommen nicht … Um das Überleben der 24 Männer zu sichern, beginnt Greely einen gefahrvollen Marsch in Richtung Süden. Die Überwinterung am Kap Sabine endet schließlich für die meisten Männer mit dem Tod. Als die Rettung im Sommer 1884 eintrifft, sind nur noch sieben am Leben – unter ihnen Greely. Bei der anschließenden Aufarbeitung der Tragödie kommen nicht nur skandalöse Versäumnisse auf Seiten der Behörden zur Sprache, sondern die Überlebenden selbst werden des Kannibalismus bezichtigt und Greely muss sich für die Erschießung eines Mannschaftsmitglieds verantworten. Leonard F. Guttridge ist es gelungen, zahlreiche, bislang unzugängliche Quellen auszuwerten und daraus ein spannendes Buch zu machen.

Leonard F. Guttridge ist Historiker und hat diverse international anerkannte Bücher zu Arktisexpeditionen veröffentlicht. Er lebt in Alexandria, Virginia.

Leonard F. Guttridge

Die Geister von Kap Sabine

Die schreckliche Wahrheit über die
Greely-Expedition

Aus dem Amerikanischen
von Gaby Wurster

Berliner Taschenbuch Verlag

Deutsche Erstausgabe
Dezember 2002
BvT Berliner Taschenbuch Verlags GmbH, Berlin,
ein Unternehmen der Verlagsgruppe Random House GmbH
Die Originalausgabe erschien 2000 unter dem Titel
*Ghosts of Cape Sabine. The Harrowing True Story
of the Greely Expedition*
bei G. P. Putnam's Sons, New York
© 2002 BvT Berliner Taschenbuch Verlags GmbH, Berlin
Redaktion: Christian Jerger, Berlin
Umschlaggestaltung: Nina Rothfos und Patrick Gabler, Hamburg,
unter Verwendung einer Fotografie
des Naval Historical Center, Washington, D. C.
Gesetzt aus der DTL Haarlemmer durch psb, Berlin
Druck und Bindung: Elsnerdruck, Berlin
Printed in Germany · ISBN 3-442-76065-8

*Für Jean
in Liebe und Dankbarkeit*

Inhalt

Vorwort

Die meisten sind nicht mehr richtig bei Verstand.
Private Roderick Schneider

Ich fürchte für die Zukunft.
Lieutenant Adolphus Greely

18. September 1883. Fünfundzwanzig Männer kauern in ihren Schlafsäcken auf einer Eisscholle, die sich knirschend durchs Treibeis und durch die Strudel und Strömungen des Kanebeckens schiebt.

Mit Skandalen und politischem Zank in Washington hatte die Expedition einen turbulenten Anfang genommen. Kriegsminister Robert Todd Lincoln, der Sohn des verstorbenen Präsidenten, hatte sich dezidiert gegen das Projekt geäußert, und als dann schließlich die Zustimmung des Kongresses erfolgte, musste die Expedition in aller Eile auf die Beine gestellt werden; schnell wurden Ausrüstung, Proviant und Schiffe besorgt und eine Mannschaft eingeteilt – hauptsächlich Soldaten des Fernmeldecorps ohne jede Arktiserfahrung.

Kaum waren sie in der Lady Franklin Bay angekommen, traten die persönlichen Differenzen auch schon offen zu Tage. Ein Soldat trank, ein anderer bekam Depressionen. Frederick Kislingbury, der stellvertretende Kommandant, beanstandete die Befehlsführung von Kommandant Greely und wurde zügig seines Postens enthoben. Auch der Expeditionsarzt Oktave Pavy geriet mit Greely aneinander. »Hätte er meine

Gedanken lesen können, so hätte er sicherlich all die Verachtung herausgelesen, die ich für seine Person hege«, schrieb Pavy in sein Tagebuch. Und Greely konterte auf dem Papier: »Wäre er nicht der Arzt, wäre ich schon längst mit ihm fertig.«

Trotz allem entstand ein gewisses Maß an Kameradschaft, die wissenschaftliche Arbeit schritt gut voran, und bei einem separaten Vorstoß brachen die Amerikaner sogar die Rekorde der Briten, die seit 300 Jahren Forschungsreisen in die Arktis unternahmen, und pflanzten die amerikanische Flagge triumphierend an eine Stelle nördlich jeglichen Punktes, den bisher ein Mensch erreicht hatte. Trotz des schwierigen Anfangs sah es so aus, als sollte die Expedition ein Erfolg werden – doch dann geschah, was nicht geschehen durfte.

Das Versorgungsschiff, das der Expedition nach einem Jahr Vorräte bringen sollte, kam nicht.

Das Rettungsschiff, das die Männer nach zwei Jahren abholen sollte, kam nicht.

Die Mannschaft war auf sich allein gestellt.

Greely befahl den Rückzug in den 250 Meilen entfernten Smithsund, wo er Vorräte deponiert hatte, doch es stürmte, das Eis wurde massiv, die Männer kamen nicht voran. Verzweifelt brach Greely den Vorstoß ab und schlug vor, auf Eisschollen durch das Kanebecken in die Sicherheit zu driften. Viele fanden diese Idee verrückt, sie hatten aber keine andere Wahl.

Über fünf Wochen nach dem Aufbruch vom Basislager und nach zehn zermürbenden Tagen an den Rudern und in den Zugseilen biwakierten die Männer auf einer Ureisscholle von einer Meile Breite. Sie kauten Robbenfleisch, dann schlüpften sie in ihre Schlafsäcke. Sie hatten kein Lager errichtet, denn sie wollten früh am Morgen weiterziehen. »Das Land ist in

Reichweite«, schrieb Sergeant Brainard. Und tatsächlich waren sie nur etwa 20 Meilen von Kap Sabine entfernt, das Packeis hatte die Richtung geändert und schob sich nach Norden zurück. Die Herbststürme tosten und ließen eisige Gischt über den Rand der Scholle schwappen. In einem Schneesturm brach die Scholle dann entzwei, und derjenige der beiden Teile mit der Ladung aus halb erfrorenen Menschen wirbelte durch das Kanebecken nach Norden.

Heftige Winde trieben die Männer von der Küste Ellesmere Islands Richtung Grönland. Als der Sturm abflaute, konnten sie auf der Scholle ein Zelt aufstellen, das jedoch nur wenigen Männern Platz bot, darunter auch dem Kommandanten; die anderen blieben in ihren Schlafsäcken. Die Benommenheit ließ zumindest so weit nach, dass Greely Rat halten konne. Er erklärte seinen Männern in den schneeverhüllten Schlafsäcken, dass Grönland, etwa 20 Meilen östlich, nur mehr das einzige sinnvolle Ziel sei: »An der grönländischen Küste wären wir sicher, Hilfe zu finden, was in Sabine sehr ungewiss ist.« Und vielleicht würden sie dort Etah-Eskimos* treffen. Greely schlug vor, »alles, außer 2 000 Pfund ausgewähltes Gepäck, die Papiere eingeschlossen, zurückzulassen und mit vollständigen Rationen für 20 Tage [über das Treibeis] nach der grönländischen Küste zu gehen«. Niemand stimmte zu. Sogar Lieutenant Lockwood, »der nicht sehr entschlussfreudig war, zog es vor zu warten«. So schreibt Greely und deutet damit Lockwoods übliche neutrale Haltung an. Sergeant Brainard brachte seine Missbilligung mit äußerlichem Respekt hervor, doch nachts im Schlafsack charakte-

* Der Begriff »Eskimo« wurde aus Gründen des historischen Kontexts beibehalten. Der in heutiger Zeit gebräuchliche Begriff »Inuit« findet am Ende des Buches angemessene Berücksichtigung.

risierte er den Vorschlag seines Kommandanten nur mit einem Wort: »Wahnsinn.«

Angesichts der einmütigen Ablehnung wollte Greely noch weitere 48 Stunden warten, und sollten sich keine »merklichen Veränderungen in der Drift ergeben«, würde er den Marsch nach Grönland befehlen. Doch er schrieb: »Meine Verantwortung für die Expedition, gegenüber der Regierung und mir selbst verlangt, dass ich in solch einem Notfall keine Zeit verliere.« Er konnte nicht ahnen, wie viel Gewicht diese offizielle Erklärung bei den Männern haben würde, und mit seiner Warnung vor der »ständigen Kritik an unseren Bewegungen, die fast an Meuterei grenzen«, enthüllt er gleichzeitig eine quälende Angst. Das betraf nicht die Männer, die mit ihm das Tipi teilten, sondern »die andere Abteilung. Durch die Zeltplane habe ich von Meuterei sprechen hören.« Abseits des Kommandanten kritzelte Kislingbury seine persönliche Meinung nieder, und was er schrieb, empfand er aufrichtig: »Gott weiß, dass alle hier ihr Bestes für ihn [Greely] gaben. Guter Gott, nennt er das etwa Pflichterfüllung, wenn er diesen lächerlichen Plan in die Tat umsetzt, die Hälfte unserer Vorräte zurücklässt und über das Treibeis marschieren will, nur weil er gehört hat, dass die Männer über ihn sprechen? Pah!«

Die Tage vergingen. Schnee, dichter Nebel und das stetig schwindende Sonnenlicht machten Sichtungen am Mittag unmöglich. »Fürchterlich, so zu driften«, schrieb Pavy, »in Schnee, Nebel und Dunkelheit. Es kommt mir vor wie ein Albtraum in einer Geschichte von Edgar Allan Poe.«

Doch der Albtraum hatte erst begonnen.

In den folgenden Monaten musste sich die Lady-Franklin-Bay-Expedition einem nie gekannten Kampf von Mensch gegen Natur und von Mann gegen Mann stellen. Es sollte ein

Epos werden von menschlicher Leistung und menschlicher Schwäche, von Heldenmut, Not, Pech und falschen Einschätzungen. Die Geschichte dieser Männer und ihrer künftigen Retter erzählt von Hunger, Meuterei, Selbstmord, Schiffbruch, Kannibalismus und einer Hinrichtung.

Die Fakten waren bislang nur zum Teil bekannt und steckten voller düsterer Rätsel, doch in jüngster Zeit wurden neu entdeckte Tagebücher, Berichte, persönliche Briefe und bereits veröffentlichtes Material zusammengetragen. Diese Quellen enthüllen in allen Einzelheiten die Gedanken und Gefühle der Männer und die Vorkommnisse auf jener Reise, die unter einem so schlechten Stern stand, angefangen bei ihrem strittigen Beginn bis zu ihrem tragischen Ende.

Wir folgen den Männern, die ihre Heimat oder ihre Armeeposten verließen und keinerlei Vorstellung davon hatten, wie grausam die Arktis ihnen mitspielen würde. Sie wurden in einem Land auf die Probe gestellt, das bis heute so gefährlich ist wie kein anderer Teil der Erde: die nackte, zerklüftete Küste von Ellesmere Island, die tückischen Winde und Strömungen im Kanebecken und im Smithsund, die eisbedeckten Felsen von Bedford Pim Island, das ungastliche Kap Sabine: das Niemandsland der Lady-Franklin-Bay-Expedition.

1. Teil

Vorspiel
»Die arktische Frage«

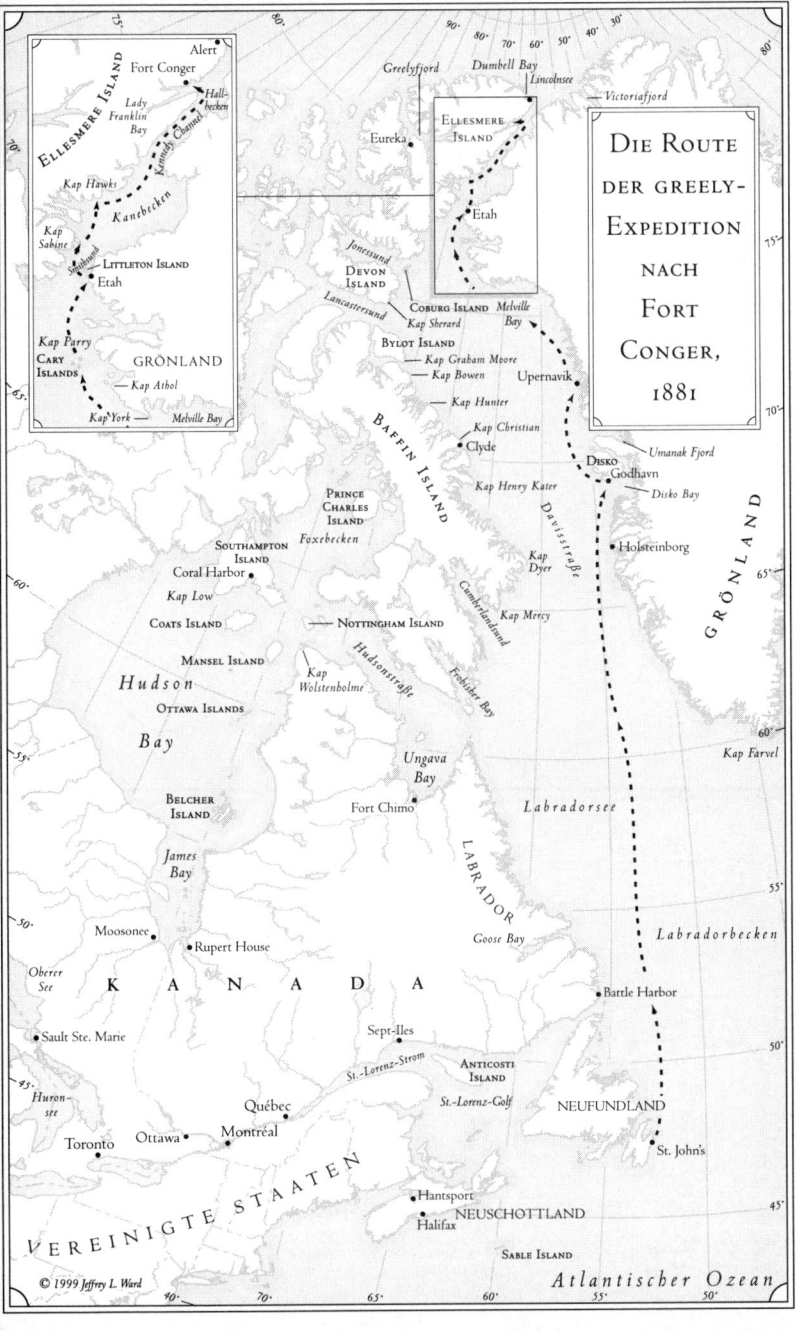

DIE ROUTE DER GREELY-EXPEDITION NACH FORT CONGER, 1881

© 1999 Jeffrey L. Ward

Carl Weyprechts
»Zirkumpolarer Gürtel«

Überladen mit einem Trupp seekranker amerikanischer Soldaten und einer enormen Fracht – angefangen bei 200 wissenschaftlichen Instrumenten bis hin zu 2 000 Pfund konservierten Kartoffeln –, verließ die *Proteus* am 7. Juli 1881 den Hafen von St. John's und geriet schon zwei Tage später in schwere See. Der Aufbruch war unspektakulär gewesen. Der amerikanische Konsul der geschäftigen Hafenstadt war an Bord des Dampfers gegangen und hatte der Mannschaft eine glückliche Reise gewünscht, ein paar Schlepper hatten das Horn geblasen, ansonsten hatten die Neufundländer keine Notiz von der amerikanischen Expedition genommen, »mit Ausnahme derer, die ein direktes oder indirektes finanzielles Interesse an unserem Unternehmen hatten«, wie der Kommandant schrieb.

Wichtig für die Einwohner von St. John's und die wirtschaftliche Situation der Hafenstadt war vor allem das jahreszeitlich bedingte Ein- und Auslaufen der Wal- und Robbenfänger. Doch Lieutenant Adolphus Washington Greely konnte zu diesem Zeitpunkt nichts mehr aufhalten, nicht einmal die Nachricht aus Washington, dass auf Präsident James Garfield ein Attentat verübt worden war. Am 4. Juli hatte

Greely seine Genesungswünsche gekabelt und hinzugefügt: »Der Dampfer sticht unter allen Umständen in See.«

Am Abend des 6. Juli hatte ein Boot beigedreht, die letzte Postsendung überbracht und Briefe an die Angehörigen mitgenommen. Greely verzog sich mit fünf Briefen seiner »geliebten Frau« in seine Koje. Sie machten ihn »unglücklich und glücklich zugleich, unglücklich wegen der Trennung und des beiderseitigen Leids, glücklich, weil ich weiß, wie lieb ich ihr bin«.

Lieutenant Frederick Kislingbury, der stellvertretende Kommandant, verfasste ähnlich leidenschaftliche Worte an eine Freundin und erzählte von den vier Söhnen, die er zurückließ: »Wie ich meine Jungs vermisse! Gibt es einen Mann, der ein größeres Opfer bringt als ich?«, und schilderte das freudige Wiedersehen, wenn er triumphierend aus der Arktis zurückkäme. »Doch daran darf ich erst denken, wenn das Ziel erreicht ist.« Und man solle beten, dass er »die lange Nacht tapfer durchstehe«.

Greelys Begeisterung wuchs mit jeder Minute, die bis zum Aufbruch verging. In der Nacht des 8. Juli schrieb er: »Die beiden Schiffsmotoren röhren. Unsere Reise hat begonnen. Wir passierten die erhabenen Klippen vor der Meerenge von St. John's, um 13.30 Uhr erreichten wir das offene Meer und verabschiedeten uns vom Lotsen.« Der Reporter des *New York Herald* verließ als Letzter das Schiff, er eilte zurück und telegrafierte in die Redaktion, dass Greelys Arktisfahrt zwei Ziele habe: den Nordpol zu erreichen und die Mannschaft des verschollenen Dampfers *Jeannette* »aus ihrem Eiskerker« zu retten. Das war ungenau, denn Greely sollte eine Forschungsstation errichten, nach der *Jeannette* sollte er nur beiläufig Ausschau halten.

Um Mitternacht hatte ein helles Nordlicht den Himmel wie

ein nächtlicher Regenbogen überspannt. Die Crew der *Proteus*, alles Seeleute, kannte dieses Naturphänomen und schenkte ihm keine Beachtung. Und die Passagiere, Greelys Landratten, hatten nur bedingt Lust, das bizarre Himmelsschauspiel zu bewundern, nachdem sie sich erst an die Härten und Unbequemlichkeiten des Lebens an Bord gewöhnen mussten. Am Morgen nach der Abfahrt war selbst Greely seekrank und tauchte erst am Nachmittag an Deck auf. Sergeant David L. Brainard beschrieb die mächtige See in seinem Tagebuch: »Unsere Kabinen waren durchspült, unser Hab und Gut schwamm im Wasser. Vier Kameraden vom Heer sind kurz davor, den Geist aufzugeben.«

Greelys Erfahrung zur See beschränkte sich bis dahin auf eine Überseefahrt und seine Passage von New York nach St. John's, doch er hatte volles Vertrauen in die *Proteus* – die neufundländischen Reeder hatten ihm versichert, es gebe keinen besseren Eisbrecher für arktische Gewässer –, und sein Vertrauen war gerechtfertigt. Die sieben Jahre alte Schonerbark war ein massives Schiff, der Rahmen aus amerikanischer Weißeiche, der Bug mit Schweißeisen verschalkt, und sie war von der Wasserlinie bis auf Höhe der Bilgen von vorn bis achtern mit Eisenholz beschlagen. Sie war 190 Fuß lang, 30 Fuß breit und wog 467 Tonnen. Die Schiffbauer aus dem schottischen Dundee hatten sie laut Greely »für Polarfahrten gebaut, und [sie] war in jeder Beziehung passend«. Die Besatzung bestand aus zähen neufundländischen Fischern, ihr Kapitän Richard Pike war im Eis befahren.

Die amerikanischen Soldaten waren Pikes Passagiere, und der Expeditionskommandant passte auf, dass sie sich auch gut benahmen. In den letzten Telegrammen an General William Hazen, Kommandeur des Fernmeldecorps und Greelys unmittelbarer Vorgesetzter, meldete er, dass die Dinge nun in

Bewegung seien, »die Männer benehmen sich gut – außer dem Maschinisten, der immer Bier trinkt«. Damit meinte er Sergeant William Cross, der für die Dampfbarkasse verantwortlich war. Ansonsten waren die Aussichten gut, und als sich der Kommandant erst einmal von der Seekrankheit der ersten Tage erholt hatte, tat er sich auch schon hervor und stolzierte ständig von vorn nach achtern und zurück; sein dichter tiefschwarzer Bart, der allerdings sauber gestutzt war, kaschierte jede Gefühlsregung in seinem Gesicht.

In der Davisstraße geriet das Schiff wieder in heftige Stürme. Als der Wind abflaute, »zwangen uns die großen Eismassen, das Schiff vom Krähennest aus zu führen«. Am 13. Juli sichtete der Ausguck von der Bramstenge die dänische Insel Disko vor der labyrinthisch zerklüfteten grönländischen Westküste, deren blaugraue Gipfel aus Syenit-Gestein bis zu 700 Meter in den Himmel ragen. An ihrem Fuße liegt Godhavn. Der königliche Inspektor hieß das Schiff mit Salutschüssen willkommen. Eine Kajak-Flottille mit örtlichen Händlern kam zum Schiff und tauschte eifrig. Die *Proteus* lag eine Woche lang in Godhavn und nahm Vorräte, Hunde und Schlitten an Bord, die der vorausgereiste Arzt Octave Pavy während seines langen Aufenthalts besorgt hatte. Greely nahm ihn als Expeditionsarzt in Dienst, und Pavy musste den Fahneneid der Armee der Vereinigten Staaten leisten, was ihm von Anfang an nicht gepasst hatte.

Höhepunkt des Aufenthalts in Godhavn war ein Ball in einer eigens für diesen Abend geschmückten Werkstatt. Sergeant Brainard genoss »den Schwindel erregenden Tanz mit den Eskimodamen. Einige haben dänisches Blut und sind recht hübsch; ihr Haar ist aufgerollt und mit einem Band umschlungen, dessen Farbe den sozialen und moralischen Status anzeigt. Verheiratete Frauen tragen ein rotes Band,

Jungfrauen ein weißes.« Private Charles B. Henry, der mit der *Chicago Times* einen Vertrag über die Expeditionsberichte hatte, meldete ein anderes Farbschema: blaue Bänder für Verheiratete, »die leichten Mädchen müssen mit grasbedeckten Stiefeln herumlaufen«. Und die Besucher? »Wir ›Kannibalen‹ sahen wirklich abenteuerlich aus, seit unserer Abfahrt aus St. John's haben wir uns nicht mehr rasiert.«

Eine dänische Brigg mit Briefen für Amerika lief von Godhavn aus. Kislingbury hatte ständig an seine »geliebten Jungs« geschrieben, er hatte Seiten mit Schilderungen der wunderbaren Anblicke auf der Fahrt durch die Davisstraße gefüllt und die massigen Eisberge beschrieben, die in einer nie untergehenden Sonne in prachtvollen Blau- und Grüntönen schillerten. Und in einem Anfall von plötzlichem Optimismus schrieb er, er quelle über vor Selbstvertrauen und Gesundheit. »Ich rechne fürderhin zuversichtlich mit Erfolg.« Greely hingegen hatte eher gemischte Gefühle; er vertraute seiner Frau an: »Ob es dir und unseren geliebten Kleinen wohl gut geht? Ich kann nur hoffen, dass unsere Zukunft rosiger aussieht. Meine Liebe zu dir wächst selbst in den schmerzvollen Tagen der Trennung immer mehr.« Und in Bezug auf Octave Pavy fügte er hinzu: »Der Doktor sprach heute Französisch mit mir, wir verstanden uns recht gut.« Die gute Beziehung sollte nicht lange anhalten, kurz darauf wurden die beiden erbitterte Feinde.

Wäre Greely aufmerksam gewesen, so hätte er es schon früh ahnen können. Auf Disko schloss sich Henry Clay der Expedition an. Der Enkel des geachteten Politikers aus Kentucky hatte mit Pavy dort überwintert, doch bald schon waren die beiden so verfeindet gewesen, dass sie in weit voneinander entfernte Teile der Inselgruppe gezogen waren. Nun waren sie Mitreisende auf der engen *Proteus.* Clay und Pavy machten keinen Hehl aus ihrer gegenseitigen Abneigung; Greely merkte, dass er etwas unternehmen musste, denn für beide war kein Platz bei der Expedition. Doch er hatte Wichtigeres im Kopf.

Auf dem Weg nach Norden machte die *Proteus* Halt in Upernavik. Greely erfuhr, dass nur zehn Robbenfellanzüge verfügbar waren, weit weniger als bestellt. Außerdem waren die beiden Eskimos nicht da, die er als Jäger und Hundeführer mitnehmen wollte. Zwei andere Männer boten sich freiwillig als Ersatz an, und James Lockwood fuhr mit der Dampfbarkasse, die er *Lady Greely* getauft hatte, ans Festland, um sie abzuholen. Er kam zurück mit Jens Edward und Thorlip Frederik Christiansen, einem dänischen Halbblut. Sie hatten Kajaks und Jagdgerät dabei, doch sie waren »des Englischen nur unvollständig kundig«, wie Greely bedauerte. Auch die beiden Eskimos würden in der kommenden Tragödie noch eine wichtige Rolle spielen.

In Upernavik schoss Lockwood über 100 Alke, Kislingbury erlegte mit einer Spezialanfertigung einer *Remington* weitere 420 Vögel, die alle getrocknet und den Expeditionsvorräten zugeschlagen wurden. Kislingbury erwähnt seine Jagd stolz in einem Brief an seine Familie; er endet: »Ihr müsst euch nicht im Geringsten um mich sorgen. Ich weiß, dass alles gut geht.«

Dass Kislingbury und Greely wichtige wissenschaftliche Beobachtungen in der Arktis vornehmen sollten, schenkte ihnen großes Selbstvertrauen. Die Polarforschung war traditionell Aufgabe der Marine oder sie wurde von Seefahrern und Männern durchgeführt, die zumindest Erfahrung als Schlittenführer besaßen. Doch die Lady-Franklin-Bay-Expedition bestand aus 19 Soldaten des Fernmeldecorps, drei Zivilisten, die zeitweilig in den Dienst der Armee gestellt wurden, zwei Grönland-Eskimos sowie dem Arzt und Naturkundler Octave

Pavy. Außer den drei Letztgenannten konnte niemand segeln, nur wenige konnten rudern, und ausschließlich Cross von der Marinereederei Washington, den Greely schon als Trinker identifiziert hatte, konnte mit der Dampfbarkasse umgehen. Ansonsten hatten die Männer ihr Wissen über Hundeschlitten und Eisnavigation, ganz zu schweigen von den schrecklichen psychischen Auswirkungen der langen arktischen Winter, nur aus Büchern bezogen. Bei ihren Einsätzen hatten die meisten Soldaten Scharmützel mit Indianern gehabt, für eine Arktisexpedition hatten sie jedoch keinerlei Erfahrung. Das war kein Erfolgsrezept.

Sie waren auf dem Weg in ein Gebiet, das in der Zivilisation weit gehend unbekannt war, auch wenn es die Fantasie anregte. In der Tages- und Boulevardpresse trieften die Vorstellungen von der unsichtbaren Krone der Erde vor wildromantischem Schmalz, und sogar ein ehemaliger Kommandant des US Naval Observatory schrieb von einem »Mysterienzirkel«: »Der Wunsch, die unberührten Weiten und die Kammern der untergehenden Sonne zu entdecken, ist zur Sehnsucht geworden.« Und ein namhafter britischer Admiral schwärmte, 1 131 000 Quadratmeilen der Erdoberfläche seien »ein weißer Fleck auf der Landkarte. Stille, gefrorene Einsamkeit oder offene See, in der es von Leben nur so wimmelt?«

Greelys Fahrt sollte Antworten liefern. Seinem Marschbefehl war eine lange Liste von wissenschaftlichen Beobachtungen beigefügt, die er durchzuführen hatte. Er sollte seine Arbeit auf See beginnen und in der Lady Franklin Bay an der Ostküste von Ellesmere Island weiterführen, alles gemäß der bereits existierenden Order für das Fernmeldecorps »und gemäß den Ratschlägen, die auf der Hamburger Polartagung gegeben worden waren. Diese beinhalten die Messung von Land- und Wassertemperaturen, Luftdruck, Luftfeuchtigkeit,

Windrichtungen und -geschwindigkeiten, Niederschlägen, Erdmagnetismus, Beobachtungen des Nordlichts usw. Die Messungen sollen nach den Anweisungen von Carl Weyprecht durchgeführt werden.«

Die Lady-Franklin-Bay-Expedition hatte die ungewollte Folge von Weyprechts innovativen Ideen zu tragen. Weyprecht war ein kühner und voraussehender k. u. k. Offizier. Seine Visionen gründeten auf eigenen Forschungsreisen sowie auf einer profunden Kenntnis der Geschichte der Arktisexpeditionen, und sie gingen weit über geografische Entdeckungen hinaus, zu denen die Menschen seiner Meinung nach häufiger von Chauvinismus, wirtschaftlichem Gewinnstreben oder persönlicher Ruhmsucht getrieben waren als von der alleinigen Suche nach der wissenschaftlichen Wahrheit.

Carl Weyprecht wurde am 8. September 1838 geboren, er trat in die österreichische Marine ein und war mit 23 Jahren schon Leutnant. Er bereiste den Orient, die Karibik, Mexiko und Nordamerika, er kartografierte die dalmatischen Küstengewässer, und in den siebziger Jahren des 18. Jahrhunderts lenkte er sein Augenmerk auf das geheimnisvolle und weit gehend unentdeckte Reich jenseits des Polarkreises. Zusammen mit seinem Kameraden Leutnant Julian Ritter von Payer kommandierte er die österreichisch-ungarische Nordpolarexpedition und entdeckte Franz-Josef-Land. Nach einem Jahr im Eis gab die Mannschaft die Schiffe auf und wurde schließlich von einem russischen Schoner gerettet. Im langen Winter in der Barentssee hatte Weyprecht die Muße, über den Wahnsinn der Nationen nachzudenken, die um die Eroberung des Nordpols wetteiferten und ihre Expeditionen dabei oft in den Tod schickten. Weyprecht hingegen stellte sich eine international koordinierte und geförderte Forschungsarbeit vor – was bis dahin undenkbar gewesen war.

In der langen und schmerzvollen Geschichte der Polarforschung hatte es nichts Vergleichbares gegeben. Die Arktisfahrten begannen mit den Wikingern, die im 11. Jahrhundert die Nordostküste von Grönland entdeckten. Im späten Mittelalter wurde die Suche nach der Nordwestpassage von Kauffahrteigesellschaften unterstützt, die Handelswege zwischen Europa und dem Orient einrichten wollten. Unter der Schutzherrschaft von Königin Elisabeth I. nahm Martin Frobisher Kurs auf die Nordwestpassage, dann aber veranlassten ihn Gerüchte über Goldfunde zu einer Kursänderung. Nachdem die nordischen Kolonisten Grönland verlassen hatten, entdeckte der elisabethanische Seefahrer John Davis die Insel neu und befuhr die später nach ihm benannte Wasserstraße, wurde vom Eis aber zur Rückkehr gezwungen.

William Baffin trotzte 1615 den Gefahren der später so genannten Melville Bay, er kartografierte die große Bucht, die seinen Namen trägt, und stieß 300 Meilen weiter in den Norden vor als Davis. Eine britische Marineexpedition nach der anderen stach auf der Suche nach der Nordwestpassage in See. Auch John Ross und Edward Parry bezwangen die Melville Bay, ein eisbepacktes Gewässer, das die Walfänger auch ein halbes Jahrhundert später noch fürchteten. Ross hatte einen Astronomen dabei, Edward Sabine, damals Hauptmann der Artillerie; um 1860 war er Präsident der Royal Geographical Society. Nach ihm wurde die kahle, felsige Insel im Smithsund getauft, wo sich der letzte Akt des Dramas um die Lady-Franklin-Bay-Expedition abspielen sollte.

Parry verzeichnete die Westküste der Baffin Bay. Die Nordwestpassage hatte jedoch immer noch Vorrang, und 1829 machte sich Ross zum letzten Mal auf die Suche nach dem Seeweg. Er blieb vier Winter lang vom Eis eingeschlossen, dann konnte ihn ein Walfänger retten.

Unverzagt stach Sir John Franklin im Jahr 1845 mit 129 Mann auf der *Erebus* und der *Terror* zu der längsten Expedition auf der Suche nach der bislang sagenhaften Passage in See. Franklin fuhr durch den Lancastersund – und war verschollen. Ein Rätsel, das im Viktorianischen Zeitalter eine wahre Entdeckungswut auslöste und bei der Öffentlichkeit großen Widerhall fand.

An diesem Punkt nun änderten sich die Motive für die Erforschung des unentdeckten Landes. Erstes Ziel war nun die Suche nach den Verschollenen der Franklin-Expedition. Im darauf folgenden Jahrzehnt wurden nicht weniger als 40 britische und amerikanische Expeditionen auf die Franklin-Suche geschickt, viele wurden von Franklins Gattin Lady Jane finanziert.

Die Suche nach dem Entdecker war auch 1853 das laut erklärte und breit unterstützte Ziel von Elisha Kent Kane, einem jungen Chirurgen aus Philadelphia. Er träumte nicht nur davon, die verschollenen Briten zu finden, er wollte auch das Sternenbanner in den Nordpol stecken. Er erreichte weder das eine noch das andere, aber er fuhr als Erster durch den Smithsund in das 100 Meilen weite Becken, das seinen Namen trägt. Bei seiner Rückkehr wurde er gefeiert, und als er zwei Jahre später verstarb, trauerte das junge idealistische Amerika und ehrte ihn mit einem prachtvollen Trauerzug, der seit Abraham Lincolns Tod nicht seinesgleichen gesehen hatte.

Der Nächste war Isaac Israel Hayes. Unter Kane war er Expeditionsarzt gewesen, nun durchfuhr er mit dem klapprigen Schoner *United States* die gefährliche Melville Bay in einer Rekordzeit von 55 Stunden und erkundete die Küsten Grönlands und Ellesmere Islands. Bis dahin war nicht bekannt gewesen, dass Ellesmere eine große Insel ist, die sich weit nach Norden erstreckt. Hayes fuhr auch in den Kennedy

Channel ein, den Kane nach einem Freund getauft hatte. Hayes hoffte, der Wasserarm würde im Norden in ein »offenes Eismeer« führen, doch das Eis zwang die *United States* zum Halt; Hayes und ein Gefährte machten sich auf einen Überlandmarsch, mussten jedoch bald aufgeben. Hayes war wie besessen, er glaubte sich kurz vor dem Ziel. Er schrieb, er stehe »auf diesen eisumschlossenen Wassern, die vielleicht die Gestade ferner Eilande peitschen, wo Menschen einer unbekannten Rasse leben«.

Unwillig segelte Hayes heimwärts, er war überzeugt, an der Pforte eines arktischen Paradieses gestanden zu haben. Doch als er in Halifax in Neuschottland ankam, warteten zwei erschreckende Nachrichten auf ihn. Während seiner Fahrt war der Bürgerkrieg ausgebrochen. Und was für Hayes noch schlimmer war: Ein Rivale im Rennen um den Pol war fast in seinem Kielwasser ausgelaufen und hatte vielleicht schon die eisgesprenkelten Weiten zwischen Nordgrönland und Ellesmere Island erkundet: Charles Francis Hall. Der einfache, ungebildete Drucker aus Cleveland in Ohio hatte sein Geschäft, seine Frau und zwei Kinder zurückgelassen und wollte als erster Amerikaner erreichen, was den Briten nicht gelungen war. Auf nie da gewesene Weise verbrüderte er sich mit den Eskimos, er kleidete sich wie die Eingeborenen und lernte von ihnen, in diesem Land zu überleben.

Zwei Mal hatte er Erfolg in der Arktis, bei seiner dritten Expedition im Jahr 1871 fuhr er die *Polaris*, ein umgerüstetes Dampfboot, das zuvor *Periwinkle* geheißen hatte, in den eisbepackten Smithsund. Er ließ sein Schiff in einem natürlichen Hafen an der grönländischen Küste zurück, den er Thank God Harbor nannte. Mit einem Schlitten und drei Gefährten machte er sich auf den Weg ins Landesinnere und prahlte bei der Rückkehr vor seiner bunt zusammengewürfelten und zänkischen Mannschaft, dass er entlang der Küste einen Weg zum Pol gefunden hätte. Zwei Monate später war er tot, gestorben an einer rätselhaften Arsenvergiftung. Er liegt in Thank God Harbor begraben.

Sein Kapitän Sidney Budington wollte die *Polaris* in die Heimat zurücksteuern, doch das Eis drückte ihn in den Kennedy Channel, und ein Orkan fegte das Schiff ins Treibeis, während die Mannschaft die Vorräte auslud. 19 Mann, darunter auch Navigationsoffizier Georg Tyson, saßen auf dem Eis fest. Was ihnen geschah, ist ein Epos für sich. Tyson übernahm das Kommando, und sechs Monate lang trieben sie auf der Scholle 1 500 Meilen nach Süden, dann sichtete sie ein Robbenfänger vor Labrador.

In der Zwischenzeit steuerte Budington die *Polaris* in die Lifeboat Cove an der grönländischen Küste, dort wurde das Schiff vom Eis zermalmt. Budingtons Männer überwinterten in einer Hütte, die sie aus den Schiffsplanken errichtet hatten. Sie hatten jedoch noch zwei Boote geborgen, und im Sommer 1873 versuchten sie, bei Upernavik an Land zu gehen, wo sie ein Walfänger aus Dundee rettete.

Ungeachtet der Qualen und der düsteren Gerüchte um den wahren Grund für Halls Tod – die offizielle Erklärung lautete »Apoplexie (Gehirnschlag)« –, verhalf die Expedition zu neuen wissenschaftlichen Erkenntnissen und konnte weitere Küsten erkunden. Die *Polaris* war über das Kanebecken hinaus weiter nach Norden in ein Becken vorgedrungen, das seitdem Hallbecken heißt. Dahinter liegt der Robeson Channel, der direkte Weg zum Nordpol, doch das Eis versperrte die Durchfahrt. Außerdem war die Mannschaft zu dieser Zeit schon von so irrationalen Ängsten geplagt, dass Tyson schrieb: »Ich glaube, ein paar Männer fürchten, wir fallen über die Kante der Welt.«

Carl Weyprecht,
Initiator des Internationalen Polarjahres.

Adolphus Greely, US-Heeres-
offizier; Aufnahme aus dem
Bürgerkrieg.

Frederick Kislingbury, der stellvertretende Kommandant der Lady-
Franklin-Bay-Expedition, musste
eine lang andauernde und tragische Demütigung hinnehmen.

Bald darauf machte sich George Strong Nares, ein Veteran der Franklin-Suche, mit zwei Schiffen an den ersten und letzten ernsthaften Vorstoß Großbritanniens zur Eroberung des Nordpols. Die *Discovery* ließ Nares nördlich des Kennedy Channel in der Lady Franklin Bay zum Überwintern, mit der *Alert* fuhr er weiter und umrundete Ellesmere Island. Nares glaubte nicht an die Mär vom »Offenen Eismeer« und fand seinen Skeptizismus durch die Eisberge bestätigt, die so riesig waren, dass sein Erster Offizier Albert H. Markham sie beschrieb als »eine kompakte, undurchdringliche Masse, die sich selbst mit der größten Vorstellungskraft und dem stärksten Glauben nicht in ein ›Offenes Eismeer‹ verwandeln lässt«.

Nares hielt nichts von Hunden. Er hatte zwar über 50 Tiere mit Hundeführern an Bord, doch seine Schlittenparteien ließ er von Männern ziehen. Markham kam am weitesten. Am 12. Mai 1876 steckte er die britische Flagge auf 83° 20' ins Eis, bislang die nördlichste von Menschen erreichte Breite. Eine zweite Schlittenpartei wurde von Skorbut befallen, und auf dem zermürbenden Marsch nach Süden starben zwei Männer; sie fanden unweit von Halls Eisgrab in Thank God Harbor ihre letzte Ruhestätte.

Nachdem allein auf der *Alert* 36 Männer an Skorbut erkrankt waren, kehrte Nares um, den Weg schoss er sich mit Torpedos eisfrei. Die Caches, die er auf dem Weg nach Norden am Kap Sabine, auf den Cary Islands und an anderen Stellen angelegt hatte, würden in Greelys Plänen wieder eine Rolle spielen.

Für die Briten war diese Ära zu Ende. Nares' Männer hatten den bislang nördlichsten Punkt erreicht, sie hatten eine Menge wissenschaftlicher Daten gesammelt, und Nares hatte dem englischen Vokabular ein neues Wort hinzugefügt: *paleocrystic* (paläokrystisch); damit beschrieb er die riesigen

Ur- oder Blaueisrücken, auf die er nördlich von Ellesmere Island gestoßen war. Dennoch beherrschten die schrecklichen Nachrichten von den Skorbut-Toten die Schlagzeilen. Nares musste sich vor dem Marinegericht verantworten, weil er die vorbeugende Wirkung von frischem Zitronensaft negiert und seine Schlittenpartei nicht damit versorgt hatte. Jahre später wurde seine Expedition gepriesen, er wurde zum Admiral befördert und schließlich zum Ritter geschlagen.

Während die Nares-Expedition sich noch durch den Smithsund quälte, schmiedete Weyprecht, der erst kurz zuvor von seinem Einsatz nördlich des Polarkreises zurückgekehrt war, Pläne für einen neuen, revolutionären Vorstoß auf den Pol. Nach Weyprechts Meinung waren die fürchterlichen Torturen – die lähmende Kälte, die malmende Kraft des Eises, die Schrecken des Skorbuts, die Gefahren des Verhungerns und die psychische Anspannung durch die langen arktischen Nächte, die einen Mann in den Wahnsinn treiben konnte – zu groß, als dass sie einzelne, oft schlecht geführte und mäßig ausgerüstete Gruppen in zerbrechlichen Schiffen auf sich nehmen sollten. Die ersehnten Entdeckungen waren diesen hohen Preis nicht wert. Man suchte eine Nordwestpassage oder ein nicht existierendes »Offenes Eismeer«, man wollte die Nationalflagge in einst unberührte arktische Weiten pflanzen, und man rannte von Insel zu Insel, um zu sehen, wer am weitesten nach Norden vordringen oder gar den Pol erreichen würde, was in Weyprechts Augen nicht annähernd so wichtig war wie das Sammeln wissenschaftlicher Daten. Er war der Ansicht, nur ein wissenschaftlicher Zweck würde kostspielige Expeditionen jenseits des Polarkreises rechtfertigen und die Arbeit könne besser in gemeinsamer Anstrengung der Nationen denn im Wettstreit durchgeführt werden.

Am 17. September 1873 stellte Weyprecht seine Ideen bei

der 4. Jahresversammlung der Vereinigung deutscher Natur-
wissenschaftler vor. Er argumentierte, dass die Zeit der Polarfahrten einzelner Länder vorbei sei, dass sich die Nationen
zusammenschließen und rund um den Nordpol eine Reihe
von Forschungsstationen errichten und unterhalten sollten.
Wie die renommierte Zeitschrift *Nature* berichtete, schlug
er »einen Gürtel von Stationen rund um die Arktis vor, die
ihre Messungen in den verschiedenen Disziplinen der Physik,
Meteorologie, Botanik, Zoologie und Geologie gleichzeitig
vornehmen und die Ergebnisse vermelden sollten«.

Weyprechts Plan wurde wohlwollend aufgenommen. Otto
von Bismarck berief eine Kommission ein, die den Plan prüfen sollte, und auch der Internationale Kongress der Meteorologischen Gesellschaft unterstützte ihn. Weyprecht war
ermutigt und hoffte, seine Vorschläge auf dem nächsten Kongress erläutern zu können, der 1877 in Rom stattfinden sollte.
Doch der Balkankrieg kam dazwischen, und das ganze Thema wurde sehr zu Weyprechts Verdruss zurückgestellt. Sein
Gesundheitszustand war nicht gut, und er wusste, dass seine
Chancen auf Genesung schlecht standen. Doch das Interesse
an seinem Vorschlag wurde 1879 wieder geweckt; ethnische
Konflikte müssten in umfassenderen und populäreren wissenschaftlichen Ansätzen bearbeitet werden, gestützt von veröffentlichten darwinistischen Theorien, neuen astronomischen
Erkenntnissen, Durchbrüchen auf dem Gebiet der Medizin,
der Ausbreitung des Telegrafennetzes und Erfindungen wie
Schreibmaschine, Telefon und elektrischem Licht. Beim 54.
Internationalen Kongress der Meteorologischen Gesellschaft,
der schließlich im April 1879 in Rom tagte, hatte Weyprecht
seine Vorstellungen auf den neuesten Stand gebracht und
machte Vorschläge für eine internationale Polartagung, die
ein halbes Jahr später in Hamburg stattfand. Weyprecht rech-

nete damit, dass die Forschungsstationen an der Krone der Welt multinationale Unterstützung finden würden. Er wollte auch eine Beteiligung der Amerikaner. Gegenüber General Albert J. Myer in Washington betonte Weyprecht: »Im Polargürtel würde eine große Lücke klaffen, wenn die Vereinigten Staaten sich ausschlössen.« Myer, Kommandeur des Fernmeldecorps, jener Heereseinheiten also, die sich auf Meteorologie verstanden, hatte kurz zuvor eine Wetterwarte in Point Barrow am nördlichsten Punkt Alaskas genehmigt. Doch im Kriegsministerium fand Weyprechts Plan keine große Zustimmung; die Amerikaner fürchteten internationale Verwicklungen. Am 13. September 1879 sagte der General den Europäern ab; es sei für das US-Fernmeldecorps »nicht praktikabel«, wie gewünscht auf der Hamburger Konferenz vertreten zu sein.

Gleichzeitig jedoch schrieb Myer an Weyprecht und bat um einen Vorschlag, wie die Vereinigten Staaten sich dennoch an diesem Projekt beteiligen könnten. Myers Brief wurde auf der Tagung verlesen und enttäuschte jene, die sich eine direkte amerikanische Beteiligung gewünscht hätten, doch die Vertreter von Dänemark, Deutschland, Frankreich, den Niederlanden, Norwegen, Schweden, Österreich-Ungarn und Russland entschieden, dass sie auch ohne die Amerikaner zurechtkämen. Sie planten Expeditionen, die ab dem Juli 1880 ein Jahr lang wissenschaftliche Daten rund um den Pol sammeln sollten. Russland versprach, an der Mündung der Lena und auf den Neusibirischen Inseln eine Station einzurichten, Norwegen wollte am Nordkap und Schweden auf Spitzbergen eine Warte bauen. Auch Deutschland, die Niederlande und Dänemark machten Zusagen.

Die Aktion scheiterte allerdings beim ersten Anlauf. Mitte 1880 waren erst sieben Stationen im Bau, und bei der 2. Internationalen Polartagung in Bern rechnete man definitiv nicht mehr mit den Amerikanern. Doch das Projekt sollte weiterverfolgt werden, und die Konferenz erklärte optimistisch 1882/1883 zum Internationalen Polarjahr. Schließlich kamen mehr Stationen hinzu. Für die Mannschaften auf den Stationen verfasste Weyprecht ein dickes Handbuch mit dem Titel: *Die Metamorphosen des Polareises* sowie *Praktische Anleitung zur Beobachtung der Polarlichter und der magnetischen Erscheinungen in hohen Breiten.* Endlich näherten sich seine Pläne der Verwirklichung. Länder, die zuvor nicht im Entferntesten zusammengearbeitet hatten, trugen nun zum Erfolg des ersten Internationalen Polarjahres bei. Doch Carl Weyprecht sollte die Ergebnisse seiner Visionen nicht mehr erleben, auch sollte er nicht mehr erfahren, welch eine beschämende Rolle Amerika in seinem lang ersehnten großen Projekt spielte.

— 2 —

Der junge Greely

Bei einem ausgedehnten Europaaufenthalt erlebte Adolphus Greely, Lieutenant der US-Armee, aus direkter Nähe die Aufregung um die verfrühte Rückkehr der Nares-Expedition. »Eines Tages las ich in London von der Rückkehr der englischen Schiffe an die irische Küste und war mit ganz England von der Geschichte ihrer Erlebnisse hingerissen.« Zuvor hatte sich Greely nicht für die Arktisforschung interessiert, nun hatte sich das geändert. »Bevor noch der Wunsch oder die Absicht, als Entdecker in die Arktis zu fahren, in mir entstanden war, hatte mich Sir John Franklins Grabmal bei meinem Besuch der Westminster Abbey so beeindruckt, dass ich ständig daran denken musste.«

Adolphus Washington Greely wurde am 27. März 1844 in Newburyport, Massachusetts, geboren. Er war der Sohn aus der zweiten Ehe des Schuhmachers John Balch Greely und verbrachte seine Kindheit im Schatten seines Stiefbruders John, der über 20 Jahre älter war. Adolphus besuchte die Brown High School, war jedoch ein Schüler ohne jeden Ehrgeiz; vielleicht lag es daran, dass seine Eltern es sich ohnehin nicht leisten konnten, ihn aufs College zu schicken. Bei Ausbruch des Bürgerkriegs meldete er sich zum 19. Regiment der Massachusetts Volunteer Infantry, ein Schritt, den er später hinterfragte: »Tat ich es aus patriotischen Gründen? Ich bin mir wirklich nicht sicher.«

Jedenfalls war er bei der Belagerung von Yorktown dabei und kämpfte bei Ball's Bluff, Fair Oaks und Savage Station. In Antietam wurde er zwei Mal verwundet, nach seiner Genesung wurde er als Second Lieutenant im 9. Regiment, dem Corps d'Afrique (der späteren 81th Colored Infantry), eingesetzt und versah seinen Dienst in der Garnison von Port Hudson, Louisiana. Als sein Vater krank wurde, reichte er sein Entlassungsgesuch ein, »sofort und bedingungslos«, es wurde jedoch abgelehnt. Ein Jahr später versuchte er es erneut. »Ich habe über drei Jahre lang gedient und war in dieser Zeit nur zwölf Tage zu Hause«, betonte er. Erst im Herbst bekam er Urlaub – bei seiner Rückkehr nach Newburyport war sein Vater aber schon tot. »Ein quälender Gedanke, dass ich von so weit gekommen war und doch zu spät kam«, schrieb er später.

Im Jahr 1865 versuchte er wieder vergebens, die Armee zu verlassen. Als Kommandeur der Truppen der Schwarzen kümmerte er sich gewissenhaft um deren Wohlergehen. Er bat auch seinen Stiefbruder um eine Lieferung Fäustlinge: »Die Nähkränzchen in Newburyport sind wohl ausreichend abolitionistisch eingestellt, dass sie 50 bis 100 Paar für die farbigen Soldaten nähen könnten.« Auch stand für viele seiner Männer der volle Sold noch aus, und Greely schrieb nach Washington: »Farbige Soldaten sollten genauso viel Sold bekommen wie die Weißen, denn schließlich kämpfen sie für dieselbe Sache.«

Erst in New Orleans fand Greely Ruhe. Er spielte ernsthaft mit dem Gedanken, ins Baumwollgeschäft einzusteigen und die ausgeschiedenen Männer seines Regiments anzustellen. Er benötigte lediglich Kapital und wollte daher seine Mutter überreden, das Haus zu verkaufen, den Rest würde er besorgen. Er schrieb ihr: »Ich bin sicher, dass ich es schaffe. Ich habe keine Laster und bin willens, hart zu arbeiten. Ich habe mich sehr verändert und bin nicht mehr der lustlose und faule Schüler von Brown High.« Doch im Louisiana der Nachkriegszeit erntete ein Mann aus dem Norden sogleich den schlechten Ruf eines Spekulanten, und schließlich musste er seine Pläne aufgeben. Stattdessen reichte er seine Bewerbung für die reguläre Armee ein und wurde als Second Lieutenant im 36. Infanterieregiment in Camp Douglas im Territorium Utah eingesetzt.

Dort reichte seine Verwendung vom Quartiermeister über den Verpflegungswart bis hin zum Adjutanten der Poststelle, doch erst bei seiner Versetzung zum Fernmeldecorps fand er seine wahre Berufung. Unter John C. Van Duzer, der während des Bürgerkriegs General Grants Corps-Kommandeur gewesen war, erlernte er das Fernmeldewesen und wurde bald nach Nebraska ins Territorium Platte versetzt, wo er die Armeeposten mit der Technik der elektrischen Nachrichtenübertragung ausrüsten und die Soldaten ausbilden sollte.

General Albert Myer hatte eine Division des Corps speziell für den Wetterdienst eingeteilt; 1873 setzte er täglich 70 Wettermeldungen ab und zeichnete ebenso viele Karten; zum Aufgabenbereich der Division gehörten auch die Vermeldung der Pegelstände und die Ausgabe von Frost- und Sturmwarnungen. Mit großer Tatkraft dehnte Greely diese Dienste weit nach Westen aus. Von Küste zu Küste bemannte er die Stationen mit erfahrenen Wetterbeobachtern, die das Washingtoner Hauptquartier des Corps mit Daten für die Vorhersagen der Armee-Meteorologen versorgten. Nach seiner Versetzung zum 5. Kavallerieregiment im Jahr 1874 war Greely selten lange an einem Ort; seine Inspektionsreisen durch das ständig wachsende Netz von Wetterwarten machten ihn bald zum wichtigsten Mann des Wetterdienstes.

Am Ende jenes Jahres bekam er den Auftrag, die Telegrafenleitungen in Texas zu inspizieren und 1 100 weitere Leitungen zu verlegen, was damals eine große Herausforderung bedeutete. Mit seinem Trupp musste er den Süden von Texas durchqueren, dann dem Rio Grande nach Norden bis El Paso folgen und durch ein Land marschieren, in dem feindlich gesinnte Indianer und gesetzlose Banditos marodierten und wo es nur wenige Wälder zum Abholzen für Telegrafenmasten gab. Doch Greely ging mit einem Eifer zu Werk, der in Washington mittlerweile als typisch für ihn galt. Er hatte drei Jahre Zeit und wenig Geld, doch er wurde binnen eines Jahres fertig. Zu Beginn des Jahres 1876 waren an Orten von Greelys persönlicher Präferenz mehr als 1 000 Leitungen betriebsbereit. Auf seine Order hin wurde Holz aus weit entfernten Wäldern gebracht; Stämme von Wacholderstauden aus dem Great Dismal Swamp in Virginia stellte man nahe der mexikanischen Grenze als Masten auf.

Die Aufstellung der Telegrafenmasten und das Spannen der Drähte von Fort Concho nach Fort Stockton wurde von zwei Zügen mit je 30 Mann des 11. Infanterieregiments (New York) besorgt. Der Zugführer ging dabei so energisch vor, dass Greely ihn Mitte Januar 1876 in einem Bericht ans Hauptquartier des Fernmeldecorps lobend erwähnte. So entstand die erste Verbindung zwischen Adolphus Greely und Frederick Kislingbury, dem Offizier, dem das Los zugedacht war, Greelys Gewissen in einem Gebiet zu belasten, das noch trostloser und noch ferner lag als die texanischen Ebenen, die er mit den Telegrafenleitungen der Armee überzog.

Auf seine eigene Leistung war Greely nicht weniger stolz. Er schrieb an seine Nichte Clarissa: »Ich bin überrascht, wie viel ich getan habe. Ich nahm die Dinge, wie sie kamen, entschied spontan und blieb dieser Entscheidung treu.« In einem anderen Brief denkt er über den persönlichen Gewinn nach, den ihm seine Erfahrung brachte: »Ich finde, dieses Jahr war fruchtbar und erfolgreich für mich, es festigte meine Stellung und meinen Ruf, auch schenkte es mir mehr Vertrauen in meine Fähigkeiten.«

Dieses Selbstvertrauen konnte offenbar nur eine fatale Liebesgeschichte erschüttern. In späteren Jahren zerstörte er Briefe, in denen er sich offenbart hatte, und so sind nur wenige Einzelheiten bekannt, aus denen seine frühen Beziehungen zu Frauen abgeleitet werden können. Ein Brief ist vollständig erhalten, er trägt zwar den vollen Namen des Absenders, allerdings nur die Adresse »Miss M.«. Er verrät, dass die Liaison auf Grund des Altersunterschieds zerbrach – Greely war jünger als die Frau.

Er gestand ihr, dass er sie liebte. Sie erwiderte, dass seine Liebe »eine Illusion« sei und sich auf die Frau beziehe, »die ich für dich sein sollte. Natürlich bist du traurig und enttäuscht. Mein Lieber, begreife doch den Altersunterschied zwischen uns. Sie, deine Illusion, ist jung im Geist und in ihrer Seele, die wirkliche Frau aber hat die Jugend für immer verlassen, viel mehr, die Jugend hat sie verlassen. Wäre sie jung und frei, würden deine Erwartungen nicht so sehr enttäuscht werden. In ewiger Freundschaft ...«

Im selben Jahr beantragte Greely aus gesundheitlichen Gründen eine längere Dienstbefreiung. Clarissa gegenüber drückte er den Wunsch aus, »wieder seinen alten Gewohnheiten des Lesens und Philosophierens nachzugehen ... und ich habe Lust, nach Europa zu reisen«. Damit hoffte er, seinen

Gefühlsverwirrungen entkommen oder sie zumindest lindern zu können.

Auf dieser Reise hinterließ Sir John Franklins Grabmal in der Westminster Abbey einen bleibenden Eindruck auf Greely. Alle Zeitungen berichteten über die Nares-Expedition, die nicht so früh zurückerwartet worden war. Möglicherweise hatte die Aufregung um Nares auch Greely angesteckt, aber er gestand: »[Ich] dachte aber auch im Traum nicht daran, dass ich selbst an dem nächsten Zug teilnehmen sollte, der nach den unbekannten Polarregionen aufbrechen würde.«

Howgates Kolonie

»Leutnant Weyprechts Vorschläge verdienen, von allen zivilisierten Ländern ernsthaft in Erwägung gezogen zu werden.
Nimmt man sie als Grundlage weiterer Unternehmungen,
würde in der Polarforschung ein neues Zeitalter beginnen«, so
der Leitartikel der Zeitschrift *Nature*, den William Howgate,
Hauptmann der US-Armee, 1876 mit Interesse las. Weyprecht
und Howgate trafen sich nie, doch unabhängig voneinander
führten die Bemühungen der beiden Männer dazu, dass ein
so schlecht ausgerüsteter amerikanischer Trupp wie die Lady-
Franklin-Bay-Expedition über den 78. Breitengrad hinaus
ausgesandt wurde.

Howgate, ein strammer und gut aussehender Mann, eine
Mischung aus Frauenheld und Draufgänger, war im Alter
von 28 Jahren von England in die USA ausgewandert. Erst
war er in Philadelphia Zeitungsreporter, dann zog er nach
Detroit, und mit Beginn des Bürgerkriegs schloss er sich dem
22. Regiment der Michigan Volunteers als altgedienter Leutnant an. Er kämpfte am Chickamauga und in Atlanta und
wurde durch Kriegsbeförderung zum Major. Im Sommer
1866 schied er aus dem Dienst und wurde Poststellenleiter in

Romeo, einem Dorf nördlich von Detroit. Er heiratete die Farmerstochter Abigail Day und verbrachte in der unmittelbaren Nachkriegszeit die ruhigsten Jahre seiner abenteuerlichen Laufbahn.

Doch er wurde der Ruhe müde und bewarb sich für das neu formierte Fernmeldecorps, wo er bald schon das volle Vertrauen des Gründers und Kommandeurs General Albert Myer genoss. Als Myer krank wurde, ernannte er Howgate zum Zahlmeister. Bald schon war Howgate von der großen Herausforderung besessen, die naturwissenschaftliche Zeitschriften und auch Massenblätter ehrfürchtig »die arktische Frage« nannten. Diese Frage betraf nicht nur die Entdeckung des Nordpols, sondern das ganze Ausmaß dessen, was eine solche Entdeckung beinhaltete. Dazu gehörte die Kartierung der »temperierten« Gewässer, die, wie auch Howgate glaubte, den Nordpol hinter der Eisgrenze umgaben, sowie die Aussicht auf üppige Flora und Fauna, ja sogar die Bekanntschaft mit einer zuvor unbekannten Rasse oder einem fremden Stamm. Um das Jahr 1870 glaubte Howgate, den Schlüssel zu diesem Unternehmen gefunden zu haben.

Der Schlüssel hieß Kolonisierung. Wenn Menschen ständig an einem Ort in den nördlichsten Breiten lebten, könnte man den Eisaufbruch im Sommer besser nutzen. Während Weyprecht im fernen Graz eigene Pläne für eine Polarexpedition formulierte, legte Howgate 1875 seine Vorstellungen detailliert in einem 40-seitigen Manuskript dar: Eine Gruppe von 50 Mann, die aus Gründen der Disziplin ihren Militärdienst abgeleistet haben müssten, würde mit Proviant, Ausrüstung und vorgefertigten Hütten in den Norden gebracht werden. Die Eskimos würden weitere Arbeitskräfte stellen, entweder durch Bestechung oder anders geartete Überredung. Wäre die Basis erst errichtet, würde ein Mal im Jahr ein Schiff

William Henry Howgate,
Zahlmeister des Fernmeldecorps; vor dem Skandal.

neuen Proviant, Zeitungen und Briefe aus der Heimat bringen, und wenn nötig auch zusätzliches Personal.

Howgate hatte die Koordinaten für seine Kolonie im Kopf:
»Der Hauptposten, das Basislager, liegt an der Lady Franklin
Bay zwischen dem 81. und 82. Breitengrad.« Brennstoff war
kein Problem; frühere Expeditionen hatten in diesem Teil von
Ellesmere Island Kohleflöze entdeckt. Auch Wild gab es genug. Diese Informationen hatte Howgate aus den Berichten
der Nares- und Hall-Expeditionen bezogen. Hall hatte geschrieben, die *Polaris* sei dem »Kronjuwel der arktischen Him-
melskuppel« aufregend nahe gekommen. Howgate bediente
sich einer weniger blumigen Sprache. In einer seiner zahlreichen Petitionen an den Kongress der Vereinigten Staaten um
Gelder für die Kolonisierung, zitierte er ein Mitglied der Hall-

Expedition: Wenn die *Polaris* junge Eisformationen hätte brechen können, hätten sie in nicht einmal einer Stunde ungehindert über eine »offene See« zum Nordpol fahren können.

Howgates Lieblingszeitung war James Gordon Bennetts *New York Herald*, der seine Auflage durch Sensationsberichte und die Bewerbung geografischer Expeditionen beträchtlich steigern konnte – die bis dahin berühmteste war Henry Morton Stanleys Suche nach dem in Afrika verschollenen Forschungsreisenden David Livingstone. Die *New York Times* hingegen, besiegte Rivalin des *Herald* in der Schlacht der New Yorker Presse um die Auflagenstärke, zog Howgates Pläne ins Lächerliche. Am 29. Dezember 1876 hieß es im Leitartikel der *Times*, dass als einzige »Kolonisten« hartgesottene verurteilte Verbrecher in Handschellen in Frage kämen, die man mit Gewalt in den Norden bringen und jenseits des Polarkreises abladen sollte; wenn dann das Versorgungsschiff käme, könnten die Verbrecher flunkern und behaupten, sie wären in der Zwischenzeit am Nordpol gewesen. Von den Männern könne man wohl kaum verlangen, dass sie ihre leiblichen Genüsse, »ihre warmen Stuben, den Großdruck der Bibel und ihre Pokerrunden für eine lange, beschwerliche Reise aufgäben, wenn es so viel leichter wäre, einfach zu lügen«. Nein – der beste Weg zum Pol führe über eine Reihe von Camps in Abständen von je einer halben Meile, jedes mit einer »brennenden Lampe im Küchenfenster«. Der Entdecker könne in der einen Station seine Füße wärmen, in der nächsten könne er essen, in der dritten schlafen; so könne er in leichten Etappen sein Ziel erreichen. Mit einem Augenzwinkern fragte die *Times*, warum eigentlich noch niemand auf diese Idee gekommen sei.

Doch Howgate ließ sich nicht beirren. Er stand noch hoch im Ansehen bei seinem Vorgesetzten Myer, der krankheitshalber gezwungen war, immer mehr Aufgaben und Entscheidungen an den Zahlmeister des Corps zu delegieren. Howgate hatte so viel Selbstvertrauen gewonnen, dass er nicht einmal seine außerehelichen Affären geheim hielt. Seine Geliebte Nettie Burrill, eine Bundesangestellte aus De Witt in Michigan, gab in Washington Gesellschaften, die ihr Beamtengehalt bei weitem überstiegen. Doch das Geld kam von Howgate, der unbesonnen genug war, Corps-Gelder zu unterschlagen. 1876 baute er für Nettie ein großes Haus in der 13. Straße, nur zwei Blocks von seinem eigenen Heim, von Frau und Tochter entfernt. Auf die Frage nach der Herkunft seiner unerschöpflich scheinenden Mittel erklärte er, es handle sich um das väterliche Erbe aus England.

Kaum einer zweifelte an Howgates Worten; mit seiner einnehmenden Art und mit schlagkräftigen Argumenten gegenüber den Verantwortlichen sicherte er sich beträchtliche Unterstützung für seinen Plan zur Kolonisierung der Arktis. Der Sekretär des Smithsonian Institute hatte eine Zusammenarbeit davon abhängig gemacht, »ob der Kongress die erforderliche Zustimmung gibt«. Das war der Haken; nach Howgates Meinung waren viel zu viele Politiker dagegen, öffentliche Gelder für etwas auszugeben, das für alle, die mit dem Pol-Virus infiziert waren, der schönste Traum war.

Zu den Befürwortern von Howgates Projekt gehörte auch Admiral David Dixon Porter; er glaubte, dass 200 Meilen vor dem Pol das »Offene Eismeer« beginne. Howgates Kolonie solle aus »beherzten Männern mit fröhlichem Sinn« bestehen, sie sollten die »beste Ausrüstung und ausreichende Vergnügungsmöglichkeiten« haben. Denn: »Heimweh ist der größte Feind, den man fürchten muss.« Noch vor Ende des Jahres 1876 konnte Howgate einen ersten Punkt verbuchen; er hatte im Kongress einen Antrag zur »Polarkolonisierung« einbringen können, wie das Projekt offiziell genannt wurde. Howgate äußerte sich auch zur Führung der Kolonie: »Der Kommandant soll ein Mann sein, der nicht nur über Menschenkenntnis verfügt, sondern Menschen auch führen kann.« Eifer und Tatkraft seien nicht genug. »Besonnenheit, Beharrlichkeit, Unbeugsamkeit und Charakterfestigkeit sowie Findigkeit und Flexibilität sind für den Erfolg unverzichtbar.« Er verlangte viel, doch er glaubte, schon den richtigen Mann gefunden zu haben, auf den seine Vorstellungen passten wie auf keinen anderen: Adolphus Greely.

Nach seiner Europareise war Greely Howgates bester Freund geworden. Immer wenn er in der Hauptstadt war, wohnte er bei Howgate – außer, dieser war bei seiner Geliebten. Sie führten lebhafte Gespräche, natürlich meist über die Arktis, und wenn Greely nicht schon längst vom Pol-Virus befallen war, dann hatte Howgate sicherlich dafür gesorgt.

Der Kongress beriet über Howgates Antrag, »eine Expedition in arktische Gewässer zu genehmigen und auszurüsten«. Greely wollte das Kommando. »Ich will unbedingt gehen, ich denke, ich kann es schaffen, wenn der Antrag durchgeht«, schrieb er an seinen Stiefbruder.

Der Antrag ging durch das Abgeordnetenhaus und wurde am 9. Februar 1877 dem Militärausschuss des Senats vorgelegt. Dort hing er fest, nachdem Myer die Meinung von General William Tecumseh Sherman eingeholt hatte; der Oberbefehlshaber des amerikanischen Heeres hatte wenig Verständnis für so etwas Verrücktes wie die Befahrung der Arktis. Er ließ durch seinen Adjutanten erklären: »[Ich] stimme Captain Howgates Projekt nicht zu, vor allem wenn die Armee die Aufgabe haben soll, eine Kolonie einzurichten, die Nordfahrern als Basislager dienen soll.« Auch andere Senatoren teilten die Ansicht des Generals, und die Entscheidung über Howgates Antrag wurde auf die nächste Sitzungsperiode verschoben.

Greely ging wieder in den Außendienst und überwachte den Bau der 1 500 Meilen Telegrafenleitungen von Santa Fe in New Mexico bis nach San Diego in Kalifornien. Währenddessen bereitete Howgate unbeirrt sein Projekt vor, das er unter dem Titel *The Preliminary Arctic Expedition of 1877* veröffentlichte. Er fand private Sponsoren und sammelte 10 000 Dollar, um ein Schiff zu chartern oder zu kaufen und auszurüsten. Auf der ersten Fahrt sollten Vorräte angelegt und Eskimos rekrutiert werden – ein Grundstock für die Kolonisten, die, so hoffte er, 1878 aufbrechen würden. Greely hätte die erste Fahrt befehligen können, doch Howgate hatte seinen Freund für das Hauptereignis vorgesehen; er rechnete mit der nachträglichen Zustimmung des Kriegsministeriums und wollte die Kolonisierung der Armee unterstellen. Der Voraustrupp war seine Privatangelegenheit, das Kommando bekam George Tyson, der ehemalige Walfänger, der eine Gruppe von Überlebenden der Hall-Expedition auf der Eisscholle angeführt hatte. Tyson brauchte Arbeit. Er hatte Frau und Sohn zu versorgen, und das Buch, das er über sein Abenteuer geschrieben hatte, brachte nur wenig Gewinn.

Die erste Fahrt sollte ein Erfolg werden. Howgate überwachte persönlich die Ausrüstung des Trupps, die jedoch teurer kam als vorgesehen. »Die Gesamtkosten der Expedition dürfen unsere Veranschlagungen nicht übersteigen«, schrieb er an Tyson, der zu jener Zeit an der Küste Neuenglands ein Schiff suchte. »Braucht es eine so große Crew und so viel Ausrüstung wie kalkuliert?« Als Tyson dann in New London, Connecticut, einen 56-Tonnen-Walfänger fand, die *Florence*, die nur eine Crew von 13 Mann erforderte, war Howgate immer noch nervös. »Es darf keine Verzögerungen geben«, schrieb er im Juli an Tyson. Er wollte immer auf dem neuesten Stand sein. »Bedienen Sie sich frei des Telegrafen, die Zeit wird immer kostbarer.« Er wollte die Expedition persönlich verabschieden und arbeitete den Kurs aus. Erstes Ziel war »das Anlegen von Materiallagern für die künftige Kolonie in der Lady Franklin Bay«. Zum »Material« gehörten auch zehn Eskimofamilien, die bereit waren, ihre Heimat zu verlassen und in eine ferne Kolonie zu ziehen. Tyson und seine Männer würden sich auf Disko der eigentlichen Expeditionsmannschaft anschließen, das Treffen war zuversichtlich für August 1878 geplant.

So wurde also Howgates erster Teil des Plans in die Tat umgesetzt. Im August 1877 lichtete die *Florence* Anker und fuhr im September in die Davisstraße ein. Tysons Männer bezogen ihre Winterquartiere, während Tyson selbst Eskimos anwarb, die, wenn alles nach Plan lief, den Kern von Howgates Kolonie bilden sollten.

Henrietta

Von diesen Vorgängen erfuhr Greely zunächst nicht aus erster Hand. Er war damit beschäftigt, die Telegrafenleitungen von San Diego nach Santa Fe in Betrieb zu nehmen. Er konnte genauso gnadenlos sein, wie er auch penibel war. Er feuerte zwei Männer wegen Trunkenheit »und weil sie in beleidigender Weise über mich sprachen«. Im Herbst 1877 sammelte er Angaben zu den Pegelständen des Sacramento und des San Joaquin, wo er »Notrufleitungen« einrichten wollte, damit die kalifornischen Händler Flutwarnungen absetzen konnten. Am 6. November meldete er, dass die Leitung nach Santa Fe fertig und »offen« sei. Er hielt sich meist in San Diego auf, wo er eine Liebesbeziehung begonnen hatte, die ihn »ganz anders berührte als jede andere zuvor« und die für die Lady-Franklin-Bay-Expedition von großer Bedeutung sein sollte.

Henrietta Nesmith wurde während eines Europaaufenthalts ihrer gut betuchten Eltern im schweizerischen Thun geboren. Die Nesmiths hatten schon drei Jungen, darunter ein Zwillingspaar, und das Mädchen war »als vollkommene kleine Schönheit« willkommen. 1860 – Henrietta war elf – zogen sie nach San Antonio in Texas, wo der Vater kurz vor dem

Bürgerkrieg wegen seiner pro-unionistischen Haltung eine kurze Haftstrafe verbüßen musste. Er flüchtete nach Mexiko, doch es kam zu weiteren Verwicklungen. Schließlich ließen sich die Nesmiths in San Diego nieder, wo Henriettas Vater trotz seiner schlechten Gesundheit bald Präsident und Geschäftsführer der *Texas & Pacific Railroad Company* wurde. Henriettas Mutter starb, der Vater war krank, und so lag die schwere Last der Haushaltsführung auf den Schultern der Tochter – »kräftige Schultern«, wie Greely in einem Brief schildert.

Er beschrieb Henrietta als »nicht gerade jung – 27, glaube ich. Sie ist sehr groß, 1 Meter 75, und keine besondere Schönheit, doch sie sieht ganz nett aus ... üppig, von beeindruckender Gestalt ... schwarze Haare, graue Augen. Für ihre Größe ungewöhnlich anmutig.« Und sie hatte einen starken Willen und Durchsetzungsvermögen. Für Henrietta war es keine Liebe auf den ersten Blick. »Du hast mich nicht besonders angezogen, aber als du um mich warbst, hattest du mich bald gewonnen«, erklärte sie Greely.

Es ging schneller, als sie gedacht hatte. Zur Zeit ihrer Herbstausflüge in San Diego hatte er sie jedoch noch nicht erobert; sie schlug vor, bis zu seiner Rückkehr nach Washington zu warten und die Tiefe ihrer Zuneigung auszuloten. Doch die Trennung verstärkte ihre Leidenschaft, und gegen Jahresende, als Greely in Red Bluff die Leitungen am Sacramento inspizierte, schrieb er: »Du bist die erste Frau, der ich einen richtigen Liebesbrief schreibe.« Gleichzeitig gestand sie – und ihr Brief kreuzte sich wie meistens mit Greelys Brief: »Ich gehöre allein dir. Kein Schatten steht zwischen uns.« Erst bei seiner Rückkehr in den Süden, wo er die Weihnachtstage bei den Nesmiths verbrachte, enthüllte er ihr, dass er auf Expedition gehen würde, wenn der Kongress der Polarkolonisierung zustimmte. Henrietta tat interessiert, doch sie redete sich ein, dass die Politiker in Washington so einen verrückten Plan niemals auch nur in Erwägung ziehen würden.

In der Überzeugung, dass die Beziehung nun gefestigt sei, reiste Greely auf Umwegen nach Washington zurück, wo sein Freund Howgate gespannt auf eine Nachricht von Tyson wartete. Greely meldete sich im Hauptquartier des Fernmeldecorps zurück und schrieb zwei Tage später an Henrietta: »Ich glaube, bei der nächsten Sitzung wird der Antrag verabschiedet.« Henrietta betete inständig für eine Ablehnung. Obwohl ihre Korrespondenz immer leidenschaftlicher wurde, wurde sie durch die Erwähnungen der Arktispläne immer getrübter.

Greely stand vor einem Dilemma. Henrietta sagte ihm frei heraus, dass sie so getan habe, als hätte sie nichts gegen seine Pläne. »Ich hatte damals gehofft und hoffe immer noch, dass der Antrag abgelehnt wird.« Sie wollte, dass er diese Fahrt erst ein, zwei Jahre nach ihrer Heirat unternahm, und dann auch nur, »wenn du keinen leichteren Weg findest, dir einen Namen zu machen«. Warum führte Captain Howgate die Expedition nicht selbst? Schließlich war es seine Idee. Greely erwiderte, dass kein Grund zur Beunruhigung bestehe und dass er nicht gehen würde, wenn sie auch nur im Entferntesten fürchten müsste, ähnliche Qualen wie Lady Franklin auszustehen. Doch in seinem Fall sei alles abgesichert, die Mannschaft könne nicht verschollen gehen und aufgegeben werden, nachdem jährlich Versorgungsschiffe die Kolonie anlaufen würden. »Hielte ich den Plan nicht für durchführbar und wäre ich nicht sicher, wohlbehalten in deine Arme zurückzukehren, würde ich niemals das Kommando übernehmen.« Doch damit konnte er Henrietta nicht beruhigen. Sie wusste, dass sie ihn nicht zu einem Meinungsumschwung bewegen konnte – »ich kann dir nicht vorschreiben und ich kann dich auch nicht bitten

Henrietta Greely mit Tochter Rose.

zu bleiben, wo du es dir doch so sehr wünschst, auf Fahrt zu gehen« –, also warf sie ihm vor, seinen Ehrgeiz und seinen Stolz über alles zu stellen. »Ich wäre lieber die Frau des Mannes, der du bist, als die Witwe eines hoch geachteten Mannes ... Oh, ich liebe dich so sehr – wie kannst du mich nur verlassen?« Greely riet ihr, den Schauergeschichten der Freunde in San Diego kein Gehör zu schenken und immer daran zu denken: »Der Dampf ist uns günstig, und Kohle gibt es im Überfluss.«

Doch eine Zeit lang wurden Henriettas Befürchtungen in Bezug auf Greelys Arktispläne von anderen Ängsten verdrängt. Ihr Geliebter war ein groß gewachsener, schlanker Mann, er hatte dunkles Haar, einen gepflegten Bart und volle

Koteletten, und obwohl er schlecht sah und eine Brille brauchte, war er ein Frauentyp. Auch Howgates Tochter Ida fand ihn attraktiv. Greely gehörte quasi zur Familie und kannte das Mädchen seit acht Jahren – das jedenfalls beeilte er sich zu erklären, als er unvorsichtigerweise erwähnt hatte, dass er Ida bei seiner Rückkehr aus dem Wilden Westen geküsst hatte. Henrietta schrieb daraufhin: »Würde ich auch nur eine Sekunde lang denken müssen, dass es ein Kuss war, wie du ihn mir gibst, würde ich dir nie wieder eine einzige Zeile schreiben.«

Um die Kongressabgeordneten für sein Projekt einzunehmen, hatte Henry Howgate eine Schrift verfasst, die Greely am 31. Januar 1878 vor der American Geographical Society in der New Yorker Chickering Hall verlas. Die Kolonie sollte an oder nahe »der Grenze des Eismeers sein, um die natürlichen Hindernisse auf dem Weg zum Pol zu überwinden«. Nachdem die Briten dort 1875 Kohle gefunden hatten, wurde als Sitz der Kolonie die Lady Franklin Bay gewählt. Zur Ausrüstung gehörten auch viele Meilen Telegrafenkabel, über die mit den Hilfsstationen kommuniziert werden sollte. »Kupferdraht ist leicht, biegbar und widerstandsfähig, er leitet gut und kann direkt auf trockenem Schnee oder Eis verlegt werden.« Batterien würden stationär in der Kolonie gelagert werden; wenn sie an einen Verbraucher angeschlossen wären, würden sie nicht gefrieren. Und: »Möglicherweise kann das jüngst erfundene Telefon nützlich eingesetzt werden.« Außerdem wollten sie Forschungsballons mit Kohlendioxid steigen lassen; in Paris wurden bereits entsprechende Versuche für Howgates Kolonie unternommen.

Zu dieser Zeit sollten Tysons Männer im Winterquartier am Cumberlandsund sein. Im August würde Greely sie auf Disko treffen – wenn alles gut ging. Denn von Tyson gab es keine Nachricht. »Ob die *Florence* verschollen oder im sicheren Hafen ist, bleibt uns noch für viele Monate verborgen.«

Über Howgate schrieb Greely an Henrietta: »Er ist in gewisser Weise ein harter Mann ... und gerät leicht in Wut, außer mit mir. Ich bin sein engster Freund und Vertrauter.« Wie der Hauptmann als Zahlmeister des Corps mit öffentlichen Geldern umging, wusste Greely jedoch nicht. Genau in der Zeit, als Howgate seine Kolonisierungspläne verfolgte, veruntreute er laut seiner späteren eidesstattlichen Erklärung 200 000 Dollar aus dem Corps-Etat, die Hälfte davon verschwendete er angeblich für Frauen von zweifelhaftem Ruf. Durch Myers Krankheit war Howgate der eigentliche Kommandeur des Corps, er unterzeichnete Dokumente in Myers Auftrag und stellte unkontrolliert Schecks aus.

Howgate, immer noch eine schillernde Figur in der Washingtoner Gesellschaft, verfolgte weiterhin seine Arktispläne, doch er spürte, dass es Ärger geben würde. Als schließlich alles herauskam, verteidigte er sich hartnäckig. »Jeden Dollar gab ich zum Wohl des Corps aus.« Das Corps musste nämlich Lobbyisten bezahlen. Howgate sagte aus: »Ich hatte von meinem Vorgesetzten [Myer] die Order, mit dem Geld so großzügig umzugehen, wie ich es vertreten könnte.« Diesen Erklärungsversuch unternahm er allerdings erst später.

Zwei Wochen nach Greelys Vortrag vor der American Geographical Society untersuchte Kriegsminister Alexander Ramsay einen Antrag, der General Myers Unterschrift trug und nach dem Howgate einen Vorschuss von 50 000 Dollar aus öffentlichen Geldern bekommen sollte. Ramsay fragte, ob es rechtmäßig sei, »diesem Offizier, für den nicht gebürgt ist und der vom Kommandeur des Fernmeldecorps als Zahlmeister eingesetzt wurde«, einen Vorschuss aus Staatsmitteln auszubezahlen. Sofort wurden Stimmen laut und forderten eine Untersuchung der Corps-Finanzen, die von Captain Howgate verwaltet wurden.

Greely gab Henrietta Einblick in die Verhältnisse im Hause Howgate. Eines Abends hatte Greely Howgates Frau Abigail betrachtet und gefunden: »Sie hat ein schönes Gesicht, und ich kann mir vorstellen, dass ich mit so einer gefügigen, anhänglichen Frau glücklich geworden wäre.« Doch je länger er sie angesehen hatte, desto mehr war in ihm »ein sonderbares Gefühl der Abneigung gewachsen – nicht gegen sie persönlich, aber ich wusste, dass die geschmeichelte Eitelkeit nach ein paar Minuten einem starken, glühenden Hass weichen würde«. Einige Tage später begleitete er sie »aus Mitleid« zu einem Empfang im Weißen Haus. »Ihr Mann geht nie mit ihr aus und bleibt auch nicht bei ihr zu Hause.«

Howgate hatte vielleicht einen Teil dieser 50 000 Dollar für Nettie Burrill oder andere Frauen ausgegeben, doch der Großteil war für sein Arktisprojekt bestimmt. Tyson kreuzte mit der *Florence* irgendwo vor Grönland, und wenn er Erfolg melden würde, müsste Howgate die Expedition mit der Zustimmung des Kongresses zügig ausrüsten.

Auf diesem Gebiet hatte Howgate einen gefürchteten Gegner: James Gordon Bennett. Der Herausgeber des *New York Herald* träumte schon lange von einer arktischen Version seines Afrika-Knüllers, Livingstones Auffindung durch Stanley. Ein Reporter des *Herald* hatte den britischen Entdeckungsreisenden Sir Allen Young an Bord des Marineboots *Pandora* auf der Suche nach der Nordwestpassage und Hinweisen auf die Verschollenen der Franklin-Expedition begleitet und der Zeitung reißerische Berichte beschert. Doch Young war gescheitert, und Bennett organisierte auf eigene Kosten eine Expedition unter der Flagge der US-Marine. Er hatte auch schon einen Kommandanten für sich gewinnen können, Lieutenant George Washington De Long, der auf Bennetts Geheiß Anfang 1878 in Amerika und Übersee ein geeignetes Schiff suchte.

Ungeachtet eines gesellschaftlichen Skandals, der Bennett ins europäische Exil getrieben hatte, war sein Einfluss in Washington immer noch beträchtlich, und bald schon bekam er sein Schiff. Er kaufte Youngs *Pandora*, überholte sie und taufte sie *Jeannette*. Doch angesichts Howgates Bestrebungen musste er schnell handeln. Nur wenige Stunden, nachdem der wohlwollende Bericht des Marineausschusses des Senats über Howgates Antrag veröffentlicht wurde, kabelte Bennett an De Long, er solle sich mit den Vorbereitungen beeilen. »[Howgate] kämpft verbissen. Er will das Rennen machen. So verrückt sein Plan auch ist – es ist der einzige.«

Greelys Ton war so zuversichtlich, wie Bennetts Ton gedrängt war. Er schrieb an Henrietta, dass der Senat Howgates Antrag jeden Moment zustimmen könne. Das Abgeordnetenhaus war noch nicht ganz gewonnen, doch Howgate zog »alle Strippen«, um die Opposition ruhig zu stellen. Darin sei Howgate »unermüdlich«. Auf privater Ebene hatte Greely damals einen eigenen Rivalen. Während der Dienst ihn im Osten festhielt, war Henrietta in den Mittelpunkt der Bewunderung der Offiziere von San Diego gerückt. Einer hatte sich so sehr in sie verliebt, dass ihre Zurückweisung ihn fast in den Freitod getrieben hätte. Ein anderer Freier spielte mit Henriettas Angst: »Wenn Greely zum Pol fährt, kommt er um. Warum sagt Ihr ihm das nicht?« Die einen rieten ihr, Greely nicht vor der Fahrt zu heiraten, die anderen meinten, wenn sie nicht heiraten würde, würde sie des Wartens müde werden und die Verlobung lösen.

Den Geliebten, der sowieso schon weit entfernt am anderen Ende des Landes war, versuchte Henrietta zu überzeugen, dass sie nicht die Geduld der Gattinnen manch anderer Entdeckungsreisender hätte. »Ich bin nicht Lady Franklin.« Manchmal schloss sie ihre Briefe mit einem unglücklichen: »Ich liebe dich und ich wünsche mir einen Gutenachtkuss von dir.« Andere Briefe waren von aufgesetzter Leidenschaftlichkeit, mit der sie ihn wohl dazu zu bewegen versuchte, die Arktisfahrt noch einmal zu überdenken. Sie schrieb, dass seine jüngsten Liebesbriefe sie »so prickeln machen wie eine direkte Berührung … sie schenken mir so eine Lust, dass es schmerzt … Wenn du mich lange genug küsst, kannst du mich zu allem bringen, was du dir vorstellen kannst, egal, wie sehr ich auch erst dagegen war.« Sie gestand, dass er sie völlig beherrsche, das mache sie glücklich und schrecke sie zugleich. »Ich will dich hier bei mir, nicht deinen Schatten in irgendeinem düsteren, fernen Teil der Erde. Ich bin dein – mit Leib und Seele und mit meinem ganzen Herzen.«

Aus Greelys Antworten kann man schließen, dass er sich seiner Gründe für die Arktisfahrt gar nicht so sicher war – denn Ruhm und Reichtum seien ihm dadurch nicht garantiert. Er konnte seine Getriebenheit kaum erklären, doch er schrieb: »Weder du noch ich glauben, dass es unsere Aufgabe ist, alles Gefährliche, Unbequeme und Schwierige zu meiden. Das ist nicht der Sinn des Lebens.« Dennoch verstörte ihn die Aussicht auf eine Verabschiedung des Antrags. Henrietta wollte die Hochzeit bis zu seiner Rückkehr aus der Arktis verschieben, und Greely war sich der Gefahr durch die Bewunderer in San Diego nur allzu bewusst. »Es wäre für mich unvorstellbar zu gehen, ohne dass du meine Frau bist … Ich würde unsägliche Qualen durchleiden.« Tausend Zweifel würden an ihm nagen, er könne es nicht ertragen. Und in einem Brief fasst er sein Dilemma zusammen: »Diese große Liebe zu dir hat mich in größte Not gebracht.«

Greely war mit seinem transkontinentalen Gefühlsaustausch beschäftigt und merkte zunächst gar nicht, dass Bennett im Rennen um die Unterstützung seines Projekts durch den Kongress an Vorsprung gewonnen hatte. Howgates Antrag wurde abgelehnt und am 18. März 1878 der Zuschuss für Bennett bewilligt, der versichert hatte, er werde jeden Cent zurückzahlen. Und das war nicht der einzige Schlag, der Howgates und Greelys Hoffnungen zerstörte. Sie erfuhren, dass Tyson irgendwo vor der Küste Grönlands lag und bei der Rekrutierung von Eskimomännern und -frauen, die sie für die Expedition als Jäger und Hundeführer beziehungsweise als »Schneiderinnen und Stiefelmacherinnen« brauchten, keinerlei Erfolg hatte. Tyson sah sich nicht in der Lage, »die Leute dazu zu bewegen, ihre heimatlichen Berge (so trist sie auch sein mögen) ohne Frauen und Kinder zu verlassen«.

Henrietta erfuhr von dem Rückschlag. »Wie könnte ich [dem Kongress] nicht danken?« Doch sie machte sich keine Vorstellungen von Howgates Zähigkeit. Er setzte seine Lobby in Bewegung und verfasste eine weitere Schrift von 48 Seiten: *Congress and the North Pole. An Abstract of Artic Legislation in the Congress of the Unites States.* Henrietta konnte sich nun jedenfalls zuversichtlicher über eine Hochzeit äußern. Die Angst vor der Polarfahrt schwand aus ihren Briefen und machte der Furcht vor den ehelichen Pflichten einer Frischvermählten Platz. Doch sie fand die Lösung und schrieb fröhlich: »Stelle alles in den Dienst der Liebe und du kannst mich führen, wohin du willst ... Wenn du mich küsst, muss es sein wie ein Gutenachtkuss.«

5

Hazen und Lincoln

Im Juni 1878 heirateten Adolphus und Henrietta in San Diego, doch ihre Flitterwochen waren kurz. Die Siedler im Westen machten Druck auf den Kongress und forderten besseren Schutz vor den Indianern. Die Kommunikation zwischen den Militärposten musste ausgebaut werden, und Greely, der sich einen Monat nach seiner Hochzeit in New York von einem schlimmen Rückenleiden erholte, bekam den Befehl, die Fernmeldestation von Bismarck mit den Armeeposten im Niemandsland von Dakota zu verkabeln. Henrietta begleitete ihn, doch Anfang November wurde sie schwanger. Greely schickte sie daher nach Washington; er selbst wollte folgen, sobald er seinen Auftrag ausgeführt hatte.

Anfang 1879 war er wieder in der Hauptstadt und erfuhr von Tysons Rückkehr nach 15 Monaten »im ewigen Eis«. Tyson schreibt: »Nie zuvor hatte ich solch heftige Orkane erlebt ... Immer noch kann ich das Tosen des Windes und das Rauschen des Meeres hören.« Howgate wollte Tysons Bemühungen jedoch nicht als Scheitern betrachten und hielt stur an seiner Ansicht fest: »Sie sind ein Meilenstein in dem großen Werk, das unseren Herzen angelegen ist.«

In der Zwischenzeit machte die *Jeannette* Schlagzeilen. Der Kongress hatte dem Marineminister die Ausrüstung der Expedition unterstellt, doch wenige Wochen vor dem Auslaufen der *Jeannette* in San Francisco verlor das Ministerium das Interesse, und Bennett, der immer noch von einer Eiswüsten-Saga im Stil von Stanley und Livingstone träumte, bestürzte De Long, indem er ihn anwies, auf einen Vorstoß zum Nordpol zu verzichten und stattdessen nach dem schwedischen Polarforscher Nils Adolf Erik Nordenskiöld zu suchen, der bei der Durchquerung der Nordostpassage mit der *Vega* verschollen war. Trotz beflaggter Yachten und Salutschüssen stach De Long am 8. Juli 1979 in düsterer Stimmung in See, nachdem seine Ambitionen, den Nordpol zu erobern, in letzter Minute wegen des Schweden durchkreuzt worden waren, der, wie die Öffentlichkeit bald darauf erfahren sollte, gesund und wohlbehalten an der sibirischen Küste überwintert hatte. Erst als die *Jeannette* im arktischen Nebel aus dem Blickfeld der Walfänger im hohen Norden verschwand und die Zeitungen nichts weiter zu berichten hatten, betrat Howgate wieder die Bühne.

Anfang 1880 stellte er vor dem Kongress einen weiteren Antrag »zur Errichtung einer provisorischen Station an der Küste der Lady Franklin Bay zu wissenschaftlichen Beobachtungen und Erkundungen und zur Erschließung neuer Walgründe«. Sein Blick war von einer romantischen Kolonisierung in Richtung Wissenschaft und Wirtschaft gewandert. Er würde auch das Schiff stellen, die *Gulnare*; von der Regierung wollte er lediglich Proviant für 20 Mann und zwei Jahre. Woher hatte er das Geld, um ein Schiff zu chartern?, fragten sich damals nicht wenige. Die Zukunft würde die Antwort bringen: Howgate veruntreute Gelder in einer Höhe von bis zu 60 000 Dollar pro Jahr.

Doch damals konzentrierte sich Howgate auf die Debatte im Abgeordnetenhaus, wo Washington C. Whitthorne, der Vorsitzende des Marineausschusses des Senats, in tönenden Worten für den Antrag argumentierte und seine Kollegen an die mittlerweile veröffentlichten Pläne zu Weyprechts Projekt der »zirkumpolaren Kette« erinnerte: »Sieben große Nationen votierten für eine Polartagung zur Errichtung von Stationen rund um den Nordpol. Nach allen Informationen und nach allen philosophischen Betrachtungen liegt dort das Geheimnis menschlichen Lebens.« Whitthorne beschrieb Howgate als einen Mann »von hoher Gesinnung und edlem Mut«, der seine Expedition unter amerikanischer Flagge fahren lassen wollte und »sich die Demut antat, [den Kongress] um Hilfe zu bitten«. Ein skeptischer Abgeordneter fragte laut: »Und was machen wir mit dem Nordpol, wenn wir ihn gefunden haben?« – doch er bekam keine Antwort. Howgates zweiter Antrag wurde ohne viele Gegenstimmen verabschiedet, er wurde am 1. Mai ans Weiße Haus weitergeleitet, wo Rutherford Hayes ihn unterschrieb.

Howgate hatte alles genau geplant. Die *Gulnare* wäre in zwei Wochen seetüchtig; das Kontingent für die Lady Franklin Bay bestünde aus einem Offizier und 14 angeworbenen Soldaten und würde dem Kriegsministerium spätestens jeden Zehnten des Monats Meldung machen. Greely sollte das Kommando übernehmen – was dieser auch tat, obwohl er eine zehn Monate alte Tochter hatte, Antoinette. General Myer empfahl ihn als »den Richtigen, besonders um die Abstinenz durchzusetzen, was bei Arktisfahrern so von Nöten ist. Captain Howgate, der Organisator des Unternehmens, schätzt ihn als seine rechte Hand.«

Zwei Wochen nach Greelys offizieller Bewerbung genehmigte Präsident Hayes dessen Ernennung zum Kommandanten der Expedition, und Greely setzte sofort über den Potomac nach Alexandria in Virginia über, wo die *Gulnare* lag. Seiner Frau hinterließ er die Nachricht: »Komme erst um 7 Uhr wieder, warte bitte mit dem Essen auf mich.« Auch der Kriegsminister und der Marineminister statteten der *Gulnare* einen Besuch ab, um sich zu überzeugen, dass sie »dem Standard eines Marineschiffs« entsprach. Marineminister Richard Thompson befahl einer sechsköpfigen Mannschaft unter dem Ersten Maschinisten William Shock, das Schiff zu inspizieren. Doch Shock, der damals der *Jeannette* nur murrend Arktistauglichkeit attestiert hatte, wollte die *Gulnare* nicht so leicht davonkommen lassen.

Ansonsten standen die Aussichten für Howgates Projekt gut. Myer, der hinfällig war und keine Ahnung von Howgates Unterschlagungen hatte, nannte ihn einen großzügigen Spender, der »viel über die Polarkolonisierung geschrieben hat«. Gut, der Captain würde nicht selbst in den hohen Norden fahren, dazu fehlte ihm die »persönliche Erfahrung« – genauso wie Greely, hätte Myer hinzufügen können, doch stattdessen charakterisierte er den Lieutenant als einen »Arktisforscher«.

Ende Mai fuhr Greely nach New York und kümmerte sich um das Material. Er schrieb an Clarissa: »Voraussichtlich fahren wir am 12. Juni. Wir haben alles Notwendige, allerdings keinen Luxus. Das Kriegsministerium zwingt uns, um alles zu kämpfen.« Doch nicht das Kriegsministerium, sondern die Marine durchkreuzte die großartigen Pläne. Bei Greely hatten sich schon 13 Soldaten zum Beladen des Schiffs gemeldet, doch Thompson schrieb an Howgate, dass Shocks Inspektionsteam die *Gulnare* für untauglich erklärt habe. »Wenn sie in ihrem jetzigen Zustand ins Eis fährt, wird sie dort zermalmt wie eine Eierschale.« Nach dieser Verurteilung des

Schiffs zog sich Greely diskret aus der Verantwortung für eine Expedition mit der *Gulnare*.

Doch Howgate wollte sich nicht geschlagen geben. Der Kapitän und der Erste Offizier der *Gulnare*, beide erfahrene Walfänger, hatten nämlich betont, dass sie nie ein besseres Schiff gefahren hätten. Also trommelte Howgate eine Mannschaft aus Zivilisten zusammen, die an Stelle der Soldaten fahren sollten. »Ich habe eine große Summe für das Schiff ausgegeben«, sagte er einem Reporter, »und ich habe nicht die Absicht, die Expedition fallen zu lassen.«

Bald darauf stach die *Gulnare* in See, doch in Disko ging der Motor kaputt, und die Mannschaft musste wieder nach Hause schippern. Zwei Männer blieben zurück, Octave Pavy und Henry Clay, die zeitweilig im Dienst des Fernmeldecorps standen. Damals lagen sich die beiden noch nicht in den Haaren, sie sollten zusammen in Grönland überwintern, Material besorgen und Land und Leute erkunden – alles im Dienst der »richtigen« Expedition, die Captain Howgate zur Gründung einer Kolonie in der Arktis ausschicken wollte.

Den Sommer über studierte Greely alles, was er an Literatur über die Arktis finden konnte. Er stellte für das Fernmeldecorps eine Liste der Nordlichter zusammen, die seit 1874 am Himmel über Amerika zu sehen gewesen waren, und schrieb den Artikel »Isothermic Lines of the United States«. In Washington suchte er ein Haus; Frau und Tochter wohnten bei Freunden in Norfolk. Als die *Gulnare* ziemlich mitgenommen aus Grönland zurückkam, erklärte er Henrietta: »Der Maschinist hat sich nicht richtig um das Feuer gekümmert, und die eisernen Befeuerungsschächte sind verbrannt. Es braucht Tage, sie zu reparieren.« Das interessierte Henrietta nicht im Geringsten, sie meinte nur, er könne froh sein, dass er zu Hause geblieben sei, und dachte vor allem an den Urlaub, den er auf ihr Drängen beantragt hatte. Zwanzig Tage wären sie zusammen. Henrietta war immer unglücklich, wenn sie von ihrem Mann getrennt war. Sie schrieb: »Ist es nicht reizend, wieder zusammen zu sein? Du bist mir doch ein wenig dankbar?«

Doch ihnen stand eine sehr viel längere Trennung bevor. Die Internationale Polartagung fand in Bern statt. Bislang hatten nur vier Länder – Österreich-Ungarn, Dänemark, Norwegen und Russland – definitive Zusagen erteilt, um Weyprechts Traum wahr werden zu lassen. Die Vereinigten Staaten glänzten durch Abwesenheit. Die Männer des Fernmeldecorps führten zwar wissenschaftliche Beobachtungen in Point Barrow durch, doch Greely, dessen Interesse wieder erwacht war, plädierte für die Errichtung einer Station noch weiter nördlich, »irgendwo im nordamerikanischen Archipel«.

Ende September schrieb Professor Wild, Direktor des Observatoriums der Kaiserlich-russischen geografischen Gesellschaft von St. Petersburg und Präsident der Internationalen Polartagung, an General Myer in Washington: »Erlaubt die Nachfrage nach der *versprochenen* Unterstützung für die *gleichzeitigen Messungen* am Pol. Wir benötigen sie lediglich für die Dauer eines Jahres.« Doch Myer starb, bevor ihn diese Worte erreichten. Den Brief erhielt sein Nachfolger William Babcock Hazen.

Fast wäre Howgate auf den Posten des Kommandeurs befördert worden, doch im November des Jahres 1880 wurde James A. Garfield Präsident. Garfield und Hazen waren in Hiram, Ohio, zusammen in die Schule gegangen; darüber hinaus war Hazens Frau mit den Zeitungsbaronen verwandt, die Garfields Kampagne unterstützt hatten. Howgate war sich darüber im Klaren, dass der nächste Kommandeur eine Rechnungsprüfung ansetzen würde. Am 15. Dezember übermittelte der scheidende Präsident Hayes dem Senat Hazens Ernennung zum Kommandeur des Fernmeldecorps. Drei Tage später quittierte Howgate den Dienst und verließ schnellstens die Hauptstadt.

General Hazen wusste, dass Unternehmungen in der Arktis das Prestige seines Corps erhöhen könnten, und verfasste einen begeisterten Brief an den Senat, den Greely persönlich dem Haushaltsausschuss überbrachte. »Greely, der ab sofort mit der Planung von Aktivitäten in der Arktis beauftragt ist, wird Euch Papiere vorlegen, die die Wichtigkeit einer Weiterführung der Arbeit der Internationalen Polarstation verdeutlichen, wie sie am 1. Mai genehmigt wurde.« Hazen hatte eine Menge in diese Genehmigung hineininterpretiert. In seinem Brief hatte er sich von Howgates Kolonisierungsplänen distanziert. In Wahrheit hatte die Arbeit noch nicht einmal begonnen, und es gab auch keinen festen Vertrag mit den Europäern. Doch was Hazen dem Ausschuss nun zur Vorlage brachte – größtenteils hatte Greely es verfasst –, trug einen Vermerk des scheidenden Kriegsministers, der den Kongress bat, »die von diesem Offizier veranschlagten 25 000 Dollar für die Weiterführung der Arbeit in Verbindung mit der Station in der Lady Franklin Bay wohlwollend zu bescheiden«.

Doch eine solche Station gab es noch nicht. Und es sollte auch nie eine geben, wie aus der Haltung des neuen Kriegsministers Robert Todd Lincoln, dem Sohn des ermordeten Präsidenten, deutlich wurde. Nichts war ihm weniger angelegen als der Nordpol. Er sah seine hauptsächliche Aufgabe darin, das Militär so erfolgreich wie möglich bei der Ausdehnung des Staates nach Westen zu beteiligen. Lincoln hatte den Kopf und den Schreibtisch voller Berichte von Offizieren im Indianerland, und es gab keinen Platz für einen Plan, den Gipfel der Welt mit Stationen zu säumen und diese mit Fach-

William Babcock Hazen,
der streitbare Kommandeur des Fernmeldecorps.

idioten zu bemannen – vor allem wenn diese hirnrissigen
Ideen auch noch Geld kosteten. Greely sah sich also einigen
Schwierigkeiten ausgesetzt, die von Lincolns Abneigung ge-
gen Hazen noch vergrößert wurden.

Hazen war schon umstritten, bevor er das Kommando
über das Fernmeldecorps bekam. 1853 absolvierte er die Militärakademie West Point und führte in Texas Truppen gegen
Kriegsparteien der Komantschen. Mit einer Kugel im Bein
kommandierte er im Bürgerkrieg eine Infanteriebrigade und
nahm an den Schlachten von Shiloh, am Chickamauga, am
Stone River und am Missionary Ridge teil. Als wieder Frieden herrschte, begann er aufs Neue seinen Privatkrieg gegen
General George A. Custer, der in West Point seinen Anfang

Kriegsminister Robert Todd Lincoln,
Sohn des ermordeten Präsidenten und Gegner der Expedition.

genommen hatte. Hazen kritisierte an dem halsstarrigen Kavallerieoffizier, dass er zu grob mit den Indianern umsprang. Ein Reporter schrieb hämisch: »Custer will Hazens Skalp.«

1871 heiratete Hazen Mildred McClean, die Tochter eines Zeitungsbarons; sie war halb so alt wie er und begleitete ihn bei einer oder auch bei beiden Überseeverwendungen als amerikanischer Beobachter des Deutsch-Französischen Kriegs und sechs Jahre später an der russisch-türkischen Front. Zwischen diesen beiden Einsätzen sagte er als Zeuge vor einem Kongressausschuss aus, der einen Skandal in der Verwaltung von Ulysses Grant untersuchte, und trug zur Absetzung von Grants Kriegsminister bei. Danach legte er sich mit Colonel

David S. Stanley an, »der mich fünf Jahre lang schikaniert hat, der Saufkopf«. Stanley beschuldigte Hazen des Meineids vor dem Kongress und bezichtigte ihn, vor dem feindlichen Feuer in Shiloh geflüchtet zu sein. Ein jeder verlangte, dass der andere vors Kriegsgericht gestellt werde, und General Sherman ließ beide vor dem gleichen Gericht antreten. Sie kamen glimpflich davon, doch Hazen, der sich noch nie durch Zurückhaltung hervorgetan hatte, verlangte nach drakonischeren Strafen, bis Sherman schließlich drohte: »Wenn General Hazen diesen Streit nicht bald beilegt, wird er es bis zum letzten Tag seines Lebens bereuen.«

Dass Hazen sich im Laufe seiner umstrittenen Karriere an höchster Stelle Feinde gemacht hatte, verhieß für Greelys Anliegen nichts Gutes. Doch nachdem Howgate von der Bildfläche verschwunden war, war Hazen sein wichtigster Verbündeter. Greely wusste nicht, dass das Kriegsministerium unter Lincoln Beweise gegen seinen alten Freund und ehemaligen Captain zusammentrug und ihn des kontinuierlichen Betrugs der US-Regierung anklagen wollte. Dieser Skandal würde Auswirkungen auf das ganze Kriegsministerium haben, und Lincoln war von Anfang an gegen das Fernmeldecorps eingestellt. Im März 1881 verabschiedete der Kongress einen Antrag zur Genehmigung der wissenschaftlichen Arbeit in der Lady Franklin Bay. Auf Hazens Empfehlung wurde Greely von Garfield zum Kommandanten ernannt, doch es verging über ein Monat, bis Lincoln endlich die Papiere durchlas, die ihm zur Unterschrift vorlagen. Auch der Presse fiel die Verspätung auf, und es wurde berichtet, dass der Minister den ganzen Plan einer kritischen Prüfung unterziehen wolle. »Nun ist fraglich, ob die Expedition ausgesandt wird oder nicht«, schrieb Greely. Und tatsächlich wies Lincoln General Hazen als Erstes an, ihn in allen Einzelheiten darüber zu informieren, wie es dazu kam, dass Greely mit so einem Auftrag betraut worden war.

Lincoln war also von Anfang an gegen Hazen und Greely eingestellt. Dass Greely keinen Hehl aus seiner Ungehaltenheit über die Verzögerungen und die bürokratische Pfennigfuchserei machte, war auch nicht gerade hilfreich. Er tobte, als der Kongress ihm nur 25 000 Dollar zugestand, und verlangte freie Hand bei der Bestellung der Vorräte und der Rekrutierung der Männer. Greelys Ton war zu herrisch für den Geschmack des Kriegsministers, der auch dann noch trödelte, wenn Dringlichkeit geboten war. Der einzige Mensch, der keine Probleme mit Lincolns unkooperativer Haltung hatte – Greely sprach von »offener Feindseligkeit« –, war Henrietta. Sie war wieder schwanger und war nun entschiedener denn je gegen eine Arktisfahrt ihres Mannes.

Zu dieser Zeit hörte Greely von einem Offizier, dessen Namen er vielleicht vergessen hatte, seit er ihn für seine gute Arbeit im Feld gelobt hatte. Frederick Kislingbury sollte bei der Expedition noch eine große Rolle spielen. Der Offizier war spürbar in Not, und sein Motiv, nach Norden zu fahren, hatte weniger mit etwaigem Interesse an der Polarforschung zu tun, es war vielmehr eine Flucht aus unerträglicher Trauer. Er nannte auch keinen besonderen Grund, warum Greely ihn mitnehmen sollte. »Was meine wissenschaftlichen Qualifikationen angeht – ich behaupte nicht, dass ich etwas in dieser Richtung vorzuweisen hätte.« Doch er sei bereit, Neues zu lernen, und wenn Greely einen Mann brauche, der Männer anleiten, sie durch schwierige Situationen führen und jede Aufgabe bewältigen könne, die Geduld und Ausdauer verlange, »dann bin ich Euer Mann, mehr kann ich nicht hinzufügen, um Euch von meinem dringenden Wunsch zu überzeugen, mit Euch zu fahren«.

Kislingbury wurde in dem Dorf East Ilsley in der englischen Grafschaft Berkshire geboren und wanderte Mitte des 19. Jahrhunderts nach Amerika aus. In den sechziger Jahren diente er zeitweise bei der Armee, 1866 heiratete er Agnes Struther Bullock, die 21-jährige Tochter eines britischen Offiziers a. D. aus dem kanadischen Windsor.

Seine Frau und seine beiden kleinen Söhne – zwei weitere Söhne waren bereits gestorben – begleiteten ihn, als sein Infanterieregiment in Fort Concho eingesetzt wurde. Sein dritter Sohn kam 1874 zur Welt, im Jahr 1875 half er Greely beim Aufbau des Telegrafennetzes im Südwesten. Im Sommer 1876 wurde ein vierter Sohn geboren, Wheeler Schofield, getauft nach Colonel George Wheeler Schofield, dem Mann von Agnes' Schwester Alma. Schofield, ein Veteran des Bürgerkriegs, war in Fort Sill stationiert; als Waffenexperte hatte er die *Smith & Wesson* für die Kavallerie umgerüstet und sich dadurch in militärischen Kreisen einen hervorragenden Namen gemacht. Das Schicksal wollte es, dass Schofield bei der Aufeinanderfolge der Ereignisse eine kleine, aber tragische Rolle spielen sollte.

Kislingburys 11. Infanterieregiment wurde in die Garnison Standing Rock im Territorium Dakota verlegt. Im April 1878 traf ihn der erste Schicksalsschlag: Agnes starb. Kislingbury ließ sie in ihre Heimat Windsor überführen, anschließend verbrachte er in Detroit zwei Monate Sonderurlaub. Dort hörte er zum ersten Mal von der geplanten Arktisexpedition, die Greely kommandieren sollte. Später schrieb er: »Ich hatte gerade meine Frau verloren. Das war der Grund.« Doch als er diese Zeilen verfasste, hatte er schon seine zweite Frau verloren.

Es war Jessie, die jüngste der drei Bullock-Schwestern. Auch Alma war tot. Dem Trio war ein schlechtes Los zugedacht. Im Mai 1879 hatte Jessie ihren Schwager und dessen vier Söhne mit dem Regiment nach Fort Custer begleitet. Das Fort stand auf einem Hügelhorn am Zusammenfluss des Bighorn und des Little Bighorn River, unweit der Stelle, wo George Custer die Katastrophe ereilt hatte. Am 30. Oktober 1880 ritt Kislingbury an der Spitze eines Trupps aus zwei Sergeanten und zehn Männern des 2. Kavallerieregiments, das zusammen mit dem 11. Infanterieregiment in Fort Custer stationiert war, auf Erkundung in den Norden des Mussleshell River. Am 4. Dezember bekam er die Nachricht, seine Frau sei plötzlich erkrankt und er kehre besser ins Fort zurück, auf dem Rückweg könne er in Terry's Landing und Ryan die Pferde wechseln. »Ich ritt Tag und Nacht durch tiefen Schnee, und als ich ankam, lag meine arme Frau im Sterben. Großer Gott! Sie war schon eine Woche todkrank.« Er rannte die Treppen zur Intensivstation des Hospitals hinauf, kniete sich an ihr Bett und flehte sie inständig an, ihm ein Zeichen zu geben. Doch es war zu spät. »Sie verstarb in der Nacht zum 8., nachdem sie mich kaum wiedererkannt hatte und kein Wort sagen konnte. Sie konnte nicht mehr sprechen. Vor kurzem erst hatte ich meine erste Frau verloren, nun die zweite und die letzte der drei Schwestern, die alle innerhalb von drei Jahren aus dem Leben geschieden sind.«

Voller Trauer schrieb Kislingbury an Greely. Doch der Tod der Frauen war nicht seine einzige Sorge – dass im Fort Scharlach ausgebrochen war und das Leben seiner beiden jüngsten Söhne bedrohte, belastete ihn schwer. Er musste immerzu daran denken, »selbst als ich meine geliebte Frau an ihre vorletzte Ruhestätte bettete und ihre Überführung zu ihren Schwestern vorbereitete«.

Die Kinder erholten sich, doch in dem selbst für die Verhältnisse in den Great Plains ungewöhnlich harten Winter musste die Reise aufgeschoben werden. Auch die Kommunikation wäre fast zusammengebrochen. Schneewehen schnitten Fort Custer vom nächsten Bahnhof ab, Züge fuhren ohnehin nicht. Dennoch bekam er einen Brief, »der lange vom Schnee aufgehalten worden war«. Greely wusste nichts von Kislingburys jüngstem Verlust und lud ihn ein, an der Polarfahrt teilzunehmen, sollte diese zu Stande kommen. Kislingbury schickte ein Telegramm: »Ich bin dankbar und will gerne zusagen. Schreibt mir bitte in allen Einzelheiten, was von mir erwartet wird.« Er hatte um vier Monate Urlaub gebeten und wollte mit seinen Söhnen und dem Leichnam seiner Frau schnell nach Osten reisen, sobald das Wetter sich besserte. »Wenn ich mitgehen soll, erwarte ich Order, mich in Washington zu melden«, schrieb er.

Die Wochen vergingen, ohne dass weitere Post eingetroffen wäre. Kislingbury war immer noch in Fort Custer eingeschlossen, er schrieb an Greely und dankte ihm noch einmal für das »freundliche Angebot«, ihn mitzunehmen. »Gerade jetzt ist es mir ein Gottesgeschenk, eine wundervolle Gelegenheit, meinen schrecklichen Kummer zu vergessen.« Er schrieb ihm von Jessies Tod und betonte wieder, Greelys Einladung sei ein »Segen«. »Die Trennung von meinen Kindern wird nichts sein, verglichen mit der Aussicht, mit jenen zu wirken, die große Taten und andauerndes Wohl schaffen können.« Doch auch wenn das Unternehmen kein großer Erfolg werden sollte, »werden meine Kinder mich mehr lieben, wenn ich zurückkehre, und sie können stolz auf ihren Vater sein, weil er wagemutig den Gefahren der Arktis getrotzt hat, von denen wir schon in den Zeitungen lasen«. Er würde als ein anderer Mensch zurückkommen. Er hatte sich Greely von ganzem Herzen verschrieben und versprach: »Ihr werdet keinen treueren Freund und keinen ergebeneren Diener finden.«

Ein turbulenter Start

Die Wochen zogen sich dahin, doch Kislingbury saß immer noch in Fort Custer fest und konnte sich nicht auf die traurige Reise mit seinen Söhnen und seiner toten Frau machen. »Schnee und Kälte scheinen kein Ende zu nehmen«, schrieb er Mitte Februar 1881 – was etwas ironisch klingt, wenn man bedenkt, was ihn in der Arktis erwarten würde. »Kaum ist eine Straße offen, ist sie auch schon wieder zugeschneit.«

Kislingbury gehörte also noch nicht richtig zu Greelys Mannschaft, auch war er trotz Hazens und Greelys Eingaben noch nicht offiziell bestellt. Der Kriegsminister hatte sich von Sherman beeinflussen lassen, und dessen Widerstand gegen eine Beteiligung der Armee an Arktisprojekten war so unerschütterlich wie schon 1877, als er gegen Howgates Antrag gestimmt hatte. Greely wünschte, dass Kislingbury sofort über Kabel nach Washington beordert werde, aber nicht einmal seine deutliche Erinnerung, dass der Kongress die Expedition genehmigt habe, konnte Lincoln beeindrucken, sie war ihm wahrscheinlich eher lästig. Lincoln hatte jedoch Grund genug, in Bezug auf Kislingbury nichts zu unternehmen, nachdem Sherman angeordnet hatte, der Offizier habe bei seinem Regiment zu bleiben, das »an der Grenze im Einsatz« war. Doch Hazen blieb stur: »Es ist ausgesprochen wichtig, dass unverzüglich Befehl ergeht [Kislingbury nach Osten zu beordern].« Lincoln müsse eine Entscheidung treffen. Er wusste, dass nicht nur viele Abgeordnete für die Expedition waren, sondern auch Zeitungen, auf deren politische Unterstützung er immer gezählt hatte. Manch ein Blatt berichtete über die Expedition, als wäre sie schon im Gange, und gab dem Kommandanten allen Kredit. Der *New York Herald* schilderte Greely als »ausgesprochen geeignet durch seine Ausbildung und seine Gelehrigkeit«, die *New York Times* nannte ihn »einen der verlässlichsten Offiziere des Fernmeldecorps, einen Mann, der sich schon einen bemerkenswerten Ruf als Wissenschaftler erworben hatte«.

In den ersten Frühlingswochen des Jahres 1881 war das Schicksal der Lady-Franklin-Bay-Expedition zwar noch ungewiss, doch Greely tat zuversichtlich so, als würde alles klappen. In den letzten Wochen von Henriettas Schwangerschaft rekrutierte er Männer und besorgte Material. Seine energische, beharrliche Vorgehensweise verärgerte den Kriegsminister nach wie vor, besonders wenn er seine Forderungen untermauerte, indem er von sich selbst als dem »vom Präsidenten mit dem Kommando ausgestatteten Offizier« sprach. Am 17. März unterbreitete er seine kühnste Forderung und verlangte freie Verfügung über die 25 000 Dollar, die der Kongress genehmigt hatte. Er musste sich beeilen, und sei es auch nur, um den besten Pemmikan aus dem fernen Manitoba oder Saskatchewan zu bekommen.

Und er verlangte noch viel mehr. Er wollte die Genehmigung für sein Vorhaben, Dr. Octave Pavy, der mittlerweile Schlitten und Hunde in Grönland besorgte, als offiziellen Expeditionsarzt in den Dienst der Armee zu nehmen. Er wollte, dass der Generalstabsarzt des Heeres via St. John's Medikamente für 30 Mann und für mindestens zweieinhalb Jahre in die Arktis schickte – die Arznei sollte »mit Umsicht und unter Berücksichtigung von Skorbut und anderen Erkrankungen, wie sie in solchen Breiten häufig sind«, zusammengestellt werden. Und er wollte vor allem, dass sich die Soldaten spätestens am 10. Mai bei ihm meldeten. Greely kannte schon ein paar Männer, alle waren von ihren Vorgesetzten sehr empfohlen worden. Jede noch so kleine Änderung würde eine »effektive Ausübung des Kommandos« beeinträchtigen.

Eine Woche später schrieb Hazen aus seinem Hauptquartier im Riggs House an den Kriegsminister: »Es sind nun 27 Tage vergangen, seit um Ausführung des Auftrags ersucht wurde, und ich habe Euch schon zwei Mal deswegen angeschrieben. Eine freie Verfügung über die genehmigten 25 000 Dollar ist unbedingt erforderlich, bevor die ersten Schritte eingeleitet werden können.« Innerhalb von 48 Stunden würde ein Dampfer von New York nach St. John's fahren, Briefe an den Konsul von Neufundland müssten an Bord gebracht werden. »Mein Wunsch ist, diesen Auftrag auszuführen, dessen Erfolg von einer frühen Inangriffnahme abhängt«, endet Hazen.

Henrietta konnte jeden Augenblick niederkommen. Greely konnte ihr nicht in dem Maße seine liebende Aufmerksamkeit zuteil werden lassen, wie er es gern gewollt hätte, denn er musste für seine Expedition noch so vieles besorgen und dabei stets auf die Kosten achten. Für das Quartier wollte er entlüftende Dachziegel »von einer Größe, dass durch die zentrale Öffnung leicht ein großes Ofenrohr geschoben werden kann«. Genauso penibel war er bei der Bestellung eines »Handatlas, gut gebunden, mit Falzen, damit die Karten, die bei geschlossenem Buch von halber Größe sind, sich leicht zu voller Größe entfalten lassen«. Das Verlagshaus *Harper & Brothers* lieferte Bücher über Entdeckungen, Anthropologie, Medizin und andere Themen sowie eine Reihe Romane und etwa 60 Zeitschriften. In Greelys »Memorandum für die Ausrüstung« waren auch 200 Mess- und Hilfsgeräte gelistet – Magnetometer, Chronometer, Anemometer, Barometer, Galvanometer, Hygrometer, Telefone und »zwei Paar Thermometer für die Sonneneinstrahlung«. Um die Zuverlässigkeit der Thermometer zu garantieren, wollte das Winchester Observatory in Yale sie prüfen und eichen, denn Greely hatte geschrieben: »Früher gab es immer Abweichungen bei der Messung der Niedrigtemperaturen, weil die Thermometer nicht genau waren.« Das Magnetometer musste auch mit extraleichten Nadeln und Spiegeln gegen die auroralen Störungen ausgestattet werden.

Bei der Proviantbeschaffung ließ sich Greely laut *Army and Navy Register* hauptsächlich von Nordenskiölds 25-jähriger Arktiserfahrung leiten. Die *Vega* war 16 Monate nördlich des Polarkreises unterwegs gewesen, und in der Mannschaft hatte es nicht einen einzigen Fall von Skorbut gegeben. Greely bestellte 2 000 Pfund Kartoffeln in Konserven zu je fünf Pfund und gemischtes Gemüse in Dosen zu zwei Pfund. »Pfirsichkompott kann in Gläsern geschickt werden.« Er gab auch genaue Anweisungen für die Verpackung von Melasse und Sirup. Pökelfleisch vom Rind stellte nur einen kleinen Teil der Vorräte, denn Greely verließ sich eher auf »gepökeltes Schwein, die fettesten Stücke, die verfügbar sind«. Die Skorbutprophylaxe war von höchster Bedeutung, und der Kommandant bestellte große Mengen an Trockenobst, Dörrpflaumen, Preißelbeeren und Säfte sowie Zwiebeln, Essiggemüse, Karotten, Rote Bete – alles gut verpackt, damit es nicht faulte.

Ein geeignetes Schiff musste jedoch noch gefunden werden. Greely korrespondierte mit Reedereien, doch die Preise waren meist zu hoch. Auch die Offiziere waren noch nicht eingetroffen. Der Kriegsminister hatte Kislingbury schließlich nach Washington beordert, und der Leutnant hatte Fort Custer auch schon verlassen, doch Anfang April waren durch Schneeschmelze und schwere Regenfälle weite Teile der Great Plains überflutet. Eine Zeitung berichtete: »Die großen Wassermengen, die im Territorium Dakota und im Nordwesten niedergingen, treten nun über die Ufer des unteren Mississippi, schreckliche Überflutungen stehen zu befürchten.« Ende April wurde Kislingbury wieder aufgehalten.

Greely wollte den Kriegsminister immer noch zur Zusammenarbeit bewegen und versuchte es nun anders: Das öffentliche Interesse an der vermissten *Jeannette* war groß. Die Lady-Franklin-Bay-Expedition könnte nun zu einer Suchaktion umgeplant werden, ohne dass dadurch die wissenschaftlichen Ziele des Projekts stark beeinträchtigt würden. Greely schlug dem Minister vor: »Haltet Ihr die Sache nicht für wichtig genug, dass ich von der Internationalen Polarstation eine Schlittenpartie zum Kap Joseph Henry aussende, die nach dem Schiff Ausschau halten soll?« An dieser Stelle war ein fast 800 Meter hoher Berg, von dessen Gipfel aus man weite Sicht hatte. Greely fügte hinzu: »Die Chancen für eine Auffindung stehen natürlich eher schlecht. Aber wir dürfen selbst für diese kleine Hoffnung keine Mühen scheuen.« Lincoln schmetterte auch diesen Vorschlag ab, Greely verfasste einen rüden Brief: »Es sind nun schon Wochen vergangen, seit ich mit dieser Aufgabe betraut wurde, doch niemals fand ein Papier, eine Kalkulation oder ein Plan den Rückweg zu mir. Abgesehen von Lieutenant Kislingburys Bestellung weiß ich von nichts, was in dieser Angelegenheit unternommen worden wäre.

Wenn nicht schnell und unverzüglich gehandelt wird, kann die Expedition ohne richtige Vorbereitung und Ausrüstung dieses Jahr nicht in See stechen.«

Der Brief fand sich bei Greelys Unterlagen. Ob er ihn tatsächlich an den Kriegsminister geschickt hat, ist nicht bekannt. Doch nach langem Zögern bewegte sich Lincoln endlich. Am 11. April befahl er die Bearbeitung von Greelys zahlreichen Forderungen, darunter auch die Vollmacht, Pavy in Grönland in den Dienst der Armee zu stellen. Doch die Hauptaktivitäten lagen nun auf anderen Gebieten. Greely verbrachte Stunden beim Fernmeldecorps in der G Street und kümmerte sich um alles Mögliche, angefangen bei der richtigen Verpackung der Lebensmittel bis hin zur Suche nach einem geeigneten Schiff. Er wollte zwei Schiffe, eines für die Mannschaft, ein zweites für die Kohle. Auf Greelys Bitte hatte Marineminister William Chandler den Marineleutnant John F. Merry nach St. John's geschickt, wo er mit Hilfe des amerikanischen Konsuls ein Dampfschiff aussuchen sollte. Nur fünf Blocks von dem Ort entfernt, wo Greely mit diesen Problemen zu kämpfen hatte, bereitete sich seine Frau auf die Geburt vor. Freunde aus San Francisco schrieben: »[Hoffentlich] wird es für dich genauso leicht wie bei Antoinettes Geburt.« Nur Henrietta konnte wissen, dass es ganz anders kommen sollte. Sie musste immerzu an die Qualen denken, die ihre Mutter bei der Geburt der Zwillinge ausgestanden hatte. Stunde um Stunde schwankten ihre Gefühle zwischen Hoffnung bei jedem Zeichen, dass die Pläne ihres Mannes feststeckten, und nervöser Verzweiflung, wenn es schien, er komme voran. Am 12. April war klar, dass es Fortschritte gab. Das Kriegsministerium schickte Greely die ersten genauen Instruktionen. Er hatte das Kommando über eine Expedition, bestehend aus zwei weiteren Offizieren und 21 angeworbenen

Soldaten. Die Mannschaft sollte spätestens am 15. Mai in Washington zusammentreffen und am 15. Juni in St. John's sein.

Zwei Tage später verkündete Bennetts *Herald*, dass die Station in der Lady Franklin Bay zwar in erster Linie für meteorologische Studien eingerichtet werden sollte, »doch erst kürzlich verlautete, dass die Expedition auch auf die Suche nach dem Arktisdampfer *Jeannette* geht«. Diese Nachricht passte Greely nicht; sie hatte auch einen ironischen Anklang, nachdem er selbst den Vorschlag gemacht hatte, nach Bennetts Schiff zu suchen, um den Kriegsminister doch noch zum Handeln zu bewegen. Doch er hatte andere Sorgen: Die meisten Soldaten unter seinem Kommando waren mit ihren Regimentern Tausende von Meilen entfernt im Westen stationiert. Nun waren sie nach Washington beordert worden, aber ihre späte Ankunft ließ Greely nur wenig Zeit, sie richtig auszubilden, anzuweisen und sie mit den Zielen der Expedition vertraut zu machen.

Doch er hatte auch Grund zur Zufriedenheit. Unter anderem war ihm Edward Israel als Astronom zugeteilt worden; der viel versprechende junge Meteorologe hatte gerade die University of Michigan absolviert, er hatte eindrucksvolle Referenzen und wurde bei seiner Ankunft zum Sergeanten befördert und auch als solcher besoldet. Des Weiteren nahm Sergeant George Rice als Fotograf teil. Doch Greely hatte immer noch keinen stellvertretenden Kommandanten. Die Telegrafenstation Bismarck berichtete laufend über Kislingburys Reise nach Osten, doch Mitte April meldete sie, sein Aufenthaltsort sei unbekannt. Bei den Überflutungen waren Brücken gebrochen, Züge hatten bis zu zwei Wochen Verspätung. »Kislingbury bringt sicherlich die Überreste seiner Frau in den Osten«, besagte die Meldung vom 20. April, »und er kann keine Post verschicken, denn sie wird vor allem mit Maultieren und Pferden transportiert.«

Am selben Tag meldete der Wetterdienst, der seine Existenz vor allem Greely verdankte, einen bevorstehenden ungewöhnlichen Meteoritenschauer. Der nächste Morgen war bewölkt und kalt, Henrietta gebar in Greelys Haus in der 1413 K Street um 7 Uhr eine Tochter. Doch das war nur der Anfang der Qual, die einen ganzen Tag andauern sollte. Am Abend wurden zwei weitere Kinder tot geboren. Man kann den Schmerz der Eltern nur erahnen. Eine Freundin von der Westküste schrieb gedankenlos: »Es muss so traurig für dich gewesen sein, die kleinen Zwillinge zu verlieren. Ähnelten sie einander so sehr wie deine Brüder?« Und eine Kusine schrieb: »Du hast Schreckliches durchgemacht! Doch es muss dich trösten, dass all das vor Mr Greelys Aufbruch geschehen ist, auch wenn es für dich unter diesen Umständen besonders hart ist.«

Henrietta litt schwer unter der Drillingsgeburt, doch Greely konnte sich nicht unablässig um sie kümmern, da er dringend die Vorbereitungen für seinen Aufbruch abzuschließen hatte. In den Tagen nach der Geburt seiner Tochter Adola musste er das Pfirsichkompott umpacken lassen, nachdem der Verpflegungswart der Armee fürchtete, die Gläser könnten in der Kälte platzen. Außerdem drängte er den Generalquartiermeister, Fassnägel, Dachpappe, Ölzeug, kleine amerikanische Flaggen, Heizöfen, Fäustlinge, Socken und Schlafsäcke aus Büffelhaut zu besorgen. Teilweise war das Material leicht verfügbar, denn es waren Reste der *Polaris*-Expedition vorhanden, andere Dinge waren jedoch nicht so leicht zu beschaffen.

Greely schrieb an einen Reeder in New Bedford, Massachusetts, und bat um einen Kostenvoranschlag für einen

28-Fuß-Walfänger mit fünf Rudern, der am 1. Juni in Boston liegen sollte. In seinen Briefen an private Geschäftsleute konnte Greely keine prompte Bezahlung garantieren; verlegen teilte er ihnen mit, dass sie bis Juli auf ihr Geld warten müssten, »bis das Geld aus der Staatskasse angewiesen wird«.

Die Preise für die Schiffe in St. John's waren laut Merry und Konsul Thomas Molloy zu hoch. Greely fand, Merry und Molloy brauchten einen erfahrenen Berater, und so schickte er Hubbard Chester, ehemals Erster Offizier der *Polaris*, als seinen persönlichen Vertreter nach St. John's. Chester war mit allen Vollmachten ausgestattet und konnte Verträge schließen, die Greely bei seiner Ankunft in St. John's gegenzeichnen würde. In der letzten Aprilwoche kam eine Nachricht von Kislingbury, der mit der Leiche seiner Frau immer noch wetterbedingt im Niemandsland von Dakota festsaß. »Ich komme hier erst in zehn Tagen weg und kann nicht vor dem 25. Mai in Washington sein.«

Im Laufe des Frühlings kam auch Henrietta wieder zu Kräften. Ihren Mann sah sie selten, doch sie überredete Offiziersfrauen, nach ihrem eigenen Vorbild Kleider, Bücher, Spiele, Zigarren und Kuchen für die Expedition zu spenden. Greely hatte jedoch wichtigere Probleme. Samuel Pook, Offizier der Marinereederei in Washington, wo eine Dampfbarkasse für die Expedition gebaut wurde, warnte vor dem Kessel: »Die Dampfmaschine nimmt fast die ganze Länge des Boots ein. Mit dem Kessel ist es überladen. Prüft die Angelegenheit selbst, damit Ihr bekommt, was Ihr verlangt.« Und das Naval Observatory meldete: »Wir bedauern, keine Meridianfernrohre zu haben, außer denen, die der *Transit of Venus Commission* gehören, und die werden für die Beobachtung dieses Phänomens gebraucht. Wir können also nichts entbehren.«

Auf Greelys Bitte hatte das Außenministerium bei den Briten um Kopien der Karten gebeten, die Nares 1875 verwendet hatte, sowie um Auskunft über die Lage der vier Caches, die er an der Küste des Smithsund und des Kennedy Channel angelegt hatte. Die Admiralität war hilfsbereit. Außerdem erfuhr Greely, dass Molloy, Merry und Chester in St. John's eine Reihe von Schiffen inspiziert und dabei die *Proteus* ausfindig gemacht hatten, einen Robbenfänger aus Dundee. Der Eigner J. V. Stewart würde sie pro Kalendermonat für 400 Golddollar stellen, wobei drei Monate veranschlagt waren, des Weiteren würde er 150 Tonnen Kohle zum Einkaufspreis garantieren und eine Mannschaft aus erfahrenen neufundländischen Seeleuten stellen.

Diese Summe kam zu den bereits geschuldeten Ausgaben noch hinzu, und Greely hatte nur noch ein Viertel des zugeteilten Geldes übrig, das ohnehin erst im Juli verfügbar war. Doch die Zeit drängte, und in St. John's konnte kein robusteres Schiff aufgetrieben werden. Also unterzeichnete Chester den Chartervertrag über dreieinhalb Monate, der unter anderem besagte: »Das seetüchtige, robuste und in jeder Hinsicht für die Fahrt geeignete [Schiff] steht ab dem 1. Juli zu Lieutenant Greelys Verfügung.« Sollte das Schiff in unpassierbares Eis geraten, würde Captain Pike die Expeditionsmannschaft am bestmöglichen Punkt absetzen – ausgeschlossen natürlich »Gottes Werk, die Feinde der Königin, Feuer und alle anderen Gefahren und Unbilden auf Meeren und Flüssen, bei Navigation und höherer Gewalt«.

Verbittert schrieb Greely später, wegen der *Proteus* seien »weniger als 6 000 Dollar übrig, die ich sparsam ausgeben musste für Kohle, wissenschaftliche Geräte, Boote, Hunde, Hundefutter, Woll- und Pelzkleidung, Pemmikan, Zitronensaft, Alkohol und spezielle Lebensmittel, naturkundliches

Material, Haushaltsartikel u. Ä. Alles wurde erst nach reiflicher Überlegung im Hinblick auf Notwendigkeit und Kosten gekauft. Folglich musste auf viele gewünschte Artikel verzichtet und in jedem Fall das Material auf ein Minimum beschränkt werden.« Die Zeitungen riefen ihre Leser auf, Spiele, Fäustlinge, Bücher und Weihnachtsgeschenke zu spenden. Mit der Summe, die von seinem Etat noch übrig war, konnte sich Greely natürlich keinen Luxus leisten.

Er hatte auch wenig Gelegenheit, die Männer unter seinem Kommando kennen zu lernen. Alle waren sehr motiviert, hatten jedoch naive Vorstellungen von der Expedition. Der 31 Jahre alte Joseph Elison hatte sich freiwillig gemeldet. Er beschrieb sich als nur 1 Meter 62 groß, aber kräftig und gesund. Zehn Jahre lang hatte er Literatur über die Arktis verschlungen und meinte, er sei sich der Klimaschwankungen »voll bewusst«. Andere Soldaten waren überzeugt, die Wintermonate auf ihren Armeeposten im schneereichen Nordwesten hätten sie auf ideale Weise gegen die Kälte im hohen Norden abgehärtet.

Greelys Fotograf Rice war in den kanadischen Atlantikprovinzen aufgewachsen und hatte den Ehrgeiz, die Arktis fotografisch zu dokumentieren. Sein Bruder Moses war darauf spezialisiert, Politiker und andere Berühmtheiten abzulichten. In Moses' Atelier in Washington versammelte der Sergeant die Mannschaft zu einem Gruppenfoto. Alle sitzen in dunkler Zivilkleidung da, die meisten blicken stolz in die Kamera, nur Kislingbury, der als Letzter angekommen war, sieht zur Rechten des Kommandanten etwas nachdenklich aus. Fast alle Männer tragen einen sauber gestutzten Schnauzbart, bis auf den glatt rasierten Edward Israel, den vollbärtigen Sergeanten William Cross, Maschinist der Marinereederei und nun Erster Maschinist der Expedition, und den Kommandanten mit seinem gepflegten Vollbart. Greely ist auch der Einzige, der seine Arme gebieterisch verschränkt. (Das Foto wurde später retuschiert – die drei Gesichter derjenigen, die desertierten oder aus anderen Gründen nicht an der Expedition teilnahmen, wurden ausgeschnitten und durch diejenigen ersetzt, die tatsächlich mitfuhren. Bis heute sind beide Fotos in Umlauf, teilweise wurden jedoch die Namen falsch zugeordnet.)

Greely war immer noch mit Ausrüstungs- und Proviantproblemen befasst. Eine Firma in Baltimore meldete, sie habe keinen Pemmikan vorrätig, weil die Trockenmaschine ausgeschaltet sei. Sollte Greely 2 000 Pfund gemischtes Dörrfleisch bestellen, könne die Lieferung in zwei Wochen erfolgen, doch jede geringere Menge lohne einen Einsatz der Maschine nicht. Das roch nach Schikane, aber Greely konnte sich ohnehin nicht so viel Fleisch leisten.

Die renommierte New Yorker Instrumentenfirma *T. S. & J. D. Negus* hatte die Lieferung von vier Chronometern zugesagt, brauchte dazu aber mindestens drei Wochen länger, »um sie für Hitze und Kälte zu eichen«.

Am 26. Mai kollidierte der britische Dampfer *Carmina* mit Material aus New York in der Einfahrt des Hafens von St. John's mit einem Schoner. Der Dampfer sank bis zur Deckrinne; Gemüsekonserven, Dörrpflaumen, Zitronensaft und andere wertvolle Lebensmittel zur Skorbutvorbeugung gingen verloren oder wurden unbrauchbar.

Greely hatte einen Gemüsegarten in der Lady Franklin Bay geplant und beim Landwirtschaftsministerium nachgefragt, welche Samen er mitnehmen solle. Doch das Ministerium hatte keine Daten über Temperatur und Lichteinfall in diesem Gebiet und konnte daher keine verlässlichen Angaben machen. Vermutlich würden Rüben, Kohl, Lattich, Rettich und

Erbsen in der Arktis gedeihen, doch zu dieser Jahreszeit waren die Vorräte des Landwirtschaftsministeriums schon aufgebraucht, Greely sollte sich an *Landreth's Seed Warehause* in Philadelphia wenden.

Ein Problem war auch das 30-Fuß-Motorboot der Marine. Könnte es auf dem Dampfer *Nova Scotia*, der mit zahlreichen Passagieren an Bord von Neufundland nach Liverpool fuhr, sicher transportiert werden? Greely erfuhr, dass die Fracht in Baltimore übernommen werden könnte, vorausgesetzt, sie wiege nicht mehr als fünf Tonnen. »Das Boot muss an den Davits befestigt werden, dazu braucht es gut gesicherte Schäkel.« Das Boot war von Washington über den Potomac nach Annapolis gefahren, doch wie sollte es nach Baltimore kommen, nachdem der Kessel mit Salzwasser nicht funktionierte und die Ersatzmannschaft nicht in der Lage war, Segel zu setzen? Also musste das Boot geschleppt werden.

Mittlerweile war es Juni. Einige Freiwillige saßen immer noch in Dakota fest, doch Kislingbury hatte inzwischen via Detroit die Ostküste erreicht. Nachdem er sich bei Greely gemeldet hatte, fuhr er für zwei Tage nach New York. Aus dem *Astor House* schrieb er einer engen Freundin, der Gattin eines Kameraden aus seiner Zeit in Fort Concho, sie möge für sein Leben beten »in dieser langen, einsamen, schrecklichen Nacht. Mein Gott! Ich kann doch jetzt nicht sterben, ich muss zurückkommen.« Am nächsten Tag fuhr er nach St. John's, wo er das Verladen des Materials auf die *Proteus* überwachen sollte.

Greely verabschiedete sich von seiner Familie in Newburyport und war rechtzeitig wieder in Washington, wo er erfuhr, dass die Fotoausrüstung nun verschifft werden konnte. Auch die Dampfbarkasse war an Bord der *Nova Scotia*, allerdings meldete der Quartiermeister besorgt, dass sie »eher zehn Tonnen wiegt als fünf«. Doch Fracht und Gepäck waren bald versorgt, nun musste nur noch die Munition verladen werden, die, wie es nachträglich hieß, gemäß den Vorschriften nicht auf einem Passagierschiff transportiert werden durfte. Der Quartiermeister aus Baltimore hatte die Munition bis auf weiteren Befehl im Depot von Fort McHenry untergebracht.

Am 17. Juni erließ General Hazen den Marschbefehl für Greely. Die Instruktionen nannten alle Aufträge, die in der Lady Franklin Bay auszuführen seien, und versprachen für 1882 und 1883 Versorgungsschiffe. Sollte das erste Versorgungsschiff die Station nicht erreichen, würden an der Ostküste von Grinnell Land, an der Nordostküste von Ellesmere Island und auf Littleton Island vor Grönland größere und kleinere Caches angelegt werden. Sollte auch 1883 das Schiff den Smithsund nicht passieren können, »werden auf Littleton Island alle Vorräte und eine Mannschaft zur Überwinterung abgesetzt«.

Es war Greelys Idee gewesen, und sie stand nicht zur Diskussion. Das hatte er Hazen klar gemacht, »so eindringlich, wie es nur ging«, würde der General später sagen, nachdem er »die absolute Notwendigkeit« verspürte, Greelys Wünsche wortwörtlich zu befolgen. Das Hazen-Greely-Projekt galt als beispielhaft für die Verfolgung des großen internationalen Plans zur Lösung des Rätsels um den »Mysterienzirkel« am Ende der Welt.

Kislingbury war immer noch unruhig. Er schrieb über seine Söhne: »Arme kleine Männer! Wenn ich innehalte und darüber nachdenke, dass ich nun von ihrer Seite gerissen bin … will ich fast aufgeben. Ich kann mir gar nicht richtig vorstellen, dass ich nun von ihnen getrennt bin. Die Reise von Fort Custer hierher geschah in großer Eile, nun ist alles wie im

Traum.« Er war noch nicht über seine »schreckliche Trauer«
hinweg, doch Mitte Juni ging es ihm besser. Aber er hatte
immer noch Angst vor der langen Dunkelheit. »Stünde nicht
meine Ehre, meine Zukunft, unsere Zukunft auf dem Spiel –
ich würde alles stehen und liegen lassen und zurückkommen.«
Doch in den Briefen an seine Freundin aus Fort Concho erklärte er, mit Hilfe ihrer Gebete werde er »wieder ganz der
alte Draufgänger« sein.

Bald stießen die anderen dazu. »Linien und Rotten der
Lady-Franklin-Bay-Kolonie«, wie der *Herald* schrieb, erreichten am Morgen des 22. Juni St. John's. Die *Proteus* erwartete
sie nach ihrer zehntägigen Überholung im Trockendock. Die
Einwohner begrüßten die Amerikaner herzlich, einige warn-
ten jedoch vor den schwierigen Bedingungen im Norden und
zitierten die Walfänger, die von Eisriegeln und Hunderten Eisbergen berichteten. Greely war immer noch in New York; er
wartete, dass der Dampfer *Cortez* nach Neufundland auslief,
doch seine Hoffnungen, noch vor dem 4. Juli von St. John's
starten zu können, schwanden. Greely kabelte nach Baltimore
wegen des Schießpulvers, das nun in Fort McHenry gelagert
war, und erfuhr vom Quartiermeister: » Ich verfüge nicht über
die Transportmittel, mit denen das Pulver am 3. [Juli] oder zu
einem anderen Datum nach St. John's gebracht werden kann.«

Die *Cortez* fuhr am 21. Juni. Vier Tage später war Greely in
Halifax, wo ihn ein Telegramm aus St. John's erwartete: Die
bestellten Vorräte waren noch nicht angekommen, sie wurden
mit der Bahn via Neubraunschweig geliefert. Greely tobte:
»Der Quartiermeister hat alles falsch aufgegeben, alles hätte
ohne Verzögerung verschifft werden sollen!« Doch Kislingbury kabelte noch mehr schlechte Nachrichten nach Halifax:
Das Kriegsschiff *Alliance* war auf der Fahrt in die Baffin
Bay, wo es nach der verschollenen *Jeannette* suchen sollte, in

89

St. John's eingelaufen. Ihr Maschinist hatte den Kessel der Dampfbarkasse inspiziert und ihn frei heraus für untauglich erklärt: »Es ist ein vertikaler Röhrenkessel, der nicht salzwasserresistent ist. Ich kann einen garantiert salzwasserfesten Marinekessel bis 4. Juli bereitstellen, wenn Ihr heute noch ordert.« Der Umbau würde 400 Dollar kosten. Gereizt antwortete Greely, Kislingbury solle den Kessel in Auftrag geben. Gleichzeitig kabelte er an Hazen und bat um die Genehmigung, als Ersatz für die Munition, die in Fort McHenry unter Verschluss war, einen Teil des Pulvers von der *Alliance* zu übernehmen. Hazen beriet sich mit Marineminister Chandler und erhielt eine Absage: Die *Alliance* hatte nur eine kleine Menge Pulver für Leuchtfeuer an Bord. »Ihr müsst welches kaufen«, so Hazen.

Am 27. Juni ging Greely an Bord der *Proteus*, »wo große Unordnung herrschte«. Sollte er dafür seinen Ersten Offizier verantwortlich gemacht haben, so schwieg er sich jedenfalls darüber aus und lenkte seinen Zorn stattdessen auf eine Politik, »welche uns zwang, in zweieinhalb Monaten die Ausrüstung einer Expedition zu besorgen, die über zwei Jahre lang dem zivilisierten Leben fernzubleiben gedachte«. Die Lage war nicht gerade rosig. Greely schäumte über das »Versagen der Quartiermeisterei, die Lebensmittel via New York oder Baltimore zu verschiffen; so geriet die ganze Expedition in Verzug«. Währenddessen konnte Hazen die Reederei *Allan Line* überreden, Vorräte, Fotoausrüstung und Munition auf der *Hibernian* zu transportieren. Das Schiff wurde für den 6. Juli erwartet und lief auch planmäßig ein. Zwei Tage später schlingerte die eiligst reparierte *Carmina* mit den Resten ihrer Fracht in den Hafen von St. John's.

Howgates Abschiedstelegramm kam in letzter Minute, es war eher ein Murren denn ein Wunsch für eine glückliche

Die Atelier-Aufnahme des Expeditionstrupps – vorher und nachher.
Auf dem ersten Foto: Corporal Grimm, desertiert; Corporal Starr wurde
als Querulant, Private Ryan als Epileptiker entlassen. Greely ließ das
Foto retuschieren, die Gesichter der drei Männer entfernen und dafür
Aufnahmen von Private Ellis (Zweiter von links, hintere Reihe), Private
Biederbick (Siebter von links, hintere Reihe) und Sergeant Ralston (Vier-
ter von rechts, hintere Reihe) montieren. Auch Octave Pavy (Dritter von
rechts, hintere Reihe) wurde nachträglich eingefügt.

Fahrt. Das Hauptquartier des Fernmeldecorps hatte im *Army and Navy Register* einen zweispaltigen Artikel veröffentlicht, der einen Brief an Hazen zitierte, in dem Wild, der Vorsitzende der Internationalen Polartagung, dem Kommandeur dankte, dass er für eine amerikanische Beteiligung am Internationalen Polarjahr gesorgt habe. Wild ernannte Hazen »von diesem Tag an zum Mitglied der Polartagung«. In dem Artikel stand auch, dass »Greelys Arktis-Kolonie«-Expedition ihre Existenz vor allem Carl Weyprechts Bemühungen verdanke. Henry Howgate wurde nicht einmal erwähnt. Howgate schrieb überrascht an Greely über dessen »Unfähigkeit, Irrtümer auszuräumen. Ich vertraue darauf, dass du das vor dem Aufbruch noch erledigst.«

Doch Greely hatte keine Zeit, gebührend darauf zu antworten. Die *Proteus* sollte bald Anker lichten, und Greelys verbitterter alter Freund sollte bald wegen Betrugs und Veruntreuung gesucht werden. Es war ein trauriger Knick in der Laufbahn jenes Mannes, ohne dessen Pioniergeist Greely und seine Mannschaft niemals Segel gesetzt hätten. Doch es war auch wahr, dass Weyprecht fast allein das Internationale Polarjahr ins Leben gerufen hatte, zu dem die Lady-Franklin-Bay-Expedition einen wichtigen Beitrag leisten sollte. Gerne hätte Weyprecht noch erlebt, wie seine hehren Vorstellungen Wirklichkeit wurden. Doch während Greely alle Mittel daran setzte, dass die Amerikaner ein Glied in Weyprechts »zirkumpolarer Kette« bildeten, war der Österreicher im Alter von 43 Jahren an Lungenversagen gestorben.

2. Teil

Die Station

7

Fort Conger

Ende Juli lief die *Proteus* wieder in Upernavik aus, wo sie auf dem Weg von St. John's nach Norden die letzten Vorräte sowie die beiden Hundeführer Jens Edward und Thorlip Frederik Christiansen an Bord genommen hatte. Für Pikes Crew war der dichte Nebel nichts Besonderes, er deprimierte jedoch die Soldaten. Es gab auch schon erste Anzeichen von Schwierigkeiten. Kislingbury hatte sein Gewehr mit dem Befehl zur Reinigung an die Soldaten geschickt, es kam aber nicht zurück, und der Offizier kümmerte sich selbst um die Sache. »Angeblich wusste niemand etwas von dem Gewehr, und es schien den Männern auch gleichgültig zu sein.« Sergeant Brainard trieb die Waffe auf, doch Kislingbury fand sie immer noch rostig. Brainard sagte, nur ein Gefreiter, Private William Ellis, habe sich bereit erklärt, die Waffe zu reinigen, er habe es halbherzig getan und gesagt, er tue es nie wieder. »Es ist verständlich, dass die Männer es als niedrige Arbeit begreifen.« Ihre Vorstellung von einer Teilnahme an der Expedition schloss solche Aufträge aus. »Jeder, Offizier oder Gemeiner, sollte sich um seine eigenen Sachen kümmern.«

Kislingbury war entsetzt. Er fragte sich laut, warum sich

der Sergeant gegenüber den Untergebenen nicht durchgesetzt und die Reinigung der Waffe einfach befohlen habe. Brainards Antwort darauf ist nicht festgehalten. Kislingbury wollte Greely nichts von dem Vorfall sagen. Er hatte den Wortführer der unzufriedenen Männer im Vorschiff als Corporal Starr identifiziert, der sich mit Greelys Unterstützung der Expedition angeschlossen hatte; hätte Kislingbury dem Kommandanten vom Fehlverhalten des Korporals erzählt, hätte dieser vielleicht eine Kritik an seiner Entscheidung herausgehört. Kislingbury hatte schon gemerkt: »[Der Kommandant] nimmt Meinungen, die den seinen entgegengesetzt sind, nicht gut auf; ich bin in dieser Hinsicht vorsichtig geworden, er soll nicht denken, ich wolle mich widersetzen.« Und außerdem wären alle besserer Laune, wenn sie endlich die Lady Franklin Bay erreichten.

Das hoffte Kislingbury jedenfalls, doch seine Hoffnungen zerschlugen sich schnell. Eines Abends um 21 Uhr befahl Greely den Männern, nach dem Abendessen zu einer Leibesuntersuchung an Deck anzutreten. Greely hätte diese Aufgabe besser Pavy übertragen, stattdessen aber betraute er seinen Stellvertreter damit. Brainard schrieb: »Er öffnete Hemden und Blusen und besah sich von einigen Männern die Brust. So etwas Beschämendes habe ich noch nie erlebt. Sich gehorsam solch einer entwürdigenden Situation unterziehen zu müssen, ist empörend. Wir machten uns auf dem ganzen Schiff lächerlich.« Es war ein grober Fehler, dass Greely diese Untersuchung vor der Crew der *Proteus* angeordnet und die Amerikaner lächerlich gemacht hatte. Ansonsten war daran nichts Unschickliches. Auch wenn solche Leibesuntersuchungen vor ausgebildeten Sanitätsoffizieren durchgeführt wurden, konnten sie immer »entwürdigende« Situationen beinhalten, wie Brainard wissen musste. Und Kislingbury war ja kein Arzt.

Trotzdem meinte Brainard, der stellvertretende Kommandant habe aus »purem Trotz gehandelt«, weil sich die Männer geweigert hatten, die Gewehre für die beiden kommandierenden Offiziere zu reinigen und andere Burschendienste zu verrichten. »So viel steht fest – in Zukunft müssen sie für sich selbst sorgen.«

Bislang war noch kein gefährliches Eis gesichtet worden. Nach Rücksprache mit dem Kapitän entschied Greely, dass sie durch die Melville Bay nach Kap York fahren könnten. Doch es war riskant. Diese große, 300 Meilen breite Bucht mit ihren stets bewegten Wassern galt als Schiffsfriedhof. »Ein geheimnisvolles Wasser des Grauens« nannte Kane die Bucht. Und der englische Forschungsreisende Markham sagte: »Viele gut ausgerüstete Schiffe wurden in diese fatale Umarmung genommen. Diese Wasser könnten wahrlich schreckliche Geschichten von Schmerz und Leid erzählen.« In nur einem Jahr verschwanden in der Melville Bay 19 Schiffe. Die einen wurden von massiven Eisbergen zermalmt, andere kenterten im eisigen Sturm. Doch Pike führte das Schiff mit seemännischer Umsicht in die gefürchteten Wasser. Er wurde belohnt; es gab nur wenige Eisberge, und diese wenigen waren weit voneinander entfernt. Die Crew konnte ihr Glück kaum fassen. Am 31. Juli um 16 Uhr sichteten sie Kap York – sie hatten die Melville Bay in einer Rekordzeit von 36 Stunden durchquert. Doch die Landratten an Bord konnten die Erleichterung der Seeleute nicht teilen. Kislingbury spürte, dass die Soldaten ungehalten wurden. »Ich merke, es herrscht ein Geist vor, von dem ich fürchte, dass er zu dienstlichem Ungehorsam führt.«

Von Kap York fuhr die *Proteus* zum südöstlichen Ende der etwa 20 Meilen vor Grönland gelegenen Cary Islands. Kislingbury und Pavy gingen an Land; sie fanden einen Cairn, den Nares 1875 aufgeschichtet und Young im Jahr darauf mit der *Pandora* besucht hatte. Nares' Cache mit 3 600 Rationen war noch erhalten, auch das Walfangboot, das er dort deponiert hatte, war noch intakt. Kislingbury und Lockwood legten Greely nahe, das gestrandete Boot mitzunehmen, weil es größer und auch sichtlich robuster war als ihr eigenes Beiboot. Doch Greely weigerte sich, den Rat seiner Offiziere zu befolgen, er halte es nicht für richtig, das Boot zu nehmen, vielleicht könne es den Walfängern noch nützlich sein. Kislingbury war verdutzt – so weit nach Norden fuhren Walfänger selten. Er schrieb in sein Tagebuch: »Hätte man das Boot aus humanitären Gründen dort gelassen, lägen die Dinge anders.« Doch das Material war genau aus dem Grund dort gelagert: um den Nordfahrern zu helfen. »Wir brauchen das Boot. Ich finde, Lieutenant Greely macht einen Fehler.« Doch Greely wollte ein anderes Boot mitnehmen, von dem er wusste, dass es auf Washington Irving Island lag. Wer konnte jedoch sagen, in welchem Zustand es war? Kislingbury: »Lieber einen Spatz in der Hand als eine Taube auf dem Dach.«

Anfang August war das Wetter gut. Greely fasste Mut und entschied, bei Kap Sabine an der Ostküste von Ellesmere Island keinen Halt zu machen, um dort das Schlittendepot der Nares-Expedition zu inspizieren. Stattdessen wies er Pike an, direkt Kurs auf Kap Hawks zu nehmen. Auf der grönländischen Seite des Smithsund, auf Littleton Island, und in der Lifeboat Cove gegenüber Kap Sabine schickte er Trupps an Land. Von Littleton Island konnten die 25 Meilen bis Ellesmere Island sicher überquert werden. Seit die Briten das Tor zum engen Smithsund 30 Jahre zuvor entdeckt und getauft hatten, war es ein nützlicher Zwischenstopp für Entdeckungsfahrer auf der Suche nach Franklin oder dem legendären »Offenen Eismeer«. Jede dieser Expeditionen hatte ihre Spur in

Form von Caches oder Cairns mit Notizen für nachfolgende Besucher oder zum Eigenbedarf im Falle eines Rückzugs zurückgelassen. Auch die gestrandete *Polaris*-Expedition hatte nach dem rätselhaften Tod ihres Kommandanten dort überwintert.

Lockwood führte einen Trupp mit sechs Tonnen Kohle an Land, die sie vielleicht bei ihrer Rückfahrt, geplant für September 1883, gebrauchen könnten. Kislingbury fuhr in Begleitung von Pavy, Clay und Rice mit dem Walfangboot in die Lifeboat Cove, wo das Wrack der *Polaris* lag. Kislingbury inspizierte die Stelle, wo das Lager von Halls Männern gewesen war. Der Cairn war zerstört, wahrscheinlich von wandernden Eskimos geplündert. Doch zwischen den Gegenständen, die hier und da verstreut lagen, fand er Seiten eines Gebetbuchs. »Mein Blick fiel auf das ›Gebet am Nordpol‹. Ich werde es behalten, und sollte ich das Glück haben, den Pol zu erreichen, werde ich es mit glühender Verve vortragen.« Bei der Rückkehr zur *Proteus* sichtete der Leutnant ein Walrossweibchen samt Kalb. Die beiden hielten direkt auf das Boot zu, und Kislingbury schoss aus geringerer Entfernung. Die Tiere sanken sofort, und Kislingbury hatte große Gewissensbisse – vor allem wegen des Verlusts der Beute. »Das ist der schlimme Teil, wenn man diese armen Geschöpfe im Wasser tötet«, schrieb er an jenem Abend in der Offiziersmesse. »Ich werde es nicht wieder tun, und ich werde es auch anderen nicht erlauben, es sei denn, wir haben Harpunen. Damit kann man das Walross vor dem Absinken bewahren.«

Auch nördlich von Littleton Island war die See noch eisfrei. Am 3. August um 9 Uhr erreichten sie Kap Hawks. Greely ging mit einem Trupp von Bord und fand das kleine Beiboot von Nares' Schiff *Valorous*. Sie ließen es zu Wasser und hievten es an Bord der *Proteus*. Auch Young war hier gewesen, er hatte 3 600 Rationen zurückgelassen, vor allem Brot, Stearin, konservierte Kartoffeln, Essiggemüse und Rum. Nebel zog herein, die *Proteus* musste langsamer fahren. Am 4. August erreichte das Schiff 81° 44' und fuhr somit 1 100 Meilen nördlich des Polarkreises. Greely schrieb: »Um 9 Uhr abends erreichten wir das südöstliche Ende der Lady Franklin Bay ... Hier fanden wir dichtes, schweres Packeis und wurden zum ersten Mal vom Eis aufgehalten.«

Das Blatt wendete sich. Der Grund für die verhältnismäßig reibungslose Fahrt der *Proteus* während der vergangenen Wochen offenbarte sich: Auf dem Weg nach Norden waren sie auf wenig Eis getroffen, weil ein warmer Sommer auf einen milden Winter gefolgt war und das Eis sich weiter im Norden konzentrierte als gewöhnlich, doch nicht nördlich genug, um freie Einfahrt in die Lady Franklin Bay und eine leichte Anlandung zu gewähren. Erst am Tag zuvor hatte Kislingbury in sein Tagebuch geschrieben: »Wir können uns beglückwünschen, dass wir so schnell so weit nach Norden gekommen sind.« Und er hatte ja immer einen passenden Aphorismus zur Hand: »Doch die Rechnung macht man nicht ohne den Wirt.« Pike ankerte am Packeis. Die *Proteus* lag nun vor Kap Baird, einem Landvorsprung von Bellot Island, das die Lady Franklin Bay bewacht wie ein steingewordener Wärter.

Greely konnte an Land gehen und 280 Pfund Brot und Fleisch deponieren. Als er wieder an Bord war, musste er zu seinem Verdruss von Pike erfahren, dass das Eis, an dem er das Schiff festgemacht hatte, nach Süden driftete. Man konnte nichts unternehmen, außer seiner Frustration beim Briefeschreiben Luft machen. Greely schrieb an seine Frau: »Ich sehne mich immerzu nach dir, nach unserem Heim, nach all den Bequemlichkeiten.« Er konnte die gegenwärtige Situation nur ertragen, weil er hoffte, sie würde in künftigem Glück enden. »Außer dir und den Kindern gibt es so wenig, was für mich von Wert ist.«

Kislingbury, der eine Kabine mit dem Kommandanten teilte, schrieb an seine vier Söhne: »Ich habe meinen kleinen Männern so viel Interessantes zu erzählen, wenn ich nach Hause komme.« Er beschrieb, wie sich das Eis »von Küste zu Küste durch den Robeson Channel und sicherlich geradenwegs zum Nordpol zieht. Hier oben habe ich den Nikolaus gesehen.« Er habe mit ihm die Vereinbarung getroffen, dass er die Geschenke aus St. John's und Washington schicke. »Papa fürchtet nur eine Sache, das ist die lange Nacht ... 130 dunkle Tage sind wirklich eine Herausforderung.« Er sagte ihnen, dass diese Briefe nun die letzten seien »bis zum nächsten Jahr, wenn das Schiff [mit der Post] zu uns kommt«.

Auch Octave Pavy schrieb eifrig, er sprühte nur so vor Übellaunigkeit und Abscheu. Einmal brach das Packeis für kurze Zeit auf, aber da schlief Greely zufällig. »Wenn er auch nur einen Hauch von Verantwortungsbewusstsein hätte, würde er nicht schlafen, denn er hat keine Vorsorge gegen die Eisklammer getroffen.« Doch dieser Begriff traf nicht zu, die *Proteus* war nicht in unmittelbarer Gefahr, vom Eis zermalmt zu werden; aber sie wurde hilflos nach Süden getrieben, als sie zehn Meilen vor dem Ziel war – Greely hatte schon eine Lagerstelle an der Küste von Discovery Harbor erspäht, einer Einbuchtung in der Lady Franklin Bay, die nach dem britischen Schiff benannt war, das dort einst Schutz gefunden hatte.

Doch das Glück hatte die Expedition nicht verlassen. Nach sieben Tagen des erzwungenen Rückzugs kam etwa 40 Meilen südlich von Discovery Harbor ein Sturm aus Westen auf. Das Eis, das den ganzen Robeson Channel durchzogen hatte, brach an den westlichen Rändern allmählich auf. Während der undurchdringliche Teil des Packeises nach

Osten trieb, bröckelte die westliche Kante zusehends. Bald zogen sich die Risse wie ein Spinnennetz über die Oberfläche, und Pike ergriff jede neue Gelegenheit beim Schopf. Er fuhr das Schiff mit voller Kraft voraus durch jede Öffnung und dampfte im Zickzackkurs durch wankende Schollen, hielt jedoch grob Kurs auf Norden. Am 10. August war er wieder an der Einfahrt zur Lady Franklin Bay.

Er ankerte an einer Küsteneisscholle. Greely ging an Land und inspizierte die Cairns und Aufzeichnungen der Briten von 1875. Lockwood kletterte über das Landeis an die Küste, besah sich das Kohleflöz und meldete, dass es leicht zugänglich sei. Kislingbury schrieb in sein Tagebuch, der Eisriegel sei glatt durchgebrochen und die *Proteus* müsse »einfach nur noch durch das Eis in den Hafen brechen. Am besten, wir feiern heute Abend mit einem lauten ›Hipp, hipp, hurra!‹«

Sofort wurde abgeladen, die Männer schlugen die Zelte auf. Am 13. August schrieben alle fiebrig die letzten Briefe nach Hause, denn die *Proteus* sollte am nächsten Tag wieder die Rückfahrt antreten. Niemand wusste zu diesem Zeitpunkt, dass sich das Eis in der Hafeneinfahrt bereits wieder festigte, und Kislingbury nahm sich Zeit für weitere Briefe. Für den Fall, dass er nicht von seiner Fahrt zurückkehren würde, hatte er Wheeler Schofield, der selbst ein Bullock-Mädchen geheiratet und verloren hatte, zum Vormund seiner Söhne ernannt. Kislingburys letzte Worte waren wie immer sentimental: »Wie lange euer armer Papa nun warten muss, bevor er wieder von seinen Lieblingen hört! Ich bete morgens und abends für meine Liebsten, und ich bin sicher, dass meine kleinen Männer eifrig lernen und in der Schule gut vorankommen.« Er war so beschäftigt mit Briefeschreiben, dass er Greelys wachsende Wut über die Verzögerung gar nicht bemerkte.

Doch am 14. August um 4 Uhr war das ganze Material an Land, und die Männer schlugen bald die ersten Nägel in die Bretter, die für die Hütten schon fertig zugeschnitten nach Norden gebracht worden waren. Vielleicht hatte das schnelle Ausladen Greelys Angst vor persönlichen Konflikten abgeschwächt, dennoch wusste er, dass er das Problem Pavy-Clay irgendwie lösen musste. Pavy weigerte sich zu bleiben, wenn Clay blieb. Dem Kommandanten war Clay bei weitem lieber, doch er wollte sich von einem Untergebenen keinesfalls vorschreiben lassen, was er zu tun habe. Andererseits war ihm klar, dass Pavy unentbehrlich war. Er schrieb in sein Tagebuch: »Es schmerzt sehr, dass Pavy droht, die Mannschaft zu verlassen. Wäre er nicht der Arzt, wäre ich schon längst mit ihm fertig.« Greely fürchtete, dass Schwierigkeiten vorprogrammiert wären, wenn er Pavy behielte, aber die Mannschaft brauchte einen Arzt. Clay schlug einen Ausweg vor, indem er sich bereit erklärte, mit der *Proteus* zurückzukehren, was Greely gar nicht recht war. »Doch wir können auf den Arzt nicht verzichten und müssen alle ehrenhaften Kompromisse eingehen, um ihn zu halten.«

Der Verlust von Corporal Starr war weniger beklagenswert. Greely und Kislingbury sahen beide in ihm einen Querulanten, der schlechten Einfluss auf die Männer nahm, und schickten ihn nach Hause. Auch Private Ryan fuhr zurück, weil er an Epilepsie litt.

Von Anfang an war Pavy der Überzeugung, dass er von der Arktis mehr verstand, als die amerikanischen Offiziere jemals lernen könnten, und hegte schon früh Verachtung für die Männer. Er konnte zwar nicht mit einer großen Arktiserfahrung aufwarten, doch er war wie besessen von dem Land. Der Sohn eines französischen Plantagenbesitzers aus New Orleans hatte in Paris Medizin studiert und verstand sich auch als Maler und Bildhauer. Er hatte sich dem Entdeckungsreisenden Gustave Lambert angeschlossen, der einen Vorstoß zum Nordpol unternehmen wollte, allerdings kam der Deutsch-Französische Krieg dazwischen. Pavy wurde ausgezeichnet, Lambert jedoch fiel. Nach seiner Rückkehr in die Vereinigten Staaten hatte er sich einen Namen gemacht, indem er aus eigener Kraft eine Expedition ausgerüstet hatte, die über die Beringstraße zum Nordpol vordringen sollte. Die Zeitungen nannten ihn einen »gelehrigen Geografen und Kenner der Arktis«, körperlich sei er durch seine Arbeit in den Alpen abgehärtet, seine Navigationskenntnisse habe er auf hoher See erworben und sei beseelt von »einer Glut, die auch das harte arktische Klima nicht kühlen kann«. Pavy wollte von San Francisco nach Norden fahren und die letzte Etappe zum Nordpol mit einem Floß aus vier 8 Meter langen Gummiröhren bewältigen. »Nach Pavys Theorie trägt ihn ein Ausläufer des Kuroschio ins Eismeer. Er ist der Meinung, um den Pol selbst strömten offene Wasser«, schrieb ein Magazin.

Solche Mythen kursierten damals. Pavy war nicht der Erste, der die Stärke des Kuroschio überschätzte, der von den Tropen über Japan zum Polarkreis fließt – und er war auch nicht der Letzte. Auch George De Long nährte ähnliche Hoffnungen, als er mit der *Jeannette* aufbrach. Jedenfalls stach Pavys »Expedition zum Nordpol« nie in See. Kurz vor der geplanten Abfahrt im Sommer 1872 starb sein Sponsor, entweder durch eigene Hand oder die Hand seines Hausdieners. Pavy verschwand aus dem Blick der Öffentlichkeit und führte ein rastloses und oft mittelloses Leben, bis er das Glück hatte, zwei Ärzten aus Missouri zu begegnen, die ihm halfen, sein Studium wieder aufzunehmen und abzuschließen.

Eine Frau in Paris behauptete, Pavy habe sie und die gemeinsame Tochter verlassen. Dennoch heiratete er in den

Vereinigten Staaten ein gebildetes, wohlhabendes Mädchen aus St. Louis, wo sich Pavy mit Vorträgen an der Academy of Science vor wissenschaftlich interessiertem Publikum wieder einen Namen machte. Als er von Howgates Plänen erfuhr, bot er seine Dienste an und nahm als Arzt und Naturkundler 1880 an der zweiten Expedition teil. Die *Gulnare* kehrte stark beschädigt zurück, er und Clay waren jedoch in Grönland geblieben, um künftige Unternehmungen für eine Kolonisierung vorzubereiten. Pavy hatte die Eskimosprache erlernt, er hatte Flora und Fauna der Region studiert und betrachtete sich nun als Arktisexperten. Nachdem sein Selbstvertrauen und seine Selbstwertschätzung also wiederhergestellt waren, würde er sich bei einer richtigen Arktisexpedition, deren Mannschaft aus Soldaten ohne jede Arktiserfahrung bestand, natürlich nicht ohne weiteres militärischen Weisungen fügen.

Doch in den ersten Tagen in Discovery Harbor war der Umgang mit dem Arzt nur eines von vielen Problemen, die Greely belasteten. Das Löschen der Ladung, darunter auch 140 Tonnen Kohle, war zwar dankenswerterweise reibungslos verlaufen, und Greely war auch sehr zufrieden mit den Unteroffizieren, allerdings war da noch William Cross, der unverbesserliche Trinker. Und von den drei Dutzend Hunden, die sie auf Disko und in Upernavik an Bord genommen hatten, war die Hälfte krank und würde nicht mehr lange leben. Doch der Hausbau ging zügig vonstatten, der Rahmen war schnell hochgezogen, der Boden rasch verlegt. Sogar Kislingbury bemerkte: »Lieutenant Greely hat eine wunderbare Fähigkeit, die Männer zum Arbeiten zu bewegen, und unter seiner Anleitung werden wir schon morgen oder übermorgen in einem Haus wohnen.«

Doch kaum eine Woche nach der Landung hatte Greely an seinem Stellvertreter schon einiges auszusetzen. Er war »arg verdrossen« von Kislingburys offensichtlicher Anmaßung, »mehr Zeit auf das Briefeschreiben zu verwenden, als sich rund um die Uhr um seine Männer zu kümmern«. Damals, am 15. August, hielt Greely noch den Mund, aber die Stunde nahte, da der Kommandant etwas sagen müsste.

Der Wind war abgeflaut, in der Hafeneinfahrt bildete sich wieder Eis. Captain Pike drängte zur Rückfahrt, doch das Schiff war schon eingeschlossen. Abgesehen von den drei Passagieren, hatte er private Post und offizielle Berichte an Bord, darunter auch ein ausführliches Schreiben von Greely an Hazen, in dem der Kommandant noch einmal die Wichtigkeit der Versorgungsfahrten für 1882 und 1883 betonte und im Wesentlichen wiederholte, was er mit dem General vor dem Aufbruch besprochen hatte. Er wies darauf hin, was zu tun sei, wenn ein Versorgungsschiff an der Küste von Ellesmere Island oder Grönland auf Schwierigkeiten stieße, und er schloss den Brief in einem Befehlston, den er noch bereuen würde: »Von diesen Anweisungen dulde ich keinerlei Abweichungen. Die Mannschaft, die an benannter Küste nach Männern sucht, die wissen, was sie zu tun und zu lassen haben, hat keinen Handlungsspielraum.« Hazen sagte später: »Es gab nie einen Arbeitsplan, der mit größerer Sorgfalt, Akribie und Gewissenhaftigkeit ausgearbeitet worden war wie der, den Mr Greely und ich selbst aufstellten.« Doch zu seiner Verteidigung schilderte er Greelys Schreiben auch »von einer Natur und von einem Tone, dass ich den Eindruck hatte, ich könne keine Befehle erteilen, die in irgendeiner Weise mit seinen Instruktionen in Konflikt ständen«.

Am 16. August waren die Hauswände fertig, vier Tage später fehlte nur noch das Dach. Greely taufte seine kleine Station Fort Conger, zu Ehren von Omar D. Conger, Senator aus Michigan, der von Anfang an das Arktisprojekt unermüdlich

Die *Proteus* beim Löschen der Ladung in Discovery Harbor,
wo Greely das Basislager Fort Conger errichtete.

Die *Proteus* in der Lady Franklin Bay;
im Hintergrund das Haus der Expedition.

unterstützt hatte. Noch vor Monatsende war die Station so weit, dass mit den geplanten Studien begonnen werden konnte. Das Haus bot Platz für 25 Männer, der Haupttrakt war 30 Meter lang, sechs Meter breit und vier Meter hoch. Die doppelten Wände waren mit dicker Teerpappe überzogen, eine dünnere Schicht deckte das Dach. Der schwarze Überzug würde im Sommer die Sonnenstrahlen absorbieren und im Winter mit zusätzlichen Eis- und Schneeschichten gegen Kälte isolieren. Für die magnetischen Messgeräte sowie die Vorräte und Materialien wurden an beiden Breitseiten des Hauses Schuppen aus Segeltuch und Teerpappe errichtet.

Der Eingang, eine Art Vorzelt aus Segeltuch, befand sich auf der Westseite. Ein 20 Quadratmeter großer Raum am Nordende war für die drei Offiziere und den Arzt mit Betten und einem Tisch in der Mitte ausgestattet. Greely schrieb: »Mein eigener Bezirk von acht Fuß im Quadrat war von dem Zimmer durch einen schweren Vorhang getrennt, so dass ich bei Nacht, oder wenn ich es sonst wünschte, mich absondern konnte.« Sein »Bezirk« bestand, abgesehen von der Lagerstatt auf seiner Kleidertruhe, aus einem kleinen Schreibtisch und einem Schaukelstuhl. Regale über dem Schreibtisch beinhalteten die »treffliche arktische Bibliothek, die wir besaßen«. Das Mannschaftsquartier war doppelt so groß wie der Raum der Offiziere, es nahm den Großteil der Südseite ein und war mit 20 Doppelpritschen und vier Tischen eingerichtet. Zwischen den Quartieren und neben dem Eingang lagen die Küche, ein Gemeinschaftswaschraum und das Studierzimmer. Im Waschraum gab es eine »ausgezeichnete Badewanne«; er grenzte an zwei Öfen, war »warm und bequem« und »immer in brauchbarem Stand« für die Waschungen, die Greely ein Mal wöchentlich anordnete.

Das Haus stand geschickt auf ebenem Boden, etwa 100 Meter von der Küste entfernt vor einer Hügelgruppe, durch die sich ein Tal mit einem Bach nach Norden zu dem vier Meilen entfernten Kohleflöz zog. Vom Haus hatte man Blick auf das kleine Dutch Island zwei Meilen vor der Küste und auf die östliche Einfahrt von Discovery Harbor, wo das Eis schon die *Proteus* festhielt. Im Osten verjüngte sich das Hallbecken zum Robeson Channel, an der Küste gegenüber lag der Ort, wo Hall Zuflucht gefunden und die amerikanische Flagge gehisst hatte: Thank God Harbor.

In der ersten Zeit herrschten immer wieder Optimismus und hoffnungsfrohe Spannung, doch die Situation war alles andere als rosig. Der Kommandant war gereizt, oft aus gutem Grund. Seine Pläne für die Forschungsarbeit waren genauso sorgfältig ausgearbeitet wie für die Behausung, und er hatte den Bau einer Holzhütte vorgesehen, die 200 Meter vom Haupthaus entfernt als Labor für magnetische Messungen diente. Die Hütte war bis zur Traufe in Erde und Grassoden gehüllt, doch es war immer noch viel zu kalt, um dort zu arbeiten, also mussten mit einem einfachen Feuerrost ein Herd und eine Esse gebaut werden.

Greely war verärgert über die in aller Eile ausgerüstete Expedition, deren Konsequenzen erst jetzt zum Tragen kamen. Die Skalen der Erwärmungs- und Strahlungsthermometer waren so begrenzt, dass sie in der wichtigsten Zeit, nämlich von Oktober bis März, wertlos waren. Der Neigungskreis, der extra für die Lady-Franklin-Bay-Expedition angefertigt worden war – eine in einer runden Dose gut ausbalancierte Magnetnadel, mit der die Richtung der erdmagnetischen Intensität gemessen werden konnte –, war irrtümlich an die *United States Coast Survey* geschickt worden. Greely hatte umgehend moniert und darauf bestanden, dass ihm das

Instrument nach New York gebracht wurde. Doch erst am Tag der Abfahrt aus St. John's hatte sich herausgestellt, dass das Gerät, das gut verpackt verschifft worden war, »ein altes, rostiges, nicht recht brauchbares Instrument« war, wie auch der Chronograf, der nach Greelys späteren Angaben »offenbar von einer nachlässigen, kenntnislosen Person abgeschickt [wurde], welche beinahe die Absichten ihres Departements, eine wertvolle und unvergleichliche Beobachtungsreihe zu erhalten, vereitelt hätte«.

Während die *Proteus* Ende August immer noch zwei Meilen vor der Küste feststeckte, ging Greely im neu erbauten Quartier zu Werk. Zuerst legte er seinen beiden Offizieren und dem Arzt ein Papier vor, in dem die Männer offiziell ihre Absicht erklären mussten, 1883 in die USA zurückzukehren. Sollte einer der drei sich für das Kommando über die Station bewerben, sofern sie im Rahmen des Internationalen Polarprogramms weiterbetrieben würde, solle er dies nun niederlegen, damit das Kriegsministerium informiert sei und entsprechende Anordnungen treffen könne. Lockwoods Antwort war zurückhaltend. Er sei zwar »geschmeichelt« von Greelys Angebot, hielt eine definitive Zusage aber nicht für angeraten. »Das Jahr 1883 liegt in ferner Zukunft ... Zu viele Unwägbarkeiten müssen berücksichtigt werden.« Pavy schloss sich dieser Aussage kurz und bündig an, nur Kislingburys Antwort war überschwänglich. Er sei seinen Pflichten »ergeben«, sei »hoch interessiert« an der arktischen Frage und »begierig, alles zu erfahren und zu entdecken, was mit dem Land hier und so weit nördlich wie nur möglich zusammenhängt«. Er fühlte sich körperlich in der Lage, über 1883 hinaus im Norden zu bleiben, und hielt sich bereit, »so lange hier zu sein, wie meine Regierung es von mir wünscht«.

Alle Männer lebten nun im Haus, doch Kameradschaft

Der Bau der Station in Fort Conger.

Greelys Ecke im Offiziersquartier, das er mit zwei anderen
Offizieren und dem Expeditionsarzt teilte. Er hängte
einen Vorhang auf, hinter dem er sich zurückziehen konnte.

entwickelte sich eher unter den Mannschaftsgraden als unter den wenigen an der Spitze. Der stellvertretende Kommandant schrieb Briefe, bis ihn »der Arm schmerzte«. Aus einigen sprach das Heimweh, doch meist klangen sie zuversichtlich. »Ich will alles, was ich anpacke, erfolgreich zu Ende bringen, dann komme ich ganz sicher zurück«, schrieb er und merkte gar nicht, dass Greely zunehmend ungeduldig wurde. Greely notierte, dass Kislingbury »sehr spät zum Frühstück kam und dann wieder bis zum Abendessen ins Bett ging«. Schlimm war auch, dass Lockwood unter Schlaflosigkeit litt und morgens oft länger im Bett blieb.

Selbst sonntags übertrieben die beiden, auch wenn es ein Ruhetag war. Greely rügte sie. Lockwood entschuldigte sich demütig und schwor, seine Gewohnheiten zu ändern, nicht so Kislingbury. Er beschwerte sich, »weil er das Gefühl hat, dass ich nicht geneigt sei, seine Ratschläge zu befolgen«, wie Greely in sein privates Tagebuch schrieb. Kislingbury hatte von einem »Marsch über die Hügel« als Arbeit gesprochen, Greely nannte es ein »Vergnügen«. Mit jeder Stunde stieg die Spannung zwischen den beiden Männern, während die *Proteus,* die man nur mit dem Fernglas sehen konnte, immer noch im Eis der Lady Franklin Bay lag.

Der suspendierte Leutnant

Drei aufeinander folgende Tage lang hatte sich das Frühstück wegen Kislingbury um eine halbe Stunde verschoben. Er hatte die Rüge seines Kommandanten schlecht aufgenommen und angeboten, vom Tisch fernzubleiben: Die anderen sollten ihrem Tagesablauf nachgehen und ohne ihn essen. Greely gab zurück, dass es nicht darum gehe, ob er das Frühstück ausfallen lasse oder nicht – er müsse zur selben Zeit aufstehen wie die anderen auch, und zwar um 7.30 Uhr. Wenn ein Offizier sich nicht bereitwillig seinem Befehl fügte, war er für die Expedition nicht mehr nützlich – so Greelys Maxime, die er Kislingbury gegenüber klar machen wollte, wie er auch überhaupt immer darauf bedacht war, dass sein Stellvertreter seine Meinung teilte und der Fall damit erledigt wäre. Doch Kislingbury argumentierte, es bestehe für die Offiziere kein Grund, zur selben Zeit aufzustehen wie die Soldaten. Greely verlor die Geduld. Er herrschte ihn an, er solle entweder seinem Befehl folgen oder gehen. Wortlos verließ Kislingbury das Offiziersquartier.

Der Leutnant war überzeugt, dass seine Dienste als Expeditionsmitglied nicht länger erforderlich seien, und zog sich auf die *Proteus* zurück. In der Offiziersmesse schrieb er: »Bei verschiedenen Gelegenheiten hat es Lieutenant Greely an Vertrauen zu mir mangeln lassen … und mich kritisiert. Ich habe schon längere Zeit gespürt, dass es ihm aus Gründen, die nur er selber kennt, lieber wäre, wenn ich nicht stellvertretender Kommandant der Expedition wäre.« Durch die eine oder andere Unstimmigkeit sei es zu einer Eskalation gekommen. Er fährt fort: »Ich kann nur noch darum bitten, des Dienstes enthoben zu werden.« Greelys deutliche Worte hätten ihm keine Wahl gelassen. Er schließt: »Es ist zweifellos besser, dass ich gehe.«

Am selben Nachmittag noch schickte Kislingbury den Brief an Greely. Der Brief war ebenso lang, klang aber ganz anders als seine überschwänglichen Episteln, auf die er nach Greelys Meinung viel zu viel Zeit verschwendet hatte. Hätte der Kommandant sich über etwas Wichtiges beklagt, hätte sich Kislingbury »zweifellos gegen eine Entlassung gewehrt«, doch da er sich so energisch über eine »Trivialität« ausgelassen hatte, war klar, »dass Harmonie, Ruhe und Frieden und sogar der Erfolg der Expedition gefährdet sind, wenn ich bleibe«. Die Mannschaft zu verlassen, bedeutete ein großes Opfer. Kislingbury hatte ein ganzes Jahresgehalt und die Prämie, die er für den Dienst bei der Expedition als Vorschuss bekommen hatte, samt und sonders zur Zahlung seiner privaten Schulden aufgewendet, ferner hatte er die Rechnung für die Kleider beglichen, deren Kosten die Zuschüsse des Kriegsministeriums nicht gedeckt hatten. Er hoffte, dass die Regierung »nachsichtig« wäre in den neun Monaten, bis er wieder seinen regulären Sold bekäme.

Kislingbury bat Greely, in dem Brief, den der Kommandant über die Umstände seiner Rückkehr an General Hazen schreiben müsste, besonders seine finanzielle Lage zu berücksichtigen. Für den Fall, dass die *Proteus* unterwegs überwintern müsste, verlangte er »bis zum nächsten Sommer ausreichend Proviant und Mittel zur Skorbutvorbeugung«. Er verließ die Expedition mit Trauer. »Ich mag das Leben in der Arktis«, gestand er, »aber ich muss gehen, und es ist besser, ich gehe, bevor es zu spät ist. Die *Proteus* ist noch erreichbar … über das Eis.« Seine letzte Bitte: Zwei, drei Männer sollten ihm helfen, seine Sachen zum Schiff zu tragen.

Kislingbury bat Pavy am 26. August, Greely den Brief zu überbringen. Gleich nach dem Abendessen rief Greely den Doktor und die beiden Offiziere ins Freie an einen Ort außer Hörweite der Soldaten. Greely brauchte Lockwood und Pavy als Zeugen. Laut las er Kislingburys Brief vor und leugnete, dass er verlangt habe, der Leutnant solle die Mannschaft verlassen – er sei kein Mann, der nur Andeutungen oder Anspielungen macht. »Wenn ich will, dass einer die Expedition verlässt, sage ich das auch klipp und klar.« Genau das habe er auch getan, gab Kislingbury zurück. »Gut, dann muss ich deutlicher werden: Lieber trenne ich mich von einem Offizier unter meinem Kommando und mache mit Hilfe meiner Unteroffiziere die Arbeit selbst, als dass ich einen Offizier habe, der nicht willens ist, meinen Anordnungen Folge zu leisten.« Auf die Frage, ob Kislingbury immer noch eine Suspendierung wünsche, sagte dieser: Ja, es sei für Greely sicherlich eine Erleichterung, ihn loszuwerden.

Greely war überzeugt, dass er richtig gehandelt hatte, nachdem Kislingbury klar gesagt hatte, er sei »nicht gewillt, sich Regelungen in der Station zu beugen, die er für zweifelhaft hält«. Hatte Greely eine Wahl? Der Verlust von Kislingbury war bedauernswert, »denn er hatte eine besondere Eignung für die Feldarbeit«, wie Greely in einem Bericht für Washington betonte, »doch ich kann ihn nicht halten«. Hinsichtlich der finanziellen Lage des Leutnants sprach Greely keine Empfehlung aus. Er formulierte die offizielle Order: »First Lieutenant F. Kislingbury wird auf eigenen Wunsch vom Dienst als Mitglied dieser Expedition befreit, er kehrt mit dem Dampfschiff *Proteus* nach St. John's, Neufundland, zurück und wird befehligt, sich umgehend beim Hauptquartier des Fernmeldecorps in Washington, D. C., zurückzumelden.«

Kislingbury packte seine Sachen, Sergeant Brainard teilte ihm seine Rationen zu, und mit zwei weiteren Trägern stapfte der Offizier zügig die steinige Küste entlang. Über das Eis wollte er zum Schiff gelangen, das sich in Sichtweite befand und aus dessen Schornstein schon Rauch aufstieg. Die *Proteus* machte ausreichend Dampf, um unter Ausnutzung einer freien Rinne, die Pike gesichtet hatte, die Eisschollen zu durchbrechen und aus dem Packeis zu fahren. Kislingburys Vorfreude wich dem Schreck. In wenigen Minuten hatte das Schiff mit der Crew und den beiden Passagieren das Eis hinter sich gelassen und war schon außer Rufweite, bevor Kislingbury das Eis erreicht hatte. Er konnte nur noch zusehen, wie die *Proteus* auf den Kennedy Channel zuhielt. Alles – die Briefe an die Söhne, sein Bericht über den Zusammenstoß mit Greely, Greelys offizielle Meldung und Kislingbury selbst – hatte das Schiff verpasst. Auf dem Hügel hinter der Station hatte sich die ganze Mannschaft versammelt und warf einen letzten Blick auf das Schiff, das Kurs auf die Heimat genommen hatte. Um 19 Uhr war die *Proteus* außer Sicht.

Kislingbury trottete schweigend zurück und dachte über seine »ziemlich sonderbare Lage« nach. Sollte er den Kommandanten bitten, die Order zu widerrufen? In Anbetracht der neuen Situation konnte Greely das auch von sich aus tun. Eines war für Kislingbury sicher: »Ich könnte es nicht ertragen, hier zu sein und nichts zu tun.« Vielleicht sollte er seine

»Gefühle unterdrücken und, wenn ich darf, so tun, als sei nie etwas geschehen«. Er wollte ein, zwei Tage warten und sehen, was der Kommandant tun würde. »Ich hatte erwartet, dass er seine Order widerruft und mich wieder in Dienst stellt«, schrieb Kislingbury, doch diese Erwartung wurde innerhalb von Stunden zerschlagen. Durch die Abfahrt des Schiffes konnte Greelys Order nicht ausgeführt werden, also »modifizierte« er sie: Kislingbury sei nun »auf Abruf, bis er mit dem ersten anlandenden Schiff nach St. John's fahren kann«.

Somit war der Leutnant für mindestens ein Jahr zur Untätigkeit und zu einem quälenden Schwebezustand verdammt. Nach Greelys offiziellem Diktum galt er »nicht mehr als Mitglied der Expeditionstruppe«. Er durfte keine wissenschaftliche Arbeit verrichten, er durfte, laut Brainard, nicht einmal »einem Soldaten einen einfachen Befehl erteilen«. Ein einzigartiger Fall in den Annalen der amerikanischen Militärgeschichte – nicht, dass der ausgeschlossene Leutnant solch einen erhabenen Begriff von seiner Misere gehabt hätte; er betrachtete die Sache aus einer sehr viel emotionaleren Perspektive und fand, dass Greelys kompromisslose Haltung nur die Befürchtungen bestätigte, die ihn auf dem Weg nach Norden beschlichen hatten. Für Kislingbury war die Sache klar: Der Kommandant konnte es kaum erwarten, ihn von hinten zu sehen, obwohl sie nun völlig vom Rest der Welt abgeschnitten waren. »Warum sonst hatte er diese Verfügung so schnell getroffen?«, fragte sich Kislingbury.

Der suspendierte Leutnant war zwar nicht an Bord der *Proteus*, dennoch war Greely froh, dass das Schiff abgefahren war, »nimmt es doch teilweise die große Sehnsucht mit, die ich nach meiner Frau und nach meinen Kindern habe«. Doch er war entschlossen, seinen Auftrag auszuführen, und das erreichte er seiner Meinung nach am besten durch strenge

Disziplin innerhalb der Mannschaft und indem sie sich so strikt wie möglich an die Gebräuche der zivilisierten Welt hielten, von der sie so unsagbar weit entfernt waren. Am ersten Sonntag, dem 28. August, ließ er seine Mannen antreten und erklärte, dass sie trotz ihrer Ferne zur Welt den Tag des Herrn heiligen sollten. Spiele waren an jenem Tag verboten, alle bis auf die erklärten Atheisten sollten sich versammeln, und er würde aus den Psalmen lesen. Am ersten Sonntag wählte er Psalm 133: »Seht doch, wie gut und schön ist es, wenn Brüder miteinander in Eintracht wohnen.« Wie wahr! Doch die Sonntagsverbote ließen Groll aufkommen, und Brainard schrieb in sein Tagebuch: »Es gibt häufig Streit.«

Allerdings hatte jeder seine Arbeit, und die gegenseitige Verständigung darüber führte zu einem eigenen Wir-Gefühl. Greely war zuversichtlich; in der Umgebung der Station entdeckte er friedliche Anmut. »Im offenen Wasser in der Nähe hatte sich eine große Herde Eidergänse niedergelassen, und in drei Viertel Meilen Entfernung grasten ruhig zehn Moschusochsen. Die nahen Bachufer waren mit Pflanzen bekleidet, dicken Büscheln von Dryas und Gruppen von Saxifraga, dazwischen Binsen, Gräser und die wohlbekannte Butterblume. Weiter oben auf lehmiger Gletscherdrift zierten zahllose arktische Mohne die Landschaft mit heiterem Gelb.« Bald auch machte er die ersten Schlittentouren, von denen er sich eine umfassende Erkundung der Region versprach und bei denen er vor allem Caches für die großen Forschungsfahrten im Frühjahr anlegen wollte.

Fort Conger liegt etwa 1 100 Meilen nördlich des Polarkreises am Eingang der Lady Franklin Bay, einer Bucht im Westen von Ellesmere Island auf Höhe des Robeson Channel. An klaren Tagen konnte Greely die grönländische Küste sehen, wo die Hall-Expedition so tragisch gescheitert war. Nur wenige Entdeckungsreisende waren über Thank God Harbor hinausgekommen, und auch die Küste von Ellesmere Island war nach Norden hin kaum erkundet. Das wollte Greely ändern; er hatte nicht nur vor, Touren über den Robeson Channel nach Nordgrönland zu unternehmen, sondern er wollte auch Grinnell Land, die nördliche Region von Ellesmere Island, erkunden.

Am 30. August bekamen Pavy und Rice den Befehl, entlang dem nördlichen Rand von Grinnell Land nach Kap Joseph Henry zu marschieren. Sie sollten nach Spuren der verschollenen *Jeannette* suchen und prüfen, ob die Küste von Grinnell Land mit Schlitten befahrbar wäre. Da noch zu wenig Schnee lag, um mit Schlitten voranzukommen, mussten Pavy und Rice die Ausrüstung tragen. Am nächsten Tag brach Brainard im Walfangboot mit vier Mann und 2 000 Pfund Lebensmitteln, Brennstoff, Bettzeug und anderen lebenswichtigen Dingen nach Norden auf.

Brainard sollte Grinnell Land umrunden und Caches anlegen. Er musste gegen Treibeis ankämpfen, doch der Eisfuß, der von den Tiden nicht bewegt wird, war zu hügelig, um anzulanden. »Das Bemühen, uns nach Norden vorzukämpfen, war vergeblich«, schrieb er. »Wir konnten nur umkehren und wieder durch das hartnäckige Eis zurückfahren, gegen das wir auf dem Weg nach Norden ankämpfen mussten.« Nach 15 Stunden an den Rudern mussten sie kurz vor Fort Conger am Fuße des Mount Beaufort anlegen. Dort gruben sie eine Cache und schlugen für eine wohlverdiente Rast die Zelte auf. Am 3. September erreichten sie nach zwölfstündigem Marsch über unwegsames Gebiet wieder die Station.

Am selben Tag kamen Pavy und Rice bis nach Kap Union. Von der 300 Meter hohen Erhebung aus sah der Arzt hinter einer breiten eisfreien Rinne endlose Eismassen, die einen weiteren Vorstoß vereitelten. Auf dem Rückweg nach Süden machten sie Halt an der Lincoln Bay, wo Nares 1875 ein Depot angelegt hatte. Das Lager war eingestürzt, der Inhalt verstreut. Die Feuchtigkeit hatte Brot, Tee, Zucker, Salz und Tabak ungenießbar gemacht, und durch schadhafte Spunde an den Fässern war der Rum ausgelaufen, doch 1 200 Pfund Pökelfleisch waren in gutem Zustand. Rheuma und Erfrierungen an den Füßen behinderten Rice, und nach zwei Tagen Marsch musste Pavy Rices Gepäck zusätzlich zu seinem eigenen übernehmen und auch noch seinen Kameraden halb schleppen. Am 7. September schlug er das Zelt auf und ließ sich kalten Braten und Schokolade schmecken. Rice sah ihm appetitlos zu.

Pavy schrieb in sein Tagebuch: »Er will, dass ich ihn liegen lasse und weitergehe. Doch morgen bringe ich ihn zum Marschieren.« Das tat er auch, aber Pavy musste ihn immer wieder stützen, und als sie durch ein Tal gingen, verirrten sie sich im Nebel. Pavy sah, dass Rice nicht mehr weitergehen konnte. Wieder schlug er das Zelt auf, ließ Rice liegen und ging alleine weiter. Am 9. September um 4 Uhr erreichte er Fort Conger; er war genauso erschöpft wie Rice, den er zurückgelassen hatte. Ein Rettungstrupp von 14 Mann unter Brainards Kommando machte sich mit Kaffee, Wein und Essen auf den Weg. Als sie Rice fanden, waren dessen Beine »zum doppelten Umfang angeschwollen«. Sie hievten ihn auf eine schnell zusammengezimmerte Trage, schleppten ihn die felsigen Hänge hinab und trafen schließlich alle völlig erschöpft in Fort Conger ein.

In der Zwischenzeit hatte Greely selbst eine Vorbereitungstour unternommen, wobei er von Lockwood begleitet wurde, der wieder in seine alte Gewohnheit des späten Aufstehens zurückgefallen war und sich eine Verwarnung eingehandelt hatte. Überdies hatte er an einem Sonntag – Spiele waren verboten – eine Einladung von Kislingbury zum Kartenspielen angenommen. Seit Kislingburys Suspendierung war Lockwood Greelys Stellvertreter, »Nachfolger im Falle meines Todes oder meiner Dienstunfähigkeit«. Kislingbury hätte leicht in verbitterte Untätigkeit verfallen können, stattdessen machte er sich nützlich. Greely vermerkte, dass der Leutnant von seinen Spaziergängen Fliegen und Gesteinsproben mitbrachte. Sein ehemaliger Stellvertreter war auch geschickt »mit der Büchse«, er erlegte 14 Moschusochsen, »welche auf einem niedrigen Plateau am Eingang des Black Rock Valley ruhig grasten«. Doch Kislingbury hatte übertrieben, Greely hatte nämlich angeordnet, dass nur acht Rinder erlegt werden sollten. »Dieses interessante Tier sollte geschont und nicht ohne Not getötet werden.«

Doch nun war der Kommandant auf seiner ersten Tour. Er wollte ein Tal namens The Bellows begehen, das von Discovery Harbor ins Landesinnere führte. Es war ausreichend Schnee gefallen, und Greely konnte abwechselnd gehen und mit einem Schlitten fahren, der von neun Hunden gezogen wurde. Nachdem er einige Dutzend Meilen vorgestoßen war, beschloss er, die Erkundungstätigkeit zu verdoppeln, und schickte Lockwood mit dem Schlitten auf einer anderen Route nach Fort Conger zurück. Der Kommandant war in schlechter Stimmung. Beim Sprung über eine Flutspalte hatte er seine Brille verloren, und bei der Rückkunft in der Station musste er feststellen, dass Lockwood vor ihm angekommen war. Er war nicht so weit gegangen, wie Greely es gerne gewollt hätte. »Er kann nichts über das Land berichten, außerdem hat er den Schlitten ruiniert.«

Diese Störungen nahmen der Mannschaft einiges von dem Schwung, der sie bei ihrer Ankunft in der Lady Franklin Bay beseelt hatte. Am 13. September schrieb Brainard in sein privates Tagebuch: »Es ist nun fünf Jahre her, dass ich mich selbst zum Narren gehalten habe, indem ich in die reguläre Armee eintrat.« Laut der Version, die David Legge Brainard meistens über seine Bewerbung gab, musste er nach einem Besuch der Philadelphia Centennial Exposition 1876 in New York City umsteigen, doch er hatte zu wenig Geld, um seine Fahrt zurück nach Norway fortzusetzen, seinem Geburtsort im Norden des Staates New York. Er war zu stolz, um seine Familie um Geld anzuschreiben, nahm also die Fähre, die gratis zum Militärposten auf Governor's Island fuhr, und ließ sich listen. Wenn er in Uniform steckte, kaschierten sein kantiges Kinn, sein markantes Aussehen und sein kräftiger Körperbau seine Abneigung gegen das soldatische Leben. Er diente beim 2. Kavallerieregiment, kämpfte mit 20 Jahren gegen die Sioux und die Nez Percé und wurde bei Little Muddy Creek im Territorium Montana im Gesicht und an der Hand verwundet. 1880, mit 24 Jahren, hatte er sich für Howgates Arktisprojekt beworben. Als sein Vorhaben wegen der Seeuntüchtigkeit der *Gulnare* scheiterte, hätte er die Stunden bis zu seiner Rückkehr ins Zivilleben zählen können, stattdessen meldete er sich freiwillig von seinem Militärposten in Montana für die Lady-Franklin-Bay-Expedition und wurde angenommen.

Trotz seiner Abneigung gegen die Armee war er im Grunde ein guter Soldat. Er war der Meinung, ein klarer Befehl müsse auch befolgt werden. Für Unentschlossenheit bei Ranghohen hatte er kein Verständnis, daher verschlechterte sich auch sein Bild von Greely als Kommandanten, der ihn als »meine größte Stütze in vielem« betrachtete, ohne Brainards Meinung zu kennen. Er teilte ihn für die Versorgung ein, und der Sergeant war für die gerechte Verteilung von Lebensmitteln, Tabak, Kleidung u. Ä. verantwortlich. Brainard hatte in

der ersten Septemberwoche seinen Militärdienst offiziell abgeleistet. Heimlich schrieb er: »In den letzten fünf Jahren habe
ich diesem Tag so hoffnungsfroh entgegengesehen wie einer,
der von seinen Fesseln erlöst wird. Doch nun fühle ich mich
weder unabhängig noch glücklich.« Er ließ sich von Pavy
untersuchen und schrieb sich auf der Stelle wieder für den
Dienst ein.

Brainards Unmut rührte in den ersten Wochen teilweise
von einer Erkundungstour, die er mit Greely, Sergeant Maurice Connell und Private Jacob Bender unternommen hatte.
Jeder Mann musste 40 Pfund Gepäck tragen. Bei der Querung eines Grates auf dem Weg in ein Tal an der St. Patrick's
Bay nördlich von Fort Conger verletzte sich Greely am Knie
und musste umkehren. Brainard übernahm das Kommando,
was ihn nicht sehr begeisterte. »Die Nächte sind unbequem,
wir schlafen zu dritt in einem Zweier-Schlafsack. Wir versuchten, das Gedränge zu mildern, indem wir einen Schnitt
ins Fußende machten, damit Bender verkehrt herum schlafen
konnte; den Kopf steckte er durch das Loch, seine Füße lagen
zwischen Connells und meinem Kopf. Dieses Experiment
machen wir nicht noch einmal.« Auf halbem Weg bergauf
trieb ein Schneesturm sie zurück. Zur selben Zeit waren Pavy
und die Sergeanten David Linn und Winfield Jewell mit zwei
eingeborenen Hundeführern auf dem Weg nach Osten ans
Kap Murchison, wo sie Caches für die Frühjahrstouren anlegen wollten. Als das Eis für den Schlitten zu dünn wurde,
mussten sie auf eine Ureisscholle – die man an der zellenarti-
gen Struktur und den regelmäßigen Bruchlinien erkennt –
umsteigen. Kaum zurück von seiner beschwerlichen Tour,
musste Brainard mit Rice aufbrechen und Pavys Auftrag zu
Ende führen. Doch eine Schlittenkufe brach im Eisfuß, und
auch sie mussten den Rückzug antreten. Im selben Monat

noch verbrannte aus Unachtsamkeit ein Zelt, und dann musste Greely, der über die anfänglichen Schwierigkeiten schon ärgerlich genug war, auch noch wutentbrannt feststellen: »Lieutenant Lockwood spielt Karten mit den angeworbenen Leuten.«

Doch seine Tagebucheintragungen in dieser Zeit waren nicht durchgehend verdrossen. Sergeant Hampden Gardiner und Corporal Nicholas Salor hatten den Auftrag, in der Umgebung der St. Patrick's Bay gangbare Routen für beladene Schlitten zu erkunden; sie fanden einen 8-Mann-Schlitten und ein leicht beschädigtes 12-Fuß-Boot aus Zedernholz mit Paddel: Überreste der britischen *Discovery*-Expediton von 1876. Private Henry reparierte mit vier anderen Männern am nächsten Tag das Boot und barg den Schlitten. Greely ließ die Dampfbarkasse weit am Strand hinaufziehen, so dass sie auch bei Flut sicher wäre, und er fand Trost in der Vermutung, dass die *Proteus* mittlerweile mit den persönlichen Briefen und der Meldung für General Hazen in St. John's eingelaufen sein dürfte.

Tatsächlich war das Schiff angekommen. Pike begab sich umgehend zum Telegrafenamt im Hafen und kabelte nach Washington, die Expedition sei einen Monat nach dem Auslaufen in St. John's wohlbehalten in der Lady Franklin Bay angekommen, die Männer seien wohlauf. Lieutenant Louis V. Caziarc, der General Hazen im Hauptquartier des Fernmeldecorps vertrat, übermittelte die Nachricht schnell an Henrietta in San Diego und schilderte Pikes Telegramm als »ergötzend … mit so vielen guten Nachrichten«.

In Fort Conger nahte zwar die lange Dunkelheit, dennoch ließen die Spannungen nach. Die Station, die am Fuße eines düsteren Steilhangs inmitten von baumlosem Land und ständig härter werdendem Eis lag, erstrahlte im Schein zahlloser

Kerzen und vieler Kerosinlampen, und das Leben nahm eine Art schicksalsergebene Feierlichkeit an. Greely verkündete, Geburtstagskinder bekämen ein Quart Rum und seien einen Tag vom Dienst befreit. Zur Zerstreuung gab es Romane, Berichte über Arktisexpeditionen, allerart Spiele wie Schach, Dame, Backgammon, Karten – und Musik. Einige Männer hatten sehr gute Stimmen, es gab auch Instrumentalbegleitung auf der Konzertina, und, wie Greely schreibt: »Einer hatte eine Geige und eine Drehorgel mit 50 Ellen Noten und entzückte damit besonders unsere Eskimos, die niemals müde wurden, eine Melodie nach der anderen abzuleiern.«

Auf die Bitte des Kommandanten verfasste Pavy in der ersten Oktoberwoche einen ausführlichen Bericht über den Gesundheitszustand der Männer; er war durchweg gut, dennoch fürchtete der Arzt Ernährungsprobleme durch Mangel an frischem Gemüse. Sein Arzneischrank war nicht vollständig ausgestattet, und es herrschte »absoluter Mangel an grundlegenden Medikamenten«. Er empfahl, dass sich die Männer bei der Feldarbeit geeigneter kleideten, und diese Aktivitäten sollten sich »in Anbetracht des von Eurer Seite als sicher geltenden Rückzugs« auch in Grenzen halten. Er wollte über Greelys Absichten hinsichtlich der Station auf dem Laufenden gehalten werden »sowie über Fluchtpläne und -mittel … Eure Pläne für den Notfall sollen dann vollständig mein Führer für die Zukunft sein.« Greely war sich damals schon des Sarkasmus seines Arztes vollauf bewusst, dennoch schockierte und ängstigte ihn die zermürbende Wortwahl: »Rückzug«, »Flucht«, »Notfall«.

Mitte Oktober zeigte sich die Sonne zum letzten Mal. Greely kletterte auf einen Hügel nördlich der Station und verabschiedete sich vom Fixstern. Er bewunderte die Färbung des Himmels, die von perlgrauen zu orangeroten Nuancen

wechselte: »Der Zauber der Farben, die sich auf der Schnee-
decke spiegelten, verlieh der arktischen Landschaft eine neue
Erhabenheit, die noch verschönt wurde von den rosigen
Dampfsäulen, die von den wenigen Wasserstellen in die kalte
Luft aufstiegen. Dann wich der polare Tag der langen Herr-
schaft der Dämmerung und der arktischen Dunkelheit.«

Nun war das Eis ausreichend massiv, und die Männer
konnten das Fleisch der Moschusochsen einbringen, die sie
im Sommer erlegt hatten. Ein anderer Trupp sollte drei Tonnen Kohle fördern. Eine Gruppe unter Lieutenant Lockwood
brach mit Lebensmitteln auf, sie sollte eine Cache am Kap
Beechey anlegen und dort ein Iglu für die nachfolgende
Schlittenmannschaft bauen. Greely schickte Pavy zu einem
erneuten Vorstoß nach Kap Joseph Henry. Pavy nahm zwei
Schlitten und 15 Hunde mit; ein Schlitten war nach Greelys
Tochter *Antoinette* getauft und trug eine kleine Flagge, die
Henrietta gestrickt hatte.

Man feierte Sergeant Ralstons Geburtstag bei Austernsuppe, Braten mit Soße und gemischtem Gemüse, zum Nach-
tisch gab es Pudding, Kirschkuchen, Pfirsichkuchen und Kaffee. Greelys Männer wussten fast nichts voneinander, und so
wussten sie auch nicht, dass Ralston seine Frau Matilda mittellos zurückgelassen hatte, nachdem er sie angeblich wegen
des Geldes, das sie von einem früheren Ehemann geerbt hatte,
geheiratet und sich der Armee angeschlossen hatte.

Dann kam Henriettas Geburtstag. »Ich spendierte den
Männern je ein Glas Sherry«, schrieb Greely. Lockwood
sprach den Toast auf Mrs Greely aus, zwei Tage später wurde
er selbst beglückwünscht; die Feier wurde aus Greelys Sicht
durch die vorzeitige Rückkehr von Pavys Trupp verdorben.
Nach Angaben des Arztes hatten sie Brot und Pemmikan
am Mount Parry vergraben, dann hatte die offene See einen

weiteren Vorstoß vereitelt. »Alles Eis war in Bewegung, es war kein Packeis, sondern eine Unzahl gebrochener Schollen, die gegeneinander kämpften wie die Titanen. Zögerlich entschied ich mich zur Heimkehr.« Der malerische Bericht konnte Greely nicht gnädig stimmen, er vermerkte: »Die Erklärung des Doktors beeindruckte mich nicht. Wie er selbst zugab, wartete er nicht einmal den Gezeitenwechsel ab, um zu sehen, wie er sich auswirkte.«

Lange vor seiner Arktisfahrt hatte der Kommandant bewiesen, dass er durchsetzungsfähig war und Untergebene führen sowie umsichtig und gerecht mit ihnen umgehen konnte. Dass die Frustration an dieser wertvollen Fähigkeit zehrte, wurde deutlich, als Greely von seinen Männern verlangte, die Kleider der Offiziere zu waschen. Er bat um freiwillige Meldungen, doch keiner trat vor. Also befahl Greely Brainard, jemanden einzuteilen. In jener Nacht schrieb Brainard irritiert, Greely habe die Sache mit einer unerwarteten Warnung erledigt: »Er hielt den wütenden und aufgeregten Männern eine lange Rede. Lieutenant Greely sagte, er sei kein Mann, mit dem man spaßen könne, und im Falle einer Meuterei würde er vor dem Verlust eines Menschenlebens nicht zurückschrecken, um die Ordnung wiederherzustellen.« Diese spannungsgeladene Szene hatte sich im Mannschaftsquartier abgespielt, während draußen die mittlere Temperatur zum ersten Mal in diesem Winter auf minus 18 °C fiel.

Doch Unmut und Verstimmungen waren meist von kurzer Dauer, denn die Männer waren mit Wichtigerem beschäftigt. Die herbstlichen Schlittentouren und Jagdausflüge würden bald vorüber sein. Die Jäger hatten gute Arbeit geleistet; bevor die lange Dunkelheit hereinbrach, hatten sie 26 Moschusochsen geschossen. Zusammen mit den über tausend Vögeln, die auf dem Weg nach Norden vor Grönland erlegt worden waren, war die Mannschaft mit drei Tonnen Frischfleisch versorgt. Der Dienst wurde täglich durchgeführt, zu dem andauernden Getöse der Eisschollen in der Bucht, »die sich dröhnend und krachend aneinander rieben«.

Der November begann mit frustrierenden Ergebnissen. Lockwood brach mit dem Walfangboot nach Thank God Harbor an der grönländischen Küste auf, wo er die Caches der Nares- und Hall-Expeditionen überprüfen wollte. Am Kap Beechey, der schmalsten Stelle des Wasserarms, schiffte er sich ein und wurde gleich von wirbelnden Eismassen aufgehalten, doch er konnte wenigstens das schmale 12-Fuß-Boot der *Discovery* einbringen.

Zur selben Zeit sollte er ein Depot für die Tour nördlich von Kap Joseph Henry anlegen. Pavy schleppte Vorräte in ein bereits bestehendes Lager in der Wrangell Bay, doch die Hunde wurden dabei verschlissen, der Schlitten beschädigt, und die Männer waren so erschöpft, dass Greely den Vorstoß als Zeitverschwendung abtat. Das sagte er Pavy auch fast ins Gesicht, konnte dann aber mit knapper Not noch einen Streit vermeiden. Greely war klug genug zu merken, dass er seine Zunge im Zaum halten musste. »Von Entmutigung, Schlaflosigkeit und Müdigkeit, welche bei anderen auftraten, war ich frei, litt aber bisweilen an Reizbarkeit, die ich bekämpfen musste.« Pavy war und blieb der Stachel in seinem Fleisch. Die Missstimmigkeiten zwischen den beiden, die schon über relativ unwichtige Dinge ausbrachen, verschleierten nur mäßig die gegenseitige Abneigung. Greely sagte Pavy für das kommende Frühjahr ein Hundegespann für den Schlitten zu; dabei stand Greely, so Pavy, »an den Ofen gelehnt und mied meinen Blick. Hätte er meine Gedanken lesen können, so hätte er sicherlich all die Verachtung herausgelesen, die ich für seine Person hege.«

Im Wesentlichen hinderte jedoch nichts den Fortschritt der wissenschaftlichen Studien, darunter auch die Beobachtung und Dokumentation der Aurora borealis, die zwei Mal wöchentlich zu sehen war. Bei all den vorhergehenden und nachfolgenden Erkundungen der Polarregion traf das menschliche Auge auf nichts, das die Männer zu so eloquenten, fast schon lyrischen Äußerungen inspirierte. Für Greely folgten die Himmelserscheinungen zuerst den vertrauten Mustern aus Flackerbögen und Lichtvorhängen verschiedenster Farben. Doch mit dem Winter kamen sie Greely eher vor wie »Lanzen aus weißem Licht, bisweilen schwach gelblich, welche Stangen oder Speeren ähneln und unter dem Namen ›lustige Tänzer‹ bekannt sind«. Mitte November verglich der Kommandant das Polarlicht mit einer »Nebelmasse, wie frisch entwichener Dampf ... glänzend beleuchtet wie von mächtigem Calciumlicht«. An anderer Stelle bezeichnet er es als »einen schönen, glänzenden Bogen ... aus verschlungenen, zusammengerollten Lichtbändern bestehend«.

Diese immer wiederkehrenden stillen Naturspektakel bildeten einen farbenfrohen Hintergrund für die 25 arbeitenden Männer, die zusammensteckten wie Laienschauspieler in einem Drama, dessen Ausgang niemand kannte. Sie hatten ihre Dienstpflichten zu erledigen, Aufträge auszuführen und mussten einem ausgefeilten Zeitplan folgen. Viele Ereignisse wurden von dem unvermeidlichen Wechselspiel ihrer Emotionen gelenkt, ganz zu schweigen von den unglücklichen Entscheidungen, getroffen in der Heimat, der sie nun so unbeschreiblich fern waren. Jedermann in Fort Conger hatte seine Eigenheiten, der Kommandant bildete da keine Ausnahme. Greely hatte eine ausgesprochene Abscheu vor körperlicher Betätigung und mied es, den Männern Sport zu befehligen. Er wies Brainard an, »für gewisse Männer eine einstündige Beschäftigung im Freien zu finden« – »mit scheinbarem Wert«.

Von mehr als nur scheinbarem Wert war die Isolierung des Hauses für den Winter. Um das ganze Haus musste ein zwei Meter hoher Eiswall gezogen werden; der Zwischenraum von etwa einem Meter zwischen Wand und Wall müsste mit dem erwarteten Pulverschnee gefüllt werden. Lockwood machte die Eissägen einsatzbereit, doch das Schneiden der Blöcke war eine fürchterliche Arbeit, und so buken die Männer Schneeziegel und ließen sie über Nacht gefrieren. Brainard hatte den Eindruck, der Kommandant habe diese Aufgabe angesetzt, »um uns davon abzuhalten, zu viel über die Stumpfheit des Lebens in der Arktis nachzudenken. Ein Eispalast ist vielleicht eine kurzlebige Sensation – doch was dann?«

So begann der erste Winter. Es gab Anlass zu Gratifikationen: Für das Frühjahr waren Richtung Norden vier Caches entlang der Küste von Grinnell Land angelegt und das Landesinnere teilweise neu kartiert worden. Die Querung des Robeson Channel zur Überprüfung der Depots in Thank God Harbor war gescheitert, aber die Erfolge überwogen die Fehlschläge. Greely, dem die körperliche Gesundheit seiner Männer genauso angelegen war wie ihr seelisches Wohlbefinden, fasste Mut, und damit die Moral nicht so stark untergraben wurde, ergriff er Maßnahmen zur Bekämpfung der Langeweile. Er richtete eine Schule mit richtigen Klassen ein, wo Arithmetik, Grammatik, Geografie und Meteorologie unterrichtet wurden. Jede zweite Woche dozierte er über Meteorologie, Magnetismus und frühere Polarexpeditionen und erging sich in Erinnerungen an den Bürgerkrieg. Auch Pavy unterrichtete; er hätte eigene Kriegserlebnisse zu erzählen gehabt, doch er beschränkte sich auf medizinische Themen.

Lockwood gab alle zwei Wochen ein hektografiertes Nachrichtenblatt heraus; *Arctic Moon* beinhaltete lustige, sentimentale und auch sachliche Beiträge der literarisch Interessierten, die in einer Ausgabe als die »feingeistigsten Köpfe des Landes« dargestellt wurden. In einer anderen Ausgabe erschien eine Anzeige, die parodistisch gemeint war, sich jedoch rückblickend wie eine Ironie des Schicksals liest: »Trauernde Hinterbliebene erbitten Informationen über die Greely-Expedition, die im Juli letzten Jahres in See stach und zuletzt in Upernavik auf Grönland Meldung machte.«

Die geografischen Erkundungen waren über den Winter eingestellt, doch die wissenschaftlichen Messungen wurden weiterhin durchgeführt. Im »magnetischen Observatorium«, 200 Meter nordöstlich des Haupthauses, wurden stündlich zehn Werte verzeichnet. Das Magnetometer war auf einem kurzen Dreifuß angebracht, dessen Füße zur Stabilität in der Erde festgefroren waren. Der Magnet selbst kam »niemals zur Ruhe«, er hing an einer Seidenschnur und schwang leicht in alle Richtungen »unheimlich rastlos hin und her«, so Greely. In der meteorologischen Station wurden Luftdruck, Temperatur, Taupunkt, Windrichtung und Windgeschwindigkeit gemessen, des Weiteren wurden Wolkenbewegungen und Nordlichter beobachtet.

Der Leiter der Coast Survey hatte der Expedition ein Pendel gespendet und den jungen Astronomen Edward Israel für eine sachgerechte Benutzung instruiert. Es wurde in einem Schuppen an der Nordseite des Offiziersquartiers angebracht. Mit Ziegelsteinen und Portlandzement, der eigens zu diesem Zweck in St. John's gekauft worden war, bauten die Sergeanten Gardiner und Connell vier robuste Pfeiler zur Aufhängung des Pendels. Eisblöcke umgaben den Apparat und sorgten für gleichbleibende Temperatur. Vor der Eiswand ließ

Greely Spiegelglas anbringen; es warf das Licht, das von einer ausgefeilten Konstruktion aus Reflektoren in der Tür zum Offiziersquartier darauf fiel, auf das Pendel, so dass der Beobachter bequem im warmen Zimmer sitzen und die Schwingungen durch ein Fernrohr sehen konnte.

Auf dem Gipfel des 600 Meter hohen Mount Campbell auf dem nahen Bellot Island brachten die Männer ein Alkoholthermometer und ein Anemometer an. Auch auf dem Dachfirst des Haupthauses gab es ein Anemometer und eine Wetterfahne. In einem Eisloch im See wurden stündlich die Gezeitenstände abgelesen. Direkt darüber war ein Iglu gebaut worden, der zum einen verhindern sollte, dass das Eis zu schnell gefror, zum anderen bot er dem Beobachter Schutz. Greely verteilte die Arbeit so gerecht wie nur möglich, und von Seiten der Männer gab es keine Einwände.

In den ersten Monaten ließen sie es sich gut schmecken. Bei der Ausarbeitung der Küchenzettel hatte sich Greely an den Berichten von Nares und Nordenskiöld orientiert, deren Erfahrungen ihn in der Überzeugung bestärkten, dass für die Gesundheit und das Durchhaltevermögen der Arktisfahrer nichts so wichtig wäre wie eine gute Ernährung. Dazu gehörte auch Abwechslung im Speiseplan, den Greely weit gehend selbst aufstellte. »Außer bei speziellen Anlässen wusste niemand im Voraus, was es zum Abendessen geben würde. Wir taten alles, um zu verhindern, dass die Leute sich an etwas überaßen.« So gab es zum Beispiel jeden Monat einen anderen Kuchen. Lange Zeit waren auch reichlich Lebensmittel zur Auswahl vorhanden. So gab es beispielsweise an einem Tag Hafergrütze, frisches Brot und Moschusochsenhaschee zum Frühstück, während zum Abendessen Erbsensuppe, Moschusochsenbraten, überbackene Makkaroni, Reispudding und Dosenpfirsiche serviert wurden. Am nächsten Tag bestand das Frühstück unter Umständen aus Corned Beef, Hafergrütze und Brot, zum Abendessen wurden Gemüsesuppe, Schweineschnitzel mit Bohnen, Maisbrot und Dosenpfirsiche gereicht. Täglich gab es zwei zusätzliche Imbisse. Greely wusste auch um die vorbeugende Wirkung von Zitronen- oder Limonensaft gegen Skorbut und teilte jedem Mann täglich eine Unze zu, doch er war auch überzeugt, dass Feuchtigkeit, Unreinlichkeit, geistige Abstumpfung, zu viel Arbeit und zu viel Alkohol genauso zu der gefürchteten Krankheit beitrugen.

Die Offiziere aßen im Wesentlichen das Gleiche wie die Männer, ihrem Rang gemäß bekamen sie »bisweilen Pfirsiche, Ananas, Marmelade oder eine Büchse mit Krabben«. Man aß mit versilbertem Besteck, die Tischwäsche wurde zwei Mal wöchentlich gewechselt, und eine täglich neu eingeteilte Ordonanz half beim Tischdecken und Geschirrspülen.

Mitte November las Greely seinen Männern Gedichte vor. Dabei erinnerte er sich sehnsüchtig an die Zeiten, da er Henrietta den Hof gemacht und ihr von weit her Gedichtzeilen geschickt hatte. Thanksgiving wurde bei etwa 35 °C unter null mit Punsch, Schneeschuhlaufen, Schlittenrennen und Wettschießen im Dunkeln gefeiert. Private Henry beschrieb die Schießanlage und nannte auch den Gewinner: »Eine Kerze stand in einer Dose mit einem schwarzen Kreis. Den ersten Preis gewann meine Wenigkeit. Es gab drei Ziele, jedes so groß wie ein Silberdollar.« Die Preise waren Dosenpfirsiche, Tabak, Rum, Handtücher. Das köstliche Dinner bestand aus Austernsuppe, Lachs, Eiderente, gekochtem Schinken, Spargel, gefüllten Krabben, Hummersalat, Pfirsich- und Heidelbeerkuchen, Rosinen und Pudding, Vanilleeis, Datteln, Nüssen, Feigen und Kaffee – und einer doppelten Ration Rum.

Dennoch lauerte immer die Gefahr, dass die Moral durch Untätigkeit zersetzt wurde. Der Himmel gewandete sich prächtig. Mondhöfe und Nebenmonde wurden gewissenhaft verzeichnet, und am letzten Novembertag gab es ein »sehr helles Polarlicht mit wunderschönen Flackerbögen«. Doch außer diesen äußerst wichtigen Beobachtungen und kurzen Märschen hatten die Männer wenig zu tun. »An dieser wilden Küste kann keine befriedigende Arbeit unternommen werden, solange der bitterkalte Winter die Eisschollen nicht zu sicherem massivem Eis gebunden und eine richtige Arktisstraße gebildet hat.«

Der erste Winter

Irgendetwas belastete Jens Edward. Vielleicht war es die ständige Dunkelheit, wie Greely vermutete – doch der Eskimo müsste daran gewöhnt sein. Also war es vielleicht Heimweh – er hatte seine Frau und drei Kinder in Grönland zurückgelassen. Wochenlang war er depressiv, und Greely konnte an seinem Zustand nichts ändern. Eines Tages lief der Mann weg. Greely schickte Kommandos aus, die in der Umgebung der Station mit Laternen nach Spuren suchten. Dabei stürzte Rice und brach sich die linke Schulter; Pavy verband ihn, und die Suche ging weiter. Zehn Meilen vom Lager entfernt fanden sie Edward und brachten ihn zurück.

Greely hatte nicht das Herz, ihm Vorwürfe zu machen, und kaum zwei Tage später musste sich Greely mit Thorlip Frederik Christiansen (»Eskimo Fred«) herumärgern. Er hatte die Offiziere plötzlich mit einem großen Holzkreuz angegriffen; es sollte ihn vor den Männern schützen, die gegen ihn intrigiert hätten und ihn erschießen wollten. Pavy konnte ihn beschwichtigen, denn er beherrschte die Eskimosprache besser als die anderen Weißen. Greelys Äußerungen waren hin und wieder unbeherrscht; er schrieb: »Ich habe keine Ahnung, wie ich mit ihm [Christiansen] und Edward fertig werden soll. Es ist nicht angenehm, für das Leben und das Wohlergehen von zwei Wilden verantwortlich zu sein.«

Alle Männer waren psychisch belastet. Sogar der robuste Brainard schrieb in sein Tagebuch: »Es ist kaum verwunderlich, dass Hall starb. Die Dunkelheit treibt auch mich fast in den Selbstmord.« Auch Greely war nicht dagegen gefeit. Zu seinem Stapel mit Briefen, die nicht abgeschickt werden konnten, kam ein weiterer an Henrietta: »Wenn ich wieder bei dir bin, musst du nie mehr fürchten, dass ich dich noch einmal verlasse. Eine solche Trennung reicht für ein ganzes Leben.« Nur die Verheißung von künftigem Ruhm und Lohn konnte die gegenwärtigen Qualen rechtfertigen. »Ich vermisse dich so sehr, mein Schatz, ich sehne mich so nach dir, und trotz all meiner Sehnsucht bereue ich nicht, das ich hierher gekommen bin. Zumindest werde ich mein Zeichen in der Welt setzen.«

Mit dem ersten schwachen Strahl des wiederkehrenden Lichts fassten die Männer auch wieder Mut. »Das Rückgrat des Winters ist gebrochen«, schrieb Lockwood am 21. Dezember. »Heute Mittag konnte ich schon meine Armbanduhr lesen, wenn ich sie dicht vor die Augen hielt.« Die Stille erfüllte ihn mit Ehrfurcht. »Wenn man still steht, kann man fast seinen eigenen Herzschlag hören. Die Einsamkeit ist erhaben.« Lockwood schrieb diese Worte an Brainards 25. Geburtstag, die privaten Aufzeichnungen des Sergeanten klangen jedoch ganz anders. Er blickte zurück auf sein Leben, das er mit »Müßiggang und auf der Suche nach Zerstreuung« verbracht hatte. »Ist es zu spät, noch einmal von vorn anzufangen?« Doch fünf Tage später nahm er vergnügt an den Festivitäten teil. Der Rum floss wieder reichlich, es gab Eierpunsch und ein üppiges Menü – Schildkrötensuppe, Lachs, Braten, Kartoffeln, Spargel, Erbsen, Kokoskuchen und Pudding mit allerlei Obst und Eiskrem. Weihnachten fiel auf einen Sonntag, also fanden die Lustbarkeiten am nächsten Tag statt. Einige Männer gaben eine Varietéschau zum Besten; Private Roderick Schneider hüpfte als Eskimoschönheit herum. Private Henry trug »komische Lieder« vor. Was von Henriettas Plumpudding noch übrig war, wurde mit Weinsoße serviert, und der entlassene stellvertretende Kommandant verteilte Zigarren und führte die Kanons an. Doch Greely hielt sich streng an seine Disziplinarmaßnahme und gewährte ihm keine Vergünstigungen. Brainard schrieb über das Weihnachtsfest: »Der Kommandant befahl mir am Abend, den Männern zu sagen, sie dürften nicht mehr mit Lieutenant Kislingbury Karten spielen, denn letzte Nacht hatten sie gepokert.« Greely setzte ihn auch davon in Kenntnis, dass Lockwood im Notfall das Kommando hätte. Zum Mannschaftsquartier hatte Kislingbury keinen Zutritt mehr. Am 28. Dezember schrieb Brainard: »Er zeigt sich nicht mehr bei uns.«

Den letzten Abend des Jahres füllte Greely mit Berichten über seine Erfahrungen im Bürgerkrieg. Henry Biederbick und Roderick Schneider veranstalteten Sackhüpfen über das Eis nach Dutch Island und zurück; der Preis war ein Quart Rum. Pavys Abneigung gegen den Kommandanten wuchs zusehends. Sein Arktisheld war George Nares, und in seinen Augen sprach Greely oft zu leichtfertig von den Errungenschaften des Briten und verschwendete keinen Gedanken daran, wie sehr die Mannschaft von Nares' Caches profitierte. Während Greely das neue Jahr zuversichtlich anging und in seinem Tagebuch über die »ausgezeichnete Gesundheit, unverminderte Tatkraft und Stärke« der Mannschaft und über das Pendel im Eishaus schwadronierte, »dessen Aufhängung bislang vollständig von mir erfunden ist«, vermerkte Pavy angewidert: »Greely hat keinen Sinn für die Wissenschaft, er ist voller Eitelkeiten.« Außerdem hatte der Arzt gehört, wie einige Männer eingestanden hatten, keinerlei Interesse an der Forschungsarbeit zu haben, sie seien lediglich hier, weil es ein Einsatz sei. »Was für ein Vergleich mit den Engländern! Und dabei behauptet Greely, die Engländer seien geschlagen.«

Mitte Januar fegte ein heftiger Orkan über Fort Conger. Greely schickte sechs Mann aus, um in dem geschützten Eisloch nur 30 Meter vom Haupthaus entfernt die Gezeitenstände abzulesen. Sie waren zwar angeseilt, doch sie verloren einander aus den Augen, als eine Bö ihre Laternen löschte. Nur Brainards dröhnende Stimme verhinderte, dass sie in unterschiedliche Richtungen abdrifteten und sich die Seile verhedderten. Der Sturm riss die Abdeckungen der Anemometer ab und wehte sie aufs vereiste Meer hinaus.

Kurz darauf kündeten dunkelrote und goldgelbe Streifen am südlichen Horizont von der Rückkehr der Sonne. Der Himmel geriet in Aufwallung. Immer wieder überzog er sich mit einem lodernden Flammenmeer. Die Meteorologen verzeichneten 22 Stunden während Flackerbögen am Himmel.

In einer Februarnacht waren sechs Nebenmonde zu sehen, drei auf jeder Seite des Mondes. Die kaleidoskopischen Bilder am Himmel entsprachen den aufgewühlten Seelen der Sterblichen auf der Erde. Wiederholt fand Greely Grund, seinen ehemaligen Stellvertreter zu rügen, unter anderem war das späte Aufstehen wieder ein Problem: »Ich rief zwei Mal nach ihm, doch er beachtete mich gar nicht, er drehte sich um und blieb einfach bis zum Mittag liegen. Ich habe ihm zu diesem Thema einen Brief geschrieben.« Auch Lockwood hatte es sich wieder angewöhnt, lange zu schlafen, doch es »quälte« ihn selbst, wie er zugestand, und da Greely es nicht riskieren konnte, einen weiteren Offizier zu verlieren, nahm er seine Entschuldigungen entgegen.

Kislingbury, der von allem ausgeschlossen war, unternahm lange Spaziergänge. Er war suizidgefährdet wie die Hundeführer, doch er hatte es auf seinen einsamen Märschen niemals eilig, zu seinem untätigen Leben in Fort Conger zurückzukehren. Einmal war er sieben Stunden unterwegs. Pavy und Brainard suchten ihn; sie trafen ihn gesund und wohlbehalten auf seinem Rückweg an, doch Greely war alles andere als froh: »Da bei solchen Fahrten von 25 Meilen in arktischer Finsternis kein Nutzen zu erreichen war, bat ich mir aus, dass dergleichen längere Exkursionen bis zur Rückkehr der Sonne unterbleiben möchten.«

Das Licht wurde immer besser. Brainard hielt den *Harper's Monthly* nach Süden und konnte sogar die Buchstaben lesen. Nun begannen die Vorbereitungen für die Schlittentouren, und im Mannschaftsquartier ging es enger zu denn je. Brainard: »Wir haben eine Zimmerei, eine Schmiede, eine Flaschnerei, eine Schusterei und eine Sattlerei, ein Magnetismuslabor, eine Wetter- und Sternwarte und ein Fotoatelier.« Alles befand sich unter einem Dach und an einem Platz, wo auch geschlafen und gegessen wurde. Laut Brainard gab es keine richtigen Lampen, die Männer mussten bei trüben Funzeln arbeiten. »Private Jewell machte seine Beobachtungen am Mittag im Licht des Südhimmels.«

Der Visionär Weyprecht hatte sich erträumt, dass die Stationen rund um den Pol vor allem wissenschaftliche Observatorien vor Ort seien. Doch Greely, Lockwood und auch Pavy dachten neben ihren geografischen Studien auch an einen Vorstoß auf höhere Breiten, wenn nicht gar an die Eroberung des Nordpols. Am 19. Februar brachen Lockwood, Brainard und Christiansen mit einem Hundeschlitten zur ersten wichtigen Tour des Jahres 1882 auf. Laut Auftrag mussten sie am Kap Beechey prüfen, ob das Eis im Robeson Channel eine

Querung nach Thank God Harbor zuließ. Was sie sahen, war viel versprechend. Bis nach Grönland erstreckten sich ebene Schollen, die in der ersten Sonne noch nicht geschmolzen waren. Nach Lockwoods Meldung und der Rückkehr der Sonne waren die Männer wieder zuversichtlicher – was sich bei William Cross auch gleich in heftigem Trinken ausdrückte. Greely vermutete, dass der Sergeant Lampenspiritus stahl, und wies Brainard an, ein Auge auf ihn zu haben.

Am letzten Februartag war die Sonnenscheibe wieder voll zu sehen, doch die Haltung der Offiziere trübte Greelys Freude. »Um 7.30 Uhr wird das Frühstück aufgetragen«, schrieb er an Henrietta. »Doch außer mir ist niemand fertig.« Pavy kam fünf Minuten zu spät, Kislingbury »kommt regelmäßig 10 bis 15 Minuten zu spät, nachdem er sich absichtlich viel Zeit mit Anziehen, Bartkämmen etc. lässt. Sein Schnauzbart ist sein ganzer Stolz, er kämmt ihn sechs Mal an einem einzigen Tag.« Lockwood benahm sich auch nicht besser, doch Greely wusste, dass er Probleme mit dem Einschlafen hatte, und zeigte Verständnis. Schließlich hatte er ja Kislingbury als Sündenbock.

Anfang März machten sich Lockwood, Brainard, Jewell und Eskimo Fred wieder mit dem Hundeschlitten auf den Weg nach Kap Beechey. (Jewell hatte auf einem Fernmeldeposten auf dem Gipfel des Mount Washington schon eisige Winde durchgestanden.) Die Männer trugen Standardkleidung: eine doppelte Garnitur Unterkleider, eine dicke Jacke mit großzügigen Falten, die verhindern sollten, dass der Schnee am Wollstoff haften blieb, und drei Paar Socken. Die Segeltuchstiefel und auch die Mokassins waren von minderer Qualität – auch das, nach Greelys Meinung, ein Beweis für die kurze Zeit, die er für die Ausrüstung seiner Mannschaft gehabt hatte. Doch die Wetterverhältnisse waren günstig, und

Lockwood führte seine Männer endlich über den Robeson Channel. Einen Tag später erreichten sie Thank God Harbor, wo sie die Gräber von Hall und den beiden englischen Skorbutopfern unbeschädigt vorfanden. Sie verzeichneten die Vorräte, die Halls Mannschaft zurückgelassen hatte, dann marschierte Lockwood entlang der Küste nach Süden, wo er auf Halls Walfangboot traf.

Zur gleichen Zeit setzte ein zweiter Trupp unter Pavys Kommando über den Robeson Channel. Er hatte den Auftrag, in The Gap, einem Küsteneinschnitt 20 Meilen nördlich von Thank God Harbor, eine Cache anzulegen. Der Trupp kehrte guter Dinge zurück, doch die Fröhlichkeit schwand schnell in einem Streit mit Greely, der monierte, Pavy habe statt eines Hundegespanns zwei genommen. Pavy hatte gedacht, die Gespanne ständen ihm die ganze Zeit zur Verfügung. Doch nein. Greely gab zurück: »Die Arbeit von Lieutenant Lockwood ist am wichtigsten. Sie darf unter keinen Umständen leiden.«

Greely erwartete regelmäßig medizinische Berichte von Pavy, doch der Arzt war in Verzug. »Meine Geduld mit ihm ist nun fast zu Ende«, schrieb Greely. Drei Tage später sagte er zu Pavy »sehr scharf«, dass er keine Insubordination dulde. Der Streit wäre weitergegangen, hätte nicht Lockwoods Rückkehr die Aufmerksamkeit auf andere Dinge gelenkt. In zehn Tagen hatten sie bei niedrigsten Temperaturen 135 Meilen zurückgelegt. Brainard liefert Einzelheiten: Eines Nachts, sie hatten Schutz in einem schnell aufgeschichteten Iglu gesucht, stellten sie fest, dass ihre letzten Streichhölzer – Schwefelhölzer aus der wasserdichten Schachtel und auch die Wachszünder – feucht geworden waren. Doch sie mussten kochen und Schnee zu Trinkwasser schmelzen. Jewell rettete die Situation. Aus seinem Hemd zog er einen alten Liebesbrief, strich das letzte Holz an, und das Papier fing Feuer; damit zündete er die Spirituslampe an, »von der ein Docht brennen blieb, bis wir das Schneehaus verließen«.

Brainard machte sich mit einem Trupp von acht Mann wieder auf den Weg, um das kleine Boot der *Discovery* zu Pavys Cache bei The Gap zu bringen. Wenn das Eis im Robeson Channel brechen und eine Schlittenmannschaft festsitzen würde, wäre das Boot von Nutzen. Auf dem Rückweg traf Brainard mit Pavy zusammen, der einen Trupp nach Norden führte. Der Arzt vertrat die These, dass man über Grinnell Land hinauswandern und jenseits des gefrorenen Eismeers eventuell neues Land finden könnte. Greely widersprach, glaubte jedoch, »keine Möglichkeit geografischer Erfolge vernachlässigen zu dürfen, und überwies ihm ein Hundegespann«. Er gab ihm die »kleinste Flagge« mit, die sie hatten. »Ich hoffte, er würde sie noch weiter nördlich platzieren können als Markham das englische Banner.« Damit zeigte Greely genau die nationalistische Unternehmungslust, die Weyprecht so sehr beklagt hatte.

Da Pavy an Kopfschmerzen litt, riet ihm Greely, erst aufzubrechen, wenn er wieder fit sei. Am 19. März machte er sich mit Greelys Ermahnung auf, nach Spuren der *Jeannette* Ausschau zu halten. Der Kommandant hatte ihm auch schriftliche Erfolgswünsche mitgegeben: »Ich vertraue darauf, dass Eure tief empfundene Begeisterung für die Polarerkundung in Verbindung mit Eurer praktischen Erfahrung jeden Erfolg garantieren.« Obwohl er wusste, wie wichtig Pavys Dienst als Arzt war, war er dennoch froh, dass der Mann weg war. Greely konnte Pavys Wert für die Expedition jedoch nicht ignorieren. »Er hat mich in vielerlei Art und Weise enttäuscht«, schrieb er an Henrietta. »Er hat die Saat der Unzufriedenheit und des Zwistes unter den Männern gesät, und er hat Ränke geschmiedet, um Lockwoods Chancen [die Erkundung nach Norden fortzusetzen] zunichte zu machen.« Pavy sei »zerfressen vor Neid«. Doch nun war er unterwegs »mit einem wichtigen Auftrag. Ich verabscheue den Mann und seine Methoden, doch ich wünsche ihm von ganzem Herzen alles Glück und eine schnelle, wohlbehaltene Rückkunft.«

Pavy sollte mit Rice und Jens Edward der Küste von Grinnell Land folgen und überprüfen, ob es hinter Kap Joseph Henry Land gäbe. Ein Zweiertrupp zur Versorgung begleitete sie zur Lincoln Bay. Den englischen Rekord zu brechen, betrachteten nun alle Mitglieder der Expedition als den Hauptgrund ihres Aufenthalts in der Arktis. Private Henry schrieb in sein Tagebuch: »Pavys Trupp ist zum ›Gefrorenen Eismeer‹ aufgebrochen, um den sagenhaften Norden zu erkunden und, wenn möglich, Markhams nördlichsten Punkt, den je ein Mensch erreicht hat, zu überschreiten.« Der Versorgungstrupp kehrte an der Lincoln Bay um, und Pavy zog weiter. Am Kap Union brach eine Schlittenkufe; Rice und Edward mussten zu Fuß zum Fort zurückmarschieren und die Kufe reparieren. Nach fünf Tagen brachen sie abermals nach Norden auf.

Am 17. April erreichten sie Kap Joseph Henry. Zwei Tage lang zwang sie ein Sturm, Zuflucht im Zelt zu suchen, und als sie schließlich weitergehen konnten, sahen sie sich eisgesprenkelten Gewässern gegenüber. Zu Greelys Erbauung musste Pavy vermerken: »Von Kap Joseph Henry aus gesehen erscheint das Eismeer so rau, dass kein Schlitten, nicht einmal mit leichter Ladung, auch nur den geringsten Fortschritt in diesem unentwirrbaren Labyrinth aus riesigen Eisbergen und massiven Eisrücken machen könnte. Wenn die Engländer über solches Eis ihre schweren Ladungen und unbequemen Boote schleppten, muss man mit ihren Leiden sympathi-

sieren, ihre Beharrlichkeit und ihren Wagemut bewundern.«
Pavy konnte nicht weitergehen, er musste umkehren. Doch in
der Zwischenzeit waren die Schollen hinter ihm gebrochen
und hatten eine Rinne von fast einer Meile Breite gebildet.
Die Männer saßen im Zelt auf einer Blaueisscholle fest und
mussten fürchten, vom Land abgeschnitten zu werden. Die
Scholle trieb schließlich ans Landeis, und die Männer kletterten schnell an den Strand, wobei sie Zelt, Vorräte und Material unsachgemäß versorgten oder einfach liegen ließen.

Ungeachtet Pavys Lob für die Engländer, vertraute Greely
seinem Tagebuch an, dass der Arzt sich in der Wahl des Aus-
gangspunktes für eine Eisquerung geirrt habe. Er hätte weitergehen sollen zu dem sechs Meilen nordwestlich von Kap
Joseph Henry gelegenen Kap Hecla, dem nördlichsten Punkt
von Grinnell Land. Doch Pavys Entscheidung erwies sich für
seine Bestrebungen »schließlich als fatal«. Hätte er von Kap
Hecla übergesetzt, »wäre dem Trupp wahrscheinlich die Eis-
drift erspart geblieben, die im Verlust eines Großteils ihrer
Vorräte und der vollständigen Aufgabe ihrer Pläne resultier-
te«. Tatsache war: Greely wollte nicht, dass ein Zivilist – noch
dazu ein Mann, den er nicht leiden konnte – als Vertreter der
Lady-Franklin-Bay-Expedition den englischen Rekord brach.
Und Pavy war kurz davor gewesen. Private Henry schrieb:
»Wenn das offene Meer sie nicht behindert hätte, hätten sie
Markham geschlagen.« Greely wollte zum einen, dass dieser
Triumph der US-Armee zukäme, zum anderen rechnete er
eher auf der nordgrönländischen Seite als auf der Seite von
Ellesmere Island mit Erfolg.

Während Pavy noch unterwegs war, schickte Greely einen
großen Trupp aus und gab Lockwood »das Kommando über
den Erkundungstrupp der grönländischen Küste, der einen
Punkt zum Ziel hatte, auf den all unsere jüngsten Bestrebun-

gen gerichtet waren«, so Brainard, der mit von der Partie war. Greely übertrug Lockwood das Kommando: »Euch wird die unabhängige Leitung der wichtigsten geografischen Forschungsreise dieser Expedition übertragen: die Erforschung der Nordküste von Grönland.« Unter den Hochrufen der zurückbleibenden Männer verließ der Trupp am 3. April Fort Conger mit einem Hundeschlitten und drei weiteren voll beladenen Schlitten mit einem Gesamtgewicht von 2 000 Pfund, die von sieben Männern gezogen wurden.

Lockwood war noch nicht weit gekommen, da entdeckte er frische Fußspuren, die nach Fort Conger führten. Es waren die Spuren von Rice und Jens Edward, die mit der Schlittenkufe unterwegs waren, während Pavy bei Kap Union festsaß. Lockwood wurde bald von Tiefschnee behindert, und die Querung des Robeson Channel stand immer noch bevor. Private Henry klagte über Rheuma; Lockwood schickte ihn zurück nach Fort Conger. Kaum waren sie auf dem Eis des Robeson Channel, erfroren Sergeant Connell die Füße, so dass auch er zur Rückkehr gezwungen war. Bisweilen musste man ihn auf einem Schlitten ziehen, und der Leutnant musste selbst Hand anlegen. Als Lockwood wieder bei seinem Trupp war, quälten sich die Männer bereits durch die nur teilweise gefrorene Wasserstraße. Die Schollen warfen die Schlitten um, und jedes Mal mussten die Hunde ausgespannt und die Fracht abgeladen werden, um die Schlitten wieder aufzurichten. Auf schneebedeckten Schollen verbrachten die Männer schreckliche Nächte. Brainards Schlafsack war »wie von Eisen«. In der zweiten Aprilwoche gab es so viele Schneestürme, dass die Männer in den Schlafsäcken bleiben mussten. Als sie schließlich weiterziehen konnten, war der Neuschnee auf den Schollen festgebacken und hatte Hügel gebildet, auf denen die Schlitten ausglitten; die Ladung fiel herunter, die

Hundeleinen verwirrten sich, die Hunde jaulten und strampelten, die Männer fluchten.

Auf der grönländischen Seite marschierten die Männer die ganze Nacht zum Bootslager des *Polaris*-Wracks. Dort schlugen sie die Zelte auf, während heftige Schneeböen übers Land fegten. Wieder waren sie zur Rast gezwungen und drängten sich bei etwa minus 35 °C in ihre gefrorenen Schlafsäcke, die sich durch die Körperwärme in klatschnasse Zwangsjacken verwandelten. Eine starke Bö schleuderte einen beladenen Schlitten in die Luft. Im Fall traf eine Kufe Sergeant Ralston am Kopf. Die klaffende Wunde wurde verbunden, und Ralston blieb beim Trupp, doch Private Whisler, der starke Schmerzen in der Brust hatte und Blut spuckte, machte sich zu Fuß über den Robeson Channel auf den Rückweg. Private Biederbick, der sich mit seiner schwachen Blase stets die Hose nässte, stapfte hinterher. Der Trupp bestand nur noch aus fünf Männern, die nun gegen neue Stürme ankämpfen und mit behandschuhten Händen die mit Eis überzogenen Stangen der Zelte aufstellen mussten. Wenn sie überhaupt essen konnten, dann kauten sie hungrig Zwieback und gefrorenes Fleisch, das jedoch zum größten Teil die Hunde stibitzten.

Lockwood querte die Newman Bay in Richtung Gap Valley. Stellenweise kamen sie auf der harten Schneedecke zügig voran, doch meist war der Schnee fein und weich wie Sand, und die Kufen blieben stecken. Der größte Schlitten war so schwer beladen, dass alle fünf Männer ihn ziehen mussten. Am 22. April kamen sie in die Nähe der Repulse Bay. »Wir bahnten uns tastend den Weg die trockene Schlucht hinunter zur Bucht, dabei wussten wir kaum, wo wir waren und was uns umgab.« Im pfeifenden Wind schlugen sie das Lager auf. »Über zwei Stunden kämpften wir mit dem Zelt, bis wir es festmachen konnten; wir mussten es mit einem ausgeklügelten Netz aus Seilen und Leinen bedecken, damit es sich nicht bauschte und davonflog«, schrieb Brainard. Während die Männer versuchten, Schlaf zu finden, fraßen die Hunde den restlichen Speck und zehn Pfund Corned Beef auf. Der Koch, Sergeant Linn, versuchte sich an einem Eintopf aus Pemmikan, doch die Zitronen schmeckten so sauer, dass der Eintopf ungenießbar war und sie den Pemmikan roh essen mussten. Ein Mann schrieb: »Unser Mund wurde dadurch so wund, dass wir das harte Brot nicht mehr kauen konnten und es in den Tee tunken mussten.«

Sie marschierten weiter nach Nordosten, südlich lag ein Gebirgszug, westlich das gefrorene Meer. Eskimo Fred wurde krank, er wurde an den Zugseilen entlassen und setzte sich auf die Ladung seines eigenen Schlittens. Von seinem Platz aus ließ er die Peitsche auf die beanspruchten Hunde sausen. Am 26. April erreichten sie eine Cache, die Lieutenant Lewis Beaumont von der Nares-Expedition angelegt hatte: 40 gut erhaltene Rationen und Rum. Am folgenden Tag lagerten sie nach elf quälenden Stunden in den Zugseilen am Kap Bryant.

Während Pavy und Lockwood unterwegs waren, hatte Greely nur noch einen Offizier, Lieutenant Kislingbury, »mein einziger Gefährte. Ich tauschte am Tag kaum 50 Worte mit ihm aus. Ich wollte ihm seinen Aufenthalt hier erträglich machen, aber er hat einen zweifelhaften Geschmack. Seit Monaten spielt er stundenlang Karten mit den Soldaten, er behandelt sie als Ebenbürtige und stellt sich mit ihnen gleich.« Am frühen Morgen des 27. April entfloh Greely der tristen Atmosphäre und machte sich selbst mit drei Männern, die die Schlitten ziehen sollten, auf den Marsch. Bevor er aufbrach, schrieb er noch einen Brief an Lockwood und wies ihn für den Fall seines Ablebens darauf hin, dass Kislingbury sich außer Dienst im Fort Conger befinde. Greely übertrug Sergeant Israel das Kommando über die Station und vergrößerte damit noch die Demütigung, an die sich Kislingbury in keiner Weise gewöhnt hatte.

Auf dem Weg ins Innere von Grinnell Land machte Greely an den Caches Halt, die Sergeant Cross und Private Bender im Jahr zuvor entlang der Route angelegt hatten. Am vierten Tag entdeckten sie einen malerischen Fjord, den Greely, nach Howgates Tochter, Ida Bay nannte; er wusste nicht, dass sein alter Freund und Mentor zu dieser Zeit flüchtig war und in mehreren Staaten gesucht wurde. In absehbarer Zeit würde es auch einen Mount Howgate geben; und Greely, der diejenigen ehren wollte, die zum Entstehen der Lady-Franklin-Bay-Expedition beigetragen hatten, gab General Hazens Name auch einem 500 Quadratmeilen großen gefrorenen See, »dessen schneebedeckte Oberfläche vor uns wie Diamantstaub in der Mitternachtssonne glänzte«. Einen anderen Fjord benannte er nach Marineminister William Chandler, Kriegsminister Lincoln wurde jedoch keine Ehre zuteil. Und von den Garfield Mountains (nach dem Präsidenten, der angeschossen worden und zwischenzeitlich verstorben war – was Greely aber nicht wusste) ergoss sich ein atemberaubender Eisfluss, der auf Greelys Karte den Namen Henrietta-Nesmith-Gletscher bekam.

Anfang Mai war Greely wieder in Fort Conger. Pavys kleiner Trupp war fünf Tage zuvor zurückgekehrt. Sein Scheitern am Kap Joseph Henry verstärkte Greelys Hass noch, der zeitweise fast krankhaft war: »Er ist verschlagen und zweigesichtig und eignet sich nicht für eine Tätigkeit in der Arktis, er kann nur seine medizinische Arbeit tun und Schlittentouren unternehmen, wobei er bei Letzterem nicht gerade ein Meister ist«, schrieb er an Henrietta. »Doch er ist ein ausgezeichneter Arzt, und in dieser Hinsicht kannst du ganz unbesorgt sein. Außerdem ist er viel zu sehr der kultivierte Franzose, um unhöflich zu seinem Kommandanten zu sein. Er und Lieutenant K. passen gut zusammen, und wenn sie nicht mit den Soldaten zusammenstecken, so eint sie der gemeinsame Wunsch, die Macht des Kommandanten zu brechen, doch sie wagen keinen offenen Angriff.« Über diese alarmierende Anspielung ließ sich Greely jedoch nicht weiter aus.

Lockwoods Trupp sollte indessen Geschichte schreiben. Am 29. April hatte sich sein Versorgungstrupp mit zwei schneeblinden Männern auf den Weg zurück zur *Polaris* gemacht, während Lockwood, Brainard und der unverzichtbare Eskimo Fred mit einem einzigen Hundeschlitten und Proviant für 25 Tage weiterzogen. Sie näherten sich Kap May, wo Beaumont den Union Jack gehisst hatte, und lasen seine traurige, einem Cairn hinterlassene Nachricht: »Ich … glaube nach meinem besten Wissen und Gewissen, das Rechte erwählt zu haben … So wollen wir denn so weit gehen, als wir können, und so lange leben, als es angeht. Gott helfe uns.« Der Schnee wurde tiefer. Lockwoods Schlitten musste mit körperlichem Einsatz immer wieder auf eine feste Schneedecke getragen werden. Er beschloss, an Kap May vorbei direkt zum Kap Britannia zu gehen, das er am 4. Mai nach sechs Tagesmärschen erreichte. Auf dem 800 Meter hohen Felsen, der ins gefrorene Meer hineinragte, »entfalteten wir unsere kleine amerikanische Flagge. Die Briten haben Kap Britannia zwar gesehen, doch wir sind die Ersten, die Fuß darauf setzen.«

Sie kampierten in einem Zelt auf bloßem Eis, bevor sie zum nächsten Kap zogen. Riesige Eisrücken zwangen sie zu einer kurvenreichen Route; sie mussten Flutspalten queren, das Eis splitterte und brach unter Hunden und Schlitten. Fünf Tage dauerte ihr Vorstoß entlang der Küstenlinie, die noch kein Mensch vor ihnen gesehen hatte, dann wurden sie von einem Schneesturm aufgehalten. »Als er vorüber war«, schrieb Brainard, »erschien eine fahle Sonne wie ein Fettfleck am Himmel.« Immer wenn die Männer ihren Blick nach Norden richteten, war es, als würden sie durch Schlamm spähen, der den Horizont verdunkelte. Das sagenhafte Eismeer winkte, doch es gab nicht eine Spur von Land. Sie gingen in nordöstlicher Richtung weiter über Landzungen und Fjorde und erreichten am 15. Mai den nördlichsten Punkt. Lockwoods Berechnung ergab 83° 24'. Dieser Punkt lag vier Kompassminuten und damit nur etwa vier Meilen über demjenigen Markhams.

Das neue »Farthest Nord« wurde mit einer Flagge markiert. Für ein Alkoholthermometer und einen Zinnbehälter mit den Errungenschaften der Expedition errichteten die Männer eine neun Fuß hohe Steinpyramide, dann kehrten sie um in dem Bewusstsein, trotz körperlicher Qualen und Schneeblindheit einen neuen Rekord aufgestellt und die Leistungen britischer Entdecker nach 300 Jahren übertrumpft zu haben. (Lockwoods Rekord wurde allerdings schon 13 Jahre später wieder gebrochen.) Nach fünf Tagesmärschen und gelegentlicher Rast, bei der sie das Land skizzierten und kleine Caches für »die Arbeit des nächsten Jahres« anlegten, erreichte das triumphale Trio das *Polaris*-Lager, wo der Versorgungstrupp dreieinhalb Wochen gewartet hatte. Drei Tage später war die ganze Gruppe wieder über den Robeson Channel an der Küste vor Fort Conger angelangt, wo sie persönlich von Greely begrüßt wurde. Lockwood und Brainard waren 60 Tage unterwegs gewesen und hatten auf ihrer Tour in über 50 Tagesmärschen fast 1 000 Meilen bei eisigen Temperaturen zurückgelegt.

Der zufriedene Kommandant schrieb an seine Frau:

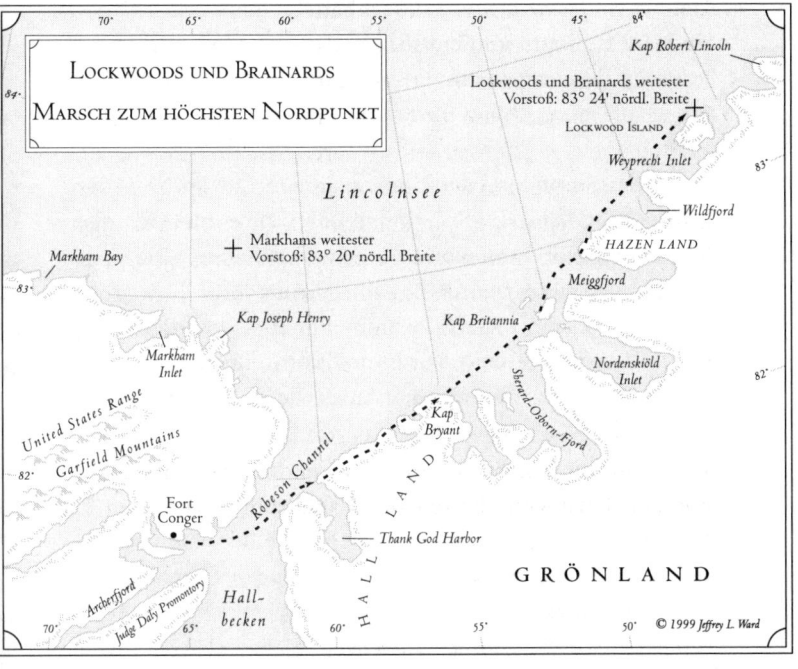

Lockwoods und Brainards weitester
Vorstoß: 83° 24' nördl. Breite

Markhams weitester
Vorstoß: 83° 20' nördl. Breite

© 1999 Jeffrey L. Ward

»Lieutenant Lockwood hat einen Punkt etwa 70 Meilen nordöstlich von Kap Britannia erreicht, damit hat er Markham
(und die ganze Welt) *über Land* mit zwei und mehr Meilen
geschlagen. Ich bin natürlich über die Maßen erfreut. Die
Männer sind alle in guter Gesundheit zurückgekommen,
während die Engländer mit drei Menschenleben für ihre
Errungenschaft bezahlen mussten. Wir haben sie geschlagen
und niemanden verloren!« Private Henry war fast genauso
überschwänglich; er hatte noch keine Ahnung, welch schreckliches Schicksal sein Kommandant für ihn ausersehen würde.
Er schrieb: »Der Grönland-Trupp kam am 1. Juni wohlbehalten zurück, es gibt keinerlei Symptome von Skorbut, zwei

Männer sind jedoch ganz schneeblind. Lieutenant Lockwood, Sergeant Brainard und ein Eskimo sind 75 Meilen über Kap Britannia hinausgekommen und haben das Sternenbanner am nördlichsten Punkt entfaltet, den je ein Sterblicher erreicht hat.«

In den Sommerwochen unternahmen die Trupps kurze Touren nach Westen ins Grinnell Land, sie entdeckten neue Seen, Gletscher, Flüsse und Berge und benannten sie in der Tradition der Polarfahrer des 19. Jahrhunderts nach früheren Arktisforschern, nach Prominenten ihres Landes, Kameraden, Verwandten und den Expeditionsteilnehmern selbst. (Nur wenige Benennungen hatten Bestand. Die meisten Namen auf Greelys Karte wurden von späteren Entdeckern immer wieder geändert.) Ende Juni, der Schnee war nun fast geschmolzen, führte Greely eine Gruppe mit einem vierrädrigen Karren voller Teleskope, Sextanten, einer Patentbussole und anderen Instrumenten zur Erkundung des Terrains zum Hazensee, den sie am 20. Juni erreichten.

Das Wetter war gut, es gab Vögel, Schmetterlinge, Bienen und Moskitos. Kurz vor dem 4. Juli, der mit je einem Quart Rum und Zitronensaft zum Hinunterspülen von Pemmikan und Zwieback gefeiert wurde, fielen die Räder vom Karren, und die vier Soldaten sowie Greely selbst mussten die ganze Ausrüstung tragen. Sie unternahmen auch ein paar Ausgrabungen, die Eskimo-Artefakte zu Tage förderten, doch insgesamt war ihre Arbeit mit Risiken und Unbequemlichkeiten verbunden, vor allem, wenn sie gezwungen waren, Flüsse zu queren. Die Temperaturen fielen, und die Männer mussten mit den Instrumenten, die sie am ausgestreckten Arm über dem Kopf trugen, durch eiskaltes Wasser waten. Als der Trupp wieder in Fort Conger war, hatte die Nässe auf den Überlandmärschen die meisten Stiefel verschlissen. Aber:

»Die Fläche neu entdeckten Landes ... ist nahezu ebenso groß als die der Landentdeckungen der britischen Expedition von 1875/76«, schrieb Greely.

Das Leben auf der Station ging wieder seinen Gang. Moschusochsen, die sich in Schussweite der Gewehre begaben, wurden erlegt, mit Ausnahme der Kälber, die Greely mit dem ersten Versorgungsschiff in den Süden schicken wollte. Die meteorologischen Studien wurden gewissenhaft verfolgt, die magnetischen Messungen, »so weit es das eine Instrument zuließ, gemäß Weyprechts Empfehlungen auf der Hamburger Polartagung« durchgeführt. Doch es gab auch Enttäuschungen. »Zu meinem großen Bedauern erwies sich der Garten trotz aller Mühen als ein Fehlschlag«, berichtet Greely. Doch sein Gesundheitszustand war weiterhin ausgezeichnet, und seine Moral hob sich mit der Erwartung des Schiffes aus der Heimat.

Einige Männer hatten die nahen Hügel erklommen, wo sie bessere Sicht auf die südliche Einfahrt des Robeson Channel hatten. Das Schiff würde Nachrichten, Briefe und neuen Proviant bringen und die Post mit nach Hause nehmen sowie die stolze Meldung, dass die Mannschaft den höchsten Nordpunkt erreicht hatte. Das Schiff würde auch Kislingbury zu dessen und zu Greelys größter Erleichterung mitnehmen und diesen von der lästigen Anwesenheit des Offiziers befreien, den er zum Außenseiter gemacht hatte. »Bald sehen wir den Dampfer auf dem Weg nach Norden«, schrieb Brainard eifrig. »Noch ein paar Wochen Tauwetter, und der Weg ist frei.« Auch Private Henry war optimistisch: »Die Chancen, dass das Schiff kommt, stehen mit jedem Tag besser.« In Anbetracht der leichten Passage durch das Kanebecken im Jahr zuvor würde sich die Ankunft der *Proteus* sicherlich nicht verzögern. Das Eis in der Bucht brach vollends; Sergeant Cross machte

Dampf auf der *Lady Greely* und ging auf Probefahrt. Am 22. Juli sichteten sie Walrosse vor Kap Distant. All diese Ereignisse veranlassten sie zu der Annahme, dass das Kanebecken zumindest zum Teil eisfrei sein musste. Am 28. Juli kamen Rice und Elison von Cairn Hill, dem Hügel direkt hinter der Station, und sprachen von einer »goldenen Gelegenheit« für ein Schiff, nun die Lady Franklin Bay zu befahren.

Private Beebe und
die Neptune

In Washington liefen die Vorbereitungen für die erste Versorgungsexpedition in die Lady Franklin Bay nicht gerade auf Hochtouren. Im November 1881, fünf Monate nach Greelys Aufbruch, hatte General Hazen dem Kriegsminister neben Greelys Instruktionen auch dessen Antrag unterbreitet, ihm 1882 einen Sergeanten des Fernmeldecorps sowie sieben weitere Soldaten zu entsenden. Zwei Wochen später erfuhr der General, dass der Minister dem Einsatz weiterer Soldaten nicht zustimmte. Hazen wusste, dass er von Robert Lincoln wenig Unterstützung erwarten konnte, und hatte die Sache selbst in die Hand genommen. Zum einen hatte er einigen Männern seines Stabs befohlen, sich autodidaktisch Kenntnisse über die Arktis anzueignen, zum anderen hatte er Captain William H. Clapp, einem Offizier des 16. Infanterieregiments, das Kommando erteilt.

Clapp, der gelehrsam und kämpferisch war, hatte sich im Bürgerkrieg großes Lob von seinen Vorgesetzten erworben. Nun machte er sich daran, alles durchzuarbeiten, was er an schriftlichem Material über die Arktis finden konnte. Unterlagen über die Lady-Franklin-Bay-Expedition landeten stapelweise auf seinem Schreibtisch. Hazen wollte, dass er sich mit dem Thema vertraut machte und als Experte für die Ausrüstung der Versorgungsexpedition zur Verfügung stand. Doch über das Studieren hinaus konnte Clapp lediglich dafür sorgen, dass die zuständigen Stellen das Gerät bereitstellten, das Greely verlangte.

Wäre Howgate noch bei der Armee gewesen, hätte er Clapps Funktion übernommen, doch Howgate war auf der Flucht. Kurz vor Greelys Aufbruch hatte er seine Entlassung eingereicht und sich in Florida Land angeeignet – »*Howgate Grant*, das der König von Spanien einem treuen Offizier zugesprochen hatte«. Angesichts des dort herrschenden zuträglichen Klimas und seines Potenzials für Gewinn bringenden Landbau, hatte Howgate Grundstücke von je zehn Acres zu günstigen Bedingungen angeboten; möglicherweise hatten auch die Greelys Teil an diesen Transaktionen. Zwei Wochen, bevor Greely in St. John's in See stach, hatte Howgate einen Brief an Henrietta geschrieben. Sie hatte erst kurz zuvor entbunden, litt an Schwindel- und Erschöpfungszuständen und bereitete ihre Rückkehr nach San Diego vor, wo sie und die beiden Kinder bei ihrem kranken Vater leben würden. Howgate bezog sich zunächst auf den Artikel im *Army and Navy Register*, der ihn so aufgebracht hatte: »Wenn du das gelesen hast, wirst du meine Gefühle verstehen.« Dann fügte er hinzu: »Natürlich werde ich mich um das Land in Florida kümmern und auch alles andere Geschäftliche oder Persönliche in die Hand nehmen, falls du es wünschst. Gib mir Bescheid, wenn du nach Kalifornien aufbrichst.«

Doch es war nicht ratsam, mit dem ehemaligen Hauptmann des Fernmeldecorps weiterhin Kontakt zu pflegen. Hazen hatte Howgates Festnahme befohlen, nachdem erwiesen war, dass er sich durch die Veruntreuung von Geldern strafbar gemacht hatte. Howgates Frau wohnte weiterhin in der H Street und bekam die monatlichen Zuwendungen ihres flüchtigen Gatten jedes Mal aus einer anderen Stadt. Howgate und seine Geliebte Nettie Burrill wurden zum ersten Mal an einem entlegenen Ort in Michigan gefasst und nach Washington überstellt. Howgate war angeklagt, 40 000 Dollar aus der Staatskasse unterschlagen zu haben; manche veranschlagten die Summe sehr viel höher, nachdem er sich auch mit der *Gulnare* verschuldet hatte.

Howgate wurde auf Kaution freigelassen und floh aus der Stadt. Wieder wurde er festgenommen und ins Gefängnis gebracht; doch er hatte immer noch genügend einflussreiche Freunde, die dafür sorgten, dass seine Frau, seine Geliebte und seine Tochter Ida ihn besuchen durften. Er übte Kritik an den sanitären Anlagen und bekam die Erlaubnis, zwei Mal wöchentlich zum Baden nach Hause zu gehen. Auf einem dieser Freigänge unterhielt die treue Ida den Wärter mit einem Pianovortrag, der lang genug war, um Howgate zusammen mit Nettie die Flucht durch die Hintertür zu ermöglichen. Das Paar schlich sich auf eine Yacht und fuhr den Potomac hinunter in die Chesapeake Bay. Nach einer Zwischenstation in der Hochzeitssuite eines abgelegenen Hotels an der Küste brachen die beiden unter falschem Namen in Richtung Westen auf. In Nebraska verlor die Bundespolizei Howgates Spur, doch er blieb das Zielobjekt einer Großfahndung, die über die Arktisexpedition hinaus andauerte – eine Expedition, die Howgate mehr als jeder andere Amerikaner unterstützt hatte.

Henrietta Greely musste nun erfahren, was es hieß, mit einem Arktisfahrer verheiratet zu sein. Anfang März 1882 hatte sie einen Brief von Emma De Long bekommen, deren Mann vermisst wurde. Greely hatte Briefe von Emma in die Arktis mitgenommen, für den Fall, dass er den verschollenen

Leutnant fand. Emma schrieb tapfere, tröstende Worte an Henrietta: »Ich bin sicher, Ihr werdet die Früchte Eures Opfers ernten, die mir versagt geblieben sind. Euer Gatte wird zu Euch zurückkehren, nachdem er den Nordpol erreicht hat oder ihm zumindest so nah gekommen ist wie kein Mann vor ihm. Seine Mannschaft bekommt jährlich Beistand und Proviant. Die größte Gefahr besteht bei den Schlittenfahrten, und dabei verlieren die Männer nur selten ihr Leben.« Zwei Monate später erfuhr Emma, dass die *Jeannette* vor der sibirischen Küste Schiffbruch erlitten hatte und ihr Mann umgekommen war.

Die Nachricht über das tragische Schicksal der *Jeannette* führte in Washington zu Bemühungen, mit den beiden US-Stationen Point Barrow und Fort Conger in Verbindung zu treten. Am 6. Mai – die Zeitungen brachten die Schlagzeilen von De Longs Tod – kam Hazens Arktiseinheit zusammen und beratschlagte. Zwei Tage später verlangte Hazen, dass ein Agent und ein Marineoffizier nach St. John's reisten und einen Dampfer charterten. Der Agent war William M. Beebe jr., Gefreiter der regulären Armee und Hazens Sekretär und Günstling. Im Bürgerkrieg hatte Beebe als junger Oberleutnant in Hazens Stab gedient und war zu dessen Verteidigung eingesprungen, als sich der General 1878 einer Anklage wegen Feigheit vor dem Feind stellen musste. Als sich Beebe mit dem Ruf eines Trunkenbolds wieder bei der regulären Armee bewarb, versprach Hazen: »Ich werde immer gerne ein gutes Wort für dich einlegen.«

Das tat der General nun. Er betraute Beebe ungeschickterweise mit einer tragischen Rolle in der Geschichte der Lady-Franklin-Bay-Expedition. Wie schon zuvor gab es von Seiten des Kriegsministers Widerstand gegen diese Pläne. Hazen drängte, es sei von »äußerster Wichtigkeit«, dass man ein

Schiff charterte, »bevor das Eis die Durchfahrt verhindert«. Lincoln gab zurück, er wolle zuerst eine Erklärung über die Verwendung der 25 000 Dollar, die Greely im Jahr zuvor erhalten hatte.

Hazen musste zwischenzeitlich in einer anderen Mission nach St. Louis. Während seiner Abwesenheit vertrat ihn Captain Powell vom 16. Infanterieregiment; er teilte Lincoln mit, die neuen Gelder dürften spätestens am 1. Juni überwiesen werden, wenn das Versorgungsschiff für Greely noch dieses Jahr aufbrechen sollte. Powell nahm kein Blatt vor den Mund: »Die Sicherheit der Offiziere und Soldaten, die freiwillig in diese unwirtlichen und schlecht zugänglichen Regionen gefahren sind, könnte durch eine Verzögerung gefährdet werden.« Im selben Schreiben sprach Powell von der »Abmachung«, dass Greelys Mannschaft jährlich besucht werden sollte, bis sie endgültig zurückgerufen würde. Lincoln leitete Powells Antrag an Präsident Arthur weiter und schwächte ihn durch den Vermerk ab: »Ich weiß nichts von einer Abmachung.« Doch der Kriegsminister war kein Dummkopf. Er wusste, dass auch er die Verantwortung übernehmen müsste, wenn Greely und seinen Männern etwas zustieße. Also schrieb er an das Weiße Haus, General Hazen sei dergestalt mit den Geldern für Greely umgegangen, »dass nun jeder Cent aufgebraucht« sei. Es müssten also unverzüglich Vorkehrungen getroffen werden, entweder die Mannschaft in der Lady Franklin Bay zu verstärken oder sie heimzuholen.

Als Hazen in der letzten Maiwoche wieder in der Hauptstadt war, bekam er Lincolns Vermerk zu Gesicht, dieser wisse nichts von einer Abmachung über jährliche Versorgungsfahrten nach Fort Conger. Hazen reagierte sofort mit zwei Briefen. Im ersten Schreiben erinnerte er den Kriegsminister daran, dass der Kongress diese Abmachung selbstverständlich gebilligt habe, als er den ursprünglichen Antrag zur Finanzierung der Expedition verabschiedet hatte, und dass Präsident Garfield damals unterschrieben habe. Die Regierung sei daher verpflichtet, jährlich ein Versorgungsschiff in die Lady Franklin Bay zu entsenden, bis die Arbeit dort beendet sei. »Ich rechne mit dem vollen Verständnis des Kriegsministers in seiner Eigenschaft als Mentor der Internationalen Polartagung, welcher der Beitrag der Vereinigten Staaten unterstellt wurde.«

Hazens zweites Schreiben umfasste einen detaillierten Plan über Ziel und Zweck der Greely-Expedition und schloss mit den Worten: »Die Regierung hat weiterhin die Verpflichtung, jedes Jahr eine Versorgungsexpedition auszuschicken.« Beide Briefe wollte er auch nachrichtlich an den Präsidenten geschickt wissen, Lincoln leitete sie jedoch nicht weiter. Daraufhin schrieb Hazen an Lincoln: »Das Überleben der Lady-Franklin-Bay-Mannschaft hängt von einer rechtzeitigen Aktion ab. Das Schiff muss spätestens am 1. Juli in St. John's auslaufen, damit gesichert ist, dass es die Mannschaft auch erreicht. Jeder Tag Verspätung verringert die Chance, die Männer überhaupt zu erreichen.«

Nun war der Kongress an der Reihe. Powell hatte seinem abwesenden Kommandeur gekabelt: »Der Kriegsminister weist nachdrücklich darauf hin, dass keine Abmachungen über die Versorgungsexpedition getroffen werden, solange der Etat noch nicht gewährt ist.« Gleichzeitig sagte er zu Beebe: »Vorkehrungen müssen weiterhin getroffen werden; die Notwendigkeit, Greely zu helfen, steht über allen technischen Fragen.« Beebe sollte in St. John's ein geeignetes Schiff ausfindig machen, und dabei konnte er sich um Rat lediglich an Konsul Molloy und den Marineoffizier Dana Green wenden. Letzterer hatte den Auftrag, Beebe zu helfen, der für seine vielen Aufgaben über keinerlei Erfahrung verfügte, aber sein Bestes tat. »Alles, was ich an Informationen brauche, habe ich bekommen«, versicherte Beebe. Doch er fürchtete, dass die Zeit knapp werden würde, denn er konnte erst Ende Mai von den Staaten nach Neufundland aufbrechen. »Meines Wissens verkehrt der letzte Dampfer von St. John's nach Disko am 29. Mai«, schrieb er an Hazen. »Die Zeit in St. John's ist meines Erachtens zu kurz, um den Auftrag auszuführen.« Green teilte Beebes Befürchtungen. Noch bedenklicher war Molloys Meldung, dass Robbenfänger in St. John's eingelaufen seien, nachdem raue See und schweres Eis sie daran gehindert hatten, in die angestammten Fanggründe zu fahren. »Alle Flotten müssen überholt werden, ich fürchte, es wird schwierig, in dieser Saison noch ein Schiff zu chartern.« Beebe reiste am 17. Mai aus Baltimore ab. Zumindest war er nun unterwegs und hoffte auf Erfolg, obwohl er schlimmste Befürchtungen hegte. Fast die ganze Passage entlang der kanadischen Küste verbrachte er seekrank in der Kabine. »Ich war der ärmste Tropf auf dieser Welt« – so seine Worte.

Gleich nach der Ankunft in St. John's meldete er sich zusammen mit Green auf dem Konsulat, doch sie konnten Molloy erst am 24. Mai um 10 Uhr treffen. Somit waren Beebes Hoffnungen zerschlagen, noch Ende des Monats aufzubrechen. Schiffe gab es jedoch. Molloy brachte Beebe und Green zur Besichtigung der *Proteus, Bear* und *Neptune*. Die *Proteus* war das beste Schiff, doch die Eigner wollten im Voraus 26 000 Dollar in zwei Raten. Die beiden Männer nahmen also die *Neptune* für 6 000 Dollar pro Monat, doch ihnen waren die Hände gebunden, nachdem der Kongress einer Zuteilung von Mitteln immer noch nicht zugestimmt hatte. Hazen versuchte unterdessen, Henrietta telegrafisch zu beruhigen: »Mach dir keine Sorgen, unser Antrag wird bald durchgehen.« Louis Caziarc, ein Freund der Greelys und Leutnant aus Hazens Stab, versicherte Henrietta in einem Brief vom 28. Mai, dass der General nicht warten würde, bis die Politiker eine Entscheidung getroffen hätten, man richte schon die Vorräte zusammen, und Greely würde »alles bekommen, was er verlangt hat, auch eine ganze Wagenladung voll Lesestoff«; am 10. Juni sei in New York alles bereit zum Verschiffen. Caziarc betonte: »Wenn der Kongress nicht zustimmt, chartert der General auf eigene Verantwortung ein Schiff, und ich bin ganz sicher, dass die Nation hinter ihm stehen wird.« Im selben Brief schrieb er auch, der Kommandant der Versorgungsexpedition sei bereits ausgewählt. Caziarc wusste nicht, wie weit Beebe schon in die Sache verwickelt war, er war der Meinung, Beebe sollte in St. John's lediglich ein Schiff und Vorräte besorgen und alles unter dem Kommando eines Marineoffiziers nach Grönland schicken.

Beebe lief unterdessen die Zeit davon. Noch immer hatten die englischen Eigner der *Neptune* ihrem Agenten keine definitiven Anweisungen für den Vertrag mit den Amerikanern gegeben, auch die Entscheidung des Kongresses stand noch aus, und weder ein Kommandant noch weiteres Personal war bestimmt worden. Beebe sah, dass von keiner Seite Erfolg zu vermelden war, und gab zu: »Ich hatte das Gefühl, dass ich unehrenhaft zurückkehren müsste.« Er zitterte immer noch vor Angst, als ihm Hazen kabelte, er solle »die Neufundland-Angelegenheiten« Green übergeben und selbst mit dem Schiff nach Grönland fahren.

Hazen hatte damals zwar nicht vor, den bestürzten Beebe weiter zu schicken als bis nach Disko und Umgebung, wo er weitere Vorräte besorgen sollte, doch er übertrug ihm immer größere Verantwortung und gab ihm Order, nach eigenem Gutdünken zu entscheiden, ob er möglicherweise selbst das

Schiff mit den Vorräten und einem Sergeanten ins Kane-becken und weiter nach Norden fahren wolle. Beebe ging davon aus, er solle »so weit wie möglich den Weg für die [von Greely] vorgesehenen Caches ebnen«. Dieser Auftrag war »grundverschieden von allem, was ich zuvor gemacht habe«, schrieb er dem General, »und ich würde fünf Jahre meines Lebens geben, hätte ich zu irgendeinem Zeitpunkt, nachdem Ihr Washington verlassen hattet, aussteigen können«.

Nun war es zu spät, und Beebe erklärte, er sei froh, dass er fahren könne. Aber nur »als Euer direkter Vertreter. Da ich nun eine spezielle Verwendung habe, bringt mich mein Rang als Gefreiter aus dem Stab des Generals gegenüber einem Sergeanten an Bord in Verlegenheit. Ich sollte zum Sergeanten befördert werden oder besser noch zum Leutnant.« Doch auch dafür war es zu spät. Beebe blieb Gefreiter und hatte natürlich nicht das Kommando über das Schiff – das wurde von einem befahrenen Kapitän namens Sopp und seinem Ersten Offizier Norman, dem ehemaligen Eismeister der *Proteus*, geführt.

Beebes Rang war – gelinde gesagt – problematisch. Caziarc wollte die Dinge klären und schrieb Beebe einen Brief – doch vergebens. Es gab zwar in der Versorgungsmannschaft einen Sergeanten, doch alle anderen waren Gefreite. Caziarc hoffte, Beebe würde »keine Schwierigkeiten haben, sich durchzusetzen mit Hilfe Eures persönlichen Einflusses und Eurer offiziellen Ernennung, die diesem Schreiben beigefügt ist«.

Captain Clapp, Kommandeur der Arktiseinheit in Hazens Stab, würde später aussagen: »Man kann nicht davon sprechen, dass jemand das Kommando innegehabt hätte. Mr Beebe war zwar ernannt, aber ich würde sagen, er hatte eher einen Auftrag auszuführen als ein Kommando auszuüben. Er war ja damals in der Schreibstube in Hazens Diensten, und ich weiß nicht, wie man ihn hätte bezeichnen können.« Gleichzeitig würde sich Hazen der Kritik stellen müssen, dass er einen Mann ernannt hatte, »von dem er wusste, dass er ein Gewohnheitstrinker war«.

Auf Beebes Bitte teilte Hazen der Versorgungsmannschaft noch acht weitere Soldaten zu. Vier von ihnen desertierten auf der Stelle. Weder Hazen noch Beebe wussten damals, dass Sherman, ein eingefleischter Gegner aller Polarunternehmungen, vor dem Kriegsminister erklärt hatte: »Ich betrachte diese ganze Angelegenheit als Verschwendung von Geld und kostbaren Menschenleben; die wissenschaftlichen Errungenschaften sind null und nichtig.« Wäre es nach dem Oberkommandierenden des Heeres gegangen, hätte Beebe keine Mannschaft bekommen oder wäre gar nicht gefahren. Doch die Greely-Versorgungsexpedition war schon fast auf dem Weg. Am 7. Juni ging Sopp an Bord. Beebe war sehr angetan. »Er hat gute Disziplin«, glaubte er. Beebe erkundigte sich auch bei Hazen, ob er Schweine, Kühe und Schafe mitnehmen solle, damit die Männer im Norden frisches Fleisch hätten. Er hatte seinen Brief an Hazen gerade beendet, da erinnerte ihn der Erste Offizier daran, dass man wegen der Hunde kein Vieh an Bord nehmen könne, mit Ausnahme von Schweinen, die man aufs Unterdeck oder in einen Pferch stecken könne. Beebe fügte diese Information als Postskriptum hinzu.

Er wollte um jeden Preis die Lady Franklin Bay erreichen. Nachdem er sich bei Greely in Fort Conger gemeldet hätte, würde er auf der *Neptune* mit Meldungen, Post und allem (oder allen), was Greely loswerden wollte, zurückfahren. Sollte er die Männer nicht erreichen, so würde er an den von Greely vorgegebenen Punkten A und B Lager anlegen, namentlich am Kap Hawks an der Küste von Ellesmere Island und auf

Littleton Island vor der grönländischen Küste. Danach würde er, wenn möglich, einen Bericht über seine Verrichtungen am Kap Sabine hinterlassen.

Doch alles hing von einem frühen Aufbruch ab. Am 19. Juni übermittelte der Senat dem Haushaltsausschuss einen Antrag über die Bewilligung von 33 000 Dollar zur Weiterführung der Arbeit in den beiden Arktisstationen. Lincoln sah Probleme am Horizont aufziehen. »Die Zeit drängt«, schrieb er dem Vorsitzenden, »ich halte es für angeraten, die Zustimmung vorzuziehen – wenn möglich.« Fünf Tage später war es möglich.

Mit acht Tonnen Vorräten stach die *Neptune* am 8. Juli in strömendem Regen in See. 1 400 Meilen nördlich von St. John's hatte Greely gerade stolz seinen Bericht über die amerikanische Eroberung eines neuen Nordpunkts verfasst, Kislingbury wartete auf die Erlösung von seinen Qualen der Isolation und auf das Wiedersehen mit seinen Söhnen, und ausnahmslos alle harrten auf Nachrichten von daheim, während das fortdauernd sonnige Wetter und das eisfreie Wasser in der Lady Franklin Bay ihre Hoffnungen nährten.

Indessen war Beebe seekrank. »Es war mir egal, ob wir fuhren oder sanken«, klagte er. Sein einziger Trost war Norman. Als Eismeister hatte er Greely jedes Mal zur Inspektion der Caches an Land begleitet. Norman besaß das Kapitänspatent und hoffte ehrgeizig darauf, ab der nächsten Saison in New York oder Baltimore das Kommando über ein Schiff zu bekommen. Beebe, der froh war, dass er jemanden hatte, auf den er sich verlassen konnte, versprach ihm, Hazen um Unterstützung zu bitten, wenn er es schaffte, die *Neptune* zügig nach Discovery Harbor und zurück zu bringen. Norman versicherte ihm, dass die Fahrt der *Neptune* genauso problemlos verlaufen werde wie die Fahrt der *Proteus*; sie war schneller unter Dampf, der Kessel war neu, und als Eisbrecher war sie robuster. Das zeigte sich, als das Schiff vor Disko in ein ausgedehntes Eisfeld geriet. »Wir kamen höchstens mit drei Meilen pro Stunde voran«, schrieb Beebe, eine Landratte, die nicht in Knoten rechnen konnte. »Wir bahnten uns schrecklich langsam den Weg nach Norden, aber das Schiff brach das Eis mit Leichtigkeit und schob die massiven Schollen zur Seite.« Dieser frühe Beweis für die Eistauglichkeit der *Neptune* war Beebe besonders deshalb willkommen, weil der dänische Inspektor auf Disko meinte, er könne wohl kaum hoffen, sein Ziel zu erreichen, denn der kommende Winter sollte »ungewöhnlich streng« werden.

Nach einer längeren Zeit des Wartens auf die Lieferung von Robbenfellhosen und Schlafsäcken lief die *Neptune* am 20. Juli wieder aus. In der Melville Bay traf sie auf schweres Eis, und der peitschende Hagel wurde schließlich zu Schnee. Am 26. Juli »trieb [das Schiff] hilflos mit den Gezeiten vor Kap York und seinen vielen Gletschern«. Drei Tage später kam Littleton Island in Sicht, doch Sopp erklärte Beebe in dessen Kabine, dass er nicht weiterfahren werde. Beebe ging an Deck und »fand einen ungebrochenen Eisriegel von 12 bis 15 Fuß Stärke, der den Smithsund verschloss. [Der Kapitän] steuerte zurück nach Süden und fand schließlich in Pandora Harbor einen guten Ankerplatz.« Diese kalte, malerische Bucht, etwa 25 Meilen südlich von Littleton Island, benannt nach Youngs Schiff (später bekam sie den Namen der unglücklichen *Jeannette*), wurde im Süden von den Crystal Palace Cliffs und im Norden von Kap Kenrick begrenzt; die meiste Zeit des Jahres war sie ein sicherer Hafen, doch nun fegte ein Südweststurm nach dem anderen durch die Region, und für Beebe war es eine nervtötende Erfahrung, warten zu müssen, bis der Sturm nach einer ganzen Woche schließlich überstanden war. »Unser Anker riss, und zwei schwere Trossen, die das Heck an den Felsen hielten, rissen auch.«

Kaum hatte die *Neptune* Pandora Harbor wieder verlassen, traf sie auf weiteres Eis, das sie zwölf Meilen vor Kap Hawks festhielt. Dort sollte Beebe nach Greelys Anweisungen eine Cache anlegen und ein Walfangboot deponieren. Doch es war immer noch Sommer, und Sopp und seine Crew betrachteten diese Anhäufung von Eis als eine vorübergehende Erscheinung; sie waren zuversichtlich, dass sich das Eis bald mit dem Wind bewegen würde. Doch sie hatten Pech. »Mit acht Meilen undurchdringlichem Eis zwischen uns und dem Land« konnte das Schiff nicht weiter nach Norden vorstoßen.

Die Schollen schlossen das Schiff ein und stapelten sich am Schanzkleid. Am 12. August um Mitternacht stand Beebe mit Norman an Deck. »Ein leises Knirschen im jungen Eis zog unsere Aufmerksamkeit auf sich, und im hellen Sonnenschein sahen wir, wie das Wasser langsam hindurchdrang.« Sopp steuerte das Schiff in die sich öffnende Rinne, doch der Kampf gegen den Eisriegel hatte seinen Tribut gefordert. »Der Kessel war zu beansprucht und ging leck«, berichtet Beebe. »Das machte uns noch beklommener.« Auf Beebes Drängen fuhr Sopp zurück nach Süden und nahm Kurs auf Payer Harbor, einen Wasserarm zwischen Kap Sabine und Brevoort Island an der Küste von Ellesmere. Dort hatte die Nares-Expedition 1875 eine Cache angelegt. Beebe ordnete die Vorräte neu an, doch er ließ nichts von dem Proviant dort, den er mitgebracht hatte. Er kennzeichnete die Depots mit zwei Rudern und hinterließ für Greely eine Nachricht mit der Chronik der Ereignisse, die größtenteils eine Leidensgeschichte war. Doch: »Ich war entschlossen, all meine Kräfte einzusetzen und so weit nördlich als möglich Vorräte anzulegen und das Walfangboot zu hinterlassen.« So sprach er erneut mit Sopp, dem er am Morgen des 23. August nahe gelegt hatte, Anker zu lichten. Die *Neptune* nahm wieder Kurs auf Norden. Sturm und Eis zwangen sie zu einem aussichtslosen Zickzackkurs. Wieder suchte der Kapitän Zuflucht in Pandora Harbor. Am 26. August »krachten bei Wind und Gezeiten« die schweren Schollen zusammen, »sie wurden zu riesigen, unregelmäßigen Driften aufgeworfen, die nicht einmal unsere Crew aus erfahrenen Robbenfängern passieren konnte. Der Plan, mit Schlitten oder Booten Vorräte an Land zu bringen, wurde daher fallen gelassen.«

Doch Beebe gab nicht auf. »Das Schiff wurde in jede Rinne getrieben, die zum Kap Hawks führte, doch die Westküste nördlich von Kap Sabine war unerreichbar.« Er fürchtete, auch Littleton Island könnte bald blockiert sein, und beschloss, dort schnellstens eine Cache anzulegen. Doch die Eisschollen vereitelten eine Anlandung. »Jede Nacht formiert sich schneller neues Eis, als es tagsüber verschwindet.« Beebe wollte Greelys Wünschen getreu nachkommen und unbedingt Vorräte auf Littleton Island lagern, doch er wartete zu lange – die Saison war vorbei, er musste umkehren. In einem Brief an Greely betonte er, dass er Lager und Walfangboote an Stellen hinterlassen habe, wo sie »für Euch von Wert« sind. »Ich kann nicht sagen, wie sehr ich bedauere, dass ich in allen meinen Bemühungen scheiterte, zu Euch zu gelangen oder Eure Anweisungen genauestens zu befolgen.« Und in einer anderen Nachricht versprach er: »Ich will mit allen Mitteln darauf drängen, dass das Versorgungsschiff im nächsten Jahr St. John's schon Mitte Juni verlässt.«

Beebe hinterließ diese Nachrichten in zwei Depots, die er mit je 250 Rationen (davon konnten Greelys Männer gerade mal zehn Tage leben) am Kap Sabine und auf Littleton Island angelegt hatte. Am Kap Sabine ließ er auch ein Boot zurück.

Von Littleton Island aus kreuzte die *Neptune* den Smithsund in Richtung Kap Isabella, wo Beebe das letzte Walfangboot deponierte. Das Eis wurde immer massiver, die *Neptune* schlug leck. Er schrieb eine letzte Notiz an Greely: »Ich hinterlasse hier das Boot als letzte Zuflucht in der Hoffnung, Ihr könnt diesen Punkt erreichen und damit nach Littleton Island übersetzen.« Nach Meinung des Kapitäns, seines Ersten Offiziers und Maschinisten würde jede Verzögerung das Schiff und die Mannschaft gefährden. »Ich kann das Schiff nicht länger hier halten«, so Sopp. Schließlich gab Beebe am Dienstag, dem 5. September, um 11.40 Uhr, etwas widerstrebend seine Zustimmung zur Rückfahrt.

40 Tage lang waren sie im Smithsund und im südlichen Kanebecken von Küste zu Küste gefahren und hatten insgesamt 500 Rationen gelagert, 250 an jeder Küste, doch die *Neptune* hatte noch mindestens 2000 Rationen an Bord; davon hätte Greelys Mannschaft drei Monate leben können. Beebe war darüber nicht glücklich, aber er befolgte die Anweisungen aufs Wort: Wenn er Fort Conger nicht erreichen könne, müsse er alle Vorräte zurückbringen.

In den Vereinigten Staaten waren die Reaktionen auf die Rückkehr des Schiffes nach St. John's mitsamt dem Proviant, der für Greely bestimmt war, gemischt. Manche hatten Verständnis – so auch der Marineoffizier Winfield Scott Schley, der damals noch nicht wusste, dass sich sein Schicksal mit der Greely-Expedition verknüpfen würde. Er fand Beebes Scheitern nicht besonders schlimm, denn Greely müsse ja lediglich ein weiteres Jahr warten, und außerdem habe er weiterhin Proviant für zwei Jahre. »Beebe hat seinen Befehl ausgeführt und Depots angelegt, mit der kleinen Abweichung, dass sich eine Cache nun am Kap Sabine befindet«, meinte Schley. Frank Wildes, auch er ein Marineoffizier, der bei den folgenden Ereignissen noch eine Rolle spielen würde, war der Meinung, nicht ein einfacher Gefreiter, sondern mindestens ein Unteroffizier hätte die Versorgungsexpedition kommandieren müssen; ein Mann von höherem Rang hätte Greelys Order dahingehend erweitert, dass er alle Vorräte im Norden gelassen hätte, anstatt einen Großteil wieder mitzubringen. Wildes wusste nicht, dass Beebe vor seinem Aufbruch vergeblich um die notwendige Beförderung ersucht hatte.

Hazen enthielt sich eines Kommentars, bis ihm Beebe seinen offiziellen Bericht vorlegte. Er kabelte Henrietta die traurige Nachricht, und auch Louis Caziarc schrieb sogleich einen Brief, in dem er die Umstände der Rückkehr der *Neptune* bedauerte, es sei jedoch »vorgesorgt durch die großzügige Bevorratung der Station«. Ein Jammer natürlich, dass Henrietta nun länger auf Nachricht ihres Gatten warten müsse, aber es bestehe kein Grund zur Besorgnis! Der letzte Winter sei ausgesprochen hart gewesen (wie Lieutenant Patrick Ray von Point Barrow vermeldet hatte), »und wie wir wissen [durch die Rückkehr der *Proteus* 1881], führt der Verlust der Hunde dazu, keine übereilten Erkundungstouren zu machen«. Es seien an drei Orten (!) Lager angelegt worden, versicherte Caziarc, »das nördlichste Depot ist am Kap Sabine platziert. Mehr wissen wir gegenwärtig nicht.«

Der zweite Winter

Am Abend des 27. August 1882 bahnte sich die *Neptune* ihren Weg durch die Eisschollen im Smithsund. In Fort Conger schlug die Vorfreude auf das Schiff in Verzweiflung um. »Ich hoffe nicht mehr auf das Schiff, und die meisten Leute auch nicht«, schrieb Greely. Pavy erinnerte daran, dass er schon vor einiger Zeit seine Zweifel geäußert habe, dass das Schiff überhaupt kommen würde. Die Abneigung gegen Greely gärte in ihm, und der Unterton seiner privaten Aufzeichnungen wurde immer gehässiger. Er schrieb zwar seine Berichte nicht so umfassend und ordentlich, wie Greely es wünschte, doch die Gesundheit der Mannschaft war ihm deutlich angelegen. Regelmäßig untersuchte er die Männer, er vergewisserte sich, dass die Betten trocken waren, und forderte die Köche auf, den Speiseplan zu variieren, denn Brot, Fleisch, Melasse, Obst, Gemüse und Konserven waren immer noch reichlich vorhanden. Im August hatten die Männer 33 Moschusochsen, unzählige Enten, Schneehühner und Alke erlegt.

Die äußeren Bedingungen für eine zweite Überwinterung waren also gut, nur die Moral war schlecht. Am 31. August schickte Greely seinen Stellvertreter Lockwood mit der *Lady*

Lady Greely, die Dampfbarkasse der Expedition, in Discovery Harbor, Lady Franklin Bay.

Greely nach Dutch Island, wo er die Dampfbarkasse an Land bringen sollte, was er bis zum letzten Moment aufgeschoben hatte. Dieser Schritt macht deutlich, dass Greely das Versorgungsschiff nicht mehr erwartete. »Wir leben hier wie Gefangene in der Bastille«, schrieb Lockwood. Sein Blatt *Arctic Moon* hatte er längst aus Mangel an Interesse eingestellt. Im Offiziersquartier war die Stimmung gedrückt, die »Ausgelassenheit im anderen Raum stand in krassem Gegensatz zu der Trübnis hier«, schrieb er. Im Mannschaftsquartier wurde gelacht und gesungen, Private Schneider, einer von acht Deutschstämmigen in der Gruppe, spielte Geige, und Greely besuchte die Männer gelegentlich auf eine Schachpartie, denn es war dort angenehmer als im Offiziersraum.

Im Oktoberbericht wiederholte Pavy, dass es in seinem

Arzneischrank an »wesentlichen Medikamenten« mangelte. Greely fragte ihn, was denn diese wesentlichen Medikamente seien, und notierte am Abend in seiner Schreibecke: »Als Einziges erwähnte er immer, dass Dorschlebertran und Digitalis fehlten.« Am 20. Oktober bat Pavy den Kommandanten um Informationen »zu unserem weiteren Verbleiben in der Arktis sowie über Eure Pläne und Mittel zur Flucht«. Er hätte seine Frage auch mündlich vorbringen können, doch der Arzt wollte alles schriftlich haben. Er hatte große Bedenken, die nicht zuletzt durch seine »dürftigen … schlecht gewählten medizinischen Mittel« begründet waren. Während der Expeditionsvorbereitungen in Washington war Pavy in Grönland gewesen und hatte keinerlei Einfluss auf die Auswahl der Medikamente und Handbücher nehmen können. »Da das Schiff nun nicht kommt und die Arbeit für den Herbst schon festgelegt ist, müssen wir entscheiden, was wir im Frühjahr tun. Als Arzt der Expedition wünsche ich, über Eure Pläne offiziell in Kenntnis gesetzt zu werden.«

Greely gab zurück: »Ich schätze Euer medizinisches Können sehr, doch Eure Meinung, unsere Aussichten seien düster, kann ich in keiner Weise teilen.« Gute Ernährung, warme und trockene Quartiere, Skorbutfreiheit und »unsere erfolgreiche Feldarbeit« im vergangenen Jahr verhießen einen problemlosen Winter. Mit wachsendem Groll behauptete Pavy, diese Antwort sei ein Beispiel für Greelys fehlenden Respekt vor der ärztlichen Pflicht, »Leib und Leben der Männer [zu schützen], die die Regierung der Vereinigten Staaten in meine medizinische Obhut stellte«.

Pavy musste den Spannungen in Fort Conger eine Weile entfliehen und bat um Greelys Erlaubnis, an der Küste von Grinnell Land nach Süden zu marschieren, wo er Caches suchen und nach möglichen Schiffen Ausschau halten wollte.

Brainard und Eskimo Fred nahm er mit. Für den Sergeanten war es allerdings kein Sonntagsspaziergang; Pavy hatte ihm einen Schlafsack aus Hundefell gegeben, der zu klein war; er konnte sich nicht darin ausstrecken und somit auch nicht richtig schlafen. Doch Brainard vermerkte, dass hinter Kap Baird »das unermüdliche Dahintrotten der Hunde, der helle Mondenschein und die belebende Luft [bei minus 25 °C] unsere Stimmung hoben«. Die Gruppe war zwei Wochen lang unterwegs, doch mehr als Dampfwolken über dem Kanebecken und ein deutlicher Eisblink im Süden war nicht zu sehen.

Greely bestand auf Disziplin. Eines Tages sichteten die Männer Bärenspuren und bekamen Lust auf die Jagd. Doch jenseits eines Radius von 200 Metern verbat Greely jedwede Aktion ohne seine ausdrückliche Genehmigung. Sergeant Linn setzte sich darüber hinweg und verfolgte den Bären. Als er ohne Beute zurückkam, degradierte Greely ihn vor versammelter Mannschaft zum Gefreiten und übertrug Sergeant Maurice Connell seine Aufgaben. Der irischstämmige Connell war laut Greely »einer unserer besten Männer«, doch seine Meinung sollte sich bald ändern.

Greely dachte immer eingehender über einen Rückzug aus Fort Conger nach. Sollte auch im nächsten August kein Schiff kommen, müsste er die Station auflassen und mit Booten entlang der Westküste des Kennedy Channel und des Smithsund nach Süden fahren. Er zog die Möglichkeit in Betracht, dass ein Schiff Littleton Island erreicht haben könnte und dort auf sie wartete, doch Pavy höhnte nur über diesen Gedanken. Wie sollten sie denn nach Littleton Island gelangen? Mit der Dampfbarkasse könnten sie keine Eisfelder queren. Zwar hätten sie ein Walfangboot, »aber keinen, der weiß, wie man es steuert«. Und Pavy schließt: »Dieser Mangel an nautischer Erfahrung wirkt sich äußerst schlecht auf unsere Sicherheit aus.«

Pavy fand wenig Trost im Verhalten der Offiziere. Lockwood war wie üblich still und verhielt sich neutral gegenüber »Greelys Absolutismus«. Kislingbury war geächtet und sagte nur selten etwas, und Greely selbst tat jeden Vorschlag von Seiten Pavys automatisch ab. »Würde Greely seinen Verstand in die richtige Richtung lenken und ihn mit derselben Heftigkeit schärfen, wie er ihn dazu einsetzt, mir zu widersprechen, könnten wir einiges erreichen.« Wie jämmerlich in Pavys Augen doch diese Expedition war, verglichen mit den Fahrten von Nares, Nordenskiöld und Weyprecht! Greelys Kritik an Nares verglich er mit einem »Pygmäen, der Helden angreift«. Dabei vergaß er gerne, dass viele Briten Nares' Expedition für ein Fiasko hielten, das im Skorbuttod geendet hatte.

Der Herbst ging zu Ende. Greely hielt drei Moschusochsen, die er zu Studien- und Zuchtzwecken mit in die Staaten nehmen wollte. Nun starb eines dieser Rinder, und Greely wollte sich auch der beiden anderen entledigen. Sergeant Long führte sie über das Eis nach Bellot Island. Als er sie freiließ, verendete ein Tier; das andere wollte nicht bleiben, es folgte Long wie ein Hund und rannte hinter dem Schlitten her. Die Jungtiere wollten wohl ebenso wenig allein gelassen werden wie die Menschen, die sie aufgenommen hatten. Das Rind folgte Long bis zur Station, »kam zu seinem früheren Stall zurück und starb daselbst am folgenden Tag, ohne dass man die Ursache kannte«.

Man feierte wieder Geburtstag: Im Oktober wurde William Ellis, der älteste Mann der Gruppe, 42 Jahre alt. Mitte November begann erneut der Unterricht. Greely hielt zu Anfang einen Vortrag über seine Heimatstadt Newburyport. Die himmlischen Elemente taten ihr Bestes, den wissenschaftlichen Mitarbeitern die Langeweile zu vertreiben. Immer wieder flackerte und flimmerte das Nordlicht in flammender, sich

immerfort verändernder Gestalt, einmal als strahlende Licht-
säule, dann als anmutiger Vorhang, als Bogen oder als buntes,
lebhaftes Gesprengsel. Ein Mann verglich das Himmelsspek-
takel ehrfürchtig mit dem Tanz einer »Riesenschlange«.

Sergeant Ralston berichtete: »Ein Magnetsturm tobt. Die
Nadel hüpft nur so.« Und Private Henry schrieb, das Him-
melsspiel spotte jeglicher Beschreibung. Er versuchte es trotzdem und verweilte vor allem bei den wundervollen Grüntönen: »Vom hellsten Apfelgrün bis zum dunkelsten, fast
schwarzen Grün der Hemlock-Tanne.« Greely sprach von
»verwickelten Girlanden … schimmernden Lanzen … Spit-
zengewebe … Lichtstäben«. Für Pavy waren diese Erscheinungen viel zu überwältigend, um in Worte gefasst zu werden. Er nannte sie »Dantes Inferno«.

Das Nordlicht inspirierte Greely zu weiteren Vortrags-
themen. Die Astronomie wurde sein Lieblingsfach. Er war
auch der Ansicht, die Männer hätten wieder Lebensmut bekommen, denn sie aßen viel und mit gutem Appetit. Thanksgiving bestimmte Greely als einen Tag »zur Danksagung und
zum Lobe Gottes. Freiheit von Tod und Krankheit, Erfolg
in wissenschaftlichen und geografischen Arbeiten sowie der
gegenwärtige Besitz von Gesundheit und Wohlbefinden mögen als besondere Gnaden erwähnt werden.« Doch Brainard,
dienstgradältester Unteroffizier und Greelys Ordonanz, teilte
diesen Optimismus nicht. Er hegte immer noch einen schwer
definierbaren Groll gegen den Militärdienst. Kurz vor Weihnachten schrieb er: »Die Männer werden immer mürrischer.
Die Festtage sind nichts als ein Hohn.« Seine trübe Sicht der
Dinge war aber eher ein Ausdruck seiner persönlichen
Gefühle als ein wahrheitsgetreues Bild der Ereignisse. Auch
an diesem Weihnachtsfest gab es wieder reichlich zu essen,
die Stimmung war ausgelassen und wurde noch belebt durch

Eskimo Fred, der einen alten Hornpipe tanzte. In der folgenden Woche stellte Private Schneider ein beleuchtetes Schild mit guten Wünschen zum neuen Jahr auf das Spieleregal. Kurz darauf, an Sergeant Cross' Geburtstag, stellte Greely erleichtert fest: »Er nahm überhaupt keine geisthaltigen Getränke zu sich, eine Neuerung, die er wohl beibehalten wird.«

Doch die Festtagsstimmung hatte ihre Grenzen. Greely grollte über Kislingburys Angewohnheit, »sich mit den angeworbenen Leuten zusammenzurotten und Karten zu spielen« – zunächst ungesehen im Labor, dann ganz offen. »Ich will keinen Streit mit ihm … Ich will ihm keinen Vorwand geben, Anspruch auf das Kommando zu erheben, denn ich bin überzeugt, im Falle meiner Dienstuntauglichkeit wäre dies äußerst unglücklich.« Er dachte an glücklichere Zeiten, als er Henrietta Gedichte vorgelesen oder ihr Verszeilen mit der Post geschickt hatte, und trug seinen Männern Gedichte vor. Doch ein angewiderter Dr. Pavy notierte: »Er sagt den Männern, dass die ganze Arbeit der Engländer ein Fehlschlag gewesen sei.« Pavy konnte sich denken, dass Greely nicht wusste, wie respektlos die Männer hinter seinem Rücken über ihn sprachen.

Der Arzt vermerkte einen Vorfall, der symptomatisch war für Greelys Sturheit. Am Abend des 23. Januar, »als der Mond gerade hinter den Bergen der Musk Ox Bay verschwand und ein Licht zurückließ, das einen Nebenmond bildete«, kam Greely ins Labor und erzählte Private Henry, der an jenem Abend Dienst hatte, dass eine Aurora zu sehen sei. Henry ging hinaus, kam aber gleich wieder zurück und meinte, er könne lediglich einen Nebenmond erkennen. Greely gab zurück, er habe sich lange genug mit Astronomie beschäftigt, um zu wissen, worüber er sprach. Auch nachdem Ralston die Instrumente im Magnetismuslabor überprüft und keinen

Hinweis auf magnetische Aktivitäten gefunden hatte, befahl ihm Greely, für dieses Datum eine Aurora zu melden, »die es niemals gegeben hat«.

Pavys Hass auf Greely kannte nun keine Grenzen mehr. »Kann ein Kommandant Freundschaft und Achtung erwarten, wenn er für das Kommando völlig ungeeignet ist?« Sich selbst gegenüber war Pavy nachsichtig. Greely hingegen versuchte, sich selbst im Stillen zu bewerten. War er zu duldsam, weil er Zwist immer vermeiden wollte? In seinem Tagebuch notierte er: »Die Arbeit, der Erfolg und das Überleben der Mannschaft waren für mich immer zu wertvoll, um sie durch harsche, heftige oder ungerechte Worte und Maßnahmen zu gefährden, und so nahm ich mich natürlich zusammen, wenn ich gereizt war.« In derselben Woche erließ er Order, dass sich die Soldaten in einem Radius von 500 Metern um das Fort bewegen könnten, und lockerte somit die früheren Beschränkungen, doch Brainard war immer noch ärgerlich. »Was hat denn diese Order für einen Sinn, außer persönlicher Eitelkeit zu frönen?« Es bestand natürlich die Gefahr, dass jemand zu weit wandern und erfrieren konnte. Doch: »Erfrieren Soldaten eher als Offiziere? Das Ganze ist eine elende Farce, und die Männer hätten sich ruhig dagegen auflehnen können.«

Greely freute sich auf die Schlittentouren, die er im Frühjahr unternehmen wollte, bevor das Versorgungsschiff käme oder sie im schlimmsten Fall auf eigene Faust nach Süden wandern müssten. Brainard marschierte regelmäßig mit einem Trupp nach Kap Baird, wo er für den Fall eines Rückzugs ein Depot anlegte. Doch zu viel Arbeit fand Pavy nicht gut. Anfang März riet er von weiteren Erkundungen ab, denn sie könnten die Männer für einen eventuellen Rückzug schwächen, und schlug vor, sie sollten höchstens ein, zwei Nächte im Freien verbringen. Greely reagierte wie erwartet, nachdem Pavys medizinische Berichte zeigten, dass die Männer bei guter Gesundheit waren. »Für mich ist es unsoldatisch und unmännlich, die Arbeit auszusetzen. Seit letztem Herbst ist [wegen Pavy] alles rückgängig.« Gegenüber dem Arzt betonte er, dass die Touren im beginnenden Frühjahr »lediglich dazu dienen und darauf ausgerichtet sind, unsere Kenntnis der Arktis zu vergrößern. Solange ich die Ehre habe, das Kommando auszuüben, und solange ich diensttauglich bin, werde ich dieses Ziel weiter verfolgen.«

Doch das Bestreben, wissenschaftliche Erkenntnisse zu sammeln, trat weit hinter den Wunsch nach weiteren geografischen Eroberungen zurück. Greely und Lockwood konnten es gar nicht erwarten, ihren eigenen Rekord zu brechen und einen neuen Nordpunkt zu erreichen. Am 10. März ging Rice über den Robeson Channel nach Thank God Harbor und holte das britische Eisboot. Am selben Tag führte auch Lockwood einen Trupp an die grönländische Küste und legte dort Caches an für einen Vorstoß über den 84. Breitengrad hinaus. Diese Vorbereitungsarbeiten verliefen problemlos – bis auf die Tatsache, dass die Hunde die Geschirre und Peitsche fraßen und nur den Peitschenstock und ein paar Teile aus Elfenbein übrig ließen, »weil sie wohl unverdaulich sind«, wie Sergeant Jewell trocken bemerkte.

Ende des Monats brach Lockwood schließlich mit einer Schlittenpartie nach Norden auf. Doch das Packeis brach früh, und das dünne Eis gab nach. Männer, Hunde und Schlitten wären fast ertrunken. Offenes Wasser am Fuße einer 400 Meter hohen Klippe zwang die Gruppe zu einem Umweg durch ein vereistes Tal. Auch der tapfere Versuch, Stufen in einen Gletscher zu schlagen, scheiterte. Selbst für den ungestümen Lockwood gab es zu viele Hindernisse, und er musste die

Männer nach Fort Conger zurückführen. Greely war alles andere als begeistert von dieser unerwartet frühen Rückkehr, und auch Lockwood war betrübt: »Soll ich zum Stift greifen und das demütigende Wort *versagt* niederschreiben? Ja. Und es klingt bitter.« Ihn verlangte danach, sich wieder auf den Weg zu machen. Ein neuer Nordpunkt war immer noch erreichbar, aber in einer anderen Richtung.

Greely stimmte zu. Die Briten waren auf der grönländischen Seite gescheitert, Greely hoffte nun, über Ellesmere Island weiter nach Norden zu gelangen. Mit Brainard, Eskimo Fred und den zehn besten Hunden brach Lockwood am 25. April auf. Als sie zwischen den Eisrücken des Archerfjords verschwanden, schrieb Greely: »Dies ist die letzte größere Erkundungstour während unseres verbleibenden Aufenthalts in der Arktis, der mit der Ankunft des Versorgungsschiffes im Juli oder August beendet sein wird.«

General Hazen hatte dem Kriegsminister im Herbst 1882 Beebes Bericht über das Scheitern der Versorgungsexpedition unterbreitet und hinzugefügt: »Es gibt keinerlei Grund zur Annahme, dass Lieutenant Greelys Mannschaft Mangel leidet, und man muss sich keine Sorgen über ihre Sicherheit machen.« Er wies auf die Mengen an Proviant hin, die Greely mitgenommen hatte, sowie auf die großen Bestände an Wild und Kohle, die es in der Umgebung der Lady Franklin Bay offenbar gab. Die Männer hätten »eine gemütliche und warme Heimstatt und [seien] mit arktischer Kleidung ausgerüstet«. Das hörte der Kriegsminister gern, und auf den Vorschlag sowie die freiwillige Meldung eines Infanterieoffiziers, im nächsten Frühjahr eine Versorgungsexpedition für Greely zu kommandieren, gab er zurück: »Von solch einer Expedition weiß ich nichts.« Diese Antwort würde Hazen unverzüglich

Private William Beebe,
der ungeeignete Kommandant der
ersten Versorgungsexpedition.

öffentlich anführen, um die fatale Gleichgültigkeit des Ministers zu charakterisieren.

Der Kommandeur des Fernmeldecorps wollte ein zweites Scheitern in der Arktis unbedingt vermeiden, da er nach Meinung vieler bereits die Verantwortung für den ersten Fehlschlag trug. Hazen widersprach Henriettas Ansicht, wonach die Gründe für das Scheitern im späten Aufbruch der *Neptune* zu suchen seien: »Ich glaube nicht, dass es einen großen Unterschied gemacht hätte, wenn Beebe früher aufgebrochen wäre … Am nördlichsten von Beebe erreichten Punkt traf er auf die Kante des Wintereises, das noch nicht aufgebrochen war, und eine frühere Ankunft hätte ihm nichts genützt.«

Dennoch setzte Hazen alles in Bewegung, um eine Versorgungsexpedition für 1883 zu organisieren und sie früher auszusenden als die *Neptune*. Anfang November, kaum einen Monat, nachdem er sich gegenüber dem Kriegsminister so beschwichtigend geäußert hatte, schickte er Lincoln eine Abschrift von Greelys Plänen bezüglich des Versorgungsschiffs und betonte, dass Greelys Anweisungen zu befolgen seien – Hazen hatte keine Wahl, er selbst hatte sie ja unterstützt und sich selbst als Mitverfasser dargestellt. Die Erfahrung der *Neptune* hatte ihn jedoch gelehrt, dass unvorhergesehene Ereignisse im Nordwasser zu einer Abweichung von Greelys strenger Order zwingen könnten. Eines Tages würde Hazen zugeben müssen, dass alles besser gelaufen wäre, »hätte Beebe die Anweisung gehabt, alle Vorräte am Kap Sabine oder auf Littleton Island zu verstauen, anstatt sie nach St. John's zurückzubringen«. Um sich nicht selbst zu belasten, konnte er dies natürlich nicht vor Lincoln zugeben und riet folglich nur dazu, »für alle Eventualitäten vorzusorgen«.

In dieser Novemberwoche wollte Hazen dem Kommandanten des Territoriums Dakota über das Büro des Generaladjutanten einen Brief zukommen lassen, in dem er nach einem geeigneten Offizier und Soldaten für die Versorgungsexpedition fragte. Doch der Brief verließ Washington nie. Er wurde mit dem Vermerk zurückgeleitet, Hazen hätte ihn lediglich an den Adjutanten adressieren sollen. Der Brief wurde umformuliert, neu adressiert und abermals abgeschickt. Ein solches Beharren auf bloßen Formalitäten war in Hazens Augen mehr als nur eine bürokratische Schikane: Sie sei nachgerade typisch für die entschieden ablehnende Haltung des Kriegsministers gegenüber der Polarforschung.

Lincoln hatte ihm einmal klar gesagt, dass er dem Heer keine Genehmigung mehr erteilen würde, weitere Soldaten für das Unternehmen in der Lady Franklin Bay einzusetzen. »Es ist besser, Angehörige der Marine zu nehmen, nachdem diese die nötige Ausbildung haben und die besonderen Aufträge des Kommandeurs des Fernmeldecorps besser ausführen können.« Ein aufgebrachter Hazen hatte geantwortet: »Das volle Kommando über diesen Auftrag zu ändern hieße, Pferde beim Queren des Flusses zu wechseln.« Seine weitere Korrespondenz mit Lincoln besagte, dass Greelys Mannschaft trotz der gescheiterten Versorgungsfahrt der *Neptune* zwar nicht in unmittelbarer Gefahr sei, doch könnte eine Katastrophe bevorstehen, sollte die Versorgung im nächsten Jahr nicht gelingen.

Lincoln wusste, dass er sich in solch einem Fall der Verantwortung nicht entziehen könnte. Es war natürlich einfach, Beebes missglücktes Unternehmen Hazen anzulasten; genauso einfach war es, ihn für den Ruch des Skandals verantwortlich zu machen, der dem Fernmeldecorps wegen des immer noch flüchtigen Howgate anhaftete. Außerdem waren die Nachrichten, die in Bezug auf das Desaster der *Jeannette* durchsickerten, für die Marine peinlicher als für das Kriegsministerium. Dennoch war klar, dass sich die überregionalen Zeitungen gierig auf alles stürzen würden, was auch nur entfernt nach einem Patzer der Regierung aussah, und Robert Lincoln wollte sicherlich alles andere als eine schlechte Presse. Er verhehlte nicht, dass nach seiner Meinung das Ziel einer Expedition in die Lady Franklin Bay nicht nur die Versorgung von Greelys Mannschaft sein dürfe, sondern das Ende eines Arktisprojekts sein müsse, an dem die Amerikaner sich nie hätten beteiligen sollen.

Das war auch Shermans Haltung zu Spritztouren in die Arktis. Am 23. November schrieb der Oberkommandierende des US-Heeres: »Lieutenant Greelys Expedition in die Lady

Franklin Bay ist in keiner Art und Weise und in keiner Form ein militärischer Auftrag im Rahmen der Gesetze und Gepflogenheiten der Vereinigten Staaten.« Dass sich Freiwillige aus dem Heer für solche Bravourstücke beworben hatten, stand auf einem anderen Blatt. »Je waghalsiger ein Unternehmen, desto größer die freiwillige Bereitschaft. Das ändert jedoch nichts an der Tatsache, dass diejenigen, die das Kommando ausüben, auch ganz allein die Konsequenzen zu tragen haben.« Auch er war der Meinung, dass ein gechartertes Schiff im nächsten Sommer Greelys Mannschaft nach Hause bringen sollte, und damit wäre die ganze Sache ein für alle Mal erledigt. »Wir wissen schon genug über den Nordpol und die angrenzenden arktischen Regionen, und für die Armeeangehörigen können wir innerhalb unserer bestehenden Grenzen eine sinnvollere Verwendung finden.«

Sherman stellte sich also ganz offiziell gegen die Aussendung weiterer Soldaten zur Verstärkung der Mannschaft in der Lady Franklin Bay, doch es gab auch andere einflussreiche Stimmen. Die Zeitungen berichteten über die schrecklichen Qualen der Mannschaften, die in der Arktis festgesessen hatten, und gaben beispielsweise Schilderungen von den Überlebenden der *Jeannette*-Expedition wieder. Das Marinegericht hatte die Schuldfrage offen gelassen, und Angehörige der Männer, die in Sibirien ihr Leben lassen mussten, verlangten eine Untersuchung auf Kongressebene. Im Kriegsministerium wollte natürlich niemand eine Wiederholung der Tragödie im Eis, die die Marine gerade erlebt hatte, doch Henrietta Greely und Lockwoods Familie suchten sich schon auf einer privateren Ebene Verbündete. Hazen wollte, »dass die Station noch mindestens ein Jahr lang unterhalten wird, um den vollen Zweck zu erfüllen, für den sie ursprünglich errichtet wurde«. Doch Henrietta war sich mit Sherman einig, dass ihr Mann so schnell wie möglich zurückgebracht werden sollte.

Auf der amerikanischen Station Point Barrow funktionierte unter Lieutenant Rays Kommando alles problemlos. Mit einem Dutzend Männern, von denen die Hälfte dem Fernmeldecorps angehörte, war die Mannschaft im Sommer 1881 in San Francisco mit dem Schoner *Golden Fleece* in See gestochen, zwei Wochen nach der Abfahrt der *Proteus* aus St. John's. Das vereinbarte Programm sah vor allem Kartierungen und kleinere Erkundungen vor, es war weit weniger ehrgeizig als die Pläne der Lady-Franklin-Bay-Expedition, und die Station lag auch näher an der Heimat. Nach Weyprechts Empfehlungen hatten neun weitere Nationen Arktisstationen eingerichtet, doch keine war so abgelegen und so weit nördlich wie Fort Conger. In Amerika klang die Begeisterung für Arktisentdeckungen weit gehend ab, und nur wenige Amerikaner waren der Ansicht, dass ihr Ruf durch eine Zurückhaltung auf diesem Gebiet in Frage gestellt sei. Während Greely in Fort Conger immer noch »Leistungen und Erfolge« seiner Mannschaft rühmte, suchten die Politiker in Washington nach Wegen, das Land aus allen gegenwärtigen und künftigen internationalen Programmen zur Aufdeckung der arktischen Geheimnisse herauszuhalten. Und so erging am 3. März 1883 der Beschluss, dass Fort Conger aufgelassen und Greely samt seiner Einheit zurückgeholt werden sollte.

Dies wäre immer noch Sache des Heeres, so dass Marineminister Chandler sich daran nicht beteiligen wollte. Er war ausreichend mit den unangenehmen Fragen beschäftigt, die nach dem Verlust der *Jeannette* laut geworden waren. Außerdem hatte Greely in seinen Anweisungen für die erste Versorgungsexpedition ausdrücklich einen Sergeanten und sieben Gefreite des Heeres angefordert. Lincoln musste also einen weiteren Trupp bereitstellen, der wie zuvor von Freiwilligen der Armeeposten in den nördlichen Great Plains bemannt wurde. Da manche Posten in hohen Breiten lagen, ging man davon aus, dass die Männer an extreme Kälte gewöhnt wären. Am 23. November 1882 ging die offizielle Ausschreibung über Kabel; in auffälliger Kursivschrift wurden Männer aufgefordert, »sich freiwillig zu melden … und ihre Dienste anzubieten«. Zwei Wochen später meldete Lieutenant Ernest A. Garlington vom 7. Kavallerieregiment aus Fort Buford die Namen von sieben Soldaten, darunter auch ein Sergeant – sowie Garlington selbst.

Noch vor Jahresende kümmerte sich Hazen um ein Schiff. Dazu erbat er wieder die Hilfe des amerikanischen Konsuls in St. John's. In Washington hing alles von Lincolns Kooperationsbereitschaft ab. Hazen und der Kriegsminister lagen sich auch wegen eines anderen Themas in den Haaren; Streit war ausgebrochen über die Frage, ob der Wetterdienst, der vom Fernmeldecorps ins Leben gerufen worden war und verwaltet wurde, vom Heer abgespalten werden sollte. Lincoln hatte in seinem Jahresbericht für eine Trennung votiert. Hazen war da ganz anderer Ansicht; er hatte seine Offiziere aufgefordert, ein Rundschreiben zu unterzeichnen, in dem der Minister derart angegriffen wurde, dass dessen Anhänger Hazen wegen Respektlosigkeit vor ein Militärgericht stellen wollten.

Nachdem der Abgeordnete Frank Beltzhoover aus Pennsylvania das Fernmeldecorps unter Hazens Kommando als korrupt und schlecht geführt dargestellt hatte, forderte Hazen nun mit allen Mitteln eine Verfolgung des Kongressabgeordneten. Lincoln stellte sich dagegen und rügte den General, weil dieser die Sache schon öffentlich gemacht hatte, bevor er, Lincoln, noch reagieren konnte. Daraufhin verstärkte Beltzhoover seine Angriffe; er nannte Hazens Versuch, den Kongress einzuschalten, eine »lächerliche Anmaßung« und dessen Brief an den Minister »ein Stück Dummdreistigkeit«. Dieser öffentliche Schlagabtausch irritierte selbst Hazens Freunde. Einer warnte ihn: »Ich bitte Euch, handelt mit mehr Besonnenheit. Ihr besitzt keinerlei Taktgefühl, was Ihr beweist, indem Ihr mit Eurem Namen an die Presse geht. Ihr gebt dem Kriegsminister alle Gelegenheit, Euch zu brüskieren. Ich rate Euch dringend zur Zurückhaltung, und mögt Ihr Eure Zunge im Zaume halten.«

Dieser Freund verlangte von William Babcock Hazen fast Unmögliches. Doch der General bemühte sich dennoch sehr, nicht zu viele Federn zu lassen, während er dringend um Unterstützung für die Versorgungsexpedition ersuchte. Seine Geduld wurde hart auf die Probe gestellt. Währenddessen war General Alfred Terry im weit entfernten Fort Snelling im Territorium Montana damit beauftragt, unter den Freiwilligen die geeigneten Männer auszuwählen, womit er aus unerklärlichen Gründen erst in der zweiten Januarwoche beginnen konnte. Schließlich fiel seine Wahl auf einen Leutnant, einen Sergeanten und zwei Gefreite. Der Leutnant war Ernest Garlington.

Hazen erfuhr, dass es noch zu früh sei, den Trupp nach Osten zu beordern. In der Hoffnung, Lincoln würde die Angelegenheit anders bescheiden, legte er ihm am 18. Januar eine Zusammenfassung der Fakten vor und betonte, dass Garlington in Washington zur Verfügung stehen müsse, »denn die Expeditionsvorbereitungen sollten weit gehend seiner Entscheidung unterliegen«. Nach diesem Plan sollte Garlington in Discovery Harbor auf Greely treffen; könnte er nicht so weit nach Norden vorstoßen, so sollte er auf Littleton Island an Land gehen, eine Cache anlegen, Hütten bauen und auf Greely warten, »der im September nach Süden marschiert und dort auf den Trupp trifft«, beziehungsweise man würde ihm mit Schlittenparteien von der Insel aus entgegengehen.

Da Garlington für die Expeditionsvorbereitungen ausreichend Zeit haben sollte, bat Hazen den Kriegsminister: »Überdenkt Eure Entscheidung, ihn [Garlington] erst später hierher zu beordern. Es ist keineswegs zu früh, mit der notwendigen Vorbereitung zu beginnen.« Diese Bitte fruchtete. Ende Januar waren Garlington und sein kleiner Trupp auf dem Weg nach Washington. In der Zwischenzeit hatte Hazen Henrietta über die Wahl des Kommandanten informiert, »First Lieutenant des 7. Kavallerieregiments, ein Mann, dem ich vor allen anderen des Heeres gehorchen würde. Sachlich, beharrlich, fähig.« Henrietta schrieb zurück: »Ich freue mich, dass Ihr einen Offizier gefunden habt, den Ihr ganz und gar schätzt.«

Die Arktiseinheit im Hauptquartier des Fernmeldecorps bestand immer noch aus nur einem Mann und wenigen Schreibkräften. William Clapp war mit dieser Versorgungsexpedition nun derart beschäftigt, dass er bei Hazen offiziell angefragt hatte, ob er nicht selbst das Kommando über diese Arktisfahrt übernehmen könne. Er hatte in seinen Antrag große Hoffnungen gesetzt, die jedoch durch Garlingtons Ernennung zerschlagen wurden. Clapp würde sich später beschweren, dass sein Gesuch vorsätzlich ignoriert worden sei. Hazen widersprach: Der Captain habe wohl vergessen, »dass ich ihn mündlich und mit allem Takt darüber in Kenntnis setzte, dass ich nicht willens sei, ihn auszuschicken«. Clapp nahm seine Dienstpflichten ernst. Er hatte die Berichte von Hall, Hayes, Nares und Markham gründlich studiert, er hatte sich auch mit dem Ersten Maschinenoffizier George Melville sowie anderen Überlebenden der *Jeannette* beraten und war überzeugt, er habe »eine so gute Kenntnis [über die Polarforschung], wie es jemandem, der nicht selbst dort war, überhaupt nur möglich ist«.

In der ersten Planungsphase unterbreitete Clapp Vorschläge, die Hazen größtenteils annahm; doch es gab auch Ausnahmen. So hatte Clapp geraten, die Depots und die Hütte für das Winterquartier nicht auf Littleton Island oder an der Ostküste des Smithsund oder des Kennedy Channel anzulegen, sondern am Kap Sabine oder noch weiter nördlich an der Westküste. Frühere Forschungsreisende hätten die Schlittenfahrten nämlich entlang der Westküste unternommen, und Clapp war sicher, dass auch Greely bei einem erzwungenen Rückzug diese Route nehmen würde. Des Weiteren schlug er als »Sicherheitsmaßnahme« vor, dass Vorräte und Baumaterial irgendwo auf dem Weg nach Norden abgeladen werden sollten, bevor sich das Schiff zu weit in gefährliche Eisfelder vorwagte.

Hazen verwarf diese Vorschläge, weil sie Greelys Wünschen widersprachen. Clapp war so beharrlich, wie er es nur wagte, und bearbeitete seinen Vorgesetzten in persönlichen Gesprächen. Greely hatte seine Anweisungen im August 1881 voller Vertrauen niedergeschrieben, nachdem die *Proteus* seine Mannschaft sicher »durch ein praktisch offenes Meer« in die Lady Franklin Bay gebracht hatte. Doch nach Clapps Meinung deckten diese Anweisungen nicht alle Eventualitäten ab und sollten von jenen, die am Ende für Greelys Versorgung verantwortlich wären, nicht als bindend angesehen werden.

Clapp meinte, wenn man das Lager an der Westküste anlegte, würde man der Mannschaft die zugegeben kurze, aber gefährliche Querung von Kap Sabine nach Littleton Island ersparen. Und er hielt es für klug und umsichtig, die Ladung schon auf dem Hinweg zu löschen, als Vorsorge für den Fall, dass das Schiff weiter im Norden vom Eis eingeschlossen würde. Doch Hazen rückte nicht von seinem Standpunkt ab: Greelys Plan dürfe auf keinen Fall »angetastet« werden, Greelys eigene Worte verbaten »jede Abweichung von diesen Anweisungen«. Und, fügte er hinzu, Greelys Entscheidung basiere nicht nur auf den Erfahrungen seiner störungsfreien Hinfahrt, »er weiß besser als jeder andere in der Welt, was zu tun ist. Er hat dieses Thema studiert.«

Clapp auch. Doch schließlich gab er achselzuckend auf. Als er den Auftrag bekam, die Anweisungen für Garlington »grob« zu umreißen, legte er genau das nieder, was in Greelys Originalentwurf stand.

Garlington meldete sich am Tag nach seinem 30. Geburtstag im Hauptquartier des Fernmeldecorps, und kaum hatte er die Bühne betreten, wurde Clapp aufs Abstellgleis geschoben. Nach all seiner Auseinandersetzung mit dem Thema und trotz seines treuen Dienstes als Kommandeur der Arktiseinheit musste er nun die Befehlsgewalt übergeben und bekam lediglich den Auftrag, sich um die Bereitstellung von Schlitten und Zelten zu kümmern. »Das fand ich ungerecht.« Er unternahm einen letzten Versuch, Greelys Plan zu ändern; doch er stand allein mit seinen Argumenten. Auch bei Garlington fand er kein Gehör. Der neu ernannte Kommandant der Versorgungsexpedition hatte in Clapps Büro einen Schreibtisch bekommen – es war allerdings keine glückliche Nähe. Clapp stellte fortwährend seine verletzten Gefühle zur Schau, so dass Garlington den Eindruck hatte, der Hauptmann fühlte sich ihm gegenüber »ungerecht behandelt«. Vor allem aber muss der Neuankömmling erkannt haben, dass im Hauptquartier des Fernmeldecorps innere Grabenkämpfe stattfanden, in die er keinesfalls hineingezogen werden wollte.

Garlington stammte aus Newberry in South Carolina. Er war der Sohn eines Pflanzers, Rechtsanwalts und Brigadegenerals der Konföderierten. Er hatte verschiedene Privatschulen besucht und sollte die Plantage sowie die Kanzlei seines Vaters übernehmen – eine Aussicht, die sich durch die Niederlage des Südens zerschlug. Er arbeitete einige Zeit als Schreibkraft bei einer Eisenbahngesellschaft, mit 19 Jahren ging er dann auf die Militärakademie von West Point, wo er von den anderen Kadetten wegen seiner Herkunft und seiner Art nicht gerade geschätzt wurde. Schließlich wurde er dem 7. Kavallerieregiment als Second Lieutenant zugeteilt. Zuvor bekam er Heimaturlaub und besuchte seine Eltern, die mittlerweile nach Georgia umgezogen waren. Zu dieser Zeit erreichte ihn die Nachricht von der Niederlage seiner Einheit unter General Custer am Little Bighorn. Garlington hatte zwar erst zehn Tage seines Urlaubs verbracht, doch er packte sofort seine Sachen und fuhr nach Washington, wo er auf Order wartete, sich dem Regiment umgehend anzuschließen. Zusammen mit Custer waren so viele Offiziere gefallen, dass Garlington zügig befördert wurde.

In den darauf folgenden fünf Jahren war er bei zahlreichen Operationen mit seinem berühmten Regiment im Feld. Eine Zeit lang diente er als Regimentsadjutant. 1877 kämpfte er gegen Kriegsparteien der Nez Percé in Montana, im Jahr darauf führte er in Nebraska eine Sondereinheit gegen die Cheyenne. Bei erbitterten Kämpfen gegen die amerikanischen Eingeborenen verdiente er sich durch seine Tapferkeit die höchste Auszeichnung seines Landes, doch das war viele Jahre später. Zunächst besudelte er seine berufliche Ehre, nachdem er sich freiwillig für einen Dienst gemeldet hatte, der sich grundlegend von all seinen Aufträgen in den Grenzgebieten unterschied.

Im Frühjahr 1883 kämpfte Hazen mit Kosten- und Bewilligungsfragen und führte eine ausgedehnte Korrespondenz mit verschiedenen Stellen: dem General, der in New York für die Beschaffung zuständig war, dem Konsul in St. John's, dem dänischen Gesandten in Washington und vielen anderen. Meist ging es in seinen Briefen um das Chartern eines geeigneten Schiffs und die Beschaffung von Baumaterial für die Unterkunft auf Littleton Island. Er wollte sichergehen, dass bei dieser Versorgungsexpedition alles funktionierte. Er wurde sich langsam bewusst, dass er als Einziger mit den amerikanischen Polarfahrten identifiziert wurde und für ein mögliches Scheitern die Verantwortung zu tragen hätte.

Dies wurde in einem Memorandum deutlich, dass er dem Kriegsminister am 1. April vorlegte. Hazen erklärte, dass die Lady-Franklin-Bay-Expedition nicht ausschließlich als ein Unternehmen des Fernmeldecorps betrachtet werden dürfe. »Auf der Station werden wichtige Erkenntnisse im Rahmen der internationalen meteorologischen Forschung gewonnen, doch nach Maßgabe des Beschlusses vom 1. Mai 1880 dient sie auch dem Zweck, Messungen und Beobachtungen durchzuführen, die dem Fernmeldecorps in keiner Weise zugute kommen und die auch jede andere Abteilung des Heeres, die Marine oder gar der öffentliche Dienst erledigen kann.« Doch Lincoln wollte Hazen nicht so leicht davonkommen lassen. Er schickte das Memorandum mit dem Vermerk zurück: »Die Arktisexpeditionen nahmen im Fernmeldecorps ihren Ausgang. Offenbar hatte keine andere Abteilung daran auch nur das geringste Interesse. Nur auf Drängen des Kommandeurs des Fernmeldecorps hat der Kriegsminister, und das nicht ohne Zögern, Schritte eingeleitet, um diese Expedition auf den Weg zu bringen.«

Jede Seite wollte also die Verantwortung abwälzen – was für die 25 Männer, die in der Lady Franklin Bay warteten, nicht gerade ein gutes Omen war.

— 12 —

Verhängnisvolle Unentschlossenheit

Ende April hatten Lockwood und Brainard über den Archerfjord gesetzt und stießen nun nach Westen tiefer ins Grinnell
Land vor. Den nächsten Fjord, auf den sie trafen, benannte
Lockwood nach Greely. Der Marsch entlang der Küste wurde
immer wieder durch Schneestürme aufgehalten, doch schließlich gelangten sie zu zwei Landspitzen nördlich und südlich
der Fjordmündung und tauften sie Kap Brainard und Kap
Lockwood. Sie erreichten zwar keinen neuen Nordpunkt, er-
oberten jedoch einen neuen Westpunkt und vermaßen dabei
weite Teile von Grinnell Land. An einer gewaltigen Eiskappe,
die später nach Agassiz, dem großen schweizerisch-ameri-
kanischen Naturforscher des 19. Jahrhunderts, getauft wurde,
beschloss Lockwood umzukehren. Müde stapften sie durch
tiefen Schnee, der Proviant ging langsam zur Neige, und die
Hunde jaulten hungrig. Lockwood gab widerwillig die Erlaubnis, einen Hund zu erschießen und an den Rest des Rudels
zu verfüttern. Dann schwächelte auch Disko King, der beste
Hund, und Lockwood musste ihn in Sichtweite von Fort Conger zurücklassen, wo die Männer am 26. Mai taumelnd und
halb ohnmächtig vor Erschöpfung ankamen.

In der Station fanden sie eine Gruppe vor, die vor allem in der Führungsriege von persönlichen Streitereien auseinander gerissen war. Kislingbury hatte vorgeschlagen, ein Trupp solle südwärts nach Littleton Island marschieren und dort auf das Schiff warten. Der Kommandant verwarf diese Idee. Dann übergab ihm Pavy verspätet den letztjährigen medizinischen Bericht, den Greely als »schändlich« und »bar jeden Interesses« bewertete. Er fand es »erniedrigend, dass ein Expeditionsarzt in der Arktis so einen Bericht verfassen konnte«. Hitzig hatte der Arzt erklärt, dass die Gesundheit der Männer gut sei, doch bei Greely kam keine Begeisterung auf. In Anbetracht der düsteren Prognosen, die Pavy für die Zukunft der Mannschaft aufgestellt hatte, musste es ihn nach Greelys Meinung geschmerzt haben, dass die Männer in Bestform waren.

Greely befahl dem Arzt, bis zum Ende des Monats Mai einen naturkundlichen Bericht vorzulegen, in dem alle verfügbaren Arten und Spezies beschrieben und entsprechend kommentiert waren. Davor sollte Pavy allerdings noch »sechs vollständige Pflanzensammlungen liefern, zum sicheren Transport eingerichtet«. Doch bevor noch einer der beiden Termine herangerückt war, verlangte Pavy seinerseits eine beglaubigte Abschrift seiner gesamten Korrespondenz mit dem Kommandanten. Greely weigerte sich. Seine Fehde mit dem Arzt hatte einen Punkt erreicht, wo er ihm sogar für die eine oder andere Unfähigkeit der Männer die Schuld gab, beispielsweise Unterkleider aus Krankenhausdecken zu schneidern. Greely fand, es gebe genügend Flanellhemden, um über die Runden zu kommen.

So ging es tagaus, tagein. Als Pavy dem Kommandanten die Ergebnisse seiner naturkundlichen Studien vorlegte, nannte Greely sie »ausgesprochen dürftig«. Ausgestopfte Vögel waren grob in Papier gewickelt, Insekten waren verstaubt und wahllos auf Korken gesteckt oder in Streichholzschachteln gestopft worden. Unter den Eskimo-Artefakten fanden sich Muscheln, Moschusochsenhäute lagen vergessen auf dem Dach, Tierskelette hingen unbeschriftet an Dreifüßen, die botanischen Exemplare befanden sich in einer einzigen Unordnung. Die ganze Sammlung musste dringend geordnet, klassifiziert und beschriftet werden. Jedenfalls war das Greelys Meinung. Er hasste den Arzt so sehr, dass er sich betrogen und in die Irre geführt fühlte, weil er geglaubt hatte, Pavy habe die ganze Zeit gewissenhaft seinen offiziellen Auftrag als Naturkundler und Arzt ausgeführt. Am 1. Juni ernannte Greely Lockwood an Pavys Stelle zum Leiter der naturkundlichen Sektion.

Dass Lockwoods Referenzen in dieser Hinsicht mehr als mager waren, wusste Greely, und er schrieb es auch in sein Tagebuch. »Dr. P. ist natürlich für diesen Auftrag besser geeignet als Lieutenant Lockwood, aber nun sind prompte Ausführung und Gehorsam vonnöten.« Durch die erwartete Ankunft des Schiffs hätten sie nur noch neun Wochen, um die Präparate zu systematisieren und zu verzeichnen. Seinem Schreiber, Private Roderick Schneider, übertrug Greely die Aufgabe, alle bis dahin von der Lady-Franklin-Bay-Expedition gesammelten Gesteinsproben, Fossilien, gepressten Pflanzen, Tierhäute und ausgestopften Vögel umgehend zu beschriften und aufzulisten.

In jenem arktischen Sommer bot das Offiziersquartier von Fort Conger einen trostlosen Anblick. Laut Pavy aßen alle vier Bewohner, er selbst eingeschlossen, ihre Mahlzeiten schweigend. »Es gab keine Konversation, wir starrten auf unsere Teller wie Hunde in ihren Napf. Was für eine Situation hier oben in der Arktis! Und alles nur wegen Greely!« Ohne jemandem die Schuld zuzuweisen, sprach auch Lockwood von dem »lustigen Kleeblatt«. »Oft schwiegen wir uns einen ganzen Tag lang an. Schöne Aussichten für vier Monate Dunkelheit, so zusammengepfercht, wie wir hier sind!« Statt sarkastisch zu werden, hätte Lockwood auch darüber nachdenken können, dass die Veteranen der Prärie mitsamt ihrem Kommandanten am besten gar nie in die Arktis gefahren wären.

Pavys Vertrag mit dem Kriegsministerium der Vereinigten Staaten lief offiziell am 20. Juli aus, und er hatte sich entschieden, ihn nicht zu verlängern. »Meine Arbeit wurde mir zur Qual durch Widerstand, Angriffe und Prügel, die mir der Kommandant in den Weg legte.« Greely sagte ihm ins Gesicht: »Der Generalstabsarzt hätte einer Ernennung nie zugestimmt, hätte er auch nur die Möglichkeit in Betracht gezogen, dass Ihr einfach so einen Posten verlasst, der außerhalb der Zivilisation gelegen ist.« Doch Pavy kannte seine moralische Verpflichtung, er war an den hippokratischen Eid gebunden und würde weiterhin für die körperliche Gesundheit der Männer Sorge tragen. Immer noch waren ihm »Wohlergehen und Erfolg unseres Unternehmens angelegen«, auch den Arzneischrank und die Instrumente würde er weiterhin verwalten.

Ungeachtet der ständigen Spannungen unter den Offizieren und des schwelenden Unbehagens der Soldaten, feierten alle den 4. Juli. Kislingbury schien einen unerschöpflichen Vorrat an Zigarren zu haben und lobte davon einige als Preise im Scheibenschießen aus. Zusammen mit Greely nahm er sogar an einem Baseballspiel teil, wo sie »wie immer auf der Verliererseite waren«, spottete Brainard. Jemand fluchte und handelte sich damit einen scharfen Verweis ein. Brainards Notizen zufolge irritierte jedoch vor allem, dass laut Greelys Bekanntmachung vier Schachteln Plumpudding auf geheimnisvolle Weise verschwunden seien. »Er sagt, jemand habe sie gestohlen«, und Brainard fügte erschrocken hinzu: »Hätte er ausdrücklich einen *Menschen* beschuldigt, wäre es zum Aufruhr gekommen und die Männer hätten Satisfaktion verlangt.«

Es war ein turbulenter Monat. Am 19. Juli befahl der Kommandant dem Arzt, die offiziellen Berichte und sein Tagebuch abzugeben. Das Tagebuch sei privat, protestierte Pavy, »es hat keinerlei offiziellen Wert, ist eine bloße Chronik der Ereignisse, eine Niederschrift von Annahmen und Erinnerungen, die zu weiten Teilen von persönlichen und intimen Gedanken, hingekritzelten Notizen und Schriften von gänzlich privater Natur durchsetzt und nur für meine Familie bestimmt ist«. Die Weigerung des Arztes war der Tropfen, der das Fass zum Überlaufen brachte – Greely stellte ihn umgehend unter Arrest. Gewalt lag in der Luft. Das Abendessen war gerade vorbei, und der Kommandant saß an seinem Schreibtisch. Er schickte Schneider zu Brainard, der ankam und meldete, der Arzt habe ihm gedroht und verkündet: »Ich akzeptiere den Arrest körperlich, aber nicht moralisch.« Greely bat Brainard, die Männer darüber zu informieren, dass sich der Sanitätsoffizier wegen Ungehorsams vor einem Militärgericht verantworten müsse, und er rechtfertigte es mit den Worten: »Die Disziplin künftiger Mannschaften wird leiden, wenn dieser Offizier nicht verurteilt wird.«

Greely hätte am liebsten eine Wache abgestellt und den Arzt irgendwo eingesperrt, doch er blieb vernünftig. Pavy hatte seine Bereitschaft geäußert, weiterhin als Expeditionsarzt zu wirken, und es war besser, wenn er ungehindert weiterarbeiten und sich auch um Greelys Gesundheit kümmern konnte, während er nur theoretisch unter Arrest stand. Kislingbury, bis dahin das einzige schwarze Schaf der Truppe, hatte nun in gewisser Weise Gesellschaft bekommen. Er kommentierte die Entscheidung des Kommandanten: »Doktor Pavy, den besten und eifrigsten Mann, den wir haben, unter Arrest zu stellen, ist eine weitere seiner Dummheiten. Es war ein abgekartetes Spiel; das wird sich bald herausstellen, wenn diese Farce untersucht wird.« Doch Kislingbury versuchte weiterhin, sich als arbeitendes Mitglied der Expedition nützlich zu machen. Greely vermerkte pflichtgemäß: »Als persönlichen Beitrag zur Expedition übergab er mir zwei Büchsen voller Flechten. In den letzten zwei Jahren hat er einen Großteil seiner Zeit darauf verwendet, Flechten und Moose zu sammeln und sie sorgfältig zu untersuchen.«

Die Erwartung des Schiffs verlieh den Männern wieder Schwung. Doch anders als im Jahr zuvor war die Freude von ernsthaften Gedanken an eine Alternative begleitet. Sollte bis zum 9. August kein Schiff gekommen sein, würden sie die Station auflassen und in Booten den Rückzug nach Littleton Island antreten. Ende Juli wurde wieder eine Probefahrt mit der *Lady Greely* gemacht; die Dampfbarkasse erwies sich als seetauglich, und Vorräte und Materialien wurden schrittweise nach Dutch Island verbracht, um einen möglichen Aufbruch weniger mühsam zu machen. Doch die Beobachter auf dem Hügel meldeten, dass sich das Eis zurückzog, und Kislingbury schrieb: »Unsere Hoffnungen auf ein Versorgungsschiff steigen.«

Greely fand den Moment günstig, einen Blick zurückzuwerfen. Die Monotonie des Lebens in der Arktis, die bedrückend kalten und dunklen Monate, die einseitige Ernährung, die anstrengenden Schlittentouren – alles hatten sie ohne einen einzigen Fall von Skorbut, ohne den Verlust von Gliedmaßen und sogar ohne schwere Erfrierungen überstanden. Wenn die Sonne nach neun Monaten Dunkelheit wieder zurückkehrte, »waren unsere Schlittenexpeditionen unterwegs gewesen auf Reisen, welche 2 bis 60 Tage Abwesenheit zur Folge hatten und die 3 000 Meilen Weges umfassten«. Der Norden wurde weiter erobert, als es je zuvor ein Überland- oder Seetrupp geschafft hatte. Zum ersten Mal in drei Jahrhunderten hatte England den Nordpunkt an eine andere Nation abgeben müssen. Auch Richtung Westen fanden Erkundungen statt. (Es war nicht das Eismeer, sondern der Greelyfjord, der zu den Inseln an der Westküste von Ellesmere Island führte.) Weyprechts Plan war ausgeführt worden, »soweit es die Mittel und Instrumente erlaubten, und während der zwei Jahre waren täglich über 500 Beobachtungen durchgeführt und verzeichnet worden«.

So lautete der offizielle Bericht. Die persönlichen Sorgen behielt Greely für sich. »Die ungünstigen Erfahrungen anderer Expeditionen, die Voraussagen meines Arztes und das Wissen, dass noch keine Mannschaft einen zweiten Winter in diesen hohen Breiten verbracht hat, verursachten mir zusammengenommen großes Unbehagen, und es war eine große seelische Herausforderung.« Der Frühling hatte ihm wieder Mut geschenkt, der jedoch hauptsächlich auf dem Wissen gründete, dass die Männer bei guter Gesundheit waren. »Doch die Seelenruhe kommt erst, wenn ein Schiff gesichtet wird.«

General Hazen wollte auch andere Teile der Regierung, vor allem das Marineministerium, für Greelys Versorgung einspannen. Nach der Erfahrung der *Neptune* wollte er Greelys Vorgaben auch nicht mehr uneingeschränkt folgen, sondern zusätzliche Sicherheitsmaßnahmen einführen. Am 14. Mai – drei Wochen, nachdem Lockwood von Fort Conger zur letzten Erkundungsfahrt vor der »im Juli oder August erwarteten Ankunft des Schiffes« (so Greely) aufgebrochen war – schlug

Hazen dem Kriegsminister vor, ein Marineschiff sollte Garlington in die Baffin Bay geleiten. Damals hielt Lincoln es schon für klug, die Lasten einer möglichen Verantwortung zu teilen, und er unterbreitete diesen Vorschlag seinem Kabinettskollegen Chandler mit einem positiven Vermerk. Der Tender könne »Informationen zurückbringen, Hilfe leisten und Schritte einleiten, die im Falle unvorhergesehener Schwierigkeiten notwendig sind«.

Am 18. Mai reiste Hazen nach Neufundland. Er hatte noch keine Antwort auf seine Anfrage bekommen, doch er wollte in St. John's »das beste verfügbare Schiff« besorgen. Begleitet wurde er von Lieutenant Bowman H. McCalla als Marineberater. Während der Abwesenheit des Kommandanten übernahm Captain James Powell wieder das Kommando über das Fernmeldecorps. Kurz nach Hazens Aufbruch schickte Chandler nach Powell und fragte, ob der Tender, falls er dem Vorschlag zustimme, ins Eis fahren und ob er Vorräte für Garlingtons Mannschaft mitführen müsse. Powell beantwortete beide Fragen mit Nein und blockte jede weitere Diskussion mit der Bemerkung ab, er habe nicht ausreichend Zeit gehabt, sich mit diesen Fragen zu beschäftigen, Hazen werde bald zurückkommen und die Sache selbst in die Hand nehmen. Doch Chandler wollte die Informationen umgehend haben und verlangte von Powell ein Memorandum der Instruktionen.

Powell übertrug diese Aufgabe Lieutenant Caziarc, »von dem ich annahm, er sei mit General Hazens Sicht der Dinge vertraut«. Doch Caziarcs Pflichten beim Fernmeldecorps waren zu dieser Zeit rein verwaltungstechnischer Natur, er gab zum Beispiel die Dienstpläne heraus und heftete die Korrespondenz ab. Soweit sich Caziarc erinnerte, sah Hazen eine leichte Abweichung von Greelys Anweisungen vor, namentlich dass die Versorgungsexpedition die Vorräte auf dem Weg nach Norden auf Littleton Island lagern sollte. Diese Veränderung war im Grunde nicht so sehr Hazens Idee – diesen Vorschlag hatte Clapp gemacht, der nun nicht mehr länger an der Planung beteiligt war.

Jedenfalls skizzierte Caziarc grob die Pläne, einschließlich der genannten Abweichung von Greelys Vorgaben, und überreichte sie Garlington, der dazu keinen weiteren Kommentar abgab. Er fragte lediglich, was aus ihm werden solle, nachdem er die Vorräte abgeladen habe, das Schiff dann aber weiter nördlich einfriere und er überwintern müsse. Caziarc schlug daraufhin vor, nur die Hälfte der Vorräte auf Littleton Island zu lassen. Während ihrer Zusammenarbeit sah Garlington in Lieutenant Caziarc nur ein kleines Rädchen in der Expeditionsmaschinerie, und während Caziarc glaubte, seine Vorschläge fänden Gehör, vermied es Garlington »geflissentlich«, seine Meinung offiziell auszusprechen. »Ich schloss, dass er das Papier nach eigenem Gutdünken zusammenstellte, um es fertig zu haben, wenn nach mehr verlangt würde, und dass er vor allem seine persönliche Meinung wiedergab.«

So verstand auch Caziarc seinen Auftrag. Er war mit früheren Weisungen ausreichend vertraut, um seine persönlichen Ansichten einigermaßen brauchbar zu formulieren, doch das war alles. »Ich legte diese Instruktionen gewissermaßen als Ratgeber nieder, um dem Marineminister den meines Erachtens besten Plan für die Kooperation der beiden Schiffe zusammenzustellen; der Kommandeur oder der stellvertretende Kommandeur konnte ihn nach Gutdünken annehmen oder ablehnen … Man hatte mich um das Memorandum gebeten, also habe ich es verfasst.« Es war nicht als Weisung für Garlington gedacht, »sondern lediglich als Memo. Während der Abwesenheit des Generals musste ich aufpassen, dass ich nichts sagte, was er bei seiner Rückkehr verwerfen würde, doch das hielt mich nicht davon ab, meine Meinung kundzutun.«

Garlington war nach New York gefahren, wo er das Verschiffen der Vorräte überwachte und für weitere Beratungen in Washington nicht zur Verfügung stand. Auch Hazen war immer noch abwesend und wusste nichts von Caziarcs Memorandum, das pflichtgemäß an Captain Powell und von diesem an Chandler weitergeleitet worden war. Der Text war kurz: Sollte ein Marinetender zum Einsatz kommen, würde er mit dem Expeditionsschiff in St. John's zusammentreffen und Garlington bis in die Nähe von Littleton Island geleiten. Dort sollten alle Vorräte abgeladen werden, mit Ausnahme jener Menge, die in kleinen Caches auf dem Weg nach Discovery Harbor verstaut werden sollte. Weitere Depots auf dem Weg nach Norden anzulegen, stimmte mit Greelys Instruktionen überein; sollte die Mannschaft den Rückzug aus Fort Conger antreten müssen, könnte sie diese Caches nutzen.

Doch Greelys Plan sah kein Depot auf Littleton Island vor, und in dieser Hinsicht wich Caziarcs Memo ab. Der Tender bliebe bei Littleton Island, bis Garlington mit dem Expeditionsschiff zurückkäme – mit oder ohne Greely und Mannschaft –, dann würden beide Schiffe wieder nach St. John's fahren. Einige Fragen blieben jedoch offen. Wie sollte beispielsweise der langsame Tender mit dem Expeditionsschiff Kurs halten? Im Memorandum war festgelegt: »Nichts darf die Fahrt [des Versorgungsschiffs] nach Norden verzögern … [Es ist] von äußerster Wichtigkeit, dass es jede Rinne nutzt, um zur Lady Franklin Bay vorzustoßen.« Mit Ausnahme der Klausel, die das Lagern von Vorräten auf Littleton Island vorsah, kollidierten Caziarcs Notizen im Großen und Ganzen nicht mit Greelys Vorgaben.

Caziarc nahm an, dass er in dieser Hinsicht mit Hazen

konform ging. Schließlich hatte Greely die Instruktionen im August 1881 niedergelegt, zu einer Zeit, als man noch davon ausging, dass Fort Conger auf Jahre hinaus unterhalten und von Versorgungsschiffen angelaufen werden würde. »Er hatte keine Ahnung, dass die Station aufgelassen werden sollte«, sagte Caziarc. Doch die Regierung hatte genau das beschlossen; Greely und seine Mannschaft sollten zurückgeholt werden, auch wenn die Vereinigten Staaten sich damit aus den Plänen der Internationalen Polartagung ausklinkten. Wie vor ihm Clapp war nun auch Caziarc der Meinung, dass Greelys Pläne für die Versorgung der Mannschaft nicht mehr in jeder Hinsicht bindend sein müssten, und er sah auch keinen Sinn darin, Vorräte weiter nördlich als Littleton Island zu transportieren, »wo sie der Gefahr ausgesetzt sind, im schweren Eis vernichtet zu werden«.

Dass Caziarc in dieser ganzen Angelegenheit überhaupt etwas zu sagen hatte, missfiel Clapp, der in der Anfangsphase führend mit der Planung betraut gewesen war, doch sein Auftrag beschränkte sich nur mehr auf die Beschaffung von Materialien. Er wusste zwar, dass Caziarc zu seinem großen Verdruss nun eine wichtige Rolle spielte; von dessen »Memorandum der Instruktionen« wusste er jedoch nichts.

Henry Clay, Pavys einstiger Gefährte in Grönland, mit dem er sich so überworfen hatte, dass er gleich mit der *Proteus* zurückgefahren war, hatte mittlerweile öffentlich erklärt, dass es Sinn mache, Vorräte am Kap Sabine zu lagern. Clay hatte die Pläne des Fernmeldecorps zu Greelys Versorgung oder Rettung eingesehen, und am selben Tag, da Caziarc sein Memorandum verfasste, druckte das *Louisville Courier-Journal* einen Brief von Clay: »Wenn ein Schiff Greely und seine Mannschaft nicht bis zum September erreicht, müssen sie sich über eine Strecke von mindestens 300 Meilen auf die lange

Wanderung von Fort Conger nach Kap Sabine machen.« Angenommen, sie legten fünf Meilen pro Tag zurück, wären sie erst Anfang November am Ziel. »Lange vorher schon hätte sich die arktische Nacht auf sie gesenkt, und ihre Lage wäre wahrlich beklagenswert.«

Clay schreibt weiter: »Fort Conger liegt an der Westküste der Wasserstraße, die vom Smithsund nach Norden führt. Lieutenant Greely muss also über die Küste von Grinnell Land den Rückzug antreten. Warum sollten die Vorräte also, laut Vorschlag, an der Ostküste gegenüber Kap Sabine gelagert werden, wenn sich die Mannschaft, der geholfen werden muss, auf der Westseite befindet? Im Herbst oder im frühen Winter führt kein Weg über ungebrochenes, massives Eis von der Lifeboat Cove [an der Festlandküste unweit Littleton Island] zum Kap Sabine. Es ist nicht sicher, dass der Smithsund überhaupt gequert werden kann, und die geschützten Lager in der Lifeboat Cove wären zwar in Sicht, aber unerreichbar.« Die Mannschaft könnte nicht nach Fort Conger zurück und müsste schutzlos am Kap Sabine ausharren. Wenn die wenigen Proviantreste erst aufgebraucht seien, »kann ihnen keine irdische Hilfe mehr zuteil werden. Wie der arme De Long müssen sie sich dann unter den stummen Sternen auf dem kalten Boden betten.«

Caziarcs Memorandum war das Ergebnis früherer Diskussionen, die Hazen im Hauptquartier des Fernmeldecorps geführt hatte. Caziarc wusste jedoch nicht, dass Hazen im Begriff war, seine eigenen Vorstellungen zu revidieren. In St. John's hatte ihn ein Telegramm erreicht, in dem Captain Powell in Chandlers Auftrag fragte, wie weit der Marinetender nach Norden fahren müsse. Hazen wollte Chandler beruhigen, weil er fürchtete, dass er sonst gar keinen Tender bekäme, und kabelte zurück, das Schiff würde spätestens an der südlichen Kante des Packeises umkehren. Er fügte hinzu, dass er am 2. Juni wieder in Washington sei und bis dahin alle Weisungen ausgesetzt werden sollten. Hazen war nämlich in seiner Ansicht über den Inhalt dieser Weisungen wieder zum Ausgangsplan zurückgekehrt. Er vertraute darauf, dass er den Tender bekam, und war »entschlossen, sich strikt an Greelys Vorgaben zu halten«. Seiner Meinung nach sollte der Tender selbst als Depot fungieren, und demnach wäre es nicht nötig, auf dem Weg nach Norden überhaupt Vorräte auf Littleton Island zu lagern.

Auf McCallas Empfehlung hatte sich Hazen für ein Schiff entschieden: die *Proteus*, der 467-Tonnen-Dampfer, der Greely damals in die Lady Franklin Bay gebracht hatte. Und wie auf der ersten Fahrt würde Richard Pike wieder das Schiff führen. Der 50-jährige Kapitän, der seit seiner Jugend zur See fuhr, befehligte die *Proteus* bereits seit neun Jahren und hatte sich als Robbenfänger in der Baffin Bay einen Namen gemacht. Als Ersten Offizier würde er seinen Sohn an Bord nehmen. Über die restliche Besetzung der Crew bestand noch Unklarheit. Hazen war zwar nicht unzufrieden, als er mit McCalla das Schiff und vor allem die Kessel inspizierte und einige Männer traf, die ihm »einen guten Eindruck« machten – auch Kapitän Pike fand seine Crew weit gehend annehmbar –, doch das Schiff war spät für die Versorgungsexpedition gewählt worden, und die meisten befahrenen Seeleute waren schon für die Kabeljau-Saison angeheuert worden. »Man kann nicht immer erwarten, dass man die gleichen Männer bekommt. Die Crew war nicht so gut wie im Jahr zuvor«, würde Pike später aussagen.

Am 4. Juni ließ Caziarc im Washingtoner Hauptquartier des Fernmeldecorps den Diensthabenden zwei »grobe Abschriften« des Memorandums anfertigen – zu Powells Erstaunen, denn das Memorandum war ja »kein offizielles Schriftstück«. Dennoch steckte es der Hauptmann in den Umschlag mit dem Marschbefehl für Garlington, der auf Greelys Originalplan beruhte. Früh am nächsten Morgen kam Hazen nach Washington zurück und wollte sogleich den Marineminister sprechen; er wollte ihm persönlich mitteilen, dass er die *Proteus* gechartert habe, und ihm sagen, »was wir in den arktischen Gewässern vorhaben … Der Tender soll als Geleitschiff bis Littleton Island fahren.« Chandler hatte dem Einsatz des Tenders schon zugestimmt, unter der Bedingung, dass er nicht ins Eis fuhr und die *Proteus* nur so weit nach Norden geleitete, wie es die Sicherheit zuließ.

Als Nächstes erhielt Hazen den Stapel der Weisungen für Garlington mit Caziarcs respektvoller Bitte, die Papiere zu prüfen und »schnellstmöglich« zurückzugeben, »damit sie in größerer Anzahl für die Presse und für die Offiziere hektografiert werden können«. Die Unterlagen kamen zügig zurück. Wie Caziarc später auf die Bitte um eine Erklärung betonte, sei der Vermerk des Generals so gehalten gewesen, »als wäre es seine eigene Idee gewesen, dass das Memorandum den Instruktionen beiliegen sollte, als sei es davon ein wesentlicher Bestandteil«. Caziarc habe nicht »nach eigenem Wunsche und Gutdünken« gehandelt, er nahm an, er besitze »eine Vollmacht, es [das Memo] den Instruktionen für Lieutenant Garlington beizulegen«.

Dieses Memo sollte der Auslöser einer Kontroverse werden, die von wirren Zeugenaussagen und verdächtigen Erinnerungslücken gekennzeichnet war. Chandler, der angeblich eine Kopie bekommen hatte, leugnete, dieses Papier je zu Gesicht bekommen zu haben. Hätte er es eingesehen, so hätte er auf den Vorschlag, Garlington solle ein Depot auf Littleton Island anlegen, entsprechend reagiert. Auch Hazen leugnete, das Memo rechtzeitig gelesen zu haben. Caziarc meinte, der General habe die Unterlagen bei Vorlage wohl nicht gründlich durchgesehen. Es wäre widersprüchlich gewesen, wenn Hazen bewusst die Empfehlung gutgeheißen hätte, denn »da ja ein Marineschiff die Proteus geleiten sollte, hatte sich die Notwendigkeit eines Haltes zum Löschen der Ladung auf Littleton erübrigt« – so seine eigenen Worte.

Mit Sicherheit hatte der General das Memo am Tag nach seiner Rückkehr aus St. John's gelesen. Auch Garlington war wieder in Washington und bekam von Caziarc im Hauptquartier den Umschlag mit dem Marschbefehl. Die Weisungen stimmten größtenteils mit Greelys Vorgaben überein. Nachdem die Versorgungsexpedition 1882 gescheitert war, sollte sich Garlington mit zehn Mann, »acht davon mit der nötigen Erfahrung zur See«, drei Walfangbooten und umfangreichen Vorräten für 40 Personen und 15 Monate auf den Weg in die Lady Franklin Bay machen. Käme das Schiff auch 1883 nicht durch, sollten die Vorräte und die Boote in regelmäßigen Abständen an der Küste von Ellesmere Island deponiert werden, wo sie den Rückzug unterstützen würden, den Greely antreten müsste, sollte bis September noch kein Schiff angekommen sein.

Für diesen Fall hatte Garlington die Weisung, mit seiner Mannschaft in der Lifeboat Cove zu überwintern und mit Fernrohren die Westseite des Smithsund zu beobachten. Wenn möglich, sollte er auch »eine Partei von sechs Mann, Schlitten, Hunden und einem eingeborenen Hundeführer nach Kap Sabine« schicken. Hazen wies noch einmal nachdrücklich darauf hin, dass er sich strikt an Greelys Plan halten müsse. Garlington solle alles tun, um die Lady Franklin Bay zu erreichen, und dürfe sich auf dem Weg nach Norden von nichts aufhalten lassen. Garlington war folglich verdutzt, als er im selben Umschlag mit den Weisungen ein nicht unterzeichnetes Memo fand, dem zufolge er auf Littleton Island halten und abladen sollte.

Er eilte mit den Papieren unverzüglich ins Hauptquartier, wo Garlington dem General das Memo laut vorlas und auf die Widersprüche hinwies. »Durch einen Halt könnte ich die Chance verpassen, bei gutem Wetter und eisfreier See durchzukommen.« Zu Garlingtons Erstaunen behauptete Hazen, er habe das Memo nie zuvor gesehen, und er habe keine Ahnung, wie es in den Umschlag gelangt sei. Allerdings stritt er nicht die ganze Verantwortung ab. Er sei tatsächlich selbst »bestrebt« gewesen, einen Halt auf Littleton Island anzuordnen. »Dennoch war Greelys Brief für mich bindend, und meine Weisungen beziehen sich darauf.« Und das Memorandum? Es sei das Elaborat eines gutmeinenden Stabsoffiziers. Doch obwohl sich Greely striktes Befolgen seines Plans ausbedungen hatte, bekam Garlington von Hazen freie Hand: »Lasst Euch weit gehend von Eurem eigenen Urteil vor Ort leiten.«

Der General würde später aussagen, dass er die Idee eines Halts auf Littleton Island durchaus positiv wertete, doch er wollte Garlington »frei und unbelastet« entlassen. »Ich äußerte mich nicht weiter [zu dem Memo], ich hielt es für das Beste, ihn bei der Ausübung von Greelys Instruktionen und den darauf basierenden Weisungen nach eigenem Gutdünken handeln zu lassen.« Es war ein merkwürdiges Gespräch, das an jenem Nachmittag des 5. Juni in der G Street stattgefunden hatte. Zusammen mit den widersprüchlichen Papieren ist es nur ein weiterer Beweis für die fatale Unentschlossenheit, die in dieser Angelegenheit herrschte.

—• 13 •—

Yantic *und* Proteus

Hazen hatte Chandler versichert, dass der Tender nicht ins Eis fahren müsse. Der Minister kabelte daraufhin an Rear Admiral George H. Cooper, Kommandeur des Flottengeschwaders im Nordatlantik, und orderte ein Marineschiff für die Lady-Franklin-Bay-Versorgungsexpedition. Das geografisch nächstliegende Schiff war die *Yantic*, die im Dienst der Nordatlantikstation stand und in Hampton Roads ankerte. Chandler orderte sie zu einer schnellen Umrüstung in die Marinereederei Brooklyn. Admiral John C. Walker vom Bureau of Navigation sollte dafür sorgen, dass das Schiff geleichtert wurde und mehr Kohle gebunkert werden konnte. Walker inspizierte die *Yantic* auf dem Trockendock und ließ fünf der sechs Geschütze entfernen.

Die *Yantic* war eine dreimastige Dampffregatte, die 1864 in Philadelphia in Dienst gestellt und während des Bürgerkriegs ausgiebig zur Anlandung von Truppen sowie als Geschützträger für die Landungsunternehmen eingesetzt worden war. Danach war sie im Fernen Osten stationiert oder patrouillierte in südamerikanischen Gewässern. Während das Fernmeldecorps die verworrene Korrespondenz erledigte, informierte Cooper den Kommandanten der *Yantic*: »Euer Schiff ist unter Umständen lange Zeit auf See, fern jeden Hafens und jeden Nachschublagers, und vielleicht fährt sie in schwere See und Eis.« Auf dem Dock wurde die Kupferhaut vom Bug bis hinter den Fockmast mit zwölf Zentimeter dicken Eichenplanken verschalkt. Die Maschinisten der Nordatlantikflotte hatten das Schiff inspiziert und gemeldet, die Kessel seien »in gutem Zustand, mit Ausnahme des einen oder anderen undichten Anschlusses und Rohres«. Die Kessel waren drei Jahre alt.

Garlington fuhr nach wenigen Stunden Aufenthalt in Washington wieder zurück nach New York. Er stieg im *Grand Hotel* ab, wo er sogleich Besuch von Frank Wildes bekam, der ihm mitteilte, dass die *Yantic* immer noch auf Dock liege und mindestens sieben Tage nach St. John's brauche. Garlington und seine Mannschaft sollten mit der *Yantic* fahren, doch er wollte unbedingt so früh wie möglich auf der *Proteus* sein, »um die Ladung so zu stauen, wie ich will«. Er kabelte nach Washington und bat Hazen um die Genehmigung, mit seinen Männern auf einem schnelleren Schiff nach St. John's zu fahren, nämlich auf dem Frachter *Alhambra*, der die Expeditionsvorräte nach Neufundland bringen sollte.

Garlingtons Telegramm erreichte Hazen in Fort Myer am Nachmittag des 6. Juni 1883. Hazen schlug dem Leutnant diese Bitte ab, weil er fürchtete, dass einige von Garlingtons »Freiwilligen« auf dem Handelsschiff desertieren könnten, die Disziplin könne besser auf einem Marineschiff aufrechterhalten werden. Einer der drei Sergeanten hatte sich nämlich schon abgesetzt, und der zweite Kandidat, George Wall, den Hazen als einen »ausgezeichneten Soldaten« lobte, war eine schlechte Wahl, weil der frisch Vermählte seine Frau nur ungern allein ließ. Als das Telegramm mit der Ablehnung am

7. Juni in New York eintraf, war die Sache schon entschieden, die *Alhambra* war bereits ausgelaufen.

Erst am 13. Juni lief die *Yantic* mit Garlington, acht Mann und einem Arzt an Bord in New York aus. Um 16 Uhr passierte sie Hell Gate und fuhr in den Vineyardsund ein. Der Kapitän beklagte, dass er nicht ausreichend Zeit gehabt habe, die entscheidenden Punkte seines Einsatzes einzusehen. Sein Schiff hatte nämlich immer noch auf Dock gelegen, als er den Marschbefehl vom Marineministerium bekommen hatte, und dieser war wie auch Hazens Instruktionen für Garlington kaum ein Beispiel für Klarheit und Präzision. »In Anbetracht einer möglichen Seenot [der *Proteus*] ist es erstrebenswert, dass Ihr zur Bergung so weit wie möglich nach Norden fahrt. Ihr dürft jedoch unter gar keinen Umständen über die Höhe von Littleton Island hinaus und auf keinen Fall ins Packeis fahren.«

In St. John's würde die *Yantic* so viel Kohle bunkern, wie es die Sicherheit des Schiffs zuließ, und Wildes sollte sich mit Garlington darüber verständigen, was zu tun sei, falls die beiden Schiffe vor der Anlandung in Littleton Island getrennt werden sollten. Wildes hatte von Chandler die Anweisung bekommen: »Einzelheiten sind Eurem Urteil überlassen, das Ministerium will lediglich sicherstellen, dass Ihr mit Lieutenant Garlington einvernehmlich zusammenarbeitet und ihm alle Hilfe zuteil werden lasst, die in Eurer Macht steht.« Diesen Befehl hatte er nur drei Tage vor dem Aufbruch bekommen; bis dahin hatte er nicht einmal gewusst, dass er entgegen den Pressemeldungen über Upernavik hinausfahren sollte.

Im Gegensatz zu Hazen, der im Glauben war, »das Schiff sei in jeder Hinsicht mehr als ausreichend für diesen Spezialeinsatz gerüstet«, war der 44-jährige Kapitän aus Boston weniger zuversichtlich; er war nicht der Meinung, dass sein

USS *Yantic*, das Geleitschiff der zweiten Versorgungsexpedition.
Es war für die Navigation im Eis nicht gerüstet, die Crew war
für tropisches Klima gekleidet.

Schiff für diesen Auftrag in Bestform sei. Die Eichenverschalkung sollte verhindern, dass scharfe Eiskanten die Haut aufschnitten, »doch das trug nicht zu ihrer Widerstandskraft in starker Strömung bei«. Zu behaupten, dass die *Yantic* nicht ins Eis fahren müsse, war zwar gut und schön, doch Wildes fand: »Es stimmt nicht, dass sie ausreichend gerüstet war.«

Sie war schon in New York mit schadhaften Kesseln ausgelaufen. Um den Aufbruch zu beschleunigen, wurde Tag und Nacht repariert, doch die Kessel wurden nicht fertig, und das Reparaturmaterial lag bei der Abfahrt noch an Deck. »Sie ist für nicht einmal neun Monate gerüstet ... und nicht robust genug, es mit schwerem Polareis aufzunehmen«, schrieb *Frank Leslie's Weekly*. Das war auch nicht geplant, doch Schiff und Mannschaft waren auch in anderer Weise mangelhaft gerüstet, und Wildes hätte mit allem Respekt protestieren können. Doch er hatte wenig Zeit und besann sich eines Besseren. Die Crew war größer als normal. »Fünfzig Mann hätten ausgereicht«, würde Wildes später sagen. Und die Männer müssten frieren. Die *Yantic* war erst kurz zuvor in der Karibik gekreuzt, und Wildes, der erst im letzten Moment von seinem Ziel erfuhr, hatte keine wärmere Kleidung angefordert. Da die Ausrüstung des Schiffs Sache der Marine war, wusste Hazen nicht über jede Einzelheit Bescheid, wie er später zu seiner Verteidigung hervorbrachte, als kritisiert wurde: »Noch nie zuvor ist ein Kapitän in die Arktis aufgebrochen mit einer Crew, die für die Tropen ausgerüstet war.«

Auf dem Weg nach St. John's hatte die *Alhambra* Halifax angelaufen. Dort war genau das eingetreten, was Hazen befürchtet hatte: Ein Telegramm aus Neuschottland setzte ihn davon in Kenntnis, dass der frisch verheiratete Sergeant Wall auf einem Niedergang gestürzt sei und sich Verletzungen zugezogen habe. Wütend kabelte Hazen zurück, der Einsatz des Sergeanten sei so wichtig, dass er bis nach St. John's weiterfahren müsse. Wall umging diese Weisung und fuhr zurück nach Washington, wo ein Militärarzt bestätigte, dass er die Verletzungen nur vorgeschoben hatte, um heimkehren zu können; Wall wurde vor ein Militärgericht gestellt.

Die *Alhambra* legte schließlich in St. John's an und löschte die Ladung, doch es war kein Expeditionsteilnehmer verfügbar, der die Ladung systematisch auf der *Proteus* stauen konnte, und so musste diese Aufgabe unter Pikes Kommando erledigt werden. Die *Yantic* wurde durch Nebel behindert, und Garlington, der über die Verspätung sehr ärgerlich war, kam erst am 21. Juni an. Er fand, das Schiff sei in seiner Abwesenheit unsachgemäß beladen worden, und er musste sich durch viele Kisten zu den meteorologischen Instrumenten kämpfen.

Frank Wildes, Kommandant der *Yantic*.

Außerdem fehlten Waffen. Die Expedition verfügte lediglich über drei Gewehre, eine Schrotflinte und zwei Pistolen.

Doch dem Kommandanten fehlte es auch an Sergeanten. Auf der Fahrt hatte er sich mit Lieutenant John C. Colwell angefreundet, »ein sehr angenehmer Mensch«, der sich der Expedition anschließen wollte. Garlington bat telegrafisch um Hazens Genehmigung. Hazen wandte sich zunächst an den Marineminister, Chandler lehnte ab, doch ein Gesuch beim Kriegsminister war erfolgreich. Lincoln schrieb an Chandler: »Ich bin der unbedingten Meinung, dass die Versorgungsexpedition nicht scheitern darf und Lieutenant Greelys Mannschaft nach Hause bringen muss.« Wildes kannte Colwell als einen tatkräftigen und eifrigen Untergebenen und war nicht begeistert von der Entwicklung, die die Sache nahm. »Colwells Verlust schwächt das Schiff in einer Sektion, wo es stark sein sollte.« Doch am 23. Juni wurde Colwell offiziell von der *Yantic* zu Garlingtons Einheit versetzt und an Bord der *Proteus* gebracht.

In der Kabine der *Yantic* hatten Wildes und Garlington auf der Fahrt fast täglich besprochen, wie eine Zusammenarbeit der beiden Schiffe am besten funktionieren könnte. Sie kamen überein, dass die *Yantic* nicht als Teil der Expedition gelten sollte, sondern als Versorgungs- oder Transportschiff, das die Crew der *Proteus* übernehmen würde, falls es Probleme gab. Nach Garlingtons persönlicher Meinung würde die *Yantic* »keinen besonderen Dienst leisten« können. Er hegte den Verdacht, dass mit der Wahl eines Marineschiffes als Eskorte lediglich die Öffentlichkeit beschwichtigt werden sollte, nachdem einflussreiche Zeitungen zu dieser Maßnahme gedrängt hatten. Damals ahnte Garlington noch nicht, dass die beiden Schiffe nicht lange gemeinsame Fahrt machen würden.

Dem verwirrenden Memorandum, das seinem Marschbefehl beilag, schenkte er gar keine Beachtung mehr. Er erklärte: »Meine Pflicht war nicht, auf die *Yantic* zu warten und Vorräte auf Littleton Island zu lagern, sondern jede günstige Rinne auszunutzen, um vorwärts zu kommen.« Sollte die *Yantic* in schweres Eis fahren, müsste er sie zurücklassen, und die *Proteus* müsste den Weg nach Discovery Harbor alleine fortsetzen. Dort angekommen, würde er Greely Hazens Schreiben übergeben: »Laut Kongressbeschluss, der wahrscheinlich durch unglückliche Umstände bei anderen Arktisexpeditionen zu Stande kam, muss Eure Arbeit in der Lady Franklin Bay abgebrochen und Eure Mannschaft auf direktem Weg zurückgebracht werden.«

Nur wenn Garlington sein Ziel nicht erreichen sollte, würde er Vorräte und Männer auf Littleton Island oder in der

Ernest Garlington als Kadett.
Er kommandierte die zweite erfolglose
Versorgungsexpedition.

Nähe zurücklassen. Doch nach seinem Verständnis müsste er alles so schnell wie möglich in die Lady Franklin Bay bringen. »Ich hatte es immer so verstanden, dass Lieutenant Greelys Vorräte Ende August 1883 aufgebraucht seien.« Diesen Eindruck hatte er nach Hazens düsteren Warnungen vor einem Hungertod in Fort Conger gewonnen. Doch selbst wenn der General dem Expeditionskommandanten (oder dem Kriegsminister) nicht alles gesagt hatte, dürfte er nicht vergessen haben, dass Greely 1881 mit üppigen Vorräten für einen dreijährigen Aufenthalt aufgebrochen war.

Lieutenant John C. Colwell, US-Marine.

Im Hotel in St. John's diskutierten Garlington und Wildes weiter und verfassten eine Einverständniserklärung, die Wildes' Schreiber von Hand kopierte und die schließlich von beiden Parteien unterzeichnet wurde. Es war vereinbart, dass die *Yantic* so lange wie möglich in Begleitung der *Proteus* fahren sollte, sie dürfte jedoch in keiner Weise Garlingtons Vorstoß nach Norden behindern. »Wenn sie mit mir Schritt halten kann, gut, wenn nicht, muss ich sie hinter mir lassen.« Um Kohle zu sparen, würde die *Yantic* nach Disko segeln, dann weiter unter Dampf nach Upernavik fahren. Am Kap York südöstlich der Cary Islands, in Pandora Harbor und auf Littleton Island würde die Mannschaft kleine Cairns aufschichten und Nachrichten hinterlassen, vorausgesetzt, sie käme so weit nach Norden. Pandora Harbor sollte als eine Art Basislager dienen, die *Yantic* dürfte jedoch nur bis spätestens 25. August dort liegen, bis zu diesem Datum sollte die *Proteus* versuchen, wieder mit ihr in Kontakt zu kommen. »Sollte die *Proteus* verschollen gehen, schicken wir ein Boot oder einen Trupp nach Süden zur *Yantic*«, hieß es in der Abmachung über die Schiffsbewegungen. Und schließlich gab es ja immer noch die Möglichkeit, dass Wildes im Stande war, sein Schiff tatsächlich bis Littleton Island zu führen.

Viele Hoffnungen lagen bei einem Erfolg dieser Expedition. Lockwoods Mutter Anna schrieb an Henrietta: »Gott möge uns dazu verhelfen, dass wir bei der Rückkehr des Versorgungsschiffes frohe Kunde bekommen. Wir alle müssen uns einer schrecklichen Prüfung unterziehen und die Unsicherheit aushalten, nicht zu wissen, was passiert sein kann. Immerzu denke ich an meinen geliebten Sohn. Die schrecklichen Nachrichten von De Longs Männern und allem, was sie durchmachen mussten, hast du sicherlich mit großer Qual gelesen.« Henrietta hatte Garlington geschrieben: »Von allen

Seiten höre ich nur großes Lob über Euch, und ich bin überzeugt, die Erlösung der Mannschaft meines Gatten ist in guten Händen.« Auch Hazen versicherte ihr: »Wir tun alles, und alles wird gut gehen.« Für alles nur Erdenkliche sei Sorge getragen. Henrietta schrieb an Greelys Nichte Clarissa: »Nun bin ich zufrieden, und uns bleibt nur noch, in aller Ruhe abzuwarten.«

Zum Glück für die Ruhe der Damen wussten sie nichts von Colwells Unbehagen nach seiner Versetzung auf die *Proteus.* »Kein Boot war seetauglich. Zwei Boote hingen an den Davits, und wenn man unten stand, konnte man durch die Nähte das Licht sehen. Die Takelage war alt, die Kompasse waren unzuverlässig.« Colwell war auch nicht gerade glücklich über die Tatsache, dass der Erste Offizier, Pikes 21-jähriger Sohn, noch nie die Arktis befahren hatte. (Der Zweite Offizier war genauso jung, er war Pikes Vetter.)

Doch der 32 Jahre alte Colwell, Sohn eines Hauptmanns, der in der Schlacht von Antienam gefallen war, schrieb seiner Mutter optimistisch: »Ich werde mit Garlington und dessen Trupp aus zehn Mann und einem Arzt am höchsten erreichbaren Punkt im Norden an Land gehen, wir werden eine Hütte bauen und die Vorräte verstauen, dann fahren wir mit Schlitten im Spätherbst oder im frühen Winter zu Greely und bringen ihn samt seinen Mannen in das Lager, das wir errichtet haben. Das Haus [das Baumaterial wurde in St. John's gekauft] muss nur noch aufgestellt werden.« Die Expedition war gut ausgestattet, es gab sogar ausreichend Zigarren und Tabak »und genügend Kleidung für eine ganze Kompanie. Ich werde wirklich nicht frieren. Ich wollte schon immer eine Fahrt in die Arktis machen, und ich könnte kaum unter besseren und günstigeren Bedingungen fahren. Es ist genau das, was ich mir wünsche.«

Die *Yantic* war zwar als Geleitschiff für die *Proteus* gedacht – »die beiden Schiffe waren durch das Gebot ihrer Weisungen miteinander verbunden«, wie Hazen sagen würde –,
doch kein denkender Mensch würde erwarten, dass sie lange
in großer Nähe fuhren. Am 29. Juni schrieb Colwell: »Wir
fuhren im Abstand von einer halben Stunde mit der *Yantic*,
doch wahrscheinlich werden wir uns bald trennen, weil die
Yantic Kohle sparen muss und wir fast doppelt so schnell nach
Godhavn auf Disko fahren.« Der Tag war schön, es wehte
eine leichte ablandige Brise; Garlington schilderte den Aufbruch der beiden Schiffe in schönen Worten: »Nachdem die
Proteus die Meerenge passiert hatte, nahm sie Kurs hart an
der Küste entlang. Die *Yantic* setzte Segel und drehte nach
Osten, um 19.30 Uhr verloren wir sie aus dem Blick.« Garlington war der Meinung, dass die beiden Schiffe ohnehin nicht
zusammen fahren könnten, und erwartete, sie frühestens
wieder in Godhavn auf Disko zu sehen, wo er auf sie warten wollte, »aber nicht unendlich lange. So hatten wir es vereinbart.«

Die letzten Briefe an die Angehörigen wurden an Land
gebracht. Garlington schrieb ermutigende Worte an Henrietta
und versprach ihr, jede Anstrengung zu unternehmen und
ihren Mann in diesem Sommer noch zurückzubringen. »Mit
dem Schlitten geht es ganz bestimmt. Ich bin völlig zuversichtlich, was unseren Erfolg angeht. Ich habe gute, entschlos-
sene Männer, die ganz mit dem Herzen bei ihrer Arbeit sind.«
Er hatte auch einen Neufundländer, den er sich in St. John's
zugelegt und Rover getauft hatte. An General Hazen adressierte er ebenfalls einen Brief und informierte ihn, dass die
Yantic ihn nicht sehr weit begleiten würde, denn »wegen ihrer
begrenzten Kohlebunker muss sie ja vor allem unter Segel
fahren«. Garlington selbst wollte seinen Vorstoß lieber nicht

den unberechenbaren Sommerwinden überlassen. »Ich lasse mich folglich auf meinem Weg nach Norden nicht aufhalten. Alles, was getan werden kann, um das Schiff nach Fort Conger zu führen, wird auch getan.«

Schiffbruch

Die beiden Schiffe trennten sich bald. Die Höchstgeschwindigkeit der *Proteus* betrug neun Knoten, die *Yantic* hingegen schaffte nur vier Knoten. Garlington fand Pikes Crew bedenklich problematisch, und Pike selbst wusste auch, dass die Männer nicht einmal dem Standard entsprachen. »Sie waren nicht so geschickt und flink, wie ich wollte.« Was den Kapitän selbst anging, so hatte Garlington keine Vorstellung von dessen Erfahrung im Umgang mit nautischen Instrumenten und verließ sich lieber auf seinen Marineleutnant. Immer noch ärgerte er sich »über die Waffen und anderes Material, das ich in St. John's gesucht habe«. Er fand es auch am 6. Juli bei einer zweiten Durchsuchung der Fracht in Godhavn nicht. Um Fellkleidung, Hunde und zwei Hundeführer zu besorgen, musste er dort länger vor Anker bleiben, als ihm recht war, doch immer noch war keine *Yantic* zu sehen. »Wahrscheinlich fährt sie unter Segel, um Kohle zu sparen«, schrieb Colwell und fügte optimistisch hinzu: »Hier weist alles darauf hin, dass das Meer im Norden offen ist. Wir könnten möglicherweise auf direktem Weg zur Lady Franklin Bay fahren, die Männer an Bord nehmen und noch dieses Jahr zurückkehren.«

Erst am 17. Juli lief die *Yantic* Disko an. Sie war fünf Tage zuvor in einen Sturm geraten, der ein Toppsegel vom Hauptmast gerissen hatte. Um 18.30 Uhr ankerte sie in Godhavn, Garlington ging an Bord. Wildes sagte ihm, er wolle vor dem Auslaufen die Kessel reparieren und mehr Kohle übernehmen, weil die Weiterfahrt vor allem unter Dampf stattfinden würde. Also dampfte die *Proteus* allein nach Norden und ließ die *Yantic* mit den abmontierten Kesseln zurück. Garlington war der Meinung, er habe keine Wahl gehabt: »Die Reparatur der Kessel und die zusätzliche Verzögerung durch die Übernahme von Kohle hätte mehr Zeit gekostet, als ich für eine weitere Verspätung meiner Fahrt nach Norden gerechtfertigt fand.«

Zwei Stunden nach dem Verlassen von Godhavn lief die *Proteus* auf Grund. Sie kam frei, indem die Bug- und Heckmaschinen abwechselnd auf Volldampf gefahren wurden. Doch Garlington war weiterhin besorgt: »Ich konnte nicht umhin zu bemerken, mit welcher Nachlässigkeit das Schiff geführt wird.« Am 18. Juli querten sie die Melville Bay; die *Proteus* schlingerte so heftig, dass Garlington aus der Koje fiel. Er rappelte sich auf, spähte aus dem Bullauge und sah Eis, so weit das Auge reichte. Er eilte an Deck und vermutete, dass Pike das Schiff geradenwegs ins Packeis geführt hatte, »das in alle Richtungen, außer im Süden, ungebrochen war«. Colwell legte an einer Scholle einen künstlichen Horizont fest und koppelte. Das Ergebnis bestätigte in Garlingtons Augen, dass Pike falsch navigiert hatte.

Das Schiff wurde durch freie Rinnen zuerst zurück nach Süden, dann nach Westen gesteuert. Sie konnten Kap York bei lockerem Eis umrunden, und schließlich ging am 21. Juli ein Trupp auf einer der Cary Islands an Land und prüfte das Nares-Depot. Das Boot war noch in gutem Zustand, 60 Prozent der Vorräte waren noch genießbar. Garlington hinterließ eine Nachricht für Wildes: »Nehmen Kurs auf Haklyut, dann Littleton Island. Alle sind wohlauf und guter Dinge.«

Am nächsten Tag fuhr die *Proteus* in Pandora Harbor ein. Dort hinterließ Garlington weitere Meldungen für Wildes: Eis sei nicht einmal aus dem Krähennest mit einem hoch auflösenden Fernrohr in Sicht. Er beschloss also, die seiner Meinung nach günstigen Bedingungen auszunutzen und Littleton Island ohne Halt zu passieren. Doch noch am selben Tag kam das Eis und zwang das Schiff nach Westen.

Um 15.30 Uhr ankerte Pike in Payer Harbor, unweit Kap Sabine. Garlington ging an Land und inspizierte die Caches, die Beebe im Jahr zuvor angelegt hatte. Die Vorräte waren in gutem Zustand, das Walfangboot hatte nur ein paar Kratzer von Bärentatzen abbekommen. Auf dem nahen Stalnecht Island, einer Felseninsel, die bei Ebbe mit dem Festland verbunden war, gab es einen weiteren Cairn von Nares. Wenn Greely gemäß seinem eigenen Plan an der Küste von Ellesmere Island südwärts marschierte, könnte er Kap Sabine nach zwei, drei Monaten erreichen. Garlington dachte kurz daran, einen Teil der Vorräte dort zu lassen – insgesamt gab es dort vier Depots mit insgesamt 250 Rationen –, doch sein erstes Ziel war, getreu Hazens Anweisungen auf keinen Fall seine Fahrt in die Lady Franklin Bay zu verzögern. Er sah durch das Fernglas nach Norden »und war zufrieden, dass es keinen Zweifel gab über das Vorhandensein einer günstigen Rinne. Ich eilte zurück und war um 18.30 Uhr wieder an Bord.«

Sofort ging er in die Kapitänskajüte, wo Pike auf dem Bett lag. Schon in der Tür rief Garlington, dass Richtung Kap Hawks eine eisfreie Rinne zu sehen sei. Pike setzte sich auf und sagte, er sei noch nicht bereit, Payer Harbor zu verlassen. Er brauche frisches Wasser und müsse die Bunker mit Kohle aus dem Frachtraum auffüllen. Er wolle »einige Tage« in Payer Harbor bleiben, zumindest bis das Eis ganz aus dem Smithsund verschwunden sei. Zwei von Garlingtons Männern hatten an Land magnetische Messungen durchgeführt und waren mit der Meldung zurückgekommen, dass der Sund, entgegen dem Eindruck ihres Kommandanten, vollständig blockiert zu sein schien. Nach Pikes Dafürhalten war selbst eine Woche Verspätung dem Ziel der Expedition nicht abträglich, doch Garlington drängte. Er bot dem Kapitän die Hilfe seiner Männer beim Befüllen der Bunker an, und sein Ton war so herrisch, dass Pike das Gefühl hatte, »wenn die Expedition scheitert, wäre mein Verweilen schuld. Also fuhr ich wider besseres Wissen weiter.« Pike brummte, auch er sei »wie jeder andere bestrebt«, nach Norden zu kommen, ging an Deck und gab das Kommando zur Weiterfahrt.

Um 20 Uhr lichteten sie Anker. Garlington schickte Colwell ins Krähennest zu Pikes Sohn, wo sie zusammen Ausschau halten sollten. Gegen Mitternacht – die Sonne stand zu dieser Jahreszeit fast genau über dem Horizont – wurde das lose Eis, das sie durchfuhren, fester. Pike versuchte zu bohren, »zwei Schollen auseinander zu stemmen«, wie Colwell es ausdrückte. Ein Mann wurde vorsichtig an einem Seil aufs Eis gelassen und folgte dem Spalt, um zu prüfen, ob er in offenes Wasser führte. Er kam zurück und bestätigte dies. Pike zwängte den Bug in den Riss und gab Volldampf. Das starke Schiff aus Eiche, Zeder, Eisen und Kupfer schnitt sich durch das brechende Eis und wurde schließlich mit so vielen offenen Rinnen belohnt, dass Pike gar nicht wusste, welche er nehmen sollte. Doch die Möglichkeiten wurden schnell wieder rar. Eisschollen, die in der Nacht zuvor durch den Smithsund gedriftet waren, kamen nun mit den Gezeitenströmen um ein Vielfaches vergrößert zurück und schlossen das Schiff vier

Meilen vor Kap Albert ein. Die *Proteus* steckte reglos in Ost-West-Richtung in der Eisklammer, in Sichtweite lag eine eis-freie Rinne, die deutlich zum nördlichen Horizont lief.

Pike hörte die Planken und Spanten knarren und splittern. Zwei Meter dicke Schollen rieben an der Schiffswand. Garlington ließ seinen Trupp antreten und befahl, die Vorräte bereitzumachen, damit sie aufs Eis geworfen werden konnten. Ein schwächeres Schiff wäre schon längst zermalmt worden. Garlington stürzte mit drei Mann in den Frachtraum und holte die Kisten, die für Greely bestimmt waren. Sie spürten, wie das Schiff unter der Wucht des Eises bebte, das die Schiffswand steuerbords auf Höhe der Kessel und Maschinen abriss. Colwell kam durch die Lukenöffnung geeilt, Garlington wies ihn an, sofort die Rettungsboote klarzumachen. Colwell rannte an Deck, während das Schiff abermals durchgeschüttelt wurde. Das Schanzkleid gab nach, und das Eis schob sich steuerbords in den Kohlebunker.

Unter dem Druck des Eises barsten die Planken. Garlington verließ den Frachtraum im Vorschiff, der schnell überflutet war, und rannte aufs Oberdeck. Einer seiner Unteroffiziere meldete, dass der Trupp den Hauptteil des Proviants ausgeladen habe. Garlington ordnete an, alles über Bord zu werfen. Missmutig bemerkte er, dass die Crew mit Ausnahme des Ersten Maschinenoffiziers und des Bootsmanns ihre Posten schon verlassen hatte und nur darum bemüht war, ihre eigenen Besitztümer zu retten, während die Vorräte für Greely keinerlei Beachtung fanden. Jeder kümmerte sich nur um sich selbst, Garlingtons Appelle fruchteten wenig. Vieles musste er im Frachtraum zurücklassen, und von den Kisten, die über die geborstene Steuerbordseite geworfen wurden, verfehlten einige das Eis und gingen unter. Er schickte zwei Mann auf die Scholle, um die Kisten zu bergen und auf massiveres Eis zu ziehen. »Es ging nicht schnell genug, 30 Prozent der Ladung sanken.«

Colwell hatte ein Beiboot und das Walfangboot auf der Steuerbordseite sicher aufs Eis gefiert. Die Schollen drückten das Boot auf der Backbordseite gegen die Schiffswand, so dass einige Männer aus Pikes und Garlingtons Mannschaften es mit Spitzhacken befreien mussten. Dann befahl der Kapitän, das Schiff zu verlassen. In das Getöse des mahlenden Eises, das Splittern des Holzes und das Schreien der Männer mischte sich das Bellen und Jaulen der 22 Huskys, die über Bord geworfen wurden und sich in alle Richtungen versprengten. Garlingtons Rover war jedoch nicht dabei; wie ein Soldat sagte, »kam er niemandem in den Weg«.

Am Abend waren alle Männer auf verschiedenen Schollen gestrandet, Kap Sabine war immer noch in Sicht. Von Garlingtons Mannschaft hatte Colwell als Letzter das Schiff verlassen, das immer weiter absank. Sergeant William Lamar hatte Chronometer, Sextanten und die Listen der Messwerte gerettet; er schulterte eine Kamera, stellte sie schnell auf und lichtete den Untergang der *Proteus* ab. Als die Ebbe kam und der Druck des Eises nachließ, sank sie noch schneller und zog den Großteil der Ladung und die Post mit auf den Grund. Garlingtons Mannschaftsangehörige waren der Meinung, Pikes Männer hätten sich verhalten »wie Piraten, sie stahlen alles, was sie konnten – Uniformen, Büffelfellmäntel und andere Kleidung. Wir konnten nichts gegen sie ausrichten, sie hatten die Waffen.« Das stimmte nicht ganz. Colwell hatte eine Flinte, Private Moritz (sein Feuerwerker) ein Repetiergewehr und ein weiterer Gefreiter eine *Winchester*. Garlington hatte eine *Hotchkiss* sowie einen Dienstrevolver mit Munition, doch Pikes Männer hatten fünf Flinten und sechs Gewehre. Pike hatte gegenüber Colwell ja auch zugegeben, dass seine Männer bis auf wenige Ausnahmen »wertloses Gesindel« seien und er nichts gegen sie ausrichten könne. Garlington musste mit ansehen, wie sie alles stahlen, was sie in die Finger bekamen.

General Hazen würde später betonen, vor allem um seine eigene Haut zu retten: »Nach Recht und Gesetz in diesen Gewässern sind bei einem Schiffbruch alle Männer von ihren Pflichten entbunden.« Die Heuerverträge waren nicht mehr in Kraft, »es gibt keine Heuer mehr und auch keine Offiziere«. Das Fehlverhalten der Crew nach dem Untergang des Schiffs »war keine Meuterei, denn der Kapitän hatte keine Weisungsbefugnis mehr«. Vielleicht. Jedenfalls drifteten Männer, Boote und die geborgene Ladung nun auf verschiedenen Schollen. In der einbrechenden Dämmerung mühten sich Garlington und Pike, Männer, Kisten und Gerät auf die gleiche Scholle zu verholen. Anschließend sollten sie laut Garlington versuchen, an Land zu kommen. Colwell war besonders fleißig; gegen Mitternacht führte er eine Gruppe in einem Walfangboot zu einer Insel, deren Ostspitze Kap Sabine war. Er lagerte Tee, Speck, Konserven, Tabak und Schlafsäcke und kehrte gegen 2 Uhr wieder zu den Schollen zurück. Das Eis schloss die Rinne und verhinderte bis 5 Uhr früh eine weitere Fahrt, dann trieb die Ebbe die ganze Mannschaft näher an die Küste.

Colwell und vier Männer setzten ein zweites Mal zur Insel über, ein Boot mit einem Teil von Pikes Crew folgte. Minuten später trieb die Scholle mit den restlichen Schiffbrüchigen in Richtung offene See. Garlington verdoppelte seine Anstrengungen, die Kisten an Land zu bringen. Er hoffte, bis zu 500 Rationen Proviant zurücklassen zu können, genug, um Greelys Mannschaft drei Wochen lang zu versorgen, sollten sie so weit nach Süden vorstoßen. Mehr könne er nicht tun. In zwei Booten setzten Garlington und Pike über; in Garlingtons Trupp konnten nur zwei Männer rudern, und während der rauen Überfahrt wäre sein Boot fast gekentert. Doch sie erreichten Kap Sabine und luden zügig aus. Sie wollten wieder umkehren, aber das Eis hatte alle Fahrrinnen geschlossen.

In der Zwischenzeit war Colwell wieder auf der Scholle und überwachte den Transport von Vorräten, Ausrüstung und Instrumenten über das Eis ins Walfangboot. Es gab keinen Platz für alle Kisten, außerdem musste Colwell noch zehn Mann von seiner Mannschaft und acht Mann von Pikes Crew beschwichtigen, die ganz wild geworden waren, nachdem sie hatten mit ansehen müssen, wie sich ihr Kapitän von der Scholle entfernte. Sie waren überzeugt, Pike habe sie im Stich gelassen. Colwell hörte sie fluchen, »sie waren alle sehr demoralisiert«.

Manche hätten Colwell am liebsten das Boot entrissen und sich auf eigene Faust auf die Suche nach der *Yantic* gemacht. Colwell tat das einzig Richtige: Er warf fast sämtliche Kisten, die er mit so viel Mühe verstaut hatte, wieder über Bord und übernahm alle 18 Mann. Das Beiboot, das er an Land schleppen wollte, riss sich los, konnte aber von Sergeant John Kinney gerettet werden. Kinney verstopfte vier Stunden lang mit dem Daumen ein Leck, während Moritz unter Aufbietung aller Kräfte ganz allein an den Rudern, jedoch mit Colwell als Steuermann, das überladene Boot zwischen gefrierenden Schollen und sich schließenden Rinnen sicher an Land brachte. Doch auch als Pikes Männer wieder festen und trockenen Boden unter den Füßen hatten, maulten und schimpften sie, dass sie den Kapitän nicht lebend nach St. John's zurückkehren lassen würden, weil er sie im Eis aufgegeben habe.

Während am Mittag des 25. Juli Greelys Männer beteten, dass doch bis zur ersten Augustwoche ein Schiff kommen möge oder sie zumindest auf ihrem Rückzug nach Süden auf Hilfe träfen, lag über 200 Meilen südlich die *Proteus* zermalmt unter dem Eis. Beide Boote waren an Land gezogen und gesichert worden, die erschöpften Männer rasteten an der Felsenküste. Garlington machte Bestandsaufnahme: Der Proviant würde für seine Männer schätzungsweise 40 Tage reichen. Auch Pike prüfte seine Vorräte und kam auf die gleiche Menge. Die Eisscholle mit den restlichen Kisten war immer noch in Sicht, aber sie driftete jede Minute weiter nach Osten.

Pike fragte Garlington, ob er eines der beiden Walfangboote für eine letzte schnelle Fahrt zur Scholle nutzen könne, um vielleicht doch noch etwas mehr von seiner wertvollen Fracht zu bergen. Colwell, der zu Garlingtons wichtigstem Berater aufgestiegen war, hielt es für unklug, einem Mitglied von Pikes Crew das Marinewalfangboot zu überlassen. Pike nahm schließlich die Beiboote der *Proteus* mit je sechs Matrosen und sechs Soldaten. Sie holten noch ein paar Kisten, doch der Großteil blieb auf der Scholle zurück, die sich dem Treibeis anschloss und schließlich im gischtenden Dämmerlicht verschwand. Bevor der Dunst und die untergehende Sonne eine längere Beobachtung unmöglich machten, sichtete ein verdrossener Garlington freie Rinnen bis zum Horizont im Norden. Genau damit hatte Pike gerechnet, als er noch einen Tag länger in Payer Harbor bleiben wollte, sich dann aber doch von dem Kommandanten der amerikanischen Hilfsexpedition zur Weiterfahrt überreden ließ.

Der Nebel schloss die Schiffbrüchigen ein. Garlington schlug vor, sie sollten so viel schlafen, wie sie konnten. Am nächsten Morgen setzte er zu dem nahen Brevoort Island über und hinterließ einen traurigen Bericht der Ereignisse, allem voran die *Proteus*-Saga: »Vom Eis zerdrückt ... hielt [sie] den ungeheuren Druck eine Zeit lang tapfer aus, musste aber dann unterliegen. Die Zeit bis zum Untergang war so kurz, dass nur wenig Vorräte gerettet werden konnten ... Der US-Dampfer *Yantic* ist auf dem Weg nach Littleton, soll aber nicht ins Eis eindringen. Ein schwedischer Dampfer wird versuchen, in diesem Monat Kap York zu erreichen. Ich werde mich bemühen, mit diesen beiden Schiffen zusammenzukommen, und alles Menschenmögliche wird geschehen, um die tapferen Männer in Fort Conger aus ihrer gefährlichen Lage zu befreien.« Er gab die Koordinaten einer Cache mit 500 Rationen Brot, Tee und Schlafsäcken an, die drei Meilen von Kap Sabine entfernt gegenüber der Buchananstraße angelegt worden war. Auch bezeichnete er die Lage eines Depots, das die Männer der *Neptune* 1882 in der Nähe für 250 Rationen gegraben hatten, und des kleinen Nares-Lagers auf Stalnecht sowie Beebes 250 Rationen auf Littleton Island. Garlington endet zerknirscht: »Es liegt nicht in meiner Macht, auch nur ein Zehntel der Sorge und Reue über diesen fatalen Schlag auszudrücken, den meine Anstrengungen, Lieutenant Greely zu erreichen, erfahren mussten. Ich breche so bald als möglich zur Ostküste auf und versuche, Verbindung aufzunehmen.«

Inzwischen hatte die Sonne den Nebel verschluckt. Garlington wägte die Möglichkeiten ab. Seine schweifenden Gedanken und Gefühle, seine Einschätzungen und Grübeleien, seine Vorstellungen von Pflichterfüllung – alles würde aus späteren Zeugenaussagen und Briefen hervorgehen. Sehr vieles hing davon ab, inwieweit er sich auf die Bewegungen der *Yantic* verlassen oder sie berechnen konnte. Sein Hauptziel war, Kontakt mit dem Marineschiff herzustellen. Er wusste, dass Wildes Order hatte, nach Littleton Island zu fahren, sollte er nicht auf schweres Eis treffen. Wenn Wildes Erfolg hätte, würde er von der *Yantic* alle Vorräte übernehmen, die

Wildes erübrigen konnte, er könnte ein bemanntes Lager auf der Insel errichten und nach der Greely-Mannschaft auf ihrem Rückzug Ausschau halten, den Rest der Leute würde er nach St. John's schicken, um Hilfe zu holen. »Ein Robbenfänger könnte in Dienst gestellt und nach Norden geschickt werden«, sinnierte er.

Doch konnte er darauf zählen, dass die *Yantic* es nach Littleton Island schaffte? »Auf diesen Punkt musste ich mich konzentrieren«, schrieb er. Mit mindestens 140 Mann hatte Wildes eine große Mannschaft, seine Vorräte waren begrenzt, und das Schiff war in keiner Weise eistauglich. Könnte die *Yantic* die gefährliche Melville Bay ebenso erfolgreich queren wie die verstärkte *Proteus*, die dafür fast drei Tage gebraucht hatte? Diese Fragen waren berechtigt, doch Garlingtons Antworten waren schrecklich wankelmütig. »Ich glaubte nicht, dass es ihm gelänge, die Melville Bay zu queren, wo wir auf so viel Eis getroffen waren.« Gleichzeitig hatte er die Order im Kopf, dass die beiden Schiffe sich bei Littleton Island treffen sollten, und so rechnete er stets damit, »dass er durchkam«.

Manche zeigten sich ihm gegenüber in dieser ausweglosen Situation äußerst mitfühlend. Der Marineoffizier, der im arktischen Drama noch eine Schlüsselrolle spielen sollte, erinnert sich: »Der junge Kavallerieoffizier steckte in einer schrecklichen Klemme. Nach sechs Jahren Dienst bei seinem Regiment und auf Posten in Dakota saß er plötzlich im Kanebecken fest und trug die volle Verantwortung für diese wichtige Expedition. Dass er diese Verantwortung freiwillig übernommen hatte, machte seine Lage nicht weniger quälend.«

Garlington konnte dankbar sein, dass er Colwell auf seiner Seite hatte, dennoch befolgte er nicht immer dessen Rat. Bei einer Beratung zwischen Garlington, Colwell und Pike an jenem Vormittag schlug Colwell vor, den Smithsund unverzüglich mit einer ausgewählten Mannschaft und einem knapp ausgerüsteten Boot zu queren und Kurs auf Süden zu nehmen, wo sie vielleicht die *Yantic* träfen. Garlington könnte gemäß den Anweisungen das Winterlager auf Littleton Island errichten, während ein kleiner Trupp am Kap Sabine auf Greely wartete. Pike gefiel dieser Vorschlag, Garlington verwarf die Idee. Daraufhin schlug Pike vor, dass alle Männer nach Littleton Island fahren und auf die *Yantic* warten sollten, doch Garlington schmetterte auch diesen Vorschlag ab. Er war um die Verproviantierung sowohl seiner eigenen als auch Greelys Mannschaft besorgt, denn er wusste, dass Greely in fünf Wochen den Rückzug entlang der Küste von Ellesmere Island antreten würde, wenn bis dahin kein Schiff in Sicht wäre. Die Entfernung von Discovery Harbor nach Kap Sabine betrug etwa 200 Meilen; daraus schloss Garlington, dass es wenig Sinn mache, am Kap Sabine auf Greely zu warten. »Wir hätten alle Vorräte angreifen müssen, die wir bereits für Greely deponiert hatten, und wenn er käme, würde er seinen Proviant dezimiert, dafür aber zusätzliche Männer vorfinden, die nicht besser dran wären als seine Mannschaft.«

Garlingtons Order lautete: »Wenn Ihr die Lady Franklin Bay nicht erreichen könnt, tretet Ihr den Rückzug an, Ihr landet die Truppe in der Lifeboat Cove oder der unmittelbaren Umgebung an und bereitet Euch auf die Überwinterung vor, bis im nächsten Jahr Hilfe kommt.« Auch Greelys eigene Vorgaben besagten, dass die Versorgungsmannschaft ein Lager in der Lifeboat Cove errichten sollte, wenn sie den Smithsund nicht durchfahren könnte. In der Lifeboat Cove bestünde der Hauptauftrag darin, das Teleskop auf Kap Sabine und das Land im Norden zu richten.

Doch der Untergang der *Proteus* und der Verlust der Vorräte hatten Garlingtons Hoffnungen auf Erfolg zerschlagen.

Er konnte es sich auch nicht leisten, auf die *Yantic* zu warten. Wenn er zwei Wochen auf Littleton Island blieb, in der Hoffnung, dass das Geleitschiff käme, »würden die Vorräte in gefährlichem Maße schrumpfen«. Der Sommer neigte sich dem Ende zu, und eine Fahrt nach Süden mit kleinen Booten als einzigen Transportmitteln auf der Suche nach der *Yantic* würde bedeuten: »Wir müssten uns den Weg durch eine Menge junges Eis bahnen, das die Boote behindern und die Meldung des Unglücks verhindern würde.«

Außerdem hatte Garlington keine Vorräte mehr, mit denen er ein Depot auf Littleton Island ausstatten konnte. Die 500 Rationen am Kap Sabine plus die Nares- und *Neptune*-Caches waren nicht üppig, aber sie mussten ausreichen. Für seine eigenen 13 Mann hatte er für 40 Tage Proviant geborgen, darunter 600 Pfund Zwieback, der größtenteils nass geworden war und – ebenso wie der verdorbene Pemmikan – weggeworfen werden musste, des Weiteren 300 Pfund Speck, 400 Pfund Dosenfleisch sowie Obst und Gemüse – insgesamt nicht gerade Zutaten für ein Festmahl. Es gab auch wenig Hinweise auf Wildbestand. Später wurde ihm vorgeworfen, nicht zwei Drittel der geborgenen Vorräte – also etwa 2100 Rationen – am Kap Sabine oder auf Littleton Island gelassen zu haben, aber er hielt dagegen: »Ich konnte nicht vorhersehen, wie lange die Wanderung dauern würde. Hätte ich meinen kargen Proviant auf Littleton gelassen, hätte ich die Sicherheit meiner Männer unverantwortlich aufs Spiel gesetzt.«

Am Abend setzten beide Mannschaften – Pike mit 20 Mann, Garlington mit zwölf Mann und seinem großen Hund Rover – in drei Rettungsbooten und zwei Walfangbooten der Marine samt einem Beiboot im Schlepptau nach Grönland über. Niemand war überrascht, die *Yantic* nicht vorzufinden. Durchnässt von Regen und Schnee, kampierten die Männer am Strand von Lifeboat Cove, am nächsten Morgen machten sie sich auf den Weg nach Süden. Auf Littleton Island hinterließen sie lediglich eine Nachricht über die Lage der Proviantdepots auf der anderen Seite sowie über Garlingtons weiteres Vorgehen: »Ich gehe nach Süden und versuche, Kontakt mit der *Yantic* auf ihrem Weg nach Norden aufzunehmen. Es werden alle Anstrengungen unternommen, nach Norden zu eilen und Greelys Männern zu Hilfe zu kommen.« Doch die *Yantic* wäre mit so viel (menschlicher) Fracht überladen und dürfte nicht ins Eis fahren, also musste er ein anderes Schiff besorgen. Die Nachricht war an niemand Bestimmten gerichtet und war schon gar kein Rat für Wildes, sollte er bis Littleton Island kommen.

Um Kontakt mit der *Yantic* aufzunehmen, müsste Garlington bestimmte Punkte anlaufen, auf die sie sich in St. John's verständigt hatten. Es handelte sich gewissermaßen um »Poststellen«, wo jede Mannschaft ihre Meldungen über weitere Bewegungen absetzte. Ungeachtet der Höhe, die die *Yantic* jenseits der Melville Bay erreichte – vorausgesetzt, sie würde sicher durch das gefürchtete Wasser gelangen –, war unwahrscheinlich, dass die Boote mit Kurs auf Süden und die Marinefregatte auf dem Weg nach Norden sich verfehlen würden. Der nächstmögliche Treffpunkt südlich von Littleton Island war Pandora Harbor.

Garlingtons und Pikes Boote trennten sich in der Nacht, doch kamen sie im Abstand von fünf Stunden am Abend des 26. Juli in Pandora Harbor an. Aber auch dort wartete weder die *Yantic* noch eine Nachricht. Nebel behinderte die Weiterfahrt, Garlington hinterließ eine Meldung: »Fahre nach Süden und halte mich so nahe der Küste wie möglich. Halt auf den Cary Islands, auf Kap York oder bei Treffen mit einem anderen Schiff. Hoffe auf die *Yantic* oder den schwedischen Dampfer *Sofia*, der auf Höhe von Kap York kreuzt.«

Als sie aufbrachen, ließ Garlington den Bootsmann der *Proteus* an Bord seines Boots kommen, weil nur zwei seiner Männer rudern konnten. Zusammen mit Colwell und Garlington selbst waren nur selten mehr als vier oder fünf Mann an den Rudern. Die Flottille erreichte am 29. Juli Northumberland Island. Wieder suchten angstvolle Augen vergebens nach der *Yantic*.

Garlington, Pike und die zusammengedrängten Männer konnten nicht wissen, dass das Schiff 500 Meilen entfernt war. Die *Yantic* war noch nicht einmal in die Melville Bay eingefahren, sondern lag noch in Upernavik im Nebel fest und bunkerte Kohle. »Ein erzwungener Aufenthalt, den jeder vernünftige Seemann unter ähnlichen Bedingungen für notwendig erachtet hätte«, so Wildes. Die *Yantic* hatte den ersten Hafen, Godhavn, auch erst am 26. Juli wieder verlassen, nachdem die Reparaturen der Kessel, das Bunkern und schlechtes Wetter sie zwei Wochen festgehalten hatten. Dann war sie am Abend des 27. Juli in Upernavik eingelaufen, zur selben Zeit, als Garlingtons Mannschaft hoch im Norden in Pandora Harbor lagerte und – noch weiter nördlich – Greelys Männer schon Vorbereitungen trafen, Fort Conger zu verlassen. Auf dem Weg nach Norden hatte die *Proteus* keinen Halt in Upernavik gemacht. Warum also Wildes? »Um Informationen über die Wetterverhältnisse der letzten Saison zu bekommen und auf diese Weise zu erfahren, wie der vergangene Winter gewesen war und was über die Eisbewegungen bekannt war, die sich auf die Wahl meiner Route durch die Melville Bay auswirken konnten.« Nach Meinung der Einheimischen waren die Bedingungen gut, die Eisverhältnisse versprachen eine sichere Passage. Doch dann war wieder Nebel aufgezogen, und der Juli ging zu Ende, bevor die *Yantic* wieder in See stechen konnte.

Wildes konnte seinen Kurs halten, und nach einer selten störungsfreien Fahrt durch die Melville Bay sichtete er am Morgen des 2. August Kap York. Das Landeis zog sich 15 Meilen ins Meer, und Wildes musste das Kap umschiffen und weiter nach Norden zur nächsten vereinbarten »Poststelle« auf den Cary Islands fahren. Das wäre auch Garlingtons Kurs gewesen, und eigentlich hätte er auf die *Yantic* treffen sollen, hätte nicht ein anhaltender Schneesturm die Männer auf Northumberland Island festgehalten. Garlington fragte Colwell um Rat. Ein Übersetzen auf diese weit draußen gelegenen Inseln »wäre äußerst waghalsig mit den überladenen Booten in schwerer See«, besonders mit so wenigen erfahrenen Männern an den Rudern. Garlington war der gleichen Meinung. Sie würden die Cary Islands also nicht anlaufen. Sobald es aufklaren würde, führen sie direkt nach Kap York.

Die Umfahrung der Cary Islands war gegen die Vereinbarung, die Garlington und Wildes in St. John's getroffen hatten; doch Garlington verließ sich auf das Urteil seines Marinemannes. Er wusste ja nicht, was er sonst tun sollte. Die Männer bahnten sich hart an der Küste entlang ihren Weg nach Saunders Island, wo sie am 2. August um 21.30 Uhr ankamen. Die Insel lag etwa 40 Meilen östlich der Cary Islands, auf die die *Yantic* nach der Umrundung von Kap York Kurs genommen hatte. In jenen dämmrigen, dunstigen Nachtstunden kam die *Yantic* auf ihrem nördlichen Kurs dicht an Saunders Island vorbei. Die Boote waren an Land gezogen, die müden Männer – Soldaten, Matrosen, ein Marineoffizier und zwei Eskimos – schliefen unruhig in windgeschüttelten Zelten.

Die *Yantic* ankerte vor den Cary Islands; Wildes ging an Land und fand Garlingtons Meldung vom 21. Juli auf seinem

Weg nach Norden, jedoch keine Meldung über einen späteren Besuch. Wildes setzte seine eigene Meldung ab, lief um 10.30 Uhr des nächsten Tages wieder mit Kurs auf Norden und die grönländische Küste aus und entfernte sich dadurch immer weiter von den Schiffbrüchigen. Am darauf folgenden Tag sichtete der Ausguck Littleton Island. Im selben Moment machten sich Garlington, Pike und die beiden Mannschaften 200 Meilen weiter südlich wieder auf den Weg und ruderten stur nach Kap York, fanden dort jedoch keine Nachricht von Wildes, weil dieser dort nicht an Land gegangen war.

Auf Littleton Island jedoch fand Wildes Garlingtons erschreckenden Bericht, den er gerade eine Woche zuvor hinterlassen hatte: Die *Proteus* war untergegangen, die Männer waren auf dem Weg nach Süden und hofften, auf die *Yantic* zu treffen. Wildes kam gar nicht auf die Idee, dass er sie auf dem Weg nach Norden irgendwo passiert haben musste – er war völlig ratlos. Nun war die Stunde gekommen, da auch er beklommene Überlegungen anstellen müsste. Garlington hatte keine Hinweise hinterlassen, wo die Männer waren und was sie vorhatten, genauso wenig wie es eine Anweisung gab, was die *Yantic* tun sollte, falls und wenn sie Littleton Island erreichte. Wildes hatte Order vom Marineministerium, auf keinen Fall die Höhe von Littleton Island zu überschreiten. Andererseits wollte er auch keine Männer bei einem Lager für Greely abstellen. »Ich hatte keine Polarausrüstung, nur Flanellhemden, Stoffhosen und die normale Seemannsuniform, die jeder Soldat für den Dienst in gemäßigten und tropischen Zonen bekommt.« Zum Schutz hätte er nur ein Segel aufstellen können, und er hatte zwar Kohle, aber keinen Ofen und keine Streichhölzer. »Unter solchen Bedingungen hätte kein Trupp einen Winter überlebt.«

Also musste Wildes seinen Plan ändern. Garlington war

weder im Norden noch in der Lady Franklin Bay, sondern er befand sich mit den Schiffbrüchigen weiter südlich. Die beiden Mannschaften suchten sich allerdings an den falschen Orten. Für Wildes gab es nur einen vernünftigen Kurs: Er musste die Fahrt in die Lady Franklin Bay vergessen und mit voller Kraft nach Süden eilen. Seine »erste und oberste Pflicht« war, die Boote mit den Schiffbrüchigen zu finden. Er hoffte, »sie bei den Cary Islands oder irgendwo zwischen Kap Parry und Kap Arthol zu treffen«. Die *Proteus* existierte nicht mehr, aber die Vereinbarung von St. John's war immer noch gültig. Also hätte er damit rechnen müssen, dass Garlington versuchen würde, an einem der vereinbarten Orte mit der *Yantic* Kontakt aufzunehmen.

Doch was tat Greely? Wildes begnügte sich mit seinem Plan. Er fand es unmenschlich, schlecht ausgestattete und ungeeignet gekleidete Männer auf Littleton Island zu lassen, nur damit sie nach Greely Ausschau hielten und wahrscheinlich starben, bevor sie ihn noch zu Gesicht bekamen. Er brachte es auch nicht über sich, einen Cairn mit Proviant anzulegen. Weder Hazen noch Garlington noch sonst jemand hatte verlangt, dass er zur Unterstützung seiner Mission eigene Vorräte stellte. Dabei war die *Yantic* gut verproviantiert; sie war in New York mit Vorräten für acht Monate ausgelaufen, »in jedem verfügbaren Raum wurde Proviant gestaut«, und da die Menge als zu klein erachtet wurde, waren in St. John's noch weitere Vorräte übernommen worden. Als sie vor Littleton Island ankerte, hatte die *Yantic* noch 7 000 Pfund Brot, 5 500 Pfund Pökelfleisch, 6 000 Pfund Schweinefleisch, Reis, Mehl und andere Lebensmittel an Bord; damit konnte die große Mannschaft vier Monate überleben.

Wildes hätte zumindest die wenige Zeit auf Littleton Island verbleiben können, die nötig war, »um Rationen seiner eigenen üppigen Vorräte zu deponieren, die Lieutenant Greely und seine Mannschaft an diesem unwirtlichen Gestade willkommen hießen«. Aber Wildes hielt es stattdessen für seine Pflicht, sich unverzüglich auf die Suche nach den Schiffbrüchigen zu machen und sie zu bergen, bevor sie sich in kleinen Booten den Gefahren der Melville Bay aussetzten. Er rechnete damit, sie auf Höhe der Cary Islands an Bord zu nehmen, und dann hätte er drei Dutzend zusätzliche Mäuler zu füttern. Und außerdem müsste er zügig nach Süden fahren, um nicht selbst in der Melville Bay vom Eis eingeschlossen zu werden. »Wir wären hilflos, und unsere Gefangenschaft wäre von unbestimmbarer Dauer.«

Greely müsste nach sich selbst sehen. Wildes fürchtete nicht um seine Sicherheit, denn sie lebten in einer Region, die »Meldungen zufolge voller Wild war«. Und auf dem Rückzug würden sie nicht nur Caches am Kap Sabine finden – wenn sie den Smithsund nach Littleton Island querten, würden sie feststellen, dass die Gewässer zwischen Insel und Küste »voller Walrosse« sind und das Festland »voller Rentiere«. Wildes' Vermutung stimmte nicht mit Garlingtons Eindruck über den Wildbestand in diesem Gebiet überein. Dennoch war sicher, dass Greely auf Littleton Island ein kleines Depot finden würde, das Beebe 1882 mit Proviant für zehn Tage angelegt hatte.

Die nächste Cache Richtung Süden lag zwar über 200 Meilen entfernt, doch sie enthielt Lebensmittel für 20 Mann. Greely würde sie kennen, denn er hatte ja auf dem Weg nach Norden dort Halt gemacht. Und Elisha Kent Kane war auf seinen langen und häufigen Fahrten in die Arktis schließlich auch zurechtgekommen und hatte überlebt, ebenso der Kavallerieleutnant Frederick Schwatka auf seiner Suche nach Relikten der Franklin-Expedition. Wildes sagte sich, Greely und seine Mannen »würden eben nach Eskimoart leben müssen, wie Kane und Schwatka auch«. Und so lief Wildes mit der *Yantic* von Littleton Island mit Kurs auf Süden aus, ohne Proviant oder Nachrichten zu hinterlassen, während sich in Fort Conger Greely und seine Mannschaft in Marsch setzten und nach Süden zogen.

3. Teil

Der Rückzug

Ein meuterischer Rückzug

Die Männer in Fort Conger wussten nichts von den Vorgängen im fernen Washington und deren Auswirkungen auf die Ereignisse in der Arktis. Immer wieder hielten sie nach dem Versorgungsschiff Ausschau, und Greely war genauso angespannt wie alle anderen, doch als Kommandant behielt er seine Gefühle für sich. Im Geiste las er schon Henriettas Briefe und verbreitete stolz seine Meldung über die Eroberung eines neuen Nordpunkts. Er beschloss auch, dass einige Männer mit dem Schiff in die Staaten zurückfahren sollten; seine private Wahl fiel dabei unter anderem auf Sergeant Cross. Cross hatte Lampenspiritus gestohlen, sich betrunken und war von der Dampfbarkasse gefallen; hätte Brainard ihn nicht aus dem eiskalten Wasser gefischt, wäre er ertrunken. Greely hätte ihn gerne ausgetauscht, aber wie die Dinge standen, war Cross unersetzlich und konnte nicht heimgeschickt werden. »Ein geschickter Mechaniker, von dem ich mehr erwartet hätte«, so Greely.

Auch freute sich der Kommandant darauf, Kislingbury endlich loszuwerden. Der Status des Leutnants, der zwar bei der Expedition dabei war, aber nicht an ihr teilnahm, war für beide eine stete Last. Kislingbury hoffte darauf, erlöst zu werden von der anhaltenden Demütigung, weniger noch als eine überzählige Person »auf Abruf« zu sein, wie es Greely nüchtern genannt hatte. Und er sehnte sich natürlich nach seinen Söhnen. Seine Hoffnungen hielten im Laufe der Monate an, sie schwanden erst, als sich im August immer noch kein Schiff ankündigte. Die Stürme hatten ausreichend Eisschollen aus der Bucht gefegt, und Greely konnte mit der Dampfbarkasse die Eisverhältnisse weiter südlich prüfen. Er legte hinter Kap Braid an und konnte von einem günstigen Aussichtspunkt weite Teile des Kennedy Channel überblicken. Die Wasserstraße war eisfrei, und die Bedingungen für eine Passage waren gut – doch es kam kein Schiff.

Greely hatte den 8. August als letzten Termin angesetzt. Sollte bis dahin kein Schiff gekommen sein, »verlassen wir die Station und treten mit Booten den Rückzug nach Süden und Littleton Island an«. Nach Greelys Plan sollte der Rückzug spätestens am 1. September beginnen, doch er fürchtete eine gefährliche Demoralisierung seiner Männer und bemühte sich um einen früheren Aufbruch. Seine Befehle wurden allerdings nicht durchweg mit guter Moral aufgenommen. Greely informierte seinen ehemaligen Stellvertreter Kislingbury persönlich, doch dieser »reagierte nicht, er drehte mir wieder den Rücken zu und verließ den Raum. Ich hätte ihm einen Verweis geben sollen, doch ich will nichts tun, was jemanden zum Aufbegehren reizen könnte.«

Greely hätte sich nicht von Kislingburys Unhöflichkeit stören lassen dürfen. Es war ja nicht die erste ungehobelte Reaktion des Leutnants, und Greely konnte sich vorstellen, wie tief Kislingburys Groll saß. Der Offizier war zwar von der Expedition ausgeschlossen, er war jedoch ein guter Schütze und machte sich nützlich, indem er jagte und Sergeant Israel bei seinen astronomischen Beobachtungen half. Darüber hinaus hatte er dem Kommandanten zeitweise mit glühendem Eifer Ideen unterbreitet, doch Greely hatte sie entweder ignoriert oder als Lappalien abgetan und so den Unmut verstärkt, den er laut seinen Tagebucheinträgen vermeiden wollte.

Doch nun hatte Greely andere Dinge im Kopf. Er musste sich damit abfinden, dass zum zweiten Mal kein Versorgungsschiff in die Lady Franklin Bay gekommen war, und hoffte zumindest, auf dem Rückzug das Schiff irgendwo an der Küste von Ellesmere Island anzutreffen. Die Lager auf dem Weg waren gut bestückt; am Kap Braid, auf der anderen Seite des Archerfjord in Sichtweite von Fort Conger, hatte er schon eine Cache angelegt. »War dieser Ort wohl versehen, könnten wir unter allen Umständen den Fjord überschreiten und von da vollständig ausgerüstet abgehen«, meinte Greely. Weiter im Süden an der Küste von Ellesmere Island hatte er auf der Fahrt mit der *Proteus* noch mehr Caches und Cairns angelegt. Der Rückzug würde also nicht von überladenen Booten aufgehalten werden. Alles würde gut gehen, vorausgesetzt, »nichts durchkreuzte den Plan, den er für einen unabhängigen Rückzug nach Süden ausgearbeitet hatte«, schrieb Brainard.

In seine ursprünglichen Instruktionen hatte der Kommandant die Bedingung eingearbeitet, dass die Versorgungsmannschaft, sollte das Schiff den Kennedy Channel nicht durchfahren können, so weit nördlich wie möglich an der Küste von Ellesmere Island Vorräte deponierte sowie ein bemanntes Winterquartier auf Littleton Island errichtete. Selbst wenn Greely also auf Ellesmere Island festsaß, könnte er über den Smithsund Vorräte von der nur 23 Meilen entfernten Insel nach Kap Sabine hinüberschaffen.

Die Vorbereitungen für den Rückzug begannen. Greely vermerkte zufrieden: »Die meisten Männer händigten ihre

Privattagebücher aus, versiegelt und adressiert, und diese wurden mit 48 fotografischen Negativen in einer großen wasserdichten Kiste verschlossen.« Pavy versorgte seine Ladung mit Hilfe von Henry Biederbick, der in Deutschland Apotheker gewesen und bei der Expedition als Sanitäter eingesetzt war. Die Berichte wurden bändeweise in drei dünnen Blechkisten verpackt, darunter befanden sich auch Originale und Abschriften der magnetischen und meteorologischen Messwerte. Insgesamt wog die Ladung über 50 Pfund. Das Pendel wurde auf drei versiegelte Kisten verteilt, die zusammen über 100 Pfund wogen. Die wertvollsten Geräte, darunter Chronometer und Thermometer, wurden behutsam verstaut. Die Männer würden auch vier Gewehre und 1000 Patronen sowie zwei Schrotflinten und reichlich Munition mitnehmen. Die Soldaten dürften je acht Pfund persönliches Gepäck haben, Offiziere 16 Pfund. Greely packte außerdem noch seine Paradeuniform mit Epauletten, Degen und Scheide ein, »die Insignien seiner Befehlsgewalt«, wie er zu Lockwood sagte. Auf dessen Bitte nahm er auch den Lieblingsrevolver des Leutnants mit – Lockwood besaß zwei; den anderen trug er immer bei sich.

Für einen sicheren Rückzug war robustes Schuhwerk unerlässlich. Die Schlittentouren im Frühjahr waren mit nur elf Paar Stiefeln und sechs Paar Mokassins durchgeführt worden. »Jämmerlich – für 25 Mann, die viele Monate Feldarbeit vor sich haben«, schrieb Brainard. Private Julius Frederick, ein untersetzter Deutschstämmiger, der in den Plains tapfer gegen die Sioux gekämpft hatte, musste »als Schuhmacher sein Bestes geben«. Nach außen hin spielte Brainard den dienstbeflissenen, respektvollen und hoch befähigten Unteroffizier, nur in seinem persönlichen Tagebuch ließ der 26-Jährige seinen wahren Gefühlen freien Lauf.

Dass auch andere sich ihren Ärger von der Seele schrieben, war zu erwarten. Beispielsweise hatte Greely vor der ganzen Mannschaft Sergeant Jewells Befähigung als wissenschaftlicher Mitarbeiter in Frage gestellt. Pavy schrieb: »Der Kommandant tötete die Begeisterung wie Macbeth den Schlaf.« Beim Laden der Boote nahm Cross, der die Dampfbarkasse steuerte, eine entschieden feindselige Haltung an: »Wir haben nicht den Hauch einer Chance, hier herauszukommen. Wir haben genügend Material, um sechs Boote damit zu beladen, aber nicht einen Mund voll Proviant. Alle unsere Vorräte sind am Kap Baird, hier ist der ganze Müll gestapelt.« Der Kommandant »konnte sich wie immer nicht entscheiden«. Doch David Brainards schmähliche Einträge in sein Notizbuch, das er vor den anderen geheim hielt, klangen eher merkwürdig. Als er einmal hörte, wie sich Greely verächtlich über Deserteure ausließ, schrieb er: »Nicht zum ersten Mal waren wir gezwungen, seine unwillkommenen vorurteilsbehafteten Ansichten anzuhören. Dieser Mann (einen Herrn und Gentleman kann ich ihn nicht nennen) drängt sich zwischen uns wie die Schlange ins Paradies und zieht ewigen Hass auf sich.«

Vor dem 9. August gab es keine Chance, den Archerfjord von Dutch Island aus zu queren. Schließlich erklärte Greely die Station offiziell für geschlossen. Die Mannschaft hatte 721 Tage in Fort Conger verbracht, an 268 Tagen war die Sonne nicht aufgegangen; 262 Tage wurden für Schlittentouren verwendet, dabei wurden insgesamt über 3000 Meilen zurückgelegt. Die Männer hatten einen neuen Nordpunkt erreicht, sie hatten Hunderte von Meilen der grönländischen Küste vermessen und waren tiefer ins Innere von Ellesmere Island vorgedrungen als jede vorherige Expedition. »Das Programm der wissenschaftlichen Beobachtungen – der Hauptauftrag der Expedition – war ausgeführt worden, soweit es die Mittel und die Instrumente erlaubten«, meldete Greely, »und während der zwei Jahre waren täglich über 500 Beobachtungen gemacht und verzeichnet worden.«

Nun war es zu Ende. Greely befahl dem kleinen Trupp, der schon auf Dutch Island war, die Kessel der Dampfbarkasse zu heizen. Auf der Insel waren 5 000 Pfund Kohle für den Rückzug deponiert. Brainard beschrieb den Aufbruch: »Geschirr und Besteck blieben ungespült auf dem Tisch liegen, die Betten blieben so, wie sie die Männer am Morgen verlassen hatten.« Dann wurde die Tür vernagelt.

Die Hunde blieben zurück. Die fünf ältesten Tiere waren schon erlegt worden, weil sie zu viel Futter verschlungen hatten. Eine junge weiße Hündin hatte einen ganzen Wurf Welpen geboren, und beim Aufbruch der Mannschaft bestand das Hundekontingent in Fort Conger noch aus 21 Hunden und zwei Welpen. Im Falle einer Rückkehr zur Station würden die Hunde dort gebraucht werden. Zehn Fässer Meeresfrüchte, sechs Fässer Pökelfleisch und ein Fass Zwieback wurden geöffnet; damit konnten die Tiere einige Monate überleben.

Material wurde zurückgelassen, soweit es auf dem Rückzug nicht gebraucht wurde – Robbenfellmäntel, zehn Musikinstrumente, Kisten mit botanischen Exemplaren und ausgestopften Vögeln, »eine schöne Fossiliensammlung« sowie weitere naturkundliche Exemplare, die seit Pavys Absetzung als naturkundlicher Leiter der Expedition ordentlich beschriftet und verpackt worden waren. Auch für die Flechten, die Kislingbury gesammelt und präpariert hatte, war kein Platz. »All das hätte man kurzfristig an Bord bringen können«, wenn ein Schiff gekommen wäre, würde Greely betrübt sagen.

Brainard und Long gingen als Letzte. Um 14.30 Uhr gab Greely, der auf Dutch Island eine günstige Öffnung des Eises abwartete, den Sergeanten Zeichen zum Übersetzen, was sie auch zügig taten. Abgesehen von einem kleinen Rudel wild bellender Hunde, war Fort Conger verlassen und menschenleer.

Selbst mit einem vollständig loyalen und respektvollen Trupp hätte es Greely schwer gehabt; das wusste er. Die Strecke durch den Robeson Channel zum Smithsund betrug 250 Meilen mit Kurs auf Südwesten bei unberechenbaren Wetter- und Eisverhältnissen. Eine zuverlässige Vorhersage über die Dauer der Fahrt konnte nicht getroffen werden; die Männer hätten zwar in den Caches entlang der Route Proviant für 60 Tage, doch die Versorgung war und blieb ein riskantes Unternehmen. Immer wieder hinge das Leben der 25 Männer, Greelys eigenes Leben eingeschlossen, von der Genauigkeit seines Urteils ab, und um eine Notlage zu meistern, würde es auf die volle Kooperation seiner Mannschaft ankommen. Greely dachte, er habe die Querulanten und Trödler längst erkannt, und er konnte im Stillen vorhersagen, dass manche Männer auf dem Rückzug eine nutzlose Last sein würden – und von weniger Wert als die vielen wissenschaftlichen Geräte und Aufzeichnungen, die er unbedingt mit nach Hause bringen wollte. Doch er konnte nicht voraussehen, mit welcher Verachtung nicht nur Pavy, Kislingbury und einige erbarmungslose Soldaten sein Kommando strafen würden, sondern auch drei beziehungsweise vier der acht Sergeanten und zwei Korporale, auf deren Treue er geschworen hätte.

»Von der Station bis Dutch Island ist alles am Strand entlang gestapelt«, schrieb Cross. »Keiner wusste, was tun oder welches Boot besteigen. Es ist das reine Chaos.« Doch mit Cross' Kommando über die *Lady Greely* trat die Mannschaft um 15 Uhr den geordneten Rückzug an. Im Schlepptau der Dampfbarkasse fuhren das Walfangboot *Narwhal*, die englische Jolle *Valorous*, das Eisboot *Beaumont*, das der Leutnant der Royal Navy in Thank God Harbor zurückgelassen hatte, sowie die *Whitehall*, ein Beiboot der Eskimos mit zusätzlichen Vorräten. Zu diesem Zeitpunkt war Sergeant Cross der wichtigste Mann; er wusste mehr über Dampfmaschinen als jeder andere Expeditionsteilnehmer. Die Dampfbarkasse war robust, sie hatte einen Eichenrahmen und Zedernplankung, sie war 30 Fuß lang und hatte drei Kiele, die als Kufen benutzt werden konnten, wenn ihre zehn Tonnen Gewicht (ohne Ladung) übers Eis gezogen werden müssten; ein Schlitten könnte dieses Gewicht niemals tragen. Die Brücke, Cross' Kommandostand, war mit Segeltuch bespannt. Mit seinem Hang zum Alkohol hatte der Sergeant seinem Kommandanten schon viele Sorgen bereitet, doch er wusste, wie wichtig er für die Mannschaft war, und dieses Selbstvertrauen mischte sich mit Verachtung für seine Vorgesetzten, allen voran Greely, über den er sich seitenweise in seinem persönlichen Tagebuch ausließ.

Bald schon gab es das erste Hindernis. Kurz nach Mitternacht geriet die Barkasse in eine Eisklammer und kenterte fast. Das Wasser schwappte über die Reling, »es war lustig, mit anzusehen, wie sie türmten«, so Cross. Sein zynischer Kommentar bezog sich auf die Eile, mit der die Offiziere verständlicherweise von Bord sprangen, um sicherzustellen, dass die beiden Boote im Schlepptau nicht zermalmt wurden. Das Eis hatte jedoch das Ruder des Walfangboots mitgenommen. Die Mannschaft lagerte nun auf Schollen an der Küste des Archerfjord. »Wir kampierten ohne Zelte und ohne Proviant«, grummelte Cross und gab natürlich den Offizieren, mit Ausnahme von Kislingbury, die Schuld an der misslichen Lage. »Unsere beiden Ranghohen« stellten sich schlimmer an »als zwölfjährige Buben«. »In Uniformstiefeln, Robbenfellhosen, die zwei Inches über den Stiefeln aufhörten, einem dicken weißen Hemd und mit einem Revolver, der halb aus dem Holster hing«, bot Greely einen jämmerlichen Anblick.

Die Offiziere waren Teil des sechsköpfigen Trupps an Bord der *Lady Greely*, die anderen Männer lagen dicht gedrängt in den Booten. Einige Schlafsäcke wurden über die Ruder gehängt, die der Länge nach ausgelegt waren, und boten Schutz, doch die übrigen reichten nur für die Hälfte der Mannschaft, der Rest war am Kap Baird deponiert. Als die erste Eiswache abgelöst wurde, schlüpfte sie dankbar in die Schlafsäcke, die die neue Eiswache nun verlassen musste. Heftige Schneefälle setzten ein. »Der Anfang war nicht gerade viel versprechend«, lautete Brainards Kommentar.

Kaum hatte sich die Mannschaft um 8 Uhr des folgenden Morgens wieder in Bewegung gesetzt, ordnete Greely auch schon wieder einen Halt an. Er schickte Lockwood und Connell auf die Scholle, neben der sie kampiert hatten; sie sollten prüfen, ob der Fjord nun bis zur Mündung eisfrei wäre. Kislingbury fand diese Maßnahme unnötig, »der Zustand der Wasserrinne war deutlich zu sehen«. Cross hörte Greely sagen, dass er die ganze Nacht über nicht im Schlafsack gewesen sei. »Dafür hat er sich aber im Maschinenraum ausgestreckt und meinen Heizer belästigt«, schrieb Cross. Nachdem eine eisfreie Rinne gemeldet worden war, kroch Greely in seinen Schlafsack, »von wo er allen gleichzeitig Befehle erteilte«, notierte Kislingbury. Doch das Wasser war wieder gestiegen, bevor jemand die Achterluke schließen konnte, und Cross stand stundenlang bis zu den Knien im Wasser. Dennoch hatte er nun alleine das Kommando über die Barkasse und war ganz in seinem Element. »Nachdem der Alte schlief und Linn am Steuer war, kamen wir zügig zum Lager nach Kap Baird.«

Dort wurden die deponierten Vorräte an Bord genommen und eine Meldung im Cairn hinterlassen. Greely wollte erst weiterfahren, wenn der Wind abgeflaut wäre, doch Kislingbury war der Meinung, das Eis würde die Wasserstraße wieder versperren, sobald der Wind nachließ. Greely ignorierte diese Bemerkung und fuhr die Männer barsch an. »Er kann sich schrecklich aufregen und verliert die Kontrolle über seine Worte«, schrieb Brainard. »Er zeigt nie die seinem Rang entsprechende Würde.«

Brainard hatte kein Verständnis für das Dilemma des Kommandanten, der sich durch eine Krise lavieren musste, die ihm vollständig fremd war. In der Prärie hatte er erfolgreich das Kommando geführt, und er hatte es bislang auch unter prekären Bedingungen geschafft, in der Arktis die Disziplin aufrechtzuerhalten. Doch beiden Aufträgen war gemeinsam, dass sie stationär ausgeführt wurden. Die Männer waren sich darüber im Klaren, dass er ihnen keinerlei Sicherheit garantieren konnte, und in diesem quälenden Wissen musste er nun einen Trupp mit fünf Booten Hunderte von Meilen durch Wasser und Eis führen. Seine Führungsqualitäten wurden so hart wie nie zuvor auf die Probe gestellt.

Die Mannschaft war mit Rationen für 40 Tage aufgebrochen. Nach Greelys Berechnungen hätten sie in den Caches auf dem Weg noch Vorräte für weitere 20 Tage – mehr als genug, um damit zum Kap Hawks an der Westküste des Kanebeckens zu kommen. Aber könnten sie das Kap erreichen? Alle fünf Boote mussten durch schwere See und durch Eisbrocken manövrieren, die auf den Wellenkämmen ritten. Cross verfluchte im Geheimen seinen wasserreichen Posten und zog den Kommandanten ins Lächerliche: »Er steht im Bug und gibt Anweisungen, wie gesteuert werden soll ... Er fährt im Kreis und verschwendet Kohle. Zwei Stunden lang hat er auf der Suche nach der Carl Ritter Bay im Kreis kreuzen lassen, um 20 Uhr schließlich hat er aufgegeben und sich schlafen gelegt. Die meisten wissen, dass wir die Bucht im Nebel passiert haben.« In ihrem spiralförmigen Kurs waren sie auch tatsächlich an der Carl Ritter Bay vorbeigekommen, aber »Seine Sturheit« hatte auf seiner Order bestanden.

Die Barkasse fuhr mit ihrer kleinen Korona in eine weitere blinde Rinne. Das Eis kam, und Greely befahl: »Hart zurückstoßen!« Cross vermerkte: »Die Vorleine eines Boots geriet in die Schraube der Barkasse, wir wären fast gekentert. Der Kommandant verlor den Kopf und beschimpfte mich wieder.« Kislingbury hatte zwar nichts zu sagen, aber auch er war schockiert von der schlecht verhohlenen Unsicherheit des Kommandanten in kritischen Momenten. Niedrigrangige Mitglieder der Expedition mussten die Initiative ergreifen. Kislingbury hatte eine Route entlang der Küste zur Carl Ritter Bay vorgeschlagen, die er für relativ sicher hielt, doch Greely hatte seinen Rat wie üblich nicht beachtet. »Dass wir einige Meilen gespart haben und nur einer Scholle begegnet sind«, bestätigte Greelys Meinung, dass es nicht nur militärisch korrekt war, die Kommentare seines ehemaligen Stellvertreters geflissentlich zu ignorieren, sondern dass er dies auch zum Wohle aller demonstrieren müsse.

So lagen die Dinge, als die Mannschaft schließlich unweit der Carl Ritter Bay anlegte. Greely ließ die Boote ausladen und gönnte sich zwei Stunden Schlaf im Schlafsack, beim Aufwachen musste er jedoch feststellen, dass die Barkasse, die an einer Scholle festgemacht war, nun im Schlamm steckte, nachdem sie »durch die Ebbe auf den Grund geraten war«, schrieb ein wütender Kommandant. Er ließ das Frühstück ausfallen und wies die Männer an, die *Lady Greely* freizuschaufeln. Die Männer schufteten wie wild, nach einer halben

Stunde war die Barkasse frei und konnte wieder beladen werden. Da wankte Cross eindeutig betrunken unter der Segeltuchplane hervor. Während die anderen schliefen, hatte er Spiritus getrunken. Greely war außer sich, er gab ihm die Schuld am Auflaufen, einem Vorfall, der die Mannschaft noch mehr lebenswichtige Zeit gekostet hätte, wenn das Boot nicht freigekommen wäre. »Bei Ebbe hätten wir neun Stunden festgesessen«, meinte er.

Cross sah die Dinge anders. »Wir bekamen die Barkasse leicht frei, nachdem ich das überschüssige Wasser aus den Kesseln gelassen und sie geleichtert hatte. Unser illustrer Kommandant hat das Geräusch gehört und ist aufgewacht.« Unter dem Kommando des Sergeanten zogen die Männer die Barkasse höher hinauf, bis jemand zu Greely sagte, dass unter dem Bug ausreichend Wasser sei. »Der Kommandant gab zur Antwort: ›Das ist mir egal.‹ Er ließ die Männer eine halbe Stunde schuften, dabei geriet das Heck auf Grund, dann rief er nach mir, doch ich wurde im Maschinenraum gebraucht. Ich hörte ihn toben …«

Und Greely tobte wahrlich. Er schrie Cross an, er solle den Bug bemannen, damit das Boot gerade stehe. Cross reagierte erst nach zwei Minuten, und Greely verlor die Beherrschung. »In vulgärer Sprache befahl ich ihm herauszukommen und drohte, ihn zu erschießen, wenn er sich widersetze«, gab Greely in seinem Tagebuch nüchtern zu. Doch aus den Tagebüchern der Männer ergibt sich ein erschreckenderes Bild. Joseph Elison hörte den Kommandanten brüllen: »Gott verdamme dich! Komm raus, damit ich dich sehen kann, wenn ich dich sehen will!« Cross hatte widersprochen, bis Greely schrie: »Halt dein Maul, oder ich jage dir eine Kugel in den Bauch!« – »Tut, was Euch beliebt!«, soll Cross zurückgegeben haben.

Greely zitterte vor Wut, doch er konnte nichts tun. Er

hatte bis auf den Brennspiritus allen Alkohol auf ein anderes Boot umladen lassen. Er schreibt: »Was soll man mit so einem Mann machen, der auf diese Weise die Sicherheit der Arktismannschaft aufs Spiel setzt?« Cross' Alkoholismus war Grund genug für schwere disziplinarische Maßnahmen. Greely hätte das Recht gehabt, ihn zum Gefreiten zu degradieren, wie er es bei Linn für ein sehr viel geringeres Vergehen getan hatte, doch er musste Cross' Fehlverhalten ignorieren, weil er ihn im Maschinenraum der Barkasse brauchte. Er konnte gegenwärtig also lediglich Drohungen und scharfe Verweise aussprechen, um seinen widerspenstigen Sergeanten unter Kontrolle zu halten. »Ich kann ihn nur erschießen, was ich allerdings nur tue, wenn er sich im Notfall eindeutigen Befehlen widersetzt.«

In der Carl Ritter Bay übernahmen sie drei Fässer Vorräte – Zwieback und Pemmikan –, die sie vor zwei Jahren auf dem Weg nach Norden deponiert hatten. Mit Proviant für 50 Tage und 5 000 Pfund Kohle stach die Flottille wieder in See und machte sechs Stunden gute Fahrt. Gegen Mittag kamen sie an der Südküste der Carl Ritter Bay vor schweres Eis und gingen schnell auf die Scholle. Alle außer Greely und der Wache schliefen. »Um 14 Uhr schloss das Eis uns ein. Ich postierte Whisler auf dem Hügel mit dem Befehl, unverzüglich zu melden, wenn sich das Packeis lockerte.« Whisler meldete schließlich eine Rinne, aber sogleich trieb weiteres Eis heran. Greely gab Kommando zur Weiterfahrt, und die Boote kämpften sich zwischen Eisschollen hindurch aus der Bucht. »Während dieser Fahrt machte sich Cross wiederholt meuterischer und unverschämter Reden schuldig … Er schien absichtlich mit der Maschine schlecht umzugehen; aber da seine Dienste unentbehrlich waren, begnügte ich mich damit, ihn zwei Mal streng zu tadeln.«

Am Nachmittag blockierte ein massiver Eisberg den Kennedy Channel. Als er brach, bildete sich eine schmale Rinne von etwa dreieinhalb Metern Breite und hundert Metern Länge. Die mattweißen Eiswände ragten 15 Meter in die Höhe, dazwischen war nur ein schmaler Streifen des Himmels zu sehen. Die Männer saßen ängstlich in den angeseilten Booten, und es kam ihnen vor, als würden sie langsam durch einen eiskalten grünblauen Tunnel gleiten. Dann fuhren sie wieder in die offene, aber bewegte See ein. Doch nach einer Fahrt von etwa drei Stunden gerieten sie abermals ins Eis, die Männer wurden unruhig. »Die Boote wurden allmählich ganz von den zusammentreibenden Eisschollen eingeschlossen«, schrieb Brainard. Sie schafften im Schnitt nur zwei Meilen pro Tag und verbrauchten »unnötig« Kohle, so die Meinung von Sergeant Gardiner. »Wir sind in einer schlimmeren Lage als zuvor.«

Tags darauf befanden sie sich längs des Eisfußes und hatten ein ängstliches Auge auf die Verhältnisse im Kennedy Channel. Kislingbury ging zwei Mal an Land – »ich versuchte zu helfen, wo ich nur konnte« –, er erklomm einen Hügel, um das Eis zu beobachten, und wartete auf die Ebbe, damit er wieder über die gesprungenen Schollen zu seinen Kameraden gehen konnte. Jedes Mal meldete er unveränderte Bedingungen: Nirgendwo in der weiten hellgrauen Fläche gab es eine befahrbare Rinne. Und jedes Mal wurde seine Meldung, die er dem Kommandanten persönlich erstattete, höchstens mit einem spärlichen Kopfnicken quittiert. Mehr hatte Kislingbury auch nicht erwartet, er hatte sich mittlerweile dazu durchgerungen, einen schwachen Trost aus seiner sonderbaren Position als Offizier ohne Befugnisse zu ziehen, der zwar bei der Expedition dabei war, aber nicht an ihr teilnahm. Diese Isolation und die Befreiung von jeglicher Verantwortung befähigten ihn, die Dinge aus einer eigenen Perspektive und vielleicht auch genauer zu betrachten. Er hätte für Greely eine Quelle zuverlässigen Rates sein und vielleicht sogar wieder seinen Rang als stellvertretender Kommandant einnehmen können; doch Greely erbat sich keinen Rat von Kislingbury und wies alle seine Vorschläge zurück.

Diese Ironie blieb Kislingbury nicht verborgen. Hin und wieder klingt ein heiter-resignierter Ton durch seine Tagebucheintragungen. Doch in der eiskalten Nacht konnte er nur unter Seelenqualen über eine sichere Rückkehr in die Zivilisation nachdenken und sich die Verwunderung auf den Gesichtern seiner vier geliebten, mutterlosen Söhne ausmalen, wenn er ihnen erzählte, warum er schon von der Expedition ausgeschlossen worden war, bevor sie noch richtig begonnen hatte. Es sagte auch etwas über seine unerschütterliche Liebenswürdigkeit aus, dass er zwar die warme Koje des Kommandanten beschreibt – »neben dem Kessel, bequem und unter einer Plane«, ganz anders als die jämmerliche Lage der Männer in den offenen Booten, die in ihren mit Eisgrütze verkrusteten Schlafsäcken frieren mussten –, aber dennoch hinzufügt: »Doch wozu klagen? Trotzdem sind wir alle fröhlich und guter Dinge.« Der Leutnant hegte vor allem Bewunderung für Sergeant Rice, der von seinem Ausguck im Heck der *Valorous* bei Wind und Wetter nach günstigen Rinnen im Eis Ausschau halten musste. Kislingbury hatte ihm seine warmen Schuhe und Unterhosen geliehen. »Lieber würde ich freiwillig nackt in den Schlafsack kriechen, als zuzulassen, dass er friert, denn er ist ohne Zweifel der unentbehrlichste Mann des Trupps.«

Die meisten Männer schliefen an Bord, doch wer konnte, ging an Land. Sie dösten auf dem harten Eis, wie Lockwood, der sich auf einem kleinen Eisberg sein Lager gerichtet hatte:

»Ich legte meinen Schlafsack auf ein Lammfell und schlief bequem.« Dennoch sagte er voraus: »Dieses junge Eis wird noch ein ernst zu nehmendes Hindernis sein.« In der Nacht des 14. August stellte Greely fest, dass das Eis immer dicker wurde. »Sehr unbehaglich. Schlief nur wenig.« Am nächsten Morgen bewegte sich das Eis schnell vor einem starken Nordwind nach Süden. Einladende Rinnen öffneten sich, schlossen sich aber zügig wieder. Cross, der üblicherweise auf der Barkasse blieb, steckte den Kopf unter der Plane seines Maschinenraum-Koje-Abteils hervor und sah den Kommandanten auf einem eisgesäumten Stückchen Strand liegen. Der Schlafsack bewegte sich, »als würde er explodieren«. Greely beugte die Glieder, wie Cross sehr wohl wusste, um den Kreislauf in Schwung zu halten, doch der Sergeant hatte so wenig Respekt vor seinem Kommandanten, dass er dies ausgesprochen erheiternd fand.

Nicht nur die körperliche Anstrengung, seine Füße warm zu halten, sondern auch die Besorgnis war schuld an Greelys Schlaflosigkeit. Er stand unter zunehmendem Druck, von der eisumschlossenen Küste zum offenen Wasser durchzubrechen. Der Wind trieb das Eis immer noch nach Süden, und immer noch waren keine günstigen Rinnen in Sicht. Doch lieber noch als ein Einfrieren der Barkasse nahe der Küste nahm Greely das Wagnis in Kauf, in die Mitte der Wasserstraße zu gelangen. Wenn er die Barkasse zu einem der etwa eine Meile vor der Küste auf Grund gelaufenen Eisberge warpen könnte und wenn die Boote folgen und über die Schollen verholt werden könnten, dann wären sie in einer besseren Position; natürlich müssten sie für die Weiterfahrt auf günstige Bedingungen warten. Diese Überlegungen des Kommandanten wollte im Grunde keiner gutheißen. Doch Lockwood, der sich nur selten mit eigenen Vorschlägen zu Wort meldete, hatte wie üblich auch keine bessere Idee, und Kislingbury wurde nicht gefragt. Er schrieb in sein Tagebuch: »Zum Teufel mit diesem Mann! Kann er denn nicht in Ruhe abwarten, bis sich das Eis bewegt? Er hat keine Ahnung von der Gefahr, die ihm droht, wenn er ins Eis läuft, und das scheint er tatsächlich zu wollen.« Wenn Greely der Eisklammer entfliehen wollte – warum wollte er dann einen geschützten Eisfuß zu Gunsten eines Eisbergs oder einer großen Scholle aufgeben, die das junge Eis ständig zusammenbuk? Doch Kislingbury konnte nichts sagen, er hatte ja »keinen speziellen Posten oder Auftrag«. Der ehemalige stellvertretende Kommandant hatte nicht einmal das Kommando über ein Boot bekommen.

Greely war ausgesprochen zäh und energisch, doch diese Eigenschaften mischten sich mit einem Jähzorn, der von seiner Unentschlossenheit herrührte, und diese Mischung war im Ganzen gesehen verhängnisvoll. Angesichts der Zweifel seiner Unteroffiziere – von der Verdrossenheit der Gefreiten hinsichtlich seiner Absichten gar nicht zu reden – versteifte er sich noch mehr. »Um 9 Uhr brachen wir auf«, schrieb Lockwood, »alle Mann mussten anpacken und die Barkasse mit viel Mühe aus dem Eis hieven.« Dabei fluchte Cross an der Maschine auf unverschämte Weise, und Greely musste ihn zwei Mal rügen. »Sobald wir Dampf brauchten, ging alles schief«, klagte Greely. »Meine Befehle ›Kraft voraus‹ wurden wiederholt ignoriert.« Der Grund dafür zeigte sich bald. Brainard ging in den Maschinenraum und meldete, dass Cross wieder betrunken war.

Greely resignierte. »Es war völlig unmöglich, die Spiritusvorräte dauernd zu bewachen.« Doch dieses Mal musste er etwas unternehmen. Er brüllte, Cross solle die Barkasse verlassen und an Bord des Walfangboots unter Rices Kommando gehen. Private Julius Frederick, Cross' Heizer, bekam das

Kommando über die Barkasse. Nach gewaltigen Anstrengungen lag die Barkasse am Nachmittag 300 Meter vor der Küste im Windschatten eines auf Grund gelaufenen Eisbergs und wurde mit Eisankern festgemacht. Doch wie sicher war dieser Zustand? Das junge Eis buk ständig zusammen, während Lockwood mit seinem Trupp die Boote herüberbrachte. Drei Mal mussten die Boote entladen und wieder beladen werden, die Ladung wanderte von Scholle zu Scholle. Bevor der ermüdende Auftrag ausgeführt war, hatten die Schollen die Barkasse bereits umschlossen. »Mit drei Booten sind wir nun von der Barkasse abgeschnitten«, schrieb Kislingbury, der Lockwood begleitet hatte. Und während Greely sinnlos niederschrieb: »Wir sind nun an einer Stelle, wo ich leicht herauskommen kann, sofern sich die Eisverhältnisse ändern«, vermerkte Kislingbury: »Es war die verrückteste Entscheidung überhaupt«, den Eisfuß zu verlassen.

Kislingbury fühlte sich so isoliert wie nie zuvor. Lockwood hatte nach dessen Suspendierung den Posten als stellvertretender Kommandant bekommen und war somit Greelys Vertrauter und nicht ein gleichrangiger Offizier, mit dem Kislingbury seine Pläne und Sorgen teilen konnte. Auch konnte er nicht mehr zwanglos mit den Männern verkehren. Nach Greelys strengem Verweis in Fort Conger, wo er dem Leutnant den Zutritt zum Mannschaftsquartier ausdrücklich verboten hatte, vermied Kislingbury alles, was auch nur entfernt nach einer unbesonnenen Verbrüderung mit den niedrigen Rängen aussah. Kislingbury betrachtete sich selbst nicht als Untergebenen bei der Expedition, hatte aber einige mitfühlende Freunde bei den Männern, was man von Greely kaum behaupten konnte.

Greely redete sich ein, dass er schon längst am Kap Lawrence sein könnte, hätte er die *Lady Greely* früher verlassen und Boote sowie Vorräte auf dem Treibeis gelagert, das sie nach Süden gebracht hätte. Nun fand er diese Vorstellung immer verlockender. Als er den Männern den entsprechenden Vorschlag machte, reagierten diese mit heftigem Entsetzen. Nicht, dass sie überrascht waren – sie hatten schon länger geahnt, was Greely vorhatte. Private Bender hielt es für »glatten Selbstmord, auf die Schollen umzusteigen«. Brainard schrieb, dass Greely die Männer seit dem Aufbruch von Fort Conger »in einem steten Zustand großer Angst gehalten hätte, weil er schon immer den Wunsch hegte, die Barkasse zu verlassen und mit den Booten auf dem Eis nach Süden in Richtung Littleton Island zu driften«.

Greelys Erster Sergeant fand, es käme dem »Wahnsinn« gleich. Alle außer Greely kannten die Gefahren einer solchen Vorgehensweise. Brainard fand, es sei besser, »hier eine Cache anzulegen und geschlossen den Rückzug nach Fort Conger anzutreten, anstatt diesen Irrsinn weiter zu verfolgen«. Auf der Station würden ihnen bis zum Wintereinbruch noch 30 Tage bleiben, um ausreichend zu jagen und Kohle zu schürfen. »Im nächsten Frühjahr könnten wir mit Schlitten unserer ausgezeichneten Rückzugslinie nach Littleton Island folgen, die Vorratslager wären uns von Nutzen.« Und wenn es das Versorgungsschiff nicht durch das Eis der Melville Bay zur Insel geschafft hätte? »Was würden wir zitternden Wracks dann tun, wenn wir zu Winterbeginn dort ankämen und keinen Proviant hätten?« Und Brainard wiederholte in seinem Notizbuch noch einmal, dass es »Wahnsinn« sei, aufs Geratewohl nach Süden zu driften und zu hoffen, nach Littleton Island zu kommen. »Wenn je meine Meinung gefragt ist, werde ich sagen, was ich denke.«

In der Nacht des 15. August schlief Greely unruhig auf der Barkasse. Wie gewohnt kämpfte Lockwood im Schlafsack auf einer Eisscholle gegen seine Schlaflosigkeit. Pavy, Brainard und Rice kauerten einige Meter entfernt im Walfangboot. Bei dieser Gelegenheit unterbreitete Pavy den Männern einen schwer wiegenden Vorschlag. Sollte der Kommandant den Versuch machen, die Barkasse aufzugeben und auf Schollen nach Süden zu driften, würde er ihn für unzurechnungsfähig und somit für untauglich erklären, weiter das Kommando zu führen. Es sei gar nicht schwierig, meinte Pavy mit Nachdruck, »die häufigen Wutausbrüche ließen auf eine Geisteskrankheit schließen«, und der Arzt erklärte sich in der Lage, die Rechtmäßigkeit einer solchen Handlung vor jedem Untersuchungsausschuss zu beweisen. Kislingbury würde Greelys Posten einnehmen und die Expedition nach Fort Conger zurückführen. Im nächsten Frühjahr würden sie entlang der Küste von Ellesmere Island den Rückzug antreten und das Versorgungsschiff auf Littleton Island treffen; wenn das Eis eine Querung des Smithsund verhinderte, würden sie am Kap Sabine warten. Sollte sich Lockwood weigern, Kislingburys Befehlsgewalt anzuerkennen, oder sich auf andere Weise diesem Vorschlag widersetzen, würde er unter Arrest gestellt werden. Rice unterstützte den Plan und drängte Brainard, seine Zustimmung zu geben. »Die Männer standen alle hinter mir, es war die einzige Möglichkeit, die Mannschaft zu retten«, schrieb Brainard. Sollte Greely also seinen leichtsinnigen Plan in die Tat umsetzen, würden sie wie vereinbart vorgehen.

Der scharfe Ton in Brainards Tagebuch lässt auf Zustimmung schließen, dennoch geben seine Notizen seine eigene Meinung zu Pavys Vorschlag nicht wieder. Als dienstgradältester Unteroffizier hätte er die Pflicht gehabt, dem Kommandanten das Gespräch zu melden, »doch ich kannte seine Widerborstigkeit und fürchtete, er könnte den Plan sofort ausführen, den wir alle zu verhindern suchten«.

Lockwood erfuhr nichts von der vereinbarten Meuterei. Wie aus seinen Worten hervorging, die ohnehin rar und wie immer neutral waren, hatte er keine Ahnung. Die drei Boote – *Valorous*, *Narwhal* und *Beaumont* – lagen nun zusammen in einer hafenähnlichen Einbuchtung zwischen drei Eisbergen. Greely war auf der Barkasse, Lockwood auf der Scholle, fünf Mann waren im Walfangboot, je sechs in den anderen Booten. Kislingbury schrieb: »Die Schlafsäcke liegen auf dem Hauptdeck und auf den Nebendecks, und wir kommen zurecht.« Allerdings steckte die Expedition fest. Brainard wollte freiwillig über das Eis und über Land zum Kap Lawrence marschieren, um die Eisverhältnisse zu prüfen, aber Greely war dagegen, die Mannschaft zu trennen. Doch solange kein Wind aufkam, saßen sie im Eis fest. »Ach, was würde ich für einen guten Sturm aus Südwesten geben!«, so Lockwood. Und Sergeant Gardiner sorgte sich wegen Greelys mangelnden Weitblicks: »Den Pemmikan, unser wertvollstes Lebensmittel, gibt er als Erstes aus … Wir haben insgesamt nur Rationen für 38 Tage.«

Fünf Tage lang steckten sie fest. Nach einem Frühstück aus Corned Beef und Bohnen sichtete Greely am 18. August im Schneesturm eine Rinne im Eis, die für seine Flottille breit genug war. Kislingbury glaubte, dass nichts getan werden konnte, bis günstiger Wind aufkam. »Jedermann versteht das, nur nicht der Kommandant.« Greely befahl, den Versuch trotzdem zu unternehmen. Nach zwei Stunden Schwerstarbeit hatten sie die Boote durch die Schollen manövriert, doch nun waren sie weiter im Norden als zuvor, eine Axt war verloren gegangen, die Männer waren mutlos. 100 Meilen trennten sie nun von Fort Conger, gezwungenermaßen waren sie aber einer beschwerlichen Route von doppelter Länge gefolgt und waren noch etwa 100 Meilen von Littleton Island oder Kap

Sabine entfernt. Greely spürte, dass die Männer verzweifelt waren. »Sergeant Rice, der über ein ausgezeichnetes Urteilsvermögen verfügt, sagte mir auf meine Frage hin, er halte die Route nicht für gangbar. Aber beim Essen beschloss ich, binnen zwölf Stunden das Eis zu durchbrechen, mit oder ohne Barkasse.«

Er schickte Brainard und Linn über das Eis auf die Suche nach einer Rinne. Sie kamen zurück, konnten aber keine eisfreie Rinne melden. Doch Greely befahl unbeirrt den Weitermarsch. Eine Stunde später waren die drei Boote wieder bei der Barkasse, doch es brauchte weitere anderthalb Stunden, um die Barkasse ins offene Wasser zu warpen. Die *Lady Greely* startete erst gegen Mitternacht mit dem kleineren Boot im Schlepptau. »Wir sind auf den offenen Booten«, schrieb Cross, »unsere Kleider sind voller Schnee, die Schlafsäcke sind nass, doch der Kommandant haust neben dem Kessel der Barkasse und röstet seinen Bart.«

Greely fiel versehentlich über Bord. Kislingbury und Lockwood zogen ihn aus dem eisigen Wasser. »Hoffentlich kühlt ihn das für ein paar Tage ab«, schrieb Cross. »Whisler meint, er hätte besser ertrinken sollen. So, wie die Dinge stehen, enden wir wie Franklin, wenn der Kommandant sich durchsetzen kann.« Der suspendierte Maschinist fand, Pavy und Kislingbury seien die wertvollsten Männer, wenn es darum ging, »die Mannschaft aus dem Dreck zu ziehen, in den uns dieser ignorante Kommandant gefahren hat«.

Greely ahnte nicht, wie einsam und unbeliebt er geworden war. Cross' höhnische Bemerkungen hätten ihn vielleicht nicht überrascht, auch nicht Kislingburys: »Zur Hölle mit dem Mann! Warum kann er nicht vernünftig sein und das Richtige tun?« Auch über Joseph Elison, der ihn als einen »Hochstapler oder Betrüger« bezeichnete, »einen Irren, der uns von einer Misere in die nächste führt«, hätte Greely vielleicht nur die Achseln gezuckt. Und sein Schreiber, Private Schneider, nannte ihn einen »jämmerlichen Idioten«. Greely hätte voraussehen können, dass der Respekt vor seiner Person als Befehlshaber, der ohnehin nie besonders groß war, mit jeder eisigen und beschwerlichen Meile des Rückzugs schwinden würde. Doch nie hätte er vermutet (und er würde es auch nie erfahren), was der einzige Unteroffizier, von dem er glaubte, er könne ihm trauen und sich auf ihn verlassen, ja den er fast bewunderte, was dieser Mann zu diesem Zeitpunkt von ihm hielt. In der zweiten Augusthälfte schrieb Brainard: »Was Ignoranz, Dummheit und uneingeschränkter Egoismus an Schaden anrichten konnten, ist auch angerichtet worden. Warum wollte die Regierung der Vereinigten Staaten unbedingt einem Idioten das Kommando über eine Arktisexpedition übertragen?«

Garlington und Wildes

Am 3. August, eine Woche vor Greelys Aufbruch in Fort Conger, hatte die *Yantic* Littleton Island verlassen und war in Pandora Harbor an der Ostküste des Smithsund eingelaufen.
Dort fand Wildes Garlingtons und Pikes Meldungen, die
besagten, dass sie mit Kurs auf die Cary Islands und Kap York
so nahe der Küste als möglich führen; an einem der beiden
Orte hoffte Garlington auf die *Yantic* oder den schwedischen
Dampfer *Sofia* zu treffen. Wildes war froh über diese Meldungen, bestätigten sie doch die Richtigkeit seiner Entscheidung, zu Gunsten der Schiffbrüchigen auf ein Zusammentreffen mit Greely zu verzichten. Andererseits wurde sich
Wildes klar, dass er die Boote auf dem Weg nach Norden passiert haben musste, und nahm daher Kurs auf Süden.

Was danach geschah, kann als eine Aneinanderreihung von
falschen Entscheidungen zur falschen Zeit gewertet werden
und wurde in unterschiedlichen Begrifflichkeiten geschildert:
tragische Missverständnisse, Katz-und-Maus-Jagd, Fangespiel
in eisigen Gewässern, eine Übung in gegenseitigem Konter-
karieren. Würde man die Spuren aller beteiligten Schiffe und
Boote, einschließlich der *Neptune* und der gesunkenen *Pro-*

teus, auf einer Karte des Gebiets zwischen Ellesmere Island und Grönland nachzeichnen, erhielte man das geometrische Muster eines Albtraums.

Von Pandora Harbor fuhr die *Yantic* nahe der Küste nach Süden, ein Mann im Krähennest hielt ständig Ausschau nach Cairns, Booten und Menschen. Am Abend des 4. August lag das Schiff sieben Meilen von Kap Parry entfernt an der Küste von Northumberland Island. Die Männer der *Yantic* fanden Bootsspuren, leere Dosen, Kleiderfetzen – die Überreste des Lagers, das Garlington kaum 48 Stunden zuvor belegt hatte.

Zu diesem Zeitpunkt machten die Bootstrupps kurzen Halt auf Saunders Island – kaum 20 Meilen südlich des Liegeplatzes der *Yantic*, die die Männer innerhalb von vier Stunden hätte erreichen können. Doch das Eis war massiver geworden, und die *Yantic* blieb drei Tage vor Anker. Wildes hatte beschlossen, »die ablandige Bewegung des Eises oder eine Lockerung des Packeises abzuwarten«. Vielleicht hatte die Bootsflottille auf den Cary Islands Stopp gemacht und eine Meldung abgesetzt, vielleicht war sie ja gerade jetzt an der vereinbarten »Poststelle«. Das waren Wildes' Überlegungen, während er die *Yantic* in den Ausläufern eines Sturms zu den Cary Islands steuerte und zum zweiten Mal binnen einer Woche dort anlegte. Kaum war das Schiff vor Anker, feuerte er eine Salve ab. Er bekam keine Antwort, auch fand er an Land keine neue Nachricht. Wildes war verdutzt; er befahl Kurs auf Kap York und fuhr mit Volldampf zum letzten Treffpunkt, den er mit Garlington in St. John's vereinbart hatte. Auf dem Weg passierte er Saunders Island – wäre er dort angelandet, hätte er Garlingtons Meldung gefunden, die dieser nur wenige Tage zuvor abgesetzt hatte.

Garlington und Pike waren 14 Meilen nördlich von Kap York an der grönländischen Küste vom Eis eingeschlossen.

Am 9. August bliesen starke Winde die Schollen weg, und die Boote wurden sofort zu Wasser gelassen. Colwells Trupp wurde durch einen Maschinisten und zwei Heizer aus Pikes Crew verstärkt. Die Männer waren erschöpft nach tagelangem, endlos scheinendem Rudern zwischen Eisschollen und dem anstrengenden Verholen der Boote über das Eis, bis die Taue die eiskalten Finger aufrissen. Außerdem hatten die Amerikaner mit der schwelenden Gewaltbereitschaft der Neufundländer zu kämpfen. Auf dem Weg nach Süden hatte ein Sergeant zu Colwell gesagt, dass einige von Pikes Männern vorhätten, die Walfangboote der Versorgungsexpedition zu stehlen, die besser waren als die Boote der *Proteus*. Viele Männer waren gefährlich missgestimmt. So reagierte auch keiner außer Pikes Sohn und den Heizern, als Pike ihnen befahl, die Boote an Land zu ziehen.

Am Morgen des 10. August erreichten sie Kap York, wo ihnen Etah-Eskimos versicherten, sie hätten kein Schiff gesehen und von der *Sofia* wüssten sie nichts. Daraus zog Garlington einen falschen Schluss. Er war sich nie sicher gewesen, ob die *Yantic* eine Querung der Melville Bay riskieren würde. »Wenn die *Sofia* es nicht durch das Eis der Melville Bay geschafft hat, dann ist es der *Yantic* ganz sicher ebenfalls nicht gelungen.« Doch es war der *Yantic* gelungen, sie war nach Littleton Island gefahren und hatte im Kielwasser von Pike und Garlington kehrtgemacht. Nun war sie auf dem Weg nach Kap York, wo die schiffbrüchigen Soldaten und Seeleute die Boote an Land zogen. Ein Zusammentreffen am letzten Punkt schien nun unvermeidlich.

Doch dann änderte Wildes, nicht zum ersten Mal, seine Meinung. Auf dem Weg nach Norden hatte er acht Tage zuvor das Kap passiert, ohne anzuhalten, nun würde er es wieder tun. Auf der *Yantic* wurde der Brennstoff knapp, und aus

Süden war ein Sturm aufgezogen. Dass das überladene Schiff damals sicher die Melville Bay gequert hatte, war in Wildes' Augen keine Garantie, dass es auf dem umgekehrten Weg genauso sein würde. Ein Leutnant zur See, einer von drei Naturkundlern, die sich freiwillig gemeldet hatten, vermerkte, Wildes habe das Gefühl gehabt, seine Verantwortung sei mittlerweile größer geworden als angebracht. Er hatte die Bootstrupps nicht gefunden; er hoffte, sie wären in Sicherheit, doch sein Ziel war nun, auf schnellstem Weg nach Süden zu fahren und Hilfe zu holen. Der Leutnant zur See berichtete: »Erwartungsgemäß würde die Nordatlantikflotte eine Versorgungsexpedition organisieren, sobald sie sich telegrafisch mit dem Marineministerium in Verbindung gesetzt hätte.« Eine neue Mannschaft würde Robbenfänger in St. John's chartern und könnte bis Pandora Harbor fahren, bevor sie auf schweres Eis träfe. »Praktisch jeder Stabsangehörige erwartete, dass die Marine sich beeilen und noch vor Wintereinbruch etwas unternehmen würde.«

In diesem Licht war Wildes' Entscheidung, Kap York zu umfahren und nach Süden zu eilen, verständlich. Der Kommandant würde erklären: Wegen des knapp werdenden Brennstoffs, wegen des Eises, das sich auf allen Seiten formierte, »und weil das Land unerreichbar war, wäre ein Verbleiben da oben eindeutig unvernünftig gewesen. So nahm ich Kurs auf Upernavik.«

Wäre die Sicht nicht so schlecht gewesen, hätten die Männer am Kap York das Schiff hinter dem Küsteneis vielleicht gesehen und fröhlich gewinkt. Doch an jenem Nachmittag saß Colwell »auf einem Hügel im Schneesturm, sah auf das Eis, das meilenweit massiv war, und dachte, wie schön es doch trotzdem war, Geburtstag zu haben«. Es regnete und schneite weitere fünf Tage. Garlington vermutete, dass die

Yantic nur bis Upernavik gekommen war, dass sie vielleicht kehrtgemacht hatte und nach Godhavn und schließlich nach Hause gefahren war. Er musste sie jedoch unbedingt erreichen, die Frage war nur, wie er es am besten anstellen sollte. Er beriet sich mit Colwell, und sie schmiedeten einen gewagten Plan: Colwells Boot sollte so weit wie möglich geleichtert werden, dann würde er versuchen, die Melville Bay auf direktem Weg zu queren, und schließlich entlang der grönländischen Küste nach Disko fahren. In der Zwischenzeit würden Garlington und Pike mit dem Großteil der Ladung langsam Richtung Upernavik fahren, und falls die *Yantic* dort nicht mehr läge, würden sie warten – auf ein Schiff oder auf Nachricht von Colwell. Colwell wäre mit seinem Trupp schon längst in Godhavn, wo er in den Eskimodörfern Winterquartier bezöge, wenn kein Schiff käme, und Garlington und Pike würden, wenn nötig, in Upernavik überwintern.

»Überwintert dort, wo es am besten ist«, hatte Garlington dem Marineleutnant gesagt, »nutzt die erste Gelegenheit, mit mir Kontakt aufzunehmen.« Der Plan war äußerst riskant für Colwell und seinen Trupp, »ein bunt gemischtes Völkchen aus drei Soldaten, zwei Zivilisten, einem Eskimo, der kein Englisch sprach, und mir selbst«. Durch das schlechte Wetter am Kap York verzögerte sich der Aufbruch beider Mannschaften bis zum 16. August. Garlington hinterließ eine Nachricht über Colwells beabsichtigten Vorstoß durch die Melville Bay nach Upernavik, »wo sich die *Yantic* mutmaßlich aufhält, nachdem das Eis ihre Fahrt nach Norden vereitelt hat«. Er schilderte auch seine und Pikes Absichten: »Mit Gottes Hilfe erreichen wir rechtzeitig den sicheren Hafen.« Die Meldung nahm keinen Bezug auf die Greely-Mannschaft, es gab nichts, was ein anlaufendes Schiff über den geplanten Vorstoß der Männer nach Süden informiert hätte. Kein

Wort der Orientierung – zumindest nicht von Lieutenant Garlington.

Der nahende Winter belastete ihn schwer. Greelys Ziel – Kap Sabine oder Littleton Island – lag mehr als 200 Meilen nördlich von Kap York. Die Aussicht, noch in diesem Sommer Kontakt mit der Mannschaft aufzunehmen, schwand nach Meinung des Offiziers nun zur Hoffnungslosigkeit, doch nicht alle teilten seine Einschätzung der Zeit, die ihm noch bis zum Winter verblieb. Viele stimmten mit Hazen überein, der die Meldung, die Garlington in jenem August in Kap York abgesetzt hatte, später harsch als eine »erklärte Beendigung der Versorgungsexpedition« bezeichnete, »und zwar mindestens 60 Tage, bevor die schiffbare Zeit zu Ende war, und ohne die leiseste Andeutung weiterer Anstrengungen, Lieutenant Greely zu retten«.

Garlington konnte sich nicht jeden Aspekt seiner Misere ausmalen, und John Colwell hatte gar keine Zeit für so eine Geistesübung, sonst hätte er sich wohl eines Besseren besonnen, als so einem verrückten Plan zuzustimmen. Doch nun war er unterwegs, und sosehr er sich auch mühte, an der gebrochenen Kante des Packeises in der Melville Bay entlangzusteuern, immer wieder trieben ihn orkanartige Winde vom Kurs ab. Drei seiner Männer wurden seekrank, und die Sprachbarriere schränkte den Einsatz des Eskimos erheblich ein, so dass Colwell die meiste Zeit mit nur zwei anderen Männern am Steuer war.

Am zweiten Morgen flauten die Winde ab. Colwell übergab das Ruder, kochte eine Kanne Tee und wärmte Dosenfleisch auf dem Spirituskocher. Nach dem Frühstück drehte der Wind nach Süden. Colwell setzte das Großsegel und steckte das Reff aus. Wieder kam Sturm auf, und das Boot raste vor den tosenden Winden über das Wasser, bis der Leutnant das Großsegel unter enormer Anstrengung einholen ließ, um Schutz unter den driftenden Eisbergen zu suchen und dort festzumachen. Doch sie fanden nur kläglichen Schutz. Die Eisberge prallten immer wieder aneinander, brachen mit Getöse entzwei und ließen einen Eishagel auf die ohnehin schon durchnässten Männer herunterprasseln. Da das Boot an einem Eisberg ankerte, mussten die Ruderer im Bug immer mit der Axt in der Hand bereitstehen, um die Vorleine zu kappen, falls der Eisberg auseinander fallen sollte.

Wildes hatte mittlerweile Upernavik angelaufen; dass zwei Bootsmannschaften auf dem Weg nach Süden waren, wusste er nicht – die eine durchfuhr tapfer auf kürzestem Weg die Melville Bay, die andere kroch an der Küste entlang. Doch nun hatte Wildes keine Eile mehr. Er bunkerte Kohle und wollte bleiben, »so lange es vernünftig schien«, bevor er sich auf den Weg zu den Kohleminen auf Disko machte. Vom dänischen Gouverneur hatte er erfahren, dass die *Sofia* zwei Wochen zuvor den Hafen angelaufen hatte. Wildes hatte während seines Aufenthalts wenig zu tun. An manchen Tagen schickte er seine Männer zu Schießübungen an Land. Am 17. August lud er sie zu einem Champagner-Dinner ein. Doch die Eisberge, die in den Hafen trieben, waren eine stete Belästigung; immer wieder mussten die Männer das Eis fortschaffen.

Wildes charterte ein Walfangboot und schickte es mit einer Eskimocrew und zwei Wochenrationen für 37 Männer zu der Eskimosiedlung Tasiusaq, 50 Meilen nördlich von Upernavik, wo sie nach den Schiffbrüchigen der *Proteus* Ausschau halten sollten. Wildes bereitete sich währenddessen auf die Abfahrt vor: Am 22. August sollte die *Yantic* auslaufen. Seit seiner Ankunft waren zehn Tage vergangen, und er würde später seine Überlegungen eloquent formulieren: »Der kurze Sommer in diesen hohen Breiten ging zu Ende, das Wetter änderte sich, das Land wurde braun und welk, die Vögel waren mit ihren Jungen nach Süden aufgebrochen, jede Nacht kamen Eis und Frost, die Herbststürme wurden nun jeden Tag erwartet, und ich wusste, dass der erste starke Orkan das Schiff an die Felsen schleudern würde; diese Gefahr wurde jeden Tag größer, also stach ich in See.«

Um 5 Uhr morgens war Colwells »buntes Völkchen« in seinem ramponierten offenen Walfangboot unter Segel nur noch acht Meilen von Upernavik entfernt. Mit dieser Querung der Melville Bay hatten sie eine der größten Leistungen in der Geschichte der Arktisfahrt vollbracht. Nun war der Wind abgeflaut, und sie ruderten alle eifrig an Land, dabei wussten sie nicht einmal sicher, wo sie waren. Das Land war karg und menschenleer, »nicht einmal ein Hund war zu sehen«. Sie feuerten Schüsse ab, um auf sich aufmerksam zu machen, und Colwell schickte seinen Eskimo-Kundschafter aus. Wild gestikulierend kam er zurück: Sie waren wirklich in Upernavik. Eifrig legte sich die kleine Crew in die Riemen, um den Hafen zu erreichen, wo Colwell »an der Mole mit der Meldung begrüßt wurde, dass die *Yantic* um 21 Uhr des vergangenen Abends nach Süden ausgelaufen war. Das war für uns alle eine herbe Enttäuschung«, so Colwell.

Doch er verschwendete keine Zeit mit hilflosem Händeringen. Wildes hatte hinterlassen, dass er auf dem Weg zu den Kohleminen von Godhavn sei, wo er bis spätestens 15. September liegen würde, dann würde er nach St. John's zurückfahren. »Wir hatten keine Wahl, wir mussten hinterher«, schrieb Colwell. Er wusste, dass er Wildes noch rechtzeitig erreichen musste, um zurück nach Norden zu fahren und Garlingtons und Pikes Mannschaften zu holen, die nun sicherlich irgendwo in der Melville Bay im Eis steckten. »Ich wollte sogleich mit dem Boot losfahren.« Doch die stets hilfsbereiten dänischen Behörden in Upernavik bestanden darauf, dass er das wettergepeitschte Walfangboot zurückließ und die robuste, gut ausgestattete Barkasse des Gouverneurs nahm. Zu den Hochrufen der gesamten Bevölkerung und Salutschüssen aus der kleinen Batterie des Gouverneurs lief Colwell noch um 15 Uhr desselben Tages aus. »Es ging kein Wind, wir ruderten die ganze Nacht und auch den ganzen nächsten Tag.« Doch in Upernavik gab es bald darauf eine neue Aufregung. Die Schiffbrüchigen der *Proteus* hatten durch lockeres Eis entlang der Küste gute Fahrt gemacht und kamen sicher im Hafen an. Garlington erfuhr, dass er die *Yantic* um zwei Tage und Colwell um nur einen Tag verpasst hatte.

Nach 48 Stunden auf See bekam Colwell Gesellschaft von freundlichen Eskimos in Kajaks. In der Frühe des letzten Augusttags fuhren sie unter Segel vor einer steifen Brise zur Südostspitze von Disko. Colwell schickte einen Mann auf den Hügel über dem Hafen von Godhavn. Zu Colwells großer Erleichterung meldete er, dass die *Yantic* vor Anker lag. Bald war Colwell an Bord in Wildes' Kabine und erzählte ihm alles. Um 18.30 Uhr lief die *Yantic* aus, dieses Mal mit Kurs auf Norden und zurück nach Upernavik, die Barkasse des Gouverneurs im Schlepptau. Nach 40 Tagen durch Gefahren und Nöte, nach fast aussichtslosen Fehlschlägen, nach blindem Manövrieren in der nördlichen Baffin Bay und noch weiter im Norden waren die Amerikaner am 2. September wieder in Upernavik vereint – allerdings ohne die Lady-Franklin-Bay-Mannschaft.

Am Morgen des 19. August legte Greely weitere zehn Meilen zurück, dann kam die Flut und schloss die Wasserrinne. Wieder drifteten sie zurück. Zur Überraschung aller ordnete

Greely am Abend an, Dampf zu machen. Die Boote schlingerten zwischen den Schollen hindurch, bis sie wieder zum Halten gezwungen wurden und an einem gestrandeten Eisberg ankern mussten. Nach Kislingburys Meinung hätte Greely lediglich auf günstigen Wind warten müssen, um wertvolle Kohle zu sparen und »wahrscheinlich eine lohnende Etappe zu meistern«. Greely musste zugestehen, dass das Eis sich nicht so weit geöffnet hatte wie erwartet, und auch er beklagte die Verschwendung von Kohle.

Am nächsten Morgen lagen sie in der Rawlings Bay nahe der Küste. Immer wieder waren sie zu einem Zickzackkurs oder zum Rückzug gezwungen worden und hatten sich immer noch nicht mehr als 100 Meilen von ihrem Ausgangspunkt entfernt. Brainard und Eskimo Fred gingen erschöpft über das Eis und erklommen durch tiefen Schnee einen Hügelkamm, von wo aus sie einen guten Blick auf den Smithsund hatten. Doch sie sahen nur massives, undurchdringliches Eis. »Mit schweren Herzen gingen wir zurück.« Um 16 Uhr lief die Barkasse auf Grund. »Sie liegt an einem Eisabgrund«, schrieb Lockwood. Es dauerte fünf Stunden, das Schiff wieder frei zu bekommen. »Wegen des Treibeises und der Gezeiten ist es genauso schwierig, einen Liegeplatz für eine Barkasse zu finden wie für ein größeres Schiff.«

Bei Kap Collinson brachte am 21. August ein Trupp 240 Rationen der Nares-Expedition an Bord. Füchse hatten das meiste Brot gefressen und den Spund eines Rumfasses angenagt, der Inhalt war ausgelaufen. Private Schneider hörte den Kommandanten darüber fluchen, dass die Engländer nicht mehr Vorräte im Cache gelassen hatten. Am nächsten Morgen befahl Greely die Weiterfahrt. »Nur ein Dummkopf würde so etwas tun«, war Private Benders Meinung. Doch Greely wollte unbedingt Kap Hawks erreichen, wo Nares ein weiteres Depot angelegt hatte und wo vielleicht auch das Versorgungsschiff wartete. Sergeant Jewell kam von einem eigenmächtigen Landgang zurück und meldete, das Eis sei nur noch 500 Meter entfernt. Doch Greely gab Befehl zum Aufbruch.

Gleich darauf musste er die Boote trennen. »Die ganze Eismasse … hätte uns fast gegen den zehn Fuß hohen Eisfuß gequetscht«, schrieb er. Die Boote waren zwischen mächtigen Eisschollen eingeschlossen, die nur von jungem Eis auseinander gehalten wurden. »Langsam brachen wir durch das Eis – gerade rechtzeitig, denn kaum hatten sich die Boote durch die zwei Schollen gezwängt, schlossen sie sich auch schon wie eine Stahlfalle«, schrieb Kislingbury. Greely ließ die Boote von der Barkasse losmachen und an Land ziehen. Die Wucht des Eises ließ die Barkasse fast kentern, sie »knarrte und quietschte und wurde schließlich entlang des Eisfußes in eine Spalte geschoben, wo sie festgemacht wurde. Während all der Aufregung verhielten sich die Männer vorbildlich.« Kislingbury fügte hinzu: »Die ganze Wasserstraße ist eine einzige driftende Eismasse, ein schrecklicher Anblick!« Die Spanten des Walfangboots waren teilweise gebrochen. Und alles nur wegen Greely. »Würde er den Rat annehmen und die Überlegungen derer ernst nehmen, die etwas von der Sache verstehen, würden die Männer wieder Mut bekommen.« Doch wie die Dinge standen, sah sich die Mannschaft ihrem Ende gegenüber. »Die Männer sind ernsthaft unzufrieden. Die armen Burschen – wer kann es ihnen übel nehmen?«

Als wieder Fahrt möglich war, schoben sich die Boote ins Kanebecken. Sie fuhren immer noch an der Küste von Ellesmere Island entlang und machten Halt in einem kleinen natürlich Hafen nahe Kap Wilkes. Greely ließ die *Whitehall*, die böse leckgeschlagen war und geschleppt werden musste, zu Feuerholz zerhacken.

Bislang war nichts geschehen, was die Einstellung der Männer gegenüber ihrem Kommandanten verbessert hätte. Cross ließ sich immer skurriler über ihn aus und bezeichnete ihn als »unseren Schlafrock-Steuermann«. Private Schneider fragte sich: »Warum hinterlässt unser idiotischer Kommandant nicht einen Cairn oder Nachrichten an der Küste?« Brainard fürchtete, die Expedition würde in einer weiteren »Franklin-Katastrophe« enden. Als sie schließlich wieder Fahrt machten, sichtete Brainard eine gute breite Rinne, doch Greely wollte sie nicht nehmen, »stattdessen raste er in jeden offenen Spalt, den er sah. Wir fuhren 18 Knoten, wo sechs genügt hätten.«

Sie hielten sich immer noch so nahe der Küste wie möglich, passierten Scoresby Bay und hielten am Fuß eines der zahllosen Kaps von Ellesmere Island. »Gott möge uns beistehen«, betete Kislingbury, dennoch klang sein Tagebucheintrag an diesem Abend optimistisch: »Noch ein Tag Fahrt wie heute, und wir erreichen Kap Hawks, wo wir sicherlich auf das Schiff treffen.« Der Wind hatte zu ihren Gunsten gedreht. »Komm schon, lieber Wind, du hast uns mehr geholfen als alle anderen Elemente, und du holst uns jetzt aus dieser Misere raus.«

Unter den Männern war es in den letzten Tagen nur vereinzelt zu Missstimmigkeiten gekommen. Roderick Schneider, der Dienst als Koch und Schreiber des Kommandanten tat, war der Doppelbelastung müde und bat um Befreiung vom Kochen. Greely schlug ihm die Bitte ab, woraufhin der Soldat laut protestierte und sich heulend in seinen Schlafsack legte. Greely wusste, dass der Mann mit den Nerven am Ende war, und fürchtete, dass auch die anderen bald durchdrehen würden. Lockwood übernahm zeitweise den Kochdienst und briet Speck. Die Mannschaft mit ihren angeseilten Booten lag nun etwa 20 Meilen nördlich von Kap Hawks. Greely schickte die Hundeführer auf die Jagd, doch sie kamen mit leeren Händen zurück.

Das Eisfeld brach und hinterließ eine viel versprechende Rinne, so dass die beschwerliche Fahrt weiterging. Die Rinne stellte sich als Sackgasse heraus, bald waren die Boote eingeschlossen vom »Eis der schlimmsten Sorte, fast nur Grütze mit gelegentlichen kleinen Pfannkuchen«, schrieb Greely und sprach dabei nicht vom Frühstück. Private Bender vermerkte: »Der alte Junge sieht zurzeit deprimiert aus.« Und tatsächlich machte sich Greely die größten Sorgen. »Ich kann nicht begreifen, dass wir kein Schiff gesehen haben; wenn wir es bei Kap Hawks nicht finden, werden wir nicht zu beneiden sein. Die Jahreszeit ist vorgerückt, unsere Kohle fast verbraucht, der Proviant knapp.« Er ließ die Barkasse an einer zwölf Meter breiten Scholle festmachen, die Boote wurden angeseilt. Der Kommandant verbrachte die ganze Zeit auf der Barkasse, »er umarmt den Kessel und jault Befehle«, wie Cross bissig kommentierte, »während wir auf einer Scholle hin und her hüpfen, die kaum groß genug ist für 25 Mann, geschweige denn drei Boote, Vorräte und Ausrüstung. Wir laufen alle halb nackt herum, einige sind sogar barfuß.«

Sogar Lieutenant Lockwood, der normalerweise wortkarg war und dem Kommandanten den Rücken stärkte, beschrieb die Aussichten als »düster«. »Dicke Grütze überall, keine offene Rinne in Sicht. Die ganze Zeit wird Dampf gemacht, täglich verbrauchen wir an die 80 Pfund Kohle wegen der Schräglage.« Die zerhackte Jolle, die herausgerissenen Spinde der Barkasse und alte Fassdauben wurden an Stelle des zur Neige gehenden Brennstoffs verheizt. Ziellos drifteten die Barkasse und die drei Boote in der Eisgrütze. Elison beschrieb die Angst, mit der er und seine Kameraden die Drift beobachteten, während Greely durch Abwesenheit glänzte. »Unser edler Kommandant hat sich wie gewöhnlich in seinen Schlafsack verzogen – er führt uns von einer Misere in die andere!«

Um Mitternacht des 23. August hatte Lockwood Wache. Betrübt starrte er aufs Eis, das sich nur leicht bewegte und dabei ständig knirschte und mahlte. Greely schlief unter dem gewölbten Schutzdach. Er verbrachte skandalös viel Zeit in seinem Schlafsack, fanden zumindest diejenigen, die ihn als kompetenten Führer aufgegeben hatten. Manche maßen sogar die Zeit und zählten die Stunden, in denen er sich überhaupt nicht zeigte. Am 24. August trieb das Eis stetig nach Süden. Private Frederick schoss einen Seehund und konnte ihn noch einbringen, bevor er sank. Manche Männer schätzten das Blut als einen belebenden Trunk. »Unser vornehmer Schlafrock-Steuermann«, schrieb der unzähmbar giftige Cross, »schnappte sich die Leber und ließ den Tran an Bord der Barkasse bringen, wo er im Kessel verbrannt werden soll.« Das war »Irrsinn« nach Meinung des suspendierten Maschinisten, »denn wie es gegenwärtig aussieht, müssen wir hier irgendwo an der Küste überwintern, und jedes Pfund Tran kann in Gold aufgewogen werden«. Als Brennstoff hingegen war Tran von wenig Wert, er brannte lediglich ein paar Minuten, »denn das Fett tropft durch die Roste, bevor es richtig brennt«. Cross hatte den Eindruck, dass, immer wenn irgendjemand irgendetwas auf eigene Faust tat, Greely fürchtete, die Kontrolle zu verlieren. »Er hat versucht, selbst das Scheißen zu regeln. Aber er kann mich mal.«

Greely wäre zwar besser damit gedient gewesen, sich mit seinen Männern zu beraten, aber er hatte die Kontrolle nicht über sie verloren, und das hatte er auch nicht vor. Am Abend des 25. August spürte er, dass die Eisklammer schwächer wurde. Er ließ die Barkasse fahren, später schrieb er: »Wir bahnten mit großer Mühe unseren Weg durch das Treibeis.« Dichter Nebel und die erneute Erhärtung des Eises trieben sie an die Küste von Kap Louis Napoleon, nahe der Dobbin Bay und gegenüber von Kap Hawks. Einige dachten, dort ankere ein Schiff. Vier Stunden fuhren sie unter Dampf, wurden immer wieder von drückenden Schollen abgedrängt, doch sie konnten die Bucht queren und das Kap erreichen. Aber da war kein Schiff. Hoffnungsfroh stellte Greely einen Dreifuß auf einer Scholle auf und hisste eine riesige Flagge, doch der Nebel rollte durch die Bucht, und die Flagge konnte von keinem Schiff gesichtet werden. Also formte Private Schneider auf der *Valorous* ein großes Blechhorn und blies es alle zwei Minuten. Keiner der Männer hätte sich träumen lassen, dass die Mannschaften, die ihre Regierung in die Arktis geschickt hatte, um sie heimzuholen, nun alle in Upernavik versammelt waren, sich dort die Geschichten ihrer Fehlschläge erzählten und nicht wussten, was sie als Nächstes tun sollten.

Sergeant Rice ging mit einem Kameraden über das rastlose Packeis zum nahen Washington Irving Island und erklomm den Gipfel. Sie fanden Vorräte von englischen Entdeckungsreisenden; fünf Kisten schimmliges Brot, Kartoffeln, Essiggemüse, Stearin und ein Fass Rum. Doch seit die Lady-Franklin-Bay-Expedition die Insel zwei Jahre zuvor mit der *Proteus* angelaufen hatte, gab es keine neuen Meldungen.

Rice überbrachte Greely die entmutigende Nachricht. Der Kommandant schrieb: »Wir sind in einer kritischen Lage, weil wir nicht wissen, worauf wir uns verlassen können. Da weder im Jahr 1882 ein Schiff diesen Punkt erreicht hat, noch bis jetzt im Jahr 1883, so ist es auch ungewiss, ob wir in Lifeboat Cove Erlösung finden.« Sie hatten sich über 300 Meilen durch »stetes Eis von einer Masse, die man gesehen haben muss, um es zu glauben«, zu dem Punkt im Kanebecken gekämpft, wo das erhoffte Treffen stattfinden sollte. Doch er zwang sich, dem Ganzen eine positive Seite abzugewinnen. Nach unzähligen Malen knappen Entkommens schrieb er: »[Wir haben] einen sicheren Hafen erreicht, von dem wir Kap Sabine kaum 50 Meilen weit vor uns liegen sahen.«

Nun hofften alle auf das Schiff bei Littleton Island. Zumindest gab es dort ein Kohlenlager, das sie auf dem Weg nach Norden angelegt hatten, und es war genügend Brennstoff vorhanden, um sie zu den Cary Islands im Süden zu bringen, »wo wir bis zum Frühling von den englischen Rationen leben können«, meinte Greely. Trotzdem wäre es ein Glücksspiel. »Wenn wir auf Littleton Island keine Vorräte und auch kein Schiff finden, wäre unsere Lage äußerst beklagenswert.«

Aber immer noch waren sie an der Küste von Ellesmere Island und machten Halt, bevor sie nach Littleton Island übersetzten. Rice meldete, dass die Gewässer im Südosten frei seien, so weit das Auge reichte – und das genügte Greely. Er beschloss, von seinem küstennahen Kurs abzugehen und die 53 Meilen von Kap Hawks direkt über den Hayessund und die Buchananstraße zu der wichtigen Landspitze von Kap Sabine zu eilen.

Doch es sollte langsam gehen. Nach ein paar Stunden schon zitterten die Männer bei den rapide fallenden Temperaturen, und neues Eis behinderte die Boote. In Brainards Augen war die Annahme, sie wären dem Packeis entkommen, »eben nur eine Mutmaßung«. Er bat Greely zu überdenken, ob er die Rationen beschneiden wollte, damit der Proviant länger hielt. Doch Greely verwarf die Idee, weil er eine Demoralisierung der Männer fürchtete. Er wartete, dass das Eis aufbrach, und wieder beklagten sich die Männer. Cross fand wie üblich Trost im Hohn. Dennoch sei es »nicht nur aus

Feindseligkeit gegen den Kommandanten«, dass er in diesem Ton schrieb. »Sollte ich dieses Chaos überleben, in das er uns gebracht hat, werde ich mich vor die Welt stellen und 20 Zeugen aufbringen, die noch mehr aussagen als das, was ich hier schreibe.«

Alle vier Boote waren festgefroren und dick mit Reif überzogen, umgeben von einer riesigen Wüste aus Schnee und Eis, die im Westen von zerklüfteten Klippen und schneebedeckten Bergen begrenzt wurde. Auf der Barkasse kauerte Lockwood neben der Maschine, Greely und die anderen lagen im Heck in ihren Schlafsäcken. Bender schrieb: »Wir haben Proviant für 40 Tage und wissen nicht, ob wir noch mehr Vorräte bekommen. Unter den gegenwärtigen Umständen sind die Boote nutzlos, und das neue Eis ist nicht dick genug, um Schlitten zu tragen.« Die Männer versuchten die meiste Zeit zu schlafen. Lockwood fand diese Untätigkeit anstrengender als die Schlaflosigkeit und selbst die gefährlichste Unternehmung. Greely sprach zu den Männern in den Booten und auf dem Eis und wollte Heiterkeit verbreiten. Für Kislingbury klangen seine Worte wie »blödsinniges, dummes Geschwätz«, doch er selbst verlor die Hoffnung nicht. »Ich spüre tief im Innern, dass wir wohlbehalten aus dieser Misere herauskommen.« Nach dem Abendessen sangen die Männer manchmal alte Lieder. »Unter diesen Bedingungen sind wir trotzdem eine lustige Truppe.« Auch Brainard ließ sich über die gelegentliche Hochstimmung in der Mannschaft aus, sprach dem Kommandanten jedoch jeden Beitrag dazu ab.

Greely ordnete eine Bestandsaufnahme des Proviants an. Die Männer zählten 1140 Pfund Fleisch, vorwiegend Pemmikan, und 1100 Pfund Brot. Mit etwas Glück würden die Vorräte (im Gegensatz zu Benders Berechnungen) 60 Tage reichen. Zum ersten Mal benutzten die Köche Stearinkocher;

sie funktionierten zufrieden stellend, und die Zubereitungs-zeit war nicht länger als mit Spiritus, allerdings qualmte das Stearin schrecklich.

Ein jeder hing seinen privaten Gedanken nach. Elison fand: »Der Kommandant machte einen Fehler, als er in dieses Packeis fuhr. Er dachte offenbar, wir würden stetig nach Süden treiben; dass wir nach Norden, Osten oder sonst wohin abdriften könnten, hat er nicht bedacht.« Kislingbury meinte: »Uns bleibt wohl nichts anderes übrig, als aus dem Holz eines Boots Schlitten zu bauen und die Männer und die restliche Ladung von Scholle zu Scholle an Land zu ziehen.« Für das beste Boot gab es einen 12-Mann-Schlitten; außerdem besaßen sie das englische Eisboot aus dem *Polaris*-Lager. Die Barkasse musste selbstverständlich aufgegeben werden.

Während sich am letzten Augusttag die Beinahe-Retter der Greely-Expedition weit im Süden unentschlossen oder uneinig versammelten, drifteten die Männer im Eis drei Meilen ab. Greely erklärte, dass sie lediglich zehn Tage Zeit hätten, um zu warten, dass der Wind das Packeis auseinander trieb und eine Rinne freigab. Lockwood beklagte sich über den Mangel an Lesestoff. Aus Fort Conger hatte er ein paar Shakespeare-Stücke und alte Kopien des *Nineteenth Century Magazine* mitgenommen. »Auf der Barkasse haben wir auch Schriften von Kane, Hayes und Nares.« Bender, der zusammen mit Biederbick und Greely im Heck schlief, bemerkte: »Der Alte klebt wie eine Schildkröte an seinem Haus, nur manchmal steht er auf, sieht in den Schnee, dann geht er wieder zurück. Er muss sich ja wund liegen, so viel, wie er schläft.« Entweder hat Greely diese Notiz gelesen, oder Bender hatte sich laut geäußert, denn er verwies den Gefreiten wegen Respektlosigkeit und schickte ihn von Bord der Barkasse in ein offenes Boot.

Auch andere beklagten sich über Greelys offensichtliche Vorliebe für seinen Schlafsack und waren der Meinung, er solle stattdessen häufiger zu seinen Männern gehen und ihnen Mut zusprechen. »Er hat jegliche Tatkraft verloren«, meinte Kislingbury, und Cross schnaubte: »Er weiß nicht, was er tun soll, und ist zu stur, um jene zu fragen, die es wissen.« Greely wäre schockiert gewesen von Brainards Heftigkeit: »Der Kommandant kommt selten aus seinem Schlafsack. Damit legt er die verabscheuungswürdigste Feigheit an den Tag. Er will den Männern Hoffnung machen, doch sein jämmerliches Verkriechen ruft nur Verachtung hervor.«

Am 1. September bestimmte Sergeant Israel ihre Position auf 78° 91'. An diesem Punkt verjüngt sich das Kanebecken in den Smithsund. Kaum hatten die Eskimos einen kleinen Seehund zwei Meilen über das Eis gebracht, fing das Eis auch schon an zu beben. Eine Mauer aus alten Schollen schlug gegen das schwimmende Gefängnis, und in donnerndem Getöse brach das zusammengebackene Eis um das Schiff entzwei. Riesige Stücke krachten gegen die Rümpfe, und die Männer hatten alle Mühe, die Boote auf eine stabilere Oberfläche zu hieven. Doch die Wucht des Eises hatte die Barkasse aufgestellt, und sie war kurz vor dem Kentern. »Unser tapferer Schlafrock-Steuermann schrie: ›Alle Mann zur Rettung der Dampfbarkasse!‹ Doch was nützt uns die Dampfbarkasse, wenn wir nicht einmal Kohle haben, um fünf Stunden unter Dampf zu fahren? Aber er wollte die Barkasse retten und die kleinen Boote zur Hölle gehen lassen.« Und gehässig bemerkte Cross noch, dass der Kommandant deshalb so um die Dampfbarkasse besorgt war, weil sie ihm einen warmen Ort bot, wo er sich verkriechen konnte.

Die Barkasse konnte gerettet werden. Sie wurde immer höher geschoben, bis der Druck bei Ebbe nachließ. Doch der

Aufruhr hatte die Mannschaft schwer verstört. Manche wollten eiligst durch die Rinnen fahren, die die brechenden Schollen geöffnet hatten, doch Greely war dagegen. Dichter Nebel war aufgezogen, eine Weiterfahrt wäre zu gefährlich gewesen. Also kauerten die Männer neben und in den Booten oder schaukelten auf verschiedenen Schollen. Die Überzeugung wuchs, dass die größte Gefahr für die Mannschaft die fehlende starke Führung sei.

Lincolns Veto

Garlingtons und Pikes Männer sowie Wildes' übergroßes Kontingent saßen währenddessen in Upernavik zusammen und rätselten, wo Greelys Mannschaft wohl sein mochte. Man stellte sich die Frage, ob die Zeit schon zu weit fortgeschritten und es für Wildes zu spät wäre, mit der *Yantic* noch einmal nach Norden vorzustoßen und nach Greely zu suchen. Wildes fand es zu gefährlich. Eine Querung der Melville Bay »mit ihren drohenden Eismassen, die sich nun sicherlich schon bewegten und ausbreiteten, war ein unvertretbares Risiko«. Garlington stimmte zu und war dafür, St. John's anzulaufen und dort weitere Maßnahmen einzuleiten. Würde im neu-fundländischen Hafen schnell gehandelt werden, sobald die *Yantic* mit den Schiffbrüchigen ankäme, könnte noch eine Hilfsmannschaft aus Robbenfängern zu Greely ausgeschickt werden. Doch alles war reine Spekulation. Weder Garlington noch Wildes hatten die nötige Arktiserfahrung, um die Lage richtig einzuschätzen und einen Plan auszuarbeiten. Und die Meinung des befahrenen Skippers Pike war offenbar nicht gefragt.

Störte es ihn? Vielleicht hatte er auch die Nase voll von

amerikanischen Forschungsreisenden. Hätte man ihn jedoch gefragt, so hätte er geantwortet, dass die Fahrrinnen nördlich von Upernavik bis Ende September offen wären; das bezeugte Hazen nach einem Gespräch mit dem Neufundländer. »Aber Lieutenant Garlington bat Commander Wildes nicht, mit ihm und seinen Männern auf die Suche nach Greely zu gehen ... Hätte er eine solche Anfrage vorgebracht, hätte Wildes sich weigern können, selbst auf die Gefahr hin, suspendiert zu werden«, so der Kommandeur des Fernmeldecorps. Doch die Frage stellte sich nicht. Garlington und Wildes waren sich einig. Und mit den zusätzlichen Passagieren an Bord – Garlingtons Expeditionsarzt »war völlig hinfällig, er musste getragen werden wie ein Kind« –, wandte die amerikanische Marinefregatte dem hohen Norden das Heck zu und drehte ihren Bug nach Süden.

Am Donnerstag, dem 13. September, lief sie St. John's an. Garlingtons erschreckender Bericht blitzte via Telegraf durch Kanada in die Vereinigten Staaten. Seine erste Meldung war an Hazen adressiert: »Es ist meine schmerzliche Pflicht, den völligen Fehlschlag der Expedition zu melden.« Die *Proteus* war zermalmt. Der Leutnant sagte später aus, dass das Absenden dieses Telegramms »die traurigste Pflicht war, die ich je zu erfüllen hatte«. Lieutenant Colwell gab in einem Brief an seine Familie unumwunden zu, dass alle Mann darin versagt hatten, »das Hauptziel der Expedition zu erreichen, nämlich diese 22 [!] dummen Männer aus der Falle zu holen, in der sie seit zwei Jahren saßen«.

Hazen war jedoch im Wilden Westen unterwegs und inspizierte Fernmeldeposten; Garlingtons Nachricht ging folglich an Captain Samuel M. Mills, der wiederum Powell als stellvertretenden Kommandeur des Fernmeldecorps vertrat. Er kabelte sofort zurück. Wie eine Ironie des Schicksals flitzten seine harten Worte teilweise durch Kabel, die einst unter Greelys Kommando gezogen worden waren. Wildes setzte seine erste Meldung an Marineminister Chandler ab. Die *Yantic* hatte Littleton Island problemlos erreicht, war wieder nach Süden gefahren und hatte »Inseln und Küste eingehend abgesucht. Dann kam das Packeis, ich konnte nicht durchbrechen und musste den Rückzug antreten.« Kriegsminister Lincoln erhielt die Nachricht über eine Mitteilung der *Associated Press*: Die *Yantic* lag in St. John's, »ihre Nachrichten sind betrüblich«. Und was die Nation am meisten verstörte, war Garlingtons Enthüllung, dass die Mannschaft der *Proteus* am Kap Sabine nur 500 Rationen deponiert hatte; damit könnte Greely, der sicherlich auf dem Weg nach Süden war, höchstens 20 Tage überleben.

Den restlichen Donnerstag und das ganze Wochenende über herrschte geschäftiges Treiben im Marine- und im Kriegsministerium. Die Korridore hallten wider von düsteren Vermutungen darüber, was im fernen Eismeer schief gegangen war. Reporter belagerten das Hauptquartier des Fernmeldecorps und wollten Einzelheiten über Garlingtons Marschbefehl wissen, vor allem in Bezug auf die Deponierung von Vorräten. Lieutenant Caziarc, Bürovorsteher im Hauptquartier und nun quasi Presseoffizier, sagte aus: »[Ich] antwortete schnell und ohne große Umsicht und befahl meinem Schreiber, eine Abschrift [von Garlingtons Marschbefehl] zu holen.« Er war zu verstört, um den Inhalt noch einmal zu prüfen – dabei wäre das verwirrende Memorandum ans Licht gekommen –, und gab dem Journalisten die Unterlagen. Dieser verkündete sogleich der ganzen Nation, dass Garlington Order hatte, auf dem Weg nach Norden Vorräte auf Littleton Island anzulegen.

Die Zeitungen in Neufundland hatten einen großen Tag,

vor allem mit der Enthüllung, dass für den Fall eines Rückzugs der Lady-Franklin-Bay-Expedition zu wenig Proviant gelagert war. Der *Evening Mercury* nannte Garlington einen zweifellos tapferen Offizier, aber er sei sicherlich kein Seemann, und bevor er an Bord der *Proteus* ging, »hatte er nie eine Eisscholle gesehen«. Greely sei nun auf dem Weg nach Süden, »um die Hilfsmannschaft zu treffen, die nun nicht mehr dort ist. Hoffen wir, dass sie den Winter überleben.« Überleben würden sie, »wenn die Regierung der Vereinigten Staaten unverzüglich handelte«. Littleton Island sei mit dem Schiff immer noch erreichbar.

Garlington hatte wenig Zeit, die Lokalpresse zu lesen. Er musste auf Telegramme aus Washington antworten, wo fette Schlagzeilen Berichte von Reportern überschrieben, die Sündenböcke suchten und die Regierung drängten, Verantwortung zu übernehmen und weitere Schritte einzuleiten. Kaum zwei Tage nach dem Bekanntwerden von Garlingtons schlechten Nachrichten ließ Lincoln verlauten, dass er unverzüglich handeln würde, wenn die Möglichkeit bestünde, Greely noch vor Wintereinbruch zu finden. Telegramme rasten über Land und Wasser. Die Amerikaner in St. John's wurden gefragt, ob sie einen Robbenfänger chartern und voll verproviantiert nach Upernavik und weiter nördlich fahren könnten. Im Hafen lagen drei erstklassige Robbenfänger mit gebunkerter Kohle. Garlington kabelte nach Washington, es gebe eine »kleine Chance« auf Erfolg, wenn ein Robbenfänger mit Freiwilligen der *Yantic* und der *Powhatan*, einem weiteren US-Marineschiff in St. John's, unter Lieutenant Colwells Kommando sofort aufbräche. »Das Schiff muss unter US-Flagge fahren und an militärische Weisungen gebunden sein. Mit fremden Offizieren und Mannschaften kann nichts erreicht werden. Wenn etwas getan werden soll, muss es gleich getan werden.«

Vor allem in Anbetracht der Zeit, die der Kongress für eine Entscheidung über Garlingtons Vorschlag brauchen würde, verlangte der Leutnant Unmögliches – und das wusste er auch. Wildes' Antwort war eindeutig abschlägig: »Ein weiteres fremdes Schiff mit fremder Crew so spät im Jahr in Dienst zu stellen, wäre schlicht und ergreifend eine Fahrt in ein neues Desaster.« Die *Proteus* sei schlecht geführt worden, die Besatzung ein ungehorsamer Pöbel gewesen. »Das Schiff muss mit Amerikanern bemannt, vollständig ausgerüstet und von Marineoffizieren geführt werden.« Wie auch immer, es müssten Winterquartiere so weit im Norden errichtet werden, »dass ein Vorstoß sinnlos wäre. Die Melville Bay ist spätestens ab dem 1. Oktober unpassierbar. Ein Überwintern in Upernavik ist nicht möglich.« Und eine Schlittentour von Upernavik aus war in Wildes' Augen auch kein gangbarer Weg.

Doch im fernen Territorium Washington drängte der Kommandeur des Fernmeldecorps mit einer Reihe verzweifelter Telegramme zur Tat. Um Greely zu treffen, »der nun wahrscheinlich auf seinem Weg nach Süden auf Littleton Island ist«, könnten in Upernavik »gut ausgerüstete Schlittenparteien organisiert werden«. Und wenn es für Schlittenfahrten zu früh war, sollte man mit kleinen Küstenfahrzeugen vorstoßen. Jedenfalls müsste man Konsul Molloy sofort telegrafisch anweisen, mit einem kleinen Dampfer, »der lediglich ein paar Dollar kostet«, Männer nach Norden zu schicken. Die dänische Gesandtschaft in Kanada könnte unter Umständen Staatsbürger mitschicken, die auf dem Weg nach Grönland waren, um maximale Unterstützung zu gewährleisten. Es komme nur darauf an, unverzüglich Order nach St. John's zu geben.

Vom Telegrafenposten New Takoma schickte Hazen mindestens sechs Nachrichten quer durch den Kontinent an die

Ostküste. Empfangen wurden sie von seinem Stellvertreter Mills. Hazen schrieb: »Tut alles, was in Eurer Macht steht, um eine Verzögerung der Vorbereitungen zu verhindern. Was ich will, verlangt keine Vorbereitung.« Und er wiederholte noch einmal seine Ansicht, dass ein Dampfer, auch wenn er St. John's erst am 20. September verließe, fast einen Monat lang sichere eisfreie Fahrrinnen hätte, um Littleton Island oder Kap Sabine zu erreichen. Alles sei nur eine Frage einer schnellen Entscheidung im Kriegsministerium. »Zeit ist im Moment unser wertvollstes Gut.« Doch diese, Hazens letzte Nachricht wurde nie übermittelt. Zuvor setzten Telegramme aus der Hauptstadt den General davon in Kenntnis, dass die Angelegenheit bereits erledigt sei.

Die ganze Woche lang standen Lincoln und Chandler unter Druck, Maßnahmen zu ergreifen. Sie wussten auch, dass die Angehörigen flehentlich um Aktion baten. Henrietta Greely, die sich in ihrer Heimat San Diego von einer unspezifischen »schweren Krankheit« erholte, schrieb an Mills, ob nicht sofort ein Dampfer mit Proviant nach Godhavn oder Upernavik auslaufen, dort überwintern und Schlittenparteien nach Norden senden könnte. »Garlington sagt, wir haben Aussicht auf Erfolg«, fügte sie hinzu und schließt scharf: »Mr Greely hat mir gegenüber sein volles Vertrauen ausgedrückt, dass die Regierung für seine Expedition Sorge trägt.«

Henrietta bekam auch Briefe von besorgten Freunden und Verwandten, die nicht immer hoffnungsvoll klangen. Greelys Mutter schrieb aus Newportbury, dass die Spannung schrecklich sei. »Jedem hier geht es schlecht. Du weißt, wie sehr ich versucht habe, ihn hier zu behalten.« Greelys Nichte Clarissa schrieb: »Mir scheint, wenn Lieutenant Garlington die Vorräte auf Littleton Island deponiert hätte, hätte Adolph zu essen, wenn er den Ort erreicht … Aber was wird jetzt aus

ihm? ... Ich kann nicht schlafen, und ich weiß, dass du Todes-
qualen ausstehen musst.«

Und dann bekam Henrietta die obrigkeitlich kühle Mitteilung, Expeditionen seien in diesem Jahr nicht mehr angeraten – so die schlussendliche Entscheidung des Kriegsministeriums. Diese Mitteilung wurde am Samstag nach der
Rückkehr der *Yantic* nach St. John's ausgegeben. Zuerst wurde Hazen informiert – in jenem Telegramm, das ihn von einer
weiteren Anfrage zurückhielt. Der General war bestürzt. Er
fragte sich, warum Robert Lincoln sich »höchstens einen Tag
Zeit gelassen hatte für seine Entscheidung«. Mills übermittelte Henrietta die Nachricht in Worten, mit denen er den
Schlag abzuschwächen versuchte: »Kriegs- und Marineminister haben mit großer Bereitschaft und ohne Rücksicht auf
die Kosten sorgfältig die Möglichkeit überdacht, ein weiteres Schiff auszuschicken. Sie kamen zu dem Schluss, dass
in diesem Jahr nichts mehr unternommen werden kann. Im
Frühjahr und im Sommer nächsten Jahres werden alle Maßnahmen eingeleitet, um die Mannschaft so früh wie möglich
zu finden.« Und die Briefe, die die Expeditionsteilnehmer
an ihre Angehörigen daheim geschrieben haben? »Wir bedauern«, so das Kriegsministerium, »alles ist mit der *Proteus*
gesunken.«

Nach der Entscheidung, die Kriegs- und Marineministerium nach nicht einmal 24 Stunden Überlegung getroffen hatten, protestierten Henrietta in San Diego und Lockwoods
Vater, ein Kriegsveteran, in Washington. Doch bald wurde
deutlich, dass weder Chandler noch Lincoln ihre Meinung
ändern würden. Am Dienstagabend telegrafierte Mills an
Henrietta, dass der Beschluss der Minister »nach langer und
ausführlichster Beratung mit berühmten Arktisfahrern« getroffen worden sei. Es bleibe einfach keine Zeit mehr, Greely

noch dieses Jahr zu helfen. Doch keine Sorge! Der Kommandant sei »weise« genug, um auf dem Weg nach Kap Sabine zu
merken, »dass es nicht die geringste Chance gibt, ihn mit Booten oder Schlitten zu erreichen«. Und wenn er nicht versuche,
nach Upernavik durchzukommen, kehre er wahrscheinlich
zurück in die Lady Franklin Bay. »Sein Fall steht günstig.«

Auf Grund der Freundschaft zu Greely schrieb Caziarc in
persönlicherem Ton an Henrietta und distanzierte sich von
der Entscheidung der Oberen. Garlingtons und Wildes' Meldungen aus St. John's hatten die Entscheidung gegen sofortige
Maßnahmen unterstützt, »aber du sollst wissen, dass jedes
Wort, das [in Washington] gesprochen wird, für die Entsendung einer Mannschaft spricht. Dennoch haben die schlechten Aussichten, in einer Region etwas zu erreichen, wo das
Licht schnell schwindet, und die Tatsache, dass man keine
Expedition ohne die entsprechende Zeit für Verproviantierung, Ausrüstung und Übernahme von Brennstoff etc. ausschicken kann, die Entscheidungsträger zu einem abschlägi-
gen Bescheid veranlasst.«

Caziarc sprach auch von »zusätzlichen Instruktionen«: sein
Memo, das bereits Verwirrung in der landesweiten Presse
ausgelöst hatte. Garlington hatte mit dem Memo Order, »nach
eigenem Gutdünken zu entscheiden. Doch widersprüchlich,
wie es war, konnte Garlington sich lediglich den Zeitverlust
leisten, auf dem Weg nach Norden anzulanden und alle Vorräte abzuladen, die nicht für nördlicher gelegene Caches
gebraucht wurden … Aber als das Schiff sank, sank alles mit
ihm.« Garlington konnte jedoch nicht verurteilt werden,
bevor er die Möglichkeit hätte, sich zu verteidigen; schließlich
hätte er nur Greelys Anweisungen befolgt, und Caziarc rief
Henrietta behutsam in Erinnerung, Greelys eigene Fahrt nach
Norden auf der *Proteus* »war so kurz, dass ihm möglicher-

weise nicht in den Sinn kam, die beiden folgenden Schiffe könnten es nicht so problemlos schaffen«.

Henrietta konnte nichts mehr tun, vor allem, nachdem ihr einflussreichster Verbündeter, General Lockwood, die Waffen zu strecken schien. Er hatte wiederholt beide Minister gebeten, unverzüglich eine Hilfsexpedition auszurüsten, doch nun fand er, die beiden seien zu einer schlüssigen Entscheidung gekommen. Eine Rettungsmannschaft käme in größere Gefahr als die zu Rettenden; dabei hätte Lincoln niemals zugegeben, dass Greely tatsächlich schon in äußerster Gefahr war. Die Expedition war erst abgelehnt worden, »nachdem Experten sie für undurchführbar erklärt und sich dafür ausgesprochen hatten, sie bis zum Frühjahr aufzuschieben. Ich bin gezwungen, wenn auch zögerlich, mich dieser Entscheidung anzuschließen.« Lockwoods Zögern war nicht von langer Dauer. Jedes Mal, wenn er im Kriegsministerium vorsprach, »um die Lage noch einmal mit jenen zu überdenken, die sie ganz sachlich betrachteten, kehrte ich besserer Dinge zurück«.

General Lockwoods wachsender Optimismus spiegelte den Erfolg der Regierung wider, die Ängste der Bevölkerung zu dämpfen. In einem Memorandum vom 19. September schilderte Lincoln Greelys Lage als »keinesfalls hoffnungslos«. Wenn die Mannschaft die Station bis zum 1. September verlassen hätte, »könnte sie noch das Tageslicht nutzen«. Am Kap Sabine würde Greely von Garlingtons Fehlschlag erfahren und sich auf eine Überwinterung einstellen. Am Kap Sabine gab es Caches, weitere Depots lagen in der Umgebung, und zusätzliche 240 Rationen lagerten auf Littleton Island. Selbst wenn Greely entschied, zur Lady Franklin Bay zurückzukehren, so gab es dort »Vorräte an besten Lebensmitteln für mehr als ein Jahr«. Alles in allem müsste die Mannschaft in ziemlich guter Verfassung sein, schloss Lincoln. Mills schrieb in ähnlichem Ton an Henrietta und schloss: »Er muss wissen, dass die größten Anstrengungen unternommen werden, ihn nächstes Jahr zu holen.«

In diesen letzten Septemberwochen konnten die Entschuldigungen des Ministers Henrietta jedoch nicht beruhigen. »Wenn die *Proteus* in acht Tagen von St. John's nach Upernavik fahren kann«, schrieb sie an Caziarc, »kann das auch ein anderes Schiff.« Kaum war die *Yantic* eingelaufen, hätte ein anderes Schiff auslaufen und weit über Upernavik hinausfahren können, bevor der Herbst in den Winter überging. »Ich vertraue auf Mr Greelys Fähigkeiten, mit der Situation fertig zu werden. Wenn jemand den Gefahren entkommen kann, in denen seine Mannschaft steckt, so ist es ganz sicher mein Mann. Dennoch bin ich der Ansicht, die Regierung hat nicht Wort gehalten.«

Caziarc konnte dem, was er schon an Henrietta geschrieben hatte, kaum noch Sinnvolles hinzufügen. In dem Wunsch, er könne ihr in San Diego tröstend beistehen, legte er die Zurückhaltung langsam ab, die ihm sein Amt aufzwang. Er war verwirrt von Garlingtons Verhalten nach dem Schiffbruch. Warum war er nicht auf Littleton Island oder in Pandora Harbor geblieben, bis die *Yantic* gekommen war? »Ich vermute, er hatte Zweifel am Durchkommen der *Yantic*«, schrieb er und fand tröstende Worte, indem er meinte, »jene, die mit der Arbeit in der Arktis am besten vertraut sind«, glaubten, dass Greely in Sicherheit sei. Dennoch bedauerte er, »dass eine so sorgfältig ausgerüstete Expedition [wie die Garlingtons] von einer Reihe Unglücksfälle und bislang unerklärlicher Nachlässigkeit zum endgültigen Versagen getrieben wurde. Ich schreibe Euch, ohne meine Zunge im Zaum zu halten.«

Mit der gleichen Freimütigkeit bezog er sich auch auf die »halb meuterische Crew der *Proteus*« und bezeichnete Wildes' Verhalten als merkwürdig. »Dass es ihm nicht gelungen ist, Vorräte auf Littleton Island oder in Pandora Harbor zu deponieren, übersteigt mein Fassungsvermögen.« Wildes hatte ja bei der Ankunft an diesen Orten erfahren, dass die Vorräte mit der *Proteus* untergegangen waren. »Ich verstehe nicht, warum er nicht die ganze Ladung gelöscht hat. Er musste doch voraussehen, dass sie für Greelys Sicherheit unverzichtbar war.« In seinen Briefen an Henrietta zeigte sich Caziarc nicht besorgt darüber, dass auch er noch einiges zu erklären hätte in Bezug auf die »zusätzlichen Instruktionen« und seine Empfehlung, Garlington solle die Vorräte auf dem Weg nach Norden abladen. Nach dem Schiffbruch erschien dieser Vorschlag klug. Der *New York Herald* hatte gerade erst das Logbuch der *Yantic* veröffentlicht; doch Caziarc schrieb: »Wir tappen noch vollständig im Dunkeln.«

Mills versuchte, Henrietta zu beruhigen. Keine Mühe würde gescheut werden, »so bald als möglich eine Expedition auszuschicken. Bei der Planung der Operation ist größte Sorgfalt geboten.« Dieses Gebot beinhaltete auch eine Analyse von Einschätzungen erfahrener Leute, die vor allem in Neufundland zur Verfügung standen. Allerdings wurden nicht alle Meinungen berücksichtigt, so auch nicht die von George W. Melville, dem Ersten Maschinenoffizier und wichtigsten Überlebenden der *Jeannette*-Expedition. Melville sagte dem Marineminister: »Greely ist zweifellos auf Littleton Island.« (Die Mannschaft war zu diesem Zeitpunkt 30 Meilen von der Insel entfernt; sie kauerte auf einer Scholle und driftete auf dem Weg nach Kap Sabine in den Launen von Wind und Wellen hin und her.) Melville war überzeugt, dass Walfänger bis zum 20. Oktober nach Kap York fahren könnten, und erklärte sich bereit, eine eigene Mannschaft auf die Suche nach Greely zu führen »und die Männer zum Durchhalten zu ermutigen«. Seiner Meinung nach könnte ein umgehend auslaufendes Schiff die Mannschaft mit Proviant, Booten und Schlitten versorgen, bevor das Eis ein weiteres Fortkommen verhinderte.

Melvilles kühner Vorschlag muss auch in Zusammenhang mit seinen privaten und beruflichen Nöten gesehen werden. Um seinen Frieden bezüglich des *Jeannette*-Desasters zu finden, musste er seine geschwätzige Frau in die Schranken weisen und eine überzeugende Erklärung dafür finden, dass er seinen Kapitän De Long nicht hatte retten können; er hatte sich Anklagen zu stellen, die ihn – nach seinen eigenen Worten – des »Mordes« bezichtigten. Jedenfalls kritisierte Captain James A. Greer von der Marine seinen Rettungsplan: Greer war 1873 mit der *Tigress* auf der Suche nach der vermissten *Polaris*-Mannschaft nach Littleton Island gefahren. Er meinte, ein Schiff könne zwar Upernavik erreichen, würde aber dieses Jahr nicht weiter nach Norden kommen. »Mitte Oktober beginnt die lange Nacht. Den halben Weg zurückzulegen und auf den Sommer zu warten, um die Reise wieder aufzunehmen, ist das Beste, was eine Hilfsmannschaft tun kann.« Eine Schlittentour mit Ausgangspunkt in Upernavik hielt er nicht für möglich.

Auch George Tyson, der berühmteste Überlebende der *Polaris*-Expedition, wurde angehört. Tyson machte schwere Zeiten durch; sein Buch über seine Arktisabenteuer verkaufte sich miserabel, nun arbeitete er als schlecht bezahlter Wachmann beim Kriegsministerium. Er bot an, das Kommando über einen Schoner zu übernehmen und Greely im nächsten Frühjahr nach Hause zu bringen. Der Kriegsminister erwiderte darauf, dass die Pläne noch nicht so weit gediehen seien. Lieutenant John Danenhower, der andere überlebende Offizier der *Jeannette*-Expedition (und George Melvilles »schwarzes Schaf«), erklärte sich bereit, »jederzeit und mit jeder Mannschaft aufzubrechen, die organisiert werden kann«. Danenhower wusste jedoch, dass seine problematische Sehschwäche ein solches Unternehmen ausschloss.

Wildes' erste Meldung hatte den Marineminister alles andere als zufrieden gestellt. Chandler wäre vielleicht gelehriger gewesen, hätte er nicht unter dem Druck gestanden, sein Ministerium durch die Strudel des immer noch andauernden Skandals um die *Jeannette* zu lavieren. Es war noch kein Jahr her, dass er ein »Stillhalteabkommen« mit einigen Überlebenden hatte schließen müssen, die sich gegenseitig ständig an den Kragen gingen. Im Laufe dieser Ereignisse sah er sich genötigt, Anklagen unter dem Tisch zu halten, die der verstorbene Kommandant George De Long vor dem Untergang der *Jeannette* in der Arktis vorgebracht hatte. Der Untersuchungsausschuss der Marine wurde insoweit gegängelt, als düstere Tatsachen in Zusammenhang mit der Expedition, ihren Offizieren und der Mannschaft kaschiert wurden – und das alles, während Chandler die Zustimmung des Kongresses zum Ausbau der Marine brauchte, um die Vereinigten Staaten an der Schwelle zum 20. Jahrhundert auf gleichen Stand mit den europäischen Großmächten zu bringen. Er wusste, wie eifrig sich die politischen Gegner des Marineprogramms auf jede Gelegenheit und jedes Ereignis stürzen würden, um sein Ministerium in ein schlechtes Licht zu rücken.

In jenen Tagen nach der Rückkehr der *Yantic*, und während die Fragen nur so auf die Ministerien herunterprasselten, veröffentlichte De Longs Witwe eine übertrieben aufpolierte Version des Tagebuchs ihres Gatten. Melville schrieb ihr vertraulich: »Es gibt für uns beide eine Menge zu sagen, was noch nicht gesagt worden ist.« Das wusste auch Chandler, und er wollte mit allen Mitteln ein erneutes Aufflackern des Skandals vermeiden. Also beschuldigte er den Kapitän der *Yantic* aufs Schwerste, weil er nicht mit der *Proteus* bis Littleton Island mitgehalten hatte. »Ihr und die *Proteus* wart am 15. Juli auf Disko, die *Proteus* fuhr nach Norden, während Ihr bis zum 26. Juli vor Anker lagt.« Zu diesem Zeitpunkt hatte die *Proteus* Littleton Island schon passiert und war gesunken, die *Yantic* kam erst am 3. August zu der Insel. Hätte sie nicht volle elf Tage hinter der *Proteus* gelegen, »wäre Garlingtons Rettungsmannschaft mit den Vorräten [auf Littleton Island] geblieben und hätte die Fernrohre auf Kap Sabine gerichtet … und [Greely] wäre jetzt nicht dort ohne Behausung und ohne Vorräte und lediglich mit der Meldung eines kompletten Fehlschlags«.

Damit hätte die *Yantic* also ihren Auftrag als Geleitschiff der *Proteus* nicht erfüllt und »das Ziel der Expedition vereitelt«. Selbst wenn Wildes von dem Schiffbruch und von Garlingtons Kehrtwendung nach Süden gewusst hätte, »hätte er trotzdem Vorräte lagern können – was er aber nicht getan hat«.

Vor der Veröffentlichung seines offiziellen Berichts antwortete Wildes dem Minister so direkt, wie er sich traute: Nach dem Start in St. John's war die *Proteus* mit voller Kraft voraus gelaufen. Um Kohle zu sparen, war die *Yantic* unter Segel gefolgt, doch selbst wenn sie unter allen sechs Maschinen gelaufen wäre, hätte sie nicht mit dem Tempo der *Proteus* mithalten können. Für alle wäre es besser gewesen, wenn die Order andersherum gelautet und die *Proteus* Kontakt mit der *Yantic* gehalten hätte. Außerdem hatte man die *Yantic* gedrängt, in See zu stechen, bevor die Reparaturen der Kessel beendet waren, was sie schließlich sechs Tage in Godhavn gekostet hatte, denn mit schwindenden Kohlevorräten und leckenden Kesseln konnte die *Yantic* nicht nach Littleton Island fahren. Darüber hinaus beinhaltete eine solche Fahrt zunächst eine Querung der Melville Bay, was schon an sich eine große Herausforderung war. Nach allem, was Wildes über die Gefahren gelesen und erfahren hatte, »fühlte ich mich im Recht, den Vorstoß hinauszuzögern oder mich möglicherweise ganz dagegen zu entscheiden«. Doch er hatte sich dafür entschieden, und als er auf Littleton Island vom Untergang der *Proteus* las, hielt er es für seine »erste und oberste Pflicht«, die Schiffbrüchigen zu retten. Er war der Meinung, dass Greely nicht in Gefahr sei – er war ja in einem Gebiet, wo es Wild im Überfluss gab, und sollte er einen Rückzug nach Süden antreten, würde er auf Littleton Island und an der Westküste des Smithsund Proviant finden.

Das war Wildes' einzige Erwähnung seines Versäumnisses, eigene Vorräte auf Littleton Island zu deponieren. Der Minister zeigte sich entschlossen, der Sache auf den Grund zu gehen, und hatte von Wildes ein »Verzeichnis der Vorräte« verlangt, die er auf dem Schiff führte. Kommentarlos legte Wildes die Liste bei. Am 3. August hatte die *Yantic* 30 000 Pfund Proviant an Bord, und als sie in New York ankam, hatte sie immer noch 20 780 Pfund in den Frachträumen. Dieser Überfluss konnte nicht so einfach erklärt oder ignoriert werden, und Wildes musste schnell mit anderen Argumenten aufwarten. Eis und Angst vor der Klammer hatten seine Versuche vereitelt, die Schiffbrüchigen zu retten. Erst nach längerer und ergebnisloser Suche sei er nach Upernavik zurückgefahren. Stets habe er nach bestem Wissen und Gewissen gehandelt. »Ich wollte das Schiff unter meinem Kommando nicht leichtfertig in die gleiche Gefahr bringen, die schließlich zum Untergang der *Proteus* geführt hat.« Er war bereit, jegliche Schuld auf sich zu nehmen, die man ihm rechtmäßig nachweisen konnte, und verlangte eine Untersuchung. »Ich will nicht in dem Ruf leben, dass ich Lieutenant Greelys Mannschaft unnötig der Gefahr des Verhungerns ausgesetzt hätte.«

Solche Argumente berührten Chandler nicht. Er war der Meinung, der Marineleutnant und der Heeresleutnant hätten eine Trennung der Schiffe auf dem Weg nach Norden niemals in Betracht ziehen dürfen, wie es offenbar vier Tage vor dem Aufbruch in St. John's geschehen war. Die Schiffe hätten Disko zusammen verlassen müssen, der Halt in Upernavik sei unnötig gewesen. Stattdessen hätte die *Yantic* nach Littleton Island fahren können, bevor die Mannschaft der *Proteus* mit Booten nach Süden gefahren wäre. Chandler: »Das Marineministerium verurteilt Euer Versagen, Material für die Überwinterung sowie Kleidung und Proviant für die in Vergessenheit geratene Greely-Mannschaft anzulanden, als Ihr erfahren habt, dass die verzweifelte *Proteus*-Mannschaft nach Süden gefahren war.« Die weitere Vorgehensweise in diesem Fall müsse noch entschieden werden, schloss Chandler düster.

Garlington war immer noch in St. John's und suchte nach Antworten auf die schrecklichen Geschichten, die nun kursierten. Dazu gehörte auch die Frage seines Konflikts mit Pike, der offenbar das Schicksal der *Proteus* besiegelt hatte. Um die Dinge an Ort und Stelle zu klären, organisierte Garlington ein Gespräch mit Pike im Büro von John Syme, dem Agenten der Reederei. Mit Syme und Colwell als Zeugen, fragte Garlington den Neufundländer, ob er unter Druck und gegen sein eigenes Urteil gefahren sei. Pike gab zurück, dass er genauso deutlich wie Garlington selbst eisfreies Wasser nördlich von Kap Sabine gesehen habe, doch er sei der Meinung gewesen, zwei, drei Tage mehr Zeit hätten von Nutzen sein können, um die Bunker zu füllen, zumal die Verspätung dazu hätte führen können, dass weiteres Eis aus dem Smith-sund getrieben wurde. »Ihr, Lieutenant Garlington, habt in gebieterischer Weise wiederholt [anders] entschieden, so dass ich das Gefühl hatte, wenn die Expedition scheitert, wäre mein Verweilen an diesem Punkt schuld.« Dennoch räumte Pike ein, dass er dies Garlington gegenüber nicht ausreichend deutlich gemacht habe.

Am meisten empörten Garlington die amerikanischen Zeitungsberichte, die schon zwei Tage nach der Rückkehr der *Yantic* erschienen waren und sich vor allem auf Caziarcs Pressemitteilungen in Washington stützten. Der *New York Herald* vom 15. September schrieb, Garlington verlange un-verzüglich eine Untersuchung. In einem seiner ersten Tele-gramme aus St. John's hatte er erklärt, auf dem Weg nach Norden sei kein Depot auf Littleton Island angelegt worden, »weil es nicht auf meinem Plan stand«. Der *Herald* berichtete auch, ein Memorandum mit »zusätzlichen Instruktionen«, das erst jetzt veröffentlicht worden sei, beweise, dass es doch auf dem Plan gestanden habe. »Bei jenen, die sich mit dem Thema eingehend befasst haben, scheint allgemein Übereinstimmung zu herrschen, dass das komplette und katastrophale Versagen der Versorgungsexpedition vor allem Garlingtons Versäum-nis zuzuschreiben sei, Vorräte und Baumaterial auf Littleton Island oder an einem anderen erreichbaren Ort an der Mün-dung des Smithsund zu deponieren, bevor er seine waghalsige Fahrt fortsetzte.« Dann wäre der Untergang der *Proteus* sehr viel weniger folgenschwer gewesen. Garlingtons Mannschaft hätte sich auf ihr Basislager an der Küste von Ellesmere Island zurückziehen und Schlittenparteien aussenden können. »Doch nun ist weder ein Trupp an der Mündung des Smithsund, der Greely unterstützen würde, noch gibt es dort ausreichende Mengen Proviant, auf die er zurückgreifen könnte.«

Am selben Wochenende wurde auch Hazen interviewt, der bestätigte, dass diese »zusätzlichen Instruktionen« Garlingtons Marschbefehl beigefügt waren. Mittlerweile hatte ein verwirrter Lincoln eine Kopie dieses umstrittenen Memos besorgt und diskutierte darüber hinter verschlossenen Türen mit seinem Kabinettskollegen Chandler. Sie hielten das Schriftstück für »eine authentische Abschrift von Hazens Order für Garlington«. Damit hätte Garlington gegen ausdrücklichen Befehl gehandelt – diese Schlussfolgerung gewann schnell an Substanz. Da erfuhr Caziarc, dass Garlington kurz vor seinem Aufbruch in Washington Hazen das Memo gezeigt hatte, der General aber gemeint habe, es sei nicht bindend.

Caziarc war in einer peinlichen Klemme – wie übrigens auch Hazen und sein Stab; das Hauptquartier des Fernmeldecorps war über Nacht zum Tollhaus geworden. Irgendjemand informierte den *Herald*, der wiederum gab der Geschichte eine andere Wendung, doch immer noch prangten fette Schlagzeilen. Wer trug die Verantwortung? War es ein fatales Versehen? Einerseits nahm das Fernmeldecorps das Memo als Beweis für die Umsicht, ein Schiff eben gerade nicht in eine Katastrophe fahren zu lassen, wie sie die *Proteus* ereilt hatte; doch Garlington war andererseits aufgefordert, das Memo nicht als bindend zu betrachten und sich strikt an Greelys ursprüngliche Anweisungen zu halten. Offenbar handelte es sich bei den »zusätzlichen Instruktionen« nicht um Instruktionen im eigentlichen Sinn, sondern lediglich um Vorschläge, die Garlington befolgen konnte, sofern sie ihm richtig schienen. Caziarc fand, die Kritik an Garlington müsse gerechterweise ausgesetzt werden, »bis er selbst dazu gehört werden kann«.

Dieser Moment kam Ende des Monats. Die *Yantic* lag am 20. September in New York im Trockendock. Am nächsten

Tag stieg Garlington in Washington aus dem Zug. (In jener Woche drifteten Greelys Männer nach langen erfolglosen Versuchen, an die Küste zu gelangen, immer noch hilflos vom Kanebecken in den Smithsund. Vermutlich waren sie der Landspitze von Kap Sabine näher, als einer der Männer annahm.) Auf dem Bahnhof von Washington war Garlington nicht allein. Außer seinem kleinen Trupp war auch Rover dabei, der Neufundländer, der ihn während der ganzen mühsamen Reise immer begleitet und wahrscheinlich nicht einmal klagend gebellt hatte. Dennoch war die Liebe zu dem Hund in diesem Fall wohl kaum publikumswirksam, was die Presse auch prompt anführte, wobei sie allerdings hinzufügte, der Hund habe nicht einen einzigen Brocken Proviant abbekommen, der für Greely und seine Mannschaft bestimmt war.

— 18 —

Der einsame Kommandant

Greely wusste, dass seine Entscheidung Misstrauen hervorrief, dennoch war er nicht abgeneigt, auch selbst einige Seitenhiebe auszuteilen. In einer Nacht, als es günstige Rinnen gab und einige Männer drängten, sie zu befahren, weigerte sich Greely, weil der Nebel zu dicht war. Am nächsten Morgen rühmte er »die Klugheit meiner Entscheidung. Wer gestern noch laut getönt hatte weiterzufahren, hielt heute Morgen den Mund, nachdem nicht einmal ein offener Tümpel zu sehen war.« Später am Tag lag er in seinem Schlafsack auf der Dampfbarkasse und hörte Kislingbury 20 Meter entfernt im Walfangboot »unsere Lage mit den angeworbenen Leuten besprechen«. Entgegen der Ansicht des Kommandanten war Kislingbury nachdrücklich dafür, einen Vorstoß Richtung Küste zu unternehmen.

Greely quälte sich halb aus seinem Schlafsack und brüllte Kislingbury über das Eis hinweg an, er solle den Mund halten, seine Reden würden nur Missmut schüren, und er sei knapp davor, ihn der Meuterei zu bezichtigen. Kislingbury schrie zurück, er hätte nicht damit gerechnet, dass der Kommandant sich seine Bemerkungen zu Herzen nähme. Greely erwiderte, dies sei wohl nicht anders möglich, und fügte hinzu: »Wenn Ihr Vorschläge zu machen habt, dann unterbreitet sie mir!« Kislingbury argumentierte, dass er es müde sei, schließlich würde Greely sie ausnahmslos ignorieren. »Weil sie keine Substanz haben!«, tobte Greely. Der gallige Wortwechsel über Eisschollen hinweg ebbte langsam ab, doch nach einer Stunde tiefen Grübelns beschloss Greely, einen Rat einzuberufen, der aus ihm und den anderen Offizieren, dem Arzt sowie Rice und Brainard bestand, auf dessen Urteil »immer und unbedingt Verlass war«, so schrieb Greely über den Sergeanten, ohne eine Ahnung zu haben, wie verächtlich sich der Unteroffizier über ihn geäußert hatte und welche Rolle er noch bei der Meuterei spielen würde.

Er versammelte die fünf Männer auf seiner Barkasse. Laut Kislingbury begann Greely mit dem Argument, es gebe keinen Grund, warum er erklären oder rechtfertigen müsse, dass er ins Packeis gefahren sei, statt sich an der Küste zu halten, und dass er seine Gründe schon bei früheren Gelegenheiten dargelegt habe. Die Aufzeichnungen der Leutnants stimmen darin überein, dass das Gespräch folgendermaßen ablief: Greely lobte Rice für dessen Geschicklichkeit beim Navigieren im Eis, an der es ihm, Greely, selbst mangele, außerdem habe er schlechte Augen. Niemand, so fuhr er fort, schätze das Leben höher als er selbst. Schließlich habe er eine Frau und zwei Töchter. Doch in der gegenwärtigen Lage habe er kein Recht, alleine zu entscheiden, daher die Einladung. »Ich bin nicht unfehlbar.«

Er hatte keinen Zweifel, dass eine Rettungsmannschaft mit Proviant »und wahrscheinlich einem Schiff« in der Lifeboat Cove warteten. Im Hinblick auf Kap Sabine hielt er es nicht für ratsam, mit mehr zu rechnen als mit den 240 Rationen, die bekanntlich südlich von Payer Harbor deponiert waren. Und unerwartet wandte er sich an Kislingbury: »Ihr seid dem Rang nach der Nächste. Teilt uns Eure Ansichten mit.« Kislingbury zögerte nicht. Er war ganz und gar dafür, die *Lady Greely* und die *Valorous* aufzugeben und mit den zwei verbleibenden Booten und dem robusten Schlitten nach Kap Sabine zu marschieren. Greely fragte ihn: »Habt Ihr das Gewicht des 12-Mann-Schlittens, von zwei Booten und 5 000 Pfund Gepäck bedacht?« Kislingbury meinte, sein Plan sei immer noch besser, als hier zu warten, bis sie vielleicht eines Tages unter Dampf fahren könnten. »Wir können alles Stück für Stück über die Schollen hieven.«

Greely zog eine Karte zu Rate und erinnerte Kislingbury daran, dass sich die Küste nördlich von Kap Sabine zu tief einschnitt, als dass sie immer in der Nähe des Landes bleiben könnten. Pavy war mit Kislingbury der Meinung, unverzüglich aufzubrechen, dabei jedoch alle Boote bis auf eines aufzugeben. »Wir könnten täglich vier Meilen zurücklegen und Kap Sabine in einem Monat erreichen.« Lockwood, der anscheinend nicht viel über die Sache nachgedacht hatte, empfahl, erst »in ein oder zwei Tagen« aufzubrechen. Dann aber schlug er sich halbherzig auf Greelys Seite und sprach sich für den Status quo aus: »Die Umstände diktieren uns den Kurs. Es ist schwierig, sich dazu eine Meinung zu bilden.«

Später schrieb er in sein Tagebuch, was er bei der Beratung nicht gesagt hatte: Der Kommandant hoffe wohl, dass das junge Eis die Schollen bald zusammenbacken lasse und eine Fahrt mit dem Schlitten möglich wäre, oder dass sich Rinnen öffnen und die Durchfahrt mit der Barkasse und den Booten im Schlepptau ermöglichen. »In diesem Fall schlage ich vor, direkt nach Littleton Island zu fahren. Dennoch bezweifle ich, dass das geht. Das Eis ist wohl immer gebrochen und in Bewegung.«

Greely hatte die anderen schweigend angehört. Er wiederholte seine Ansicht, dass es am besten sei zu warten, bis sich die Eisverhältnisse änderten, um eine lohnenswerte Bewegung zu machen. Auch Brainard war dafür, noch nichts zu unternehmen, desgleichen Rice, der meinte: »Wir verlieren nicht, sondern wir gewinnen durch die Drift langsam an Boden.« Die beiden Sergeanten schienen mit ihrem Kommandanten übereinzustimmen, und Greely verhehlte nicht, wie dankbar er für ihre Unterstützung war. Zu seinem Glück wusste er nicht, dass Brainard noch am selben Tag schrieb: »Die Männer sehen unverändert die große Unfähigkeit und das große Unwissen des Mannes, der sie in die gegenwärtige Lage gebracht hat.«

Greely wusste, wie wichtig es war, an Land zu kommen, dennoch glaubte er, dass es nicht schaden könne, weiter in der Drift zu bleiben. Die Mannschaft hatte ausreichend Vorräte an Brot, Fleisch und Kartoffeln, und der Treibstoff würde bis zum 1. November reichen. Und so ging Greelys Ratssitzung damit zu Ende, dass man alles beim Alten beließ, Ausschau hielt nach Öffnungen im Eis, die in die richtige Richtung wiesen, auch wenn sie nur eine halbe Meile lang waren. Und wenn es keine Rinnen gab, würde man warten, bis das Eis fest genug wäre, um die Lasten der Expedition zu tragen. Direkt auf die Sitzung folgte harte Arbeit. Rice hatte vorgeschlagen, die Segel in ein Zelt umzuwandeln, die Sitze der Barkasse herauszureißen und daraus zwei weitere Schlitten zu bauen. Cross und Elison wurden für diese Aufgabe eingeteilt. Rippen für die Schlitten wurden aus alten Fassdauben und den Ruderbänken der *Valorous* gemacht. Die Behausung wurde plötzlich zum Problem. In der ersten Septemberwoche fielen die Temperaturen weit unter null. Greely ließ die Segel der Barkasse, des Walfangboots und des Beiboots zu Zeltplanen verarbeiten, die von Rudern und Masten gehalten wurden; das Zelt, ein Tipi »nach indianischer Manier«, konnte 17 Mann beherbergen. Die restlichen acht Männer fanden Schutz im Eisboot, das ebenfalls wie ein Zelt von einer Segeltuchplane bedeckt war.

Allerdings blieben sie nicht lange in ihrer improvisierten Behausung: Das Eis öffnete sich verlockend. Doch die Barkasse und die Boote waren noch keine Meile weit gekommen, als sich das Eis schon wieder schloss. Die erschöpften Männer schleppten die Boote 200 Meter über das Eis und schlugen die Zelte wieder auf einer Scholle auf. Sie lagen immer noch im Kanebecken, nun vor Bache Island – weniger als 30 Meilen vor Kap Sabine und etwa 40 Meilen vor Littleton Island. Ein auffrischender Wind beschleunigte die Drift, und die müden Lebensgeister erwachten wieder. Lieder und Lachen hallten über das Eis, auf dem die amerikanische Flagge an einem Stock wehte. Plötzlich verschmolz die Scholle mit einem massiven Eisberg, der väterlich schützend – oder drohend – 30 Meter aufragte. Dennoch hörte Greely, wie Sergeant Connell demoralisierende Äußerungen tat. Er schrieb: »Aber hier ist nicht der Ort, um Disziplin zu fordern.«

Am 8. September beschloss der Kommandant, die Taktik des geduldigen Wartens aufzugeben – und damit die Barkasse sowie die *Valorous*. Mit den beiden anderen Booten, dem 12-Mann-Schlitten und einem der beiden neu zusammengezimmerten Schlitten wollte er Cocked Hat Island erreichen, eine kahle, karge Insel in der Buchananstraße, unweit des felsigen Vorsprungs von Kap Sabine. Mit Lockwood und Rice hatte er den Eisberg erklommen, der immer noch neben ihnen trieb, und vom Gipfel aus sah er, dass die Eisverhältnisse in dieser Richtung günstig waren. Wieder rief er den Rat zusammen und verkündete seinen Plan, mit zwei Booten, allen

Vorräten, Geräten und Dokumenten aufzubrechen. »Mit dem Schlitten hätten wir 6 500 bis 7 000 Pfund zu ziehen, müssten also den Weg drei Mal machen.« Allein das Pendel und seine Kassette wogen 100 Pfund. Greely war stolz und erleichtert, dass sich niemand dagegen aussprach, es mitzunehmen. »Auf Cocked Hat Island würde ich alles zurücklassen, außer Schlafsäcken, Kochgeschirr und Rationen für einige Tage, und möglichst schnell nach Kap Sabine marschieren.«

Die Vorbereitungen für den Aufbruch begannen. Heftige Schneefälle setzten ein, als die Männer die *Valorous* und die Barkasse abtakelten, die nach Greelys Frau benannt war. Dass das Schutzdach abmontiert wurde, um daraus Bodenbretter für das Zelt zu machen, war die letzte Entwürdigung der *Lady Greely*. Still entbot Greely der Barkasse seinen letzten Gruß, machte eine knappe Eintragung über das, was von ihr übrig geblieben war, und ließ vom Mast der *Valorous* eine Signalflagge flattern in der Hoffnung, das lang ersehnte Versorgungsschiff würde sie sehen.

Am frühen Nachmittag des 10. September brach die Mannschaft auf. Brainard ging an der Spitze und wählte die beste Route. Der erste Trupp aus 14 Mann zog das Eisboot *Beaumont* und den großen Schlitten mit 700 Pfund Ladung über holpriges Eis, es folgten die beiden kleinen Schlitten mit je fünf Mann an den Zugtauen. Eine Kufe brach durchs Eis, und die Männer verloren wertvolle Zeit, indem sie alles zurückschleppen mussten. Greely befahl, das Zelt aufzustellen, und ging zurück, um die zweite Ladung zu holen: 2 000 Pfund Last und das zehn Meter lange Walfangboot. Beharrlich mussten sie sechs Meilen zurücklegen, um der Küste zwei Meilen näher zu kommen. Einer der kleinen Schlitten brach gänzlich zusammen und musste zurückgelassen werden. Nach der dritten und letzten Ladung gab er den erschöpften Männern

Rum aus. Zwölf Mann schliefen im Tipi, die übrigen Männer unter den zerrissenen Segeln, mit denen die Boote abgedeckt waren. Am nächsten Morgen klarte es auf. Vom höchsten Punkt ihres letzten Eislagers sahen die Männer Kap Sabine.

Wie sie über Cocked Hat Island jedoch dorthin gelangen sollten, war eine Streitfrage. Direkt vor ihnen lag eine weite Fläche aus Trümmereis, das von gefrorener Eisgrütze zusammengehalten wurde. Lockwood war dafür, nach Osten zu wandern und möglicherweise das unüberwindliche Eisfeld zu umgehen. Rice sprach sich für einen Marsch nach Westen aus. Pavy und Brainard waren dafür zu bleiben, wo sie waren, die anderen wollten zur südlichen Kante der Scholle gehen und dort auf die Springflut warten, mit der sie in einigen Tagen rechneten. Brainard meinte, die Flut würde das Eis so weit aufbrechen, dass sie mit den Booten fahren könnten. Doch Greely war mit keinem Vorschlag zufrieden; er war dafür, über eine Reihe von Schollen zu gehen, die sich seines Erachtens über viele Meilen nach Südosten zogen.

Am 12. September stapften Rice, Kislingbury und zwei weitere Männer über das Eis und prüften die Verhältnisse. Getrennt, aber mit der gleichen Nachricht kamen sie zurück: Es war wenig wahrscheinlich, dass sie ihre Scholle sicher verlassen konnten, dennoch mussten sie das Risiko eingehen. Die Scholle war ein Teil der Packeisdrift, die sich manchmal auch nach Norden und somit in die entgegengesetzte Marschrichtung der Männer bewegte. Nun mussten sie das Walfangboot aufgeben, unter dessen Gewicht schon zwei Mal der große Schlitten gebrochen war, »ohne den wir hilflos sind«, so Brainard. Lockwood rechnete damit, dass die Boote am Kap Sabine gefunden wurden. Sie ließen das Walfangboot mit einer Signalflagge an einem aufgestellten Ruder zurück und gingen weiter. Zunächst musste alles an die Kante der Scholle gezogen werden. Dafür waren fünf Gänge erforderlich, und jeder Gang dauerte anderthalb Stunden. Greely befürchtete, dass sich diese Anstrengung negativ auf die Moral auswirken könnte. Die Männer waren zerschrammt, ihre Muskeln überdehnt, der Marsch durch diffuses Licht war schlimmer als durch dunkle Nacht, denn: »Bei dem abnehmenden Licht zeigte sich wieder der Übelstand, dass der Schnee keinen Schatten warf und man also Höhen und Tiefen nicht unterscheiden konnte.«

Wind aus Südwesten kam auf, er trieb die Scholle nach Nordosten und versetzte die Männer so weit nach Norden, wie sie in ebenso vielen Tagen nach Süden vorgedrungen waren. »Wir sind nun ganz der Gnade des Windes ausgeliefert, und Gott allein weiß, was uns bevorsteht.« Das zitternde Grüppchen lagerte an der Eiskante und erwartete von seinem Kommandanten ein Zeichen der Hoffnung. Greely beschloss, Cocked Hat Island zu umgehen und direkt nach Kap Sabine zu marschieren. Greely und Pavy stritten sich erbittert im Tipi. Der Arzt behauptete, wenn seine Vorschläge berücksichtigt worden wären, könnte die Mannschaft in Fort Conger in Sicherheit sein und müsste nun nicht hilflos im Kanebecken treiben. Greely stritt ab, je einen solchen Vorschlag gehört zu haben, dennoch wäre es gegen die Order gewesen, über den 1. September hinaus in Fort Conger zu bleiben, nachdem kein Schiff gekommen war. Pavy grummelte, die Männer seien wohl immer noch nicht genug geschunden, und verließ das Zelt. Greely befahl Lockwood, jedes Wort aufzuschreiben, das gewechselt worden war, und er schrieb in sein Tagebuch: »Seine Äußerungen über die Männer sind genauso niederträchtig, wie seine anderen Erklärungen aufrührerisch sind.«

Am Ende jenes düsteren Tages verglich Greely die Zahlen von Rice, der regelmäßig ihre Koordinaten peilte, mit den

Zahlen der vergangenen 24 Stunden: »Nach der gestrigen Messung waren wir auf 78° 55', heute auf 79° 01' – ein Rückschlag von sieben Meilen und ein Verlust unseres teuer erarbeiteten Terrains.« Greely und Rice kamen überein, es den anderen nicht zu sagen.

»Wir liegen 19 Meilen vor Kap Sabine«, schrieb Lockwood am 16. September. Greely schätzte, dass sie noch Proviant für 40 Tage hatten, dennoch hatte er wieder seine Meinung geändert und wollte nun Richtung Osten nach Grönland marschieren. »Die Lage ist sehr kritisch«, so Lockwood. »Beide Küsten in Sicht.« Grönland lag auf der linken, Ellesmere Island auf der rechten Seite, doch keine Küste schien erreichbar. Erneut wurde der Rat einberufen, Lockwood führte in Steno Protokoll. Pavy ließ nicht davon ab, dass es nur ein Entkommen gebe, wenn sie sich sofort über das Trümmereis nach Kap Sabine durchschlügen. Wieder wurde über den Transport des schweren Pendels nachgedacht. Greely wollte es retten, ohne jedoch die Chancen der Mannschaft zu verringern. Doch zu seiner Erleichterung waren alle der Meinung, man solle das Pendel so lange wie möglich mitführen. Es herrschte weit gehend Konsens, dass sie bleiben sollten, wo sie waren, bis die Springflut, die nun ihren Höchststand erreicht hatte, vorüber sei. »Dann wird sich die Drift entwickelt haben, und wir wissen besser, was zu tun ist.«

Greely bemühte sich, seinen Männern zu versichern, dass er so schnell wie möglich an Land kommen wolle, doch seine Unsicherheit war nur allzu deutlich und gab seinem ehemaligen Maschinisten Cross frischen Stoff für spöttische Bemerkungen: »Der alte Schurke ist solch ein Lügner, dass wir in nichts, was er sagt, vertrauen können.« Dennoch konnte der ständigen Änderung von Meinungen und Perspektiven in den drehenden Winden und den Strömungen, in denen die Scholle mit der Mannschaft trieb, nicht abgeholfen werden. Manchmal driftete das Eis nach Südosten, dann nach Südwesten, dann wieder kreiste es, und die Männer befanden sich auf dem Weg in die entgegengesetzte Richtung, die sie in der vergangenen Nacht eingeschlagen hatten.

Die Elemente trieben ihr Spiel mit der Mannschaft und machten jede Berechnung unmöglich. Am Mittag des 17. September schob sich die Scholle nach Westen, und Kap Sabine war wieder ein mögliches Ziel. Cocked Hat Island bot sich als erster Halt an, doch innerhalb von zwei Tagen bewegte sich das Eis wieder nach Südosten. Die Männer rasten hin und her über das Meer aus Trümmereis, das sie von einer Ecke in die andere trug. Fünf Rinnen durchfuhren sie mit Booten, dazwischen mussten sie jedes Mal die 6 000 Pfund Last auf den Schlitten heben und über das unebene Eis ziehen. Jedes Umsteigen vom Schlitten auf die Boote und umgekehrt drohte, die Mannschaft auseinander zu reißen. »Es bestand stets die Gefahr, dass die Schollen sich spalteten und mit Teilen der Ausrüstung und auch mit Männern abdrifteten.« In dem ganzen Durcheinander wurden tröstende Rituale jedoch nicht aufgegeben: An Whislers Geburtstag gab Greely Preißelbeeren aus und spendierte ein Extrastück Zucker in den Kaffee.

Am nächsten Tag entschied Greely, den Großteil der Last zurückzulassen und über das Packeis nach Grönland zu marschieren. Brainard schrieb nur: »Wahnsinn!«, und Pavy verglich ihre Lage mit einem Poe'schen Albtraum.

Das Zelt wurde wieder aufgestellt, und Eskimo Fred sorgte für Freude, indem er trotz schlechter Sicht einen 600 Pfund schweren Seehund schoss. Beide Eskimos waren »Gold wert«, so Kislingbury. Um Spiritus zu sparen, wurde das Robbenblut auf dem Stearinkocher erwärmt; der Nährwert des Blutes war von früheren Arktisfahrern betont worden. Greely fand, es schmecke wie rohe Eier. Der Qualm des Stearins führte bei Bender zu heftigen Hustenanfällen. Greely schlug vor, er solle seinen Platz mit Connell tauschen, der bislang unter der Plane im Eisboot geschlafen hatte. So kam Connell ins Zelt. Greely sah in ihm einen schlimmen Querulanten und bat Ralston, ein aufmerksames Auge auf ihn zu haben. Als Kislingbury davon erfuhr, nannte er es »Spionage«. Was machte es schon, wenn die Männer maulten? »Nur ein Heiliger könnte diesen Zustand klaglos ertragen.«

Das aufgegebene Walfangboot mit der flatternden Signalflagge kam in einer Entfernung von nur zwei Meilen wieder in Sicht – ein Beweis für das schreckliche Umherirren der Männer. Greely schickte acht Mann im Eisboot aus, um das Boot wieder zu bergen, doch es war zu anstrengend, es über das firnige Eis zu ziehen, und so ließen sie es zurück. Am 23. September fiel noch mehr Schnee. Die gestrandeten Männer aßen Zwieback, Corned Beef und Robbenfleisch. Der Arzt musste immer mehr Kranke versorgen; der Kommandant hatte einen entzündeten Finger, Kislingbury einen schmerzhaften Bruch, Cross hatte Frostbeulen am Fuß, und auf dem Zickzackkurs der Scholle verschlimmerte sich der Durchfall bei Schneider und anderen Männern.

Wieder tauchte das Walfangboot auf. Lockwood marschierte mit sieben Mann über launisches Eis und startete einen weiteren Versuch, das Boot zu bergen. Nach einer Meile trennten sich die Schollen und drohten, den Trupp abzuschneiden. Sie hasteten zurück in die Sicherheit, und das Boot verschwand wieder aus ihren Augen.

Wieder hatte die Drift die Männer nach Westen und in Sichtweite von Cocked Hat Island getragen. Kislingbury hielt es für wahrscheinlich, dass das Versorgungsschiff bis Kap Isabella in der südlichen Einfahrt zum Smithsund, wenn nicht sogar bis Kap Sabine gekommen war, wo angeblich 240 Rationen der Engländer lagerten. Der Leutnant war in ständiger Sorge um seine mutterlosen Sprösslinge, »meine armen kleinen Burschen daheim. Ich bin machtlos, ich kann ihnen nicht helfen.« Wie groß wäre erst die Sorge der Kinder, wenn das Versorgungsschiff ohne einen einzigen Mann zurückkäme? »Ach, könnten euch doch die Engel die tröstende Nachricht zuflüstern, dass es uns gut geht und unsere Chancen nicht allzu schlecht stehen.«

Der Untersuchungsausschuss

Lieutenant Garlington verbrachte die ersten fünf Tage in Washington damit, die Meldung an den Kommandeur des Fernmeldecorps abzufassen. Es war eine Litanei des Missgeschicks, die nur durch die Rettung der Schiffbrüchigen aufgehellt wurde. Greely war dennoch nicht weiter in Gefahr gebracht worden. Sollte er Littleton Island erreichen, »wird er seine Leute auf die Eskimodörfer aufteilen. Die Vorräte, die er auf der Rückzugsroute findet, und das Wild, das es zusätzlich in der Region gibt, werden für seine Mannschaft im kommenden Winter ausreichend sein.« Oder, und das betrachtete Garlington als wahrscheinlicher, er war in Fort Conger geblieben, wo er zum Überwintern ein gutes Lager und Proviant im Überfluss hätte, »mit dem Wild, das das Land hergibt«.

Seine Meldung endete mit der Erwähnung des »eindeutigen Unrechts«, das ihm durch die Veröffentlichungen angetan wurde, er habe ein »Memorandum der Instruktionen« gehabt, Vorräte auf Littleton Island zu lagern, bevor er aufbrach, und diese Instruktionen habe er nicht befolgt. »Das Schriftstück war weder adressiert noch unterzeichnet, es trug überhaupt keinen amtlichen Vermerk.« Er hatte es beim offiziellen Marschbefehl gefunden und erinnerte nun Hazen in scharfen Worten daran: »Ihr sagtet, dem Sinn nach, Ihr wisset nicht, wie es dorthin gelangt sei. Auch ich wusste es nicht und habe es nie als Befehl betrachtet.«

Garlington gab den Bericht am 2. Oktober ab, doch Lincoln las ihn erst zwei Wochen später, weil er im Hauptquartier des Fernmeldecorps abgeheftet worden war und auf Hazens Rückkehr aus dem Westen wartete. Hazen war in San Francisco im *Palace Hotel* abgestiegen und hatte von dort an Henrietta geschrieben, er wolle wissen, warum die *Yantic* Disko zwei Wochen später verlassen habe als geplant und warum der Kapitän keine Vorräte für Greely deponiert habe. Da Wildes Marineoffizier war, sei es eher an Chandler, diese Fragen zu stellen, der dies sicherlich auch tun würde, sobald er Wildes' vollständigen offiziellen Bericht in allen Einzelheiten gelesen habe – in dem der Marineoffizier in weiten Teilen wiederholte, was er auch schon zuvor in der erhitzten Korrespondenz mit dem Minister erklärt hatte. Kesselreparaturen, Schneestürme und das Bunkern von Kohle hätten das Schiff über zwei Wochen in Godhavn festgehalten. Doch Nebel, Schneestürme und driftende Eisberge hatten die *Yantic* nicht daran hindern können, die Melville Bay zu queren und Littleton Island sicher zu erreichen.

Selbst in offiziellen Schreiben neigte Wildes zu lyrischen Formulierungen. Auf Littleton Island war er auf einen Hügelkamm gestiegen und hatte nach Norden geblickt. »Worte können die strenge, zerklüftete Erhabenheit dieses Tors zum Pol nicht beschreiben, wie ich es an jenem sonnigen, schönen Tage sah. Das prächtige nördliche Packeis mit seiner rauen Oberfläche und seinem *mer de glace*-gelben Farbton zog sich in einem riesigen Halbkreis von Kap Ingesoll bis Kap Sabine.« Nachdem er Garlingtons Meldung über den Schiffbruch entdeckt hatte, habe er sich »unverzüglich« auf den Weg gemacht. Daraufhin sei es zu dieser ziellosen gegenseitigen Jagd gekommen. Auf Northumberland Island habe er Spuren der Mannschaft gefunden. »Lange Eiszungen schoben sich mehrere Meilen ins Meer« und verhinderten eine Anlandung bei Kap York. Das Wetter wurde schlechter, und Wildes nahm Kurs auf Upernavik, wo seine Männer an Land Schießübungen machten und, wie Wildes großzügig vermutete, mit den Eskimomädchen tändelten. Der nächste Stopp war Godhavn auf Disko, von Disko ging es wieder nach Upernavik, wo die Greely-Versorgungsmannschaft endlich übernommen werden konnte.

Auf der planlosen Fahrt nach Norden habe es Zeiten gegeben, »da wir dachten, das Kreuzen in der Arktis würde etwas übertrieben dargestellt, aber die schreckliche Nachricht, die uns bei unserer Ankunft [auf Littleton Island] erwartet hatte, die Hindernisse auf unserem Weg nach Süden und die dringende Notwendigkeit, die Suche aufzugeben, überzeugten mich, dass mit diesen eisigen Regionen nicht zu spaßen ist«. Die *Yantic* sei für den Auftrag nicht geeignet gewesen, und Wildes riet, das Ministerium solle nie wieder ein Schiff nördlicher als Neufundland schicken, wenn es nicht für schweres Eis gebaut und gerüstet und die Mannschaft nicht für arktische Winter gekleidet wäre. Und beides war bei der *Yantic* nicht der Fall. Wildes betonte jedoch: »Ich tat alles, um meinen Befehl im Sinne des Auftrags auszuführen.« Mit Ausnahme des Begriffs »Greely-Versorgungsmannschaft« fand die Lady-Franklin-Bay-Expedition in Wildes' Bericht keine Erwähnung.

Kaum zurück aus dem Westen, legte Hazen dem Kriegsminister Garlingtons Bericht vor und fügte ein Schreiben bei, in dem er sich von jeder Schuld in der Angelegenheit des »Memorandums von Instruktionen« distanzieren wollte. Diese

Aktion erforderte einige Spitzfindigkeit von Hazens Seite, denn es konnte kaum in seinem Interesse liegen, die Schuld auf Garlington, Caziarc oder Greely abzuwälzen, auf drei Soldaten also, für deren Pflichterfüllung er als ihr militärischer Vorgesetzter letzten Endes verantwortlich war. Greelys ursprüngliche Forderung, keinerlei Abweichungen von seinem Plan vorzunehmen, habe eine Änderung »heikel« gemacht. Doch in Abwesenheit der Mannschaft hatte der Kongress beschlossen, die Station in der Lady Franklin Bay zu schließen und die Männer zurückzuholen. Dieser Beschluss rechtfertigte die Instruktion über die Anlandung von Vorräten auf Littleton Island auf dem Weg nach Norden. Dann aber hatte der Marineminister ein Geleitschiff mitgeschickt. »Das Geleitschiff selbst war ein Depot«, schrieb Hazen, »und es war das Beste, wenn Garlington laut Greelys Plan handelte.« Und so war die Order, erst bei Littleton Island zu stoppen, »lediglich ein Vorschlag«.

Genau gesagt: Garlington hatte sich nicht der Befehlsverweigerung schuldig gemacht. Dennoch musste der Leutnant einiges erklären. Warum hatte er nach dem Untergang der *Proteus* nicht mit den verbleibenden Vorräten ein Depot angelegt? Er war in Booten mit Proviant für 40 Tage aufgebrochen, den er mit Wild auf der Route auffrischen konnte. Und warum hatte er, als er südlich von Kap York im freundlichen Eskimoland weilte, »wo für alle Notwendigkeiten des Lebens ausreichend gesorgt war«, aus den sechs Booten keine Vorräte für Greely hinterlassen? Auf all diese Fragen versprach Hazen dem Kriegsminister zufrieden stellende Antworten. Und was war mit Greely? »Ich betrachte seine Lage nicht als hoffnungslos und rechne fest mit seiner Rettung im nächsten Sommer, die rechtzeitig und umfassend eingeleitet werden muss.« Nach Garlingtons Rückkehr hatte Hazen in seinen Telegrammen an

Lincoln allerdings von einer kritischen Lage für Greely gesprochen, doch in den jüngsten Schreiben des Kommandeurs, die Garlingtons Bericht beilagen, war von Dringlichkeit keine Rede mehr. Sehr viel später jedoch würde er zu seiner Verteidigung erklären, der Kriegsminister habe seine Telegramme aus den Plains auf kriminelle Weise ignoriert.

In den letzten Herbstwochen des Jahres 1883 wurden keine festen Pläne für die Rettung der Lady-Franklin-Bay-Expedition gefasst, stattdessen wurde ein Untersuchungsausschuss gebildet, der nach offizieller Formulierung »in allen Fragen in Bezug auf die *Proteus*-Versorgungsexpedition ermitteln soll, darunter auch in Bezug auf das Versagen der *Proteus*, zusammen mit der *Yantic* Littleton Island oder die dortige Umgebung anzulaufen«. Mitarbeiter des Kriegs- und Marineministeriums müssten Rede und Antwort stehen, aber auch die beiden Minister müssten aussagen. Lincolns Antwort auf Hazens eingestandene Abnahme des Schreibens als Anlage zu Garlingtons Marschbefehl gibt einen Hinweis darauf, wie er und Chandler ihre Aussagen in Übereinstimmung brachten. Lincoln behauptete, er und Chandler hätten das Memo erst vor kurzem gesehen und seien zu dem Schluss gekommen, Garlington habe einen Befehl missachtet. Doch dann habe sich herausgestellt, dass es sich nie um einen Befehl handelte. Dennoch, fügte der Minister scharf hinzu, sei genauso klar, dass Garlington, »nachdem er [die Order] gelesen hatte und auf Euren Befehl hin nach Gutdünken handeln durfte«, nichts Klügeres tun konnte, als den Vorschlag anzunehmen und Vorräte auf Littleton Island zu lagern.

Garlington hatte währenddessen zu viel um die Ohren, um die Nachricht aufzunehmen, dass sein Vorgänger auf dem Posten des Kommandanten einer erfolglosen Greely-Versorgungsexpedition ein frühes Ende genommen hatte. Bevor der

Leutnant Anfang des Jahres zum Kommandanten der zweiten Expedition ernannt worden war, hätte William Beebe beteiligt werden sollen, doch Meldungen über sein Trinkverhalten waren auch zu Hazen durchgedrungen, und sollte er die Idee, Beebe auf eine zweite Arktisfahrt zu schicken, je ernsthaft erwogen haben, gab er sie spätestens dann auf. Dass Beebe nach seinem Versagen, Greely zu erreichen, ignoriert wurde, war eine Demütigung, die ihn seelisch sicherlich schwer belastete. Er war ledig und lebte allein. Am Morgen des 6. August, zwei Monate, nachdem Garlington in See gestochen war, wurde Beebe im *National Hotel* in Washington gesehen, wo er jemanden gebeten haben soll, ihm zwei Unzen Laudanum zu besorgen. Er soll angeblich ausgesehen haben wie ein »schwerer Trinker«. Später an jenem Tag wurde der unbedarfte Gefreite, der in Wahrheit niemals scharf darauf gewesen war, die Arktis nach verschollenen Entdeckern abzusuchen, tot in seiner Wohnung aufgefunden. Todesursache: eine Überdosis Drogen.

Der vierköpfige Untersuchungsausschuss kam am 8. November unter dem Vorsitz von Brigadegeneral Stephen Vincent Benet, Kommandeur der Artillerie (und Großvater des Dichters), im Kriegsministerium zusammen. Kriegs- und Strafrichter Major Henry Goodfellow hatte bereits Kopien aller verfügbaren Berichte und Briefe im Zusammenhang mit der Geschichte der Lady-Franklin-Bay-Expedition und der beiden erfolglosen Versorgungsexpeditionen beschafft. Es war zwar kein Militärgericht, aber der Prozess ließ unweigerlich vermuten, dass Garlington unter Anklage stand, und so wurde ihm ein Rechtsbeistand genehmigt; vertreten ließ er sich von dem bekannten Washingtoner Anwalt Linden Kent. Und Garlington brauchte auch einen Anwalt, denn er musste sich den bohrendsten Fragen stellen.

Von Anfang an war Garlington davon ausgegangen, dass die *Yantic* seinen Vorstoß nach Norden auf keinen Fall behindern sollte. Daraufhin fragte Goodfellow, ob es ein Problem für ihn gewesen sei, sich in irgendeiner Weise auf die *Yantic* zu stützen.

»Ja, Sir.«

»Welchen Nutzen hatte dann die *Yantic* für Eure Expedition?«

»Praktisch keinen. Sie wurde meiner Meinung nach lediglich ausgeschickt, um die Öffentlichkeit zu beschwichtigen.«

Er wurde gefragt, ob er es nicht klug gefunden hätte, beispielsweise die Hälfte oder auch nur ein Drittel seiner Vorräte auf der Fahrt nach Norden abzuladen.

»Ich war der Ansicht, wenn überhaupt Vorräte abgeladen werden sollten, dann auf der anderen Seite.«

»Aber Greely gab doch Littleton Island oder Lifeboat Cove als Ziel vor.«

»Er müsste die andere Seite passieren, um dorthin zu gelangen. Er hatte vor, über Kap Sabine zu kommen.«

Tagelang wurde über das rätselhafte Memo diskutiert, von dem Kent seinen Mandanten anfänglich distanzieren wollte.

War im Fernmeldecorps etwas besprochen worden, das nahe legte, Vorräte auf dem Hinweg auf Littleton Island zu lassen?

»Nein, nichts. Das Memorandum wurde einzig erwähnt, als ich Hazen darauf aufmerksam machte.«

Das Schriftstück war auf Powells Befehl zuerst von Caziarc verfasst worden, der dies bei seiner Aussage auch zugab; er fügte allerdings hinzu, er habe plötzlich das Kommando über den Stab bekommen, nachdem Hazen die Stadt verlassen hatte, und habe über die Vorgänge nicht genau Bescheid gewusst.

Auch der General selbst distanzierte sich auf diese Frage hin überzeugend genug von dem Memo – er sei schließlich am anderen Ende des Landes gewesen, als es verfasst worden war. »Scheinbar wurde diese Information von Mr Caziarc ausgegeben, dem Offizier, der mit den Instruktionen betraut war. Allerdings würde ich nicht sagen, dass er den Auftrag hatte, an der Arktisexpedition zu arbeiten, er sollte nur dieses kurze Memo verfassen. Möglicherweise war es die einzige Sache, die er diesbezüglich allein entschied.«

Wer war dann mit der Arktisexpedition betraut?

»Captain Clapp – bis zu Lieutenant Garlingtons Ankunft [in Washington].«

Zu diesem Zeitpunkt war Clapp im Westen stationiert und als Zeuge nicht verfügbar. Also lenkte sich die Aufmerksamkeit auf Caziarc, der sich zu Recht in Gefahr wähnte, als Sündenbock herhalten zu müssen. Er gab zu, für das Memo verantwortlich zu sein, verteidigte es jedoch als stichhaltig und gerechtfertigt. Das Anlanden von Vorräten auf Littleton Island sei seine Idee gewesen. »Es war eine Abweichung von Lieutenant Greelys Vorgaben, vergrößerte aber die Sicherheit. Ich hatte meine Meinung niedergeschrieben – sie konnte angenommen oder verworfen werden.«

Sehr ungemütlich wurde es für Caziarc, als er von Garlington ins Kreuzverhör genommen wurde. Warum war Caziarc davon ausgegangen, er, Garlington, habe das Memo gebilligt, und hatte das auch gegenüber der Presse verlauten lassen?

»Ihr habt es einige Male gelesen«, erklärte Caziarc. »Ich hatte den Eindruck, dass Ihr diesem Plan zustimmtet.«

»Hattet Ihr mit Captain Clapp darüber gesprochen? War er nicht der Meinung, dass Ihr eigenmächtig gehandelt hattet?«

»Das weiß ich nicht. Er hat nie etwas in dieser Art gesagt.«

Caziarc sagte aus, dass er erst bei Garlingtons Rückkehr erfahren habe, dass sein Memo dem Marschbefehl gesondert beilag. Hatte er daraufhin alles getan, um den Eindruck zu korrigieren, den der Kriegs- und der Marineminister bekommen hatten, und um von Garlington den Makel zu nehmen, er habe einen Befehl missachtet?

»Ich unternahm dazu alle Anstrengungen. Captain Mills suchte den Kriegsminister wiederholt auf, und im *New York Herald* vom 16. September steht –«

»Ich habe nicht nach dem *Herald* gefragt.«

»Alles wurde unternommen, aber es musste umsichtig geschehen.«

Dann wurde die Aufmerksamkeit auf Commander Wildes gelenkt. Bevor er den Eid ablegte, bat er um Klärung einer Verfahrensfrage: War er als Zeuge oder als Angeschuldigter geladen? Der Ausschuss beriet hinter verschlossenen Türen und erklärte schließlich, er sei Zeuge. Kaum war Wildes im Zeugenstand, erklärte er auch schon, er werde keinerlei Aussagen machen, die seinem Ruf in irgendeiner Weise schaden könnten.

Major Goodfellow fragte, ob er nach der Nachricht über den Untergang der *Proteus* in Betracht gezogen habe, auf Littleton Island Vorräte der *Yantic* als Depot für die Greely-Mannschaft anzulegen.

Wildes bejahte.

»Wie war zu diesem Zeitpunkt Ihre Sicht in dieser Frage?«

»Darauf möchte ich nicht antworten, Sir.«

»Würdet Ihr Euch mit einer Antwort belasten?«

»Belasten? Nein, Sir.«

Goodfellow versuchte es auf anderem Weg: Hatten er und Garlington je darüber gesprochen, Vorräte der *Yantic* für die *Proteus*- oder die Greely-Mannschaft zu deponieren?

»Nein, so ein Gespräch wurde nicht geführt.«

»Aber warum habt Ihr nicht daran gedacht, Depots für Greely anzulegen, als Ihr erfuhrt, dass die *Proteus* ihren Auftrag nicht ausgeführt hat?«

Wildes antwortete mit einem Zitat aus seinem Schreiben an Chandler: »Ich hielt es für meine erste und oberste Pflicht, die Schiffbrüchigen zu retten. Um Lieutenant Greely fürchtete ich nicht.« Sollte Greely nach Littleton Island gelangen, würde er nicht nur Caches in der Umgebung finden, sondern auch ausreichend Wild, da es in den Gewässern zwischen Littleton Island und dem Festland nur so von Walrossen wimmele. »Der Gestank ihres Dungs verpestet die Luft.«

Warum war Garlingtons Expedition fehlgeschlagen?

Wildes' Antwort: Weil die beiden Schiffe, die zusammen nach Norden geschickt wurden, so ungleich waren. »Es war ein fremdes Schiff, die Crew bunt zusammengewürfelt, eine Gruppe von Herumtreibern.« Wildes erinnerte daran, dass das Marineministerium eine Rettungsexpedition nach der verschollenen *Jeannette* ausschicken wollte und einen Ausschuss aus hochrangigen Offizieren gebildet hatte, »die wochenlang alles studierten und bis ins kleinste Detail planten. In diesem Fall hingegen wüsste ich nicht, dass etwas Ähnliches unternommen worden wäre.«

Niemand wies jedoch darauf hin, dass auch alles Studieren im Fall *Jeannette* nichts genützt hatte. Dennoch hatte Wildes im Zeugenstand genug gesagt, um Hazens Zorn anzufachen, vom dem er sich schließlich ins Kreuzverhör nehmen lassen musste: Er fragte, was ihn zu der Behauptung veranlasse, dass es sich bei der Crew der *Proteus* um »Herumtreiber« gehandelt habe.

»Es war schon zu spät im Jahr, um eine gute Mannschaft anzuheuern. Captain Pike sagte, er müsse nehmen, was er bekommt.«

Hazen fuhr fort: »Ihr sagtet, die Initiatoren der Expedition hätten die Berichte früherer Arktisfahrer nicht studiert. Gehöre ich auch zu diesen?«

»Ich habe dem nichts hinzuzufügen, ich kann nur das beurteilen, was jeder selbst sehen kann.«

Hazen kochte vor Wut über Wildes' Antworten. Er bat den Ausschuss, Clapp, »der nach mir mehr [von der Recherche und Organisation] versteht als jeder andere auf dieser Welt«, als Zeugen zu laden. Als Goodfellow fragte, welchem Zweck diese Aussage dienen solle, verließ Hazen den Raum und verfasste einen weitschweifigen Brief. Sein Ruf stehe auf dem Spiel, und die Aussage, die *Proteus* sei ein schlechtes Schiff mit einer unfähigen Crew gewesen, »soll auf ein grundlegendes und fast kriminelles Dienstversäumnis hinweisen«. Clapps Aussage sei nun von größter Bedeutung, denn im Dezember 1881 »legte ich die ganze Arbeit der Arktiseinheit in seine Hände«, und diesen Auftrag habe er auch ausgeführt, bis Garlington auf der Bildfläche erschienen sei. Hazen schließt: »Ich will beweisen, dass die *Proteus* in jeder Hinsicht geeignet war.«

Unter Hazens Druck und aufgeschreckt von den Presseberichten, hatte sich Clapp schon zu Wort gemeldet. Er schrieb von seinem fernen Posten an Goodfellow, er sehe seinen Ruf gefährdet. »Das ist mir gegenüber in jeglicher Hinsicht ungerecht. Ich bin hier 2 000 Meilen von Washington entfernt auf einem Blockhaus-Posten stationiert, und es wird gegen mich ermittelt, ohne dass ich mich zu meiner Verteidigung äußern oder eine Erklärung abgeben könnte.« Und bald machte sich Clapp auf den Weg.

Über eine ähnlich weite Strecke, nur aus einer anderen Richtung, nämlich aus St. John's, war weiterer Protest zu hören: Auch Pike wollte seinen Ruf unbedingt wahren.

Schließlich wurden beide angehört. Clapp erwies sich für Hazen nicht als Hilfe. Er sei nur vorübergehend mit der Organisation der Arktisexpedition betraut gewesen, habe aber von Anfang an dazu geraten, nicht nur Vorräte auf dem Weg nach Norden anzulanden, sondern auch am Kap Sabine oder an einem nördlicheren Punkt im Smithsund an der Küste von Ellesmere Island, statt im Osten in der Lifeboat Cove oder auf Littleton Island, auch wenn, so gab er zu, »diese Vorschläge eine Abweichung von Lieutenant Greelys Plänen zur Folge hätten«. Und er sagte aus, dass er von Hazen den Auftrag bekommen habe, die Instruktionen »grob« zu umreißen, damit Lieutenant Caziarc sie ausformulieren könne. »Das vorliegende Schriftstück war das Ergebnis.«

Pike sagte aus, er habe mit Garlington nicht übereingestimmt, weiter nach Norden in den Smithsund zu fahren. »Ich widersprach nicht, denn ich hielt es für meine Pflicht, mich seinen Wünschen zu beugen.« Die *Proteus* sei ein robustes Schiff und der Aufgabe gewachsen gewesen. Zugegeben, die Crew war nicht erstklassig, aufrührerisch jedoch sei sie nicht gewesen. Die Hälfte der Männer war schon bei anderen Gelegenheiten unter seinem Kommando gefahren. Beharrlich verteidigte Pike seine seemännische Erfahrung. Eis war nichts Neues für ihn. »Ich fahre schon seit über 30 Jahren ins Eis. Zum ersten Mal fuhr ich, als ich 14 war.«

Hazen wurde wieder in den Zeugenstand gerufen. Er gab zu, dass es ihm nach dem Kongressbeschluss gegen die Weiterführung von Greelys Arbeit und für die Rückführung der Mannschaft sinnvoll erschienen war, Greelys Vorgaben dahingehend zu ändern, dass auf dem Weg nach Norden Vorräte auf Littleton Island gelagert und »ein Depot auf der Westseite des Smithsund angelegt« werden müssten. Folglich fiel die Entscheidung, einen Tender, »ein Depot an sich«, mitzuschicken und Greelys ursprüngliche Anweisungen wieder zu befolgen. Wiederholt sagte Hazen aus, von dem widersprüchlich gehaltenen Memo zunächst nichts gewusst zu haben. »Ich war daran nicht beteiligt, ich konnte es lediglich zurückweisen.« Fast unbeschwert verriet er seine Ahnungslosigkeit in Bezug auf die Verhältnisse in der Arktis. Nie habe er an der Fähigkeit der *Yantic* gezweifelt, Littleton Island zu erreichen. Von den heimtückischen Bedingungen in der Melville Bay wusste er nichts. »Ich dachte, ein Schiff könnte zu jeder Jahreszeit durchkommen, wenn es sich nahe der grönländischen Küste hält.«

»Und wart Ihr bereit, die Sicherheit der Expedition aufs Spiel zu setzen und die *Yantic* nach Littleton Island fahren zu lassen?«

»Ja, Sir.«

Hatte er, als Hazen ein Geleitschiff für die *Proteus* anforderte, erwartet, dass die beiden Schiffe in Sichtweite voneinander von St. John's nach Littleton Island fahren würden?

»Ich bin kein ausreichend guter Navigator, um das zu beurteilen. Ich war ja nicht einmal sicher, ob überhaupt eines der Schiffe dorthin gelangen könnte. Dennoch glaubte ich, dass die *Yantic* es genauso schaffen könnte wie die *Proteus*.«

Garlington war nun als derjenige aktenkundig, der überzeugt war, die *Yantic* könne die Melville Bay niemals sicher queren, und stellte seinen Vorgesetzten zur Rede. Er fragte Hazen, ob er damit gerechnet habe, dass die *Yantic* Littleton Island genauso erreichen könne wie die *Proteus*. »Ist es genau das, was Ihr damit sagen wollt?«

»Die *Proteus* ist ein Eisschiff, die *Yantic* nicht. Daraufhin sollte ich meine Antwort überdenken. Dennoch habe ich damit gerechnet, dass beide Schiffe es schafften.«

»Dabei musstet Ihr davon ausgehen, dass die *Yantic* nicht auf Eis trifft.«

»Nicht auf schweres Eis jedenfalls – Eis, das sie hätte durchbrechen können.«

»Habt Ihr eine Vorstellung von der Beschaffenheit eines solchen Eises?«

»Ich würde sagen: Trümmereis, kein massives Packeis.«

Am 17. November, eine gute Woche, nachdem der Ausschuss seine Arbeit aufgenommen hatte, informierte Hazen Garlington über eine geplante Zusammenarbeit mit Colwell zur Rettung der Greely-Mannschaft. Garlington sollte die Expedition kommandieren, Colwell das Schiff. Natürlich wollten beide Männer endlich einen Erfolg vorweisen, der die Erinnerung an ihre jüngsten Fehlschläge auslöschen würde. Die Expedition würde spätestens am 10. Mai in See stechen. Das Versorgungsschiff, ein robuster Walfänger, müsste also schnell beschafft und in einer Marinereederei umgerüstet werden. Ein zweites Schiff sollte als Eskorte mitfahren. Garlington wollte, dass der Hauptteil der Expedition beim Heer liege; das Geleitschiff sollte einen verschalkten Bug haben und die Crew so klein wie möglich sein, damit der zur Verfügung stehende Raum vor allem für Kohle und die Vorräte des Hauptschiffs genutzt werden konnte.

Die beiden Schiffe würden bis Kap Sabine zusammenbleiben. Vorausgesetzt, es gab bis dahin keine Nachricht von Greely, würden Schlittenparteien nach Norden vorstoßen. Garlington stellte noch weitere Forderungen. Vor dem Aufbruch wollte er mit Colwell klare Absprachen treffen. Und noch wichtiger: »Der Kommandant sollte nicht durch einen detaillierten Marschbefehl behindert werden, sondern nach seinem eigenen Wissen und Gewissen entscheiden.«

Doch als das Jahr zu Ende ging, war immer noch nichts entschieden oder gar getan, was Henrietta Greely hätte beruhigen können, die mit ihren zwei Kindern und einem kranken Vater auf sich allein gestellt war. Ihre Seelenqual manifestierte sich körperlich. Henriettas Schwiegermutter schrieb aus Neuengland: »Es tut mir Leid zu erfahren, dass du dein schönes Haar verlierst.« Mrs Greely sen. hatte die Berichte über den Ausschuss gelesen. Sie schrieb: »General Hazen hat es versäumt, seine Pflicht zu tun … Alle haben Schuld, und sie haben sich selbst in Ungnade gestürzt.« Doch Henrietta setzte in Hazen ihre größte Hoffnung, und sie betonte ihm gegenüber: »Es ist wichtig, alle Kräfte darauf zu konzentrieren, einen Plan zur Errettung der Mannschaft zum frühestmöglichen Zeitpunkt des nächsten Jahres auszuarbeiten.« Trotz ihrer häuslichen Sorgen hatte sie Zeit gefunden, einflussreiche Verbündete zu suchen, darunter auch Kongressabgeordnete und Zeitungsverleger. Die wenigsten konnten jedoch mehr tun, als sie bedauern und die Regierung angreifen – die die Männer, die sie ausgeschickt, nun im Grunde abgeschrieben hatte –, und ebendieser Regierung dazu raten, die Scharte im nächsten Jahr zügig auszuwetzen.

Daran wurde gearbeitet, allerdings auf gemächliche Behördenart, und Hazen war ein schlechterer Verbündeter, als Henrietta dachte. Nun stieß auch er in das Horn derer, die keinen Grund zur Beunruhigung sehen wollten. »Ich betrachte Mr Greelys Lage nicht als gefährlich«, schrieb er dem Ausschuss. »Vielleicht hat die Mannschaft Eskimodörfer, vielleicht sogar dänische Siedlungen erreicht.« Oder Greely hatte sein Lager in der Nähe von Littleton Island oder der Lifeboat Cove aufgeschlagen, von wo, wie Hazen dem Ausschuss in Erinnerung rief, Nares über Wild im Überfluss berichtet hatte. »Rentier- und Walrossknochen … Überreste von Robben, Füchsen, Hasen … Tausende Brustbeine von Alken.« Oder aber die Mannschaft habe kehrtgemacht und sei zurückmarschiert in die Lady Franklin Bay. In jedem Fall wäre Greely »für den Winter gut versorgt ... Die einzige Quelle der Beunruhigung [wäre], dass die *Proteus*-Crew in diesem Jahr Hilfe versprochen hatte, sie aber nicht geben konnte.« Und nachdem er sich wieder ins rechte Licht gesetzt hatte, wurde Hazen zum Vorsitzenden eines vierköpfigen Ausschusses ernannt, der Mitte Dezember zusammentrat, um Pläne für eine baldige Rückführung der Greely-Mannschaft auszuarbeiten.

Die anderen drei Mitglieder waren ein Heeresoffizier und zwei Marineoffiziere. Dass Heer und Marine gemeinsam in dem Gremium vertreten waren, war einem Meinungsaustausch der beiden Minister zu verdanken, die mittlerweile sicherlich wussten, dass ein Großteil der herrschenden Aufregung – und eine möglicherweise noch bevorstehende Katastrophe – von ihrer enormen Gleichgültigkeit oder Unwissenheit hervorgerufen worden war. Selbstverständlich wären die neuen Pläne dieses Mal nicht an Greelys Vorgaben gebunden. Robert Lincoln schrieb: »[Greely] hatte die Lady Franklin Bay mit einer Leichtigkeit erreicht, die, wie spätere Erfahrungen beweisen würden, ungewöhnlich und sogar unglücklich war in Anbetracht der Tatsache, dass dadurch die Schwierigkeiten bei seiner Rückkehr unterschätzt wurden.« Es war schlecht, dass Hazen dem Kommandanten gesagt hatte, er müsse sich nicht an das Memo halten. »Es wird mir ewig Leid tun«, schrieb Chandler seinem Amtskollegen, »dass Ihr von dem klugen Rat der zusätzlichen Instruktionen nichts gewusst habt, dass er im Fernmeldecorps zurückgewiesen und mir selbst vorenthalten worden war.«

4. Teil

Kap Sabine

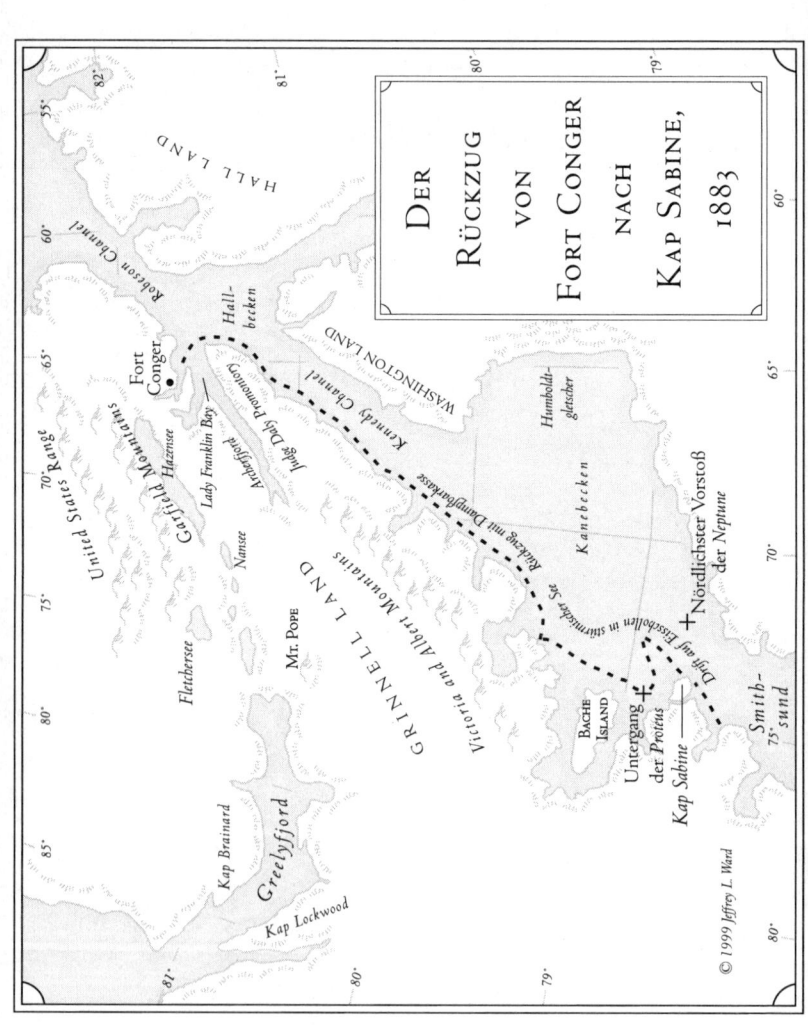

DER
RÜCKZUG
VON
FORT CONGER
NACH
KAP SABINE, 1883

HALL LAND

Robeson Channel

Hall-
becken

Fort
Conger

WASHINGTON LAND

Garfield Mountains
Hazensee

Lady Franklin Bay

United States Range

Kennedy Channel

Archer Fjord

Judge Daly Promontory

Humboldt-
gletscher

Kanebecken

Rückzug mit Dampfbarkasse

Nansee

Fletchersee

Mt. Pope

GRINNELL LAND

Victoria and Albert Mountains

Nördlichster Vorstoß
der Neptune

Driff auf Eisscholien in stürmischer See

BACHE
ISLAND

Untergang
der Proteus

Kap Sabine

Smith-
sund

Kap Brainard

Greelyfjord

Kap Lockwood

© 1999 Jeffrey L. Ward

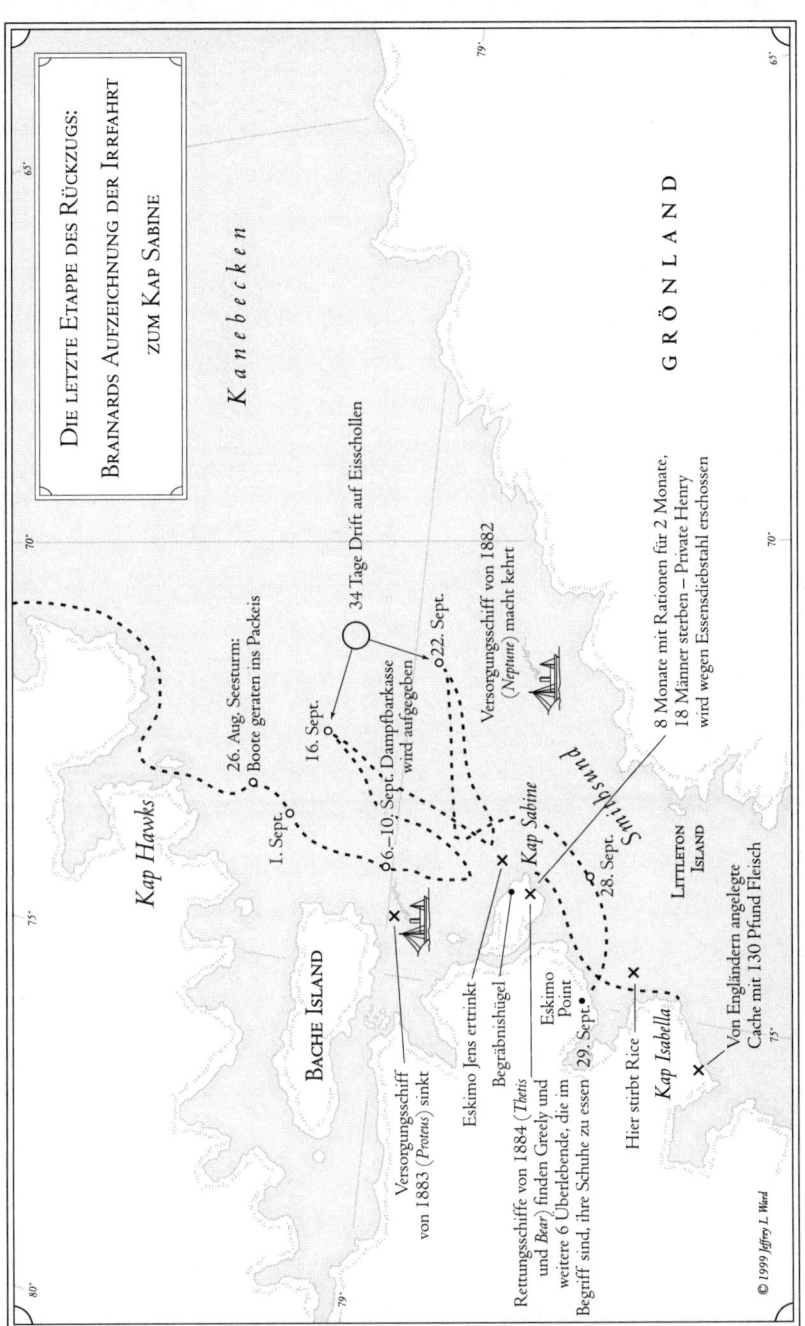

DIE LETZTE ETAPPE DES RÜCKZUGS:
BRAINARDS AUFZEICHNUNG DER IRRFAHRT
ZUM KAP SABINE

K a n e b e c k e n

GRÖNLAND

34 Tage Drift auf Eisschollen

26. Aug. Seesturm:
Boote geraten ins Packeis

16. Sept.

6.–10. Sept. Dampfbarkasse
wird aufgegeben

22. Sept.

1. Sept.

Versorgungsschiff von 1882
(*Neptune*) macht kehrt

Kap Hawks

8 Monate mit Rationen für 2 Monate,
18 Männer sterben – Private Henry
wird wegen Essensdiebstahl erschossen

Kap Sabine

S m i t h s u n d

28. Sept.

LITTLETON
ISLAND

Versorgungsschiff
von 1883 (*Proteus*) sinkt

BACHE ISLAND

Eskimo Jens ertrinkt

Begräbnishügel

Eskimo
Point

29. Sept.

Rettungsschiffe von 1884 (*Thetis*
und *Bear*) finden Greely und
weitere 6 Überlebende, die im
Begriff sind, ihre Schuhe zu essen

Hier stirbt Rice

Kap Isabella

Von Engländern angelegte
Cache mit 130 Pfund Fleisch

© 1999 Jeffrey L. Ward

Camp Clay

Von heftigen Schneeböen gepeitscht, versuchten Greelys Männer, so viel Proviant, Schlafsäcke, Gerätschaften und Aufzeichnungen wie nur möglich zu retten, und kauerten sich wieder auf einer kleinen, gebrochenen Treibeisscholle zusammen. Das driftende Eis war gegenwärtig ihr Zuhause – was mit den Versorgungsexpeditionen aus der Heimat geschehen war, wussten sie nicht.

Fester Boden war oft in Schwindel erregender Nähe und doch unerreichbar: »Zu viel Eisgrütze und Eistrümmer, das Eis ist zu beweglich für den Schlitten.« Die 25 gestrandeten Männer hatten den Eindruck, sie würden immer schneller nach Süden wirbeln. Die Küsten, Ellesmere Island auf der einen, Grönland auf der anderen Seite, entfernten sich immer mehr, die Chancen schwanden, Kap Sabine oder Littleton Island zu erreichen; weiter südlich gab es keine Caches mehr, die in Greelys Überlegungen und auch für seine Leute Hilfe und Errettung bedeutet hätten. Am Kap Sabine gab es vielleicht reichhaltige Vorräte und Meldungen, auf Littleton Island möglicherweise eine Versorgungsmannschaft. Doch nun, nach 32 Tagen Drift, hatten die starken Nordweststürme und die

Gezeitenströmungen die Scholle über das erhoffte Ziel hinausgetragen und drohten nun, sie aus dem Smithsund hinaus und mitten hinein in die Baffin Bay zu spülen, was das sichere Ende bedeutet hätte.

Wieder knirschte die Scholle. Lockwood schrieb: »An den Kanten neben dem Zelt häufen sich Bruchstücke.« Sie schlugen das Zelt ab und kletterten auf eine größere Scholle, die günstig herangetrieben kam. Der Umzug gab wieder etwas Trost, und während Lockwood am 26. September – eine Woche, nachdem Minister Lincoln Greelys Lage als »keinesfalls hoffnungslos« beschrieben hatte – »nichts als Tod und Hunger« vor sich sah, schrieb er bewundernd: »Die Moral der Truppe ist bemerkenswert gut.« Er sagt nicht, wie gut sie in den Klauen des »schlimmsten Nordweststurms während des Rückzugs« blieb, der in diesem Moment gerade aufzog. Gekocht werden konnte nicht; Greely gab gefrorenen Pemmikan aus, den die Männer, in ihren Schlafsäcken kauernd, kauen konnten. Der Schnee drückte in das wieder aufgestellte fragile Tipi, dessen Planen im Wind schlugen und jede Hoffnung auf Schlaf zunichte machten. Wahrscheinlich waren die Männer auf den Booten besser dran als die Männer im Zelt.

Die Scholle prallte gegen einen hohen Eisberg, und der Zusammenstoß brachte die Rettung, denn er verlangsamte die Drift nach Süden. »Eine glückliche Fügung«, fand Brainard. Wieder stiegen die Aussichten, das Land zu erreichen. Die nächste Küste lag etwa vier Meilen entfernt an der Mündung des Baird Inlet im Westen und 20 Meilen südlich von Kap Sabine. Am Morgen des 29. September ging Brainard auf Erkundung und kam mit guten Nachrichten zurück. Die Mannschaft begann die langsame und mühsame Arbeit des Ziehens und Schleppens von Gerätschaften und Proviant über das unebene Trümmereisfeld.

Währenddessen stahl Cross Rum und war so betrunken, dass er aus den Zugtauen gespannt werden musste. Doch Greely schenkte dem Vorfall kaum Beachtung. Nach insgesamt mehr als sieben Wochen Not und manchmal blankem Grauen, nach 500 Meilen mit Schlitten, in Booten oder hilflos auf Schollen driftend hoffte er nun, bald festen Boden unter die Füße zu bekommen. Der Wind hatte nachgelassen. Mit wankender Hoffnung kämpfte sich der Trupp nach Westen; abwechselnd wurde der beladene 12-Mann-Schlitten über die Schollen gezogen und in den zwei Booten gerudert. Stück für Stück kamen sie vorwärts, und am 30. September um 17 Uhr erreichte die erste Bootsladung die Küste.

Die Männer jubelten benommen, doch Greely machte sich wenig Illusionen über ihre Sicherheit. Sie waren auf dem Weg nach Westen auch gleichzeitig weiter nach Süden abgetrieben und lagen nun in der Mündung des Baird Inlet. Bei einer schnellen Erkundung der Umgebung entdeckten sie Spuren von Eskimosiedlungen, ansonsten gab es kein Zeichen von Leben. Greely taufte den Ort Eskimo Point, dennoch war er tief frustriert, weil er in keiner Weise vorhersehen konnte, was vor ihm lag. Es gab keine Aussicht auf eine Überfahrt nach Littleton Island, und sicherlich müsste die Mannschaft auf Ellesmere überwintern. »In den verflossenen 18 Tagen hatten wir mit der äußersten Anstrengung nicht mehr als zwei Meilen täglich zurückgelegt«, schrieb er.

Alle sechs Stunden kam und ging die Flut, »sie brach das Eis auf und wirbelte es in alle Richtungen«. Das Packeis bestand aus »spärlichen paläokrystischen Schollen mit vielen Trümmern und Grütze«. Nach Greelys Kalkulation reichten die Vorräte 35 Tage. Sollten sie so weit aufgebraucht sein, dass sie nur noch für zehn Tage ausreichten, müssten sie »aller Hoffnung beraubt einen verzweifelten Versuch machen, Littleton Island mit dem Schlitten zu erreichen«. Dieser Tag stünde nach Greelys Berechnungen im Februar 1884 an, in der Zwischenzeit könnte der Proviant mit Wild aufgebessert werden. Und zusammen mit der Hoffnung – wie verzweifelt sie auch immer war – beglückwünschte sich Greely, dass er während der ganzen Tortur seit dem Auflassen von Fort Conger keine wissenschaftliche Aufzeichnung, kein Gerät und kein naturkundliches Exemplar verloren hatte.

Nach zwei Tagen Rast schickte er Rice und Eskimo Jens nach Kap Sabine; sie sollten dort die Logbücher der Expedition deponieren und vor allem prüfen, ob ein amerikanisches Schiff in den beiden vergangenen Sommern dort angelegt und nicht nur Meldungen, sondern auch Proviant hinterlassen hätte, um die englischen Caches zu ergänzen, die sich angeblich dort befanden. Die beiden brachen zu Fuß auf, mit nur einem Schlafsack, der allerdings groß genug war für zwei Personen. Während ihrer Abwesenheit entdeckte Greely eine geschützte Stelle und teilte die Mannschaft in drei Gruppen ein, die sich je ein Winterquartier aus Stein bauen sollten. Sie gruben mit bloßen Händen Granitblöcke aus, bis die Knöchel bluteten und die Muskeln steif waren – alles bei Temperaturen weit unter null. Auch Greely arbeitete mit, bis sein Rücken so verspannt war, dass er nicht mehr aufrecht stehen konnte. »Die Arbeit hat aufs Äußerste an meinen Kräften gezehrt, die von der seelischen Anspannung und der Last der Verantwortung ohnehin schon sehr angegriffen waren.«

Um eine verhängnisvolle Schwächung der Männer zu vermeiden, nahm er Pavys Rat an und vergrößerte die tägliche Ration auf 14 Unzen Pemmikan, acht Unzen Brot und anderthalb Pfund Kartoffeln. Die Jäger – Kislingbury, Long und Eskimo Fred – begannen mit regelmäßigen Jagdausflügen, schossen jedoch in der ersten Zeit nichts.

Greely spürte, dass die Mannschaft mit den Nerven fast am Ende war, und fürchtete permanent einen möglichen Zusammenbruch der Disziplin. Da er von seinen Führungsqualitäten überzeugt war, machte es ihn ganz krank, dass die Männer seinen Gerechtigkeitssinn kritisierten, »wo ich mich doch so mühte, es allen recht zu machen«. Von Lockwood erfuhr er, dass Elison bei seiner Kritik an Greely Worte gebraucht hatte, »die man leicht als aufrührerisch deuten könnte«. Elison stammte aus Baden und war nach Amerika ausgewandert, um dem Wehrdienst in der Heimat zu entkommen, in den Vereinigten Staaten schloss er sich jedoch bald der Armee an. Als Lockwood ihn zur Rede stellte, schwor er, er habe nur Bemerkungen von anderen wiederholt, was ihn allerdings nicht vor einem scharfen Verweis bewahrte.

Eine Woche waren sie nun an Land, und die Hütten nahmen allmählich Gestalt an. Edward Israel, mit 21 Jahren der jüngste Teilnehmer der Expedition, bezichtigte Brainard zu Unrecht, für seine Hütte das beste Material zu sichern. Greely, der mit Israel immer besonders nachsichtig war – »allein meinetwegen schloss er sich der Expedition an« –, konnte ihn überreden, sich bei Brainard zu entschuldigen. Greely meinte zu wissen, wer am meisten Unmut verbreitete: Maurice Connell. Er degradierte den Unteroffizier zum Gefreiten und sagte öffentlich, dass Connell einen demoralisierenden Einfluss ausübe. Connell beschwerte sich: »Ihr habt mich sowieso noch nie wie einen Unteroffizier behandelt«, drehte dem Kommandanten den Rücken zu und maulte: »Mir ist die ganze Sache scheißegal.« In jener Nacht sagte Greely leise zu Lockwood, dass er in der Heimat gegen drei Männer wegen Meuterei vorgehen würde: Pavy, Kislingbury und nun auch Connell.

Doch kein Ereignis konnte die Zuversicht gänzlich untergraben. Die Jäger kamen von ihrem letzten Beutezug mit einer 150-Pfund-Robbe zurück. Am selben Tag war auch Antoinette Greelys Geburtstag, und jeder bekam etwas zu trinken, um auf die Gesundheit des Mädchens anzustoßen; Greely selbst leerte ein Quart englischen Rum. Die provisorischen Behausungen waren fast fertig, die Mauern mit Eis isoliert, zwei Hütten besaßen ein Dach aus Segeltuch. Das dritte und bequemste Quartier hatte als Dach das umgedrehte Walfangboot; die Plätze wurden ausgelost, die Männer standen unter Brainards Kommando. Zwischen den Felsen wurde Moos ausgelöst und als Polster für die Lagerstatt ausgelegt.

Lockwood fand die Lage alarmierend, er umriss jedoch »drei Chancen zu überleben: entweder die amerikanischen Vorräte am Kap Sabine oder Kap Isabella zu finden, nach Littleton Island überzusetzen, wenn unsere momentanen Vorräte aufgebraucht sind, oder ausreichend Robben und Walrosse zu schießen, um den Winter zu überstehen«.

Rice und Eskimo Jens waren beim Queren der Ross Bay in schlechtes Wetter gekommen. Die einzige sichere Rinne durch das Eis führte sie nach Westen um das kleine Cocked Hat Island, erst dann gelangten sie nach Payer Harbor südlich von Kap Sabine. Nach Rices Beobachtungen war Kap Sabine eine Insel hinter einem schmalen Wasserarm, der die Ross Bay mit der Buchananstraße verbindet und prompt den Namen Rice Channel erhielt. Bei Payer Harbor sichtete Rice einen Dreifuß, der ihn zu einem Lager mit 240 Rationen führte, doch er machte noch weitere Entdeckungen am Kap Sabine und bei Brevoort Island, darunter auch die Caches der *Proteus*-Crew. Rice und Jens kamen am 9. Oktober gegen 17 Uhr mit eher verheerenden Nachrichten nach Eskimo Point zurück. Unter den Meldungen, die er gesichert hatte, war auch Garlingtons Bericht vom 24. Juli (also elf Wochen alt) über den Untergang des Schiffs. Kislingbury las den Bericht

Die Reste der Steinhütte.

laut vor, vielleicht weil der Kommandant schlecht sah. Private
Henry vermerkte mit bissigem Humor: »Die Bauarbeiten an
den Palästen wurden ausgesetzt«, und kaum hatten die Köche
»unser kärgliches Abendessen bereitet, versammelten wir uns
alle in einem der fertig gestellten Herrenhäuser und lauschten
mit angehaltenem Atem«.

Sie hörten, dass das Eis das Versorgungsschiff 1882 zu-
rückgedrängt hatte und dass das zweite Schiff, ihre alte *Proteus*, nun als Wrack etwa 20 Meilen entfernt auf Grund lag.
Garlingtons Formulierung, das Schiff »hielt den ungeheuren
Druck eine Zeit lang tapfer aus, musste aber dann unterliegen«, verlieh dem Ganzen einen blumigen Anstrich, auf den
Greelys Männer auch verzichten konnten. Weiterhin besagte
die Meldung: »Nur wenige Vorräte [wurden] gerettet.« Ein
Trost war immerhin, dass Garlington ein Lager mit 500 Rationen Brot, Tee und Konserven sowie Schlafsäcken drei Meilen von Kap Sabine entfernt deponiert hatte. Greely erfuhr

auch von dem von Bären zerstörten Boot und den 240 Rationen, die die erste Versorgungsmannschaft der *Neptune* unter
»Major Beebe vom Fernmeldecorps« 1882 zurückgelassen
hatte: Greely muss über diese Erwähnung gestutzt haben,
denn der einzige Beebe, den er kannte, war ein trunksüchtiger
Gefreiter, der als Hazens Ordonanz diente.

Neben dem kleinen Depot am Kap Sabine hatte Beebe
noch einmal die gleiche Menge Proviant auf Littleton Island
gelagert. Soweit Greely Garlingtons nicht ganz schlüssiger
Meldung entnehmen konnte, waren die meisten Vorräte mit
der *Neptune* wieder in die Heimat gegangen. Die Caches in
der Umgebung, einschließlich der englischen Depots von
1875/76, umfassten etwa 1300 Rationen, was Greelys Leuten
höchstens 60 Tage reichte.

Die Männer lauschten mit gemischten Gefühlen. Nach
dem Untergang der *Proteus* wollten Garlington und Pike mit
Booten nach Süden fahren und das Marineschiff *Yantic* ab-
fangen, das als Geleitschiff mitgeschickt worden war, jedoch
Order hatte, nicht ins Eis zu fahren. Greely könne auch Kontakt mit einem schwedischen Dampfer aufnehmen, der am
Kap York erwartet werde. Garlingtons Meldung endet mit
seinem »Bedauern«, die Lady Franklin Bay nicht erreichen
zu können, und seinem Schwur, »alles Menschenmögliche«
zu tun, um Greely zu retten – Worte, die in Eskimo Point nur
mit verhaltenem Jubel aufgenommen wurden. Ralston meinte, wenn man die Rationen ausreichend streckte, könnten
die Männer sicher durch den Winter kommen. Kislingbury
schöpfte Mut, indem er seine Pläne auf Littleton Island konzentrierte. Er glaubte, dass Garlington die *Yantic* getroffen
und den Kapitän aufgefordert habe, alle verfügbaren Vorräte
zu deponieren, sofern sein Schiff so weit nach Norden fahren
konnte. Kislingburys aufregendste Vorstellung: Garlington

sei persönlich auf Littleton Island »und wartet, bis wir übersetzen können. Gott segne meinen Freund Garlington! Er muss schreckliche Qualen ausgestanden haben, aber ich glaube ganz fest daran, dass er nun auf Littleton Island ist.«

Auch Greely hoffte das, war jedoch nicht überzeugt. Er tat so, als teilte er den bescheidenen Rausch von Optimismus, aber durch seine Fähigkeit zur realistischen Einschätzung, in seinen Augen ein wichtiger Charakterzug eines Kommandanten, musste er auch mit Not und Hunger rechnen – und mit dem möglichen Tod der Schwächsten. »Wir besitzen so wenig Brennmaterial, dass wir schon durch den Mangel an diesem Artikel zu Grunde gehen können.« Und die Enttäuschungen häuften sich. Garlington hatte keine Zeit gehabt, die »500 Rationen« am Kap Sabine zu beschreiben, und Greely war in größter Sorge, als er herausfand, dass kaum mehr als 100 Pfund Fleisch dabei waren. Private Henry schrieb: »Wie hämisch wir uns über die Ernte freuten, die Schachtel *Durham*-Tabak anstarrten und wünschten, es wäre Fleisch!«

Rice und Eskimo Fred hatten den Baird Inlet Richtung Kap Isabella gequert und gehofft, die Landsleute hätten dort Vorräte gelagert. Doch sie fanden nichts, nicht einmal das Boot, das Garlington in seinem Bericht erwähnt hatte, lediglich 144 Pfund Dosenfleisch in der Nares-Cache und ihr altes Walfangboot; es war ihnen vorausgedriftet und steckte intakt in den Schollen von Payer Harbor. Sie gruben auch in der Umgebung der *Neptune*-Cache und fanden das Boot, das Beebe zurückgelassen hatte. Greely grübelte. Hätte Garlington nicht von deponierten Vorräten in der näheren und weiteren Umgebung von Kap Sabine und der Möglichkeit von weiteren Caches auf Littleton Island gesprochen, »so hätte ich es jedenfalls vorgezogen, mit Lebensgefahr nach Süden zu gehen, anstatt bei Kap Sabine hungers zu sterben«.

Doch nun konnte er Garlingtons Absicht, entlang der grönländischen Küste nach Süden zu fahren und die *Yantic* oder den schwedischen Dampfer zu treffen, nicht einfach ignorieren. Er deutete Garlingtons Worte: »Dieser Bericht sagt mancherlei, aber er verspricht mir Hilfe, die ich dann bei Kap Sabine zu erwarten gedenke.« Obwohl Greely versucht war, »Kurs auf die Heimat zu nehmen« und zunächst die Cary Islands zu erreichen, wo es bekanntlich Depots sowie einen Ankerplatz für Versorgungsschiffe gab, musste er sich an Garlingtons Worte halten. »Nach Maßgabe seines Versprechens beschloss ich, nach Kap Sabine zu marschieren und auf die versprochene Hilfe zu warten und einer Reise nach Süden den Rücken zu kehren, die ein riskantes Spiel wäre und meine Mannschaft entweder vollständig zerschlagen oder sie in endgültige Sicherheit gebracht hätte.«

Bei den kurzen Tagen und den heftigen Schneefällen dauerte das Verlegen nach Kap Sabine fast eine Woche. Die Männer beschwerten sich, dass sie ihre neuen Hütten in Eskimo Point auflassen und die zermürbenden Schlittenfahrten über die Ross Bay unternehmen mussten, bei denen zwölf Mann gleichzeitig eingespannt wurden. Der Marsch nach Kap Sabine betrug 20 Meilen bei niedrigen Temperaturen, die schon den Winter ankündigten. Am 13. Oktober schlugen Kislingbury und Pavy vor, einen Teil der Ladung später zu holen, die Männer seien zu erschöpft. »Ich weigerte mich, die Berichte, die Instrumente oder einen Teil der Vorräte zurückzulassen«, schrieb Greely. Sie ließen also lediglich das Eisboot und zwei Paddel für einen eventuellen späteren Gebrauch zurück.

Das neue Lager befand sich auf einem flachen Felsen in Reichweite der *Proteus*-Cache und eines vier Meilen westlich gelegenen Gletschersees. Im Osten verlief ein 30 Meter hoher Bergkamm parallel zur Küste, im Westen über dem See ragten eisbedeckte Hügel auf, an deren Fuß die Mannschaft eine neue Zuflucht fand. Das Kap gehörte nicht zum Festland, sondern hatte sich bei Rices Erkundung im Westen der Umgebung als eine Landspitze der vielen Inseln, Inselchen und abgetrennten Halbinseln herausgestellt, die sich entlang der Küste von Ellesmere Island nach Nordosten zogen. Die Insel war vier Meilen breit und acht Meilen lang und hieß auf den englischen Karten Bedford Pim Island, nach einem viel befahrenen Marineoffizier, der unter anderem auch nach Franklin gesucht hatte. In der Folge von Greelys Entscheidung, dort Halt zu machen und zu warten, ging diese östliche Landspitze auf tragische Weise als Kap Sabine in die Annalen der Arktisforschung ein.

Wieder mussten die Männer Hütten bauen, wieder mussten sie eisbedeckte Steine mit dünnen Handschuhen oder mit bloßen Händen aus dem Boden stemmen. Sie holten Moränenschutt und verstärkten damit die Mauern, die sie mit zusammengebundenen Rudern und Segeltuchplanen aufzogen. Als Dach hoben sie das Walfangboot umgedreht auf den Rahmen und nagelten weitere Ruder als Balken an. In das Boot wurde ein Loch geschnitten, es diente als Abzug des Kamins, den sie aus leeren Konservendosen an der Kochstelle improvisierten; Private Bender bastelte aus einem Eisenblechzylinder einen Kocher. Während der Bauarbeiten bekam Greely einen »schweren Schlag ins Gesicht von Whisler, der mir half, einen Stein auszugraben und dabei zu sorglos die Axt schwang«. Die Hütte war nur siebeneinhalb Meter lang und fünfeinhalb Meter breit, die Wände kaum anderthalb Meter hoch. Ein Pfosten aus zusammengebundenen Rudern stützte das Walfangboot in der Mitte; oben hingen eine Tranlampe und das Barometer.

Für die 25 Mann war es weniger eine Hütte denn ein Tunnel, in dem sie kaum knien konnten. Am wenigsten Probleme hatte damit Private Frederick, der gerade mal 1 Meter 60 groß war und deswegen den Spitznamen »Shorty« bekommen hatte. Nie waren die Schlafsäcke wichtiger, die auf den Schlittentouren von Fort Conger so oft in Gebrauch gewesen waren. Die guten Schlafsäcke waren aus gegerbtem Büffelleder, die Säcke aus Schafleder wurden zu schnell feucht und vereisten. In jedem Schlafsack fanden zwei Männer Platz, manchmal auch drei. Wer alleine schlief, litt mehr unter der Kälte als diejenigen, die sich zusammendrängten und ihre Bequemlichkeit der Wärme opferten. Die Schlafstellen wurden in zwei gegenüberliegenden Reihen angelegt, das Kopfende befand sich an der Wand. Den Eingang zur Hütte bildete ein Loch mit einer Klappe aus Zeltplane. An die Hütte grenzte ein Vorratslager aus Schneewänden. Die Tranlampe warf trübes Licht, und insgesamt war es eine bescheidene Behausung, aber am Tag der Fertigstellung erlegte Eskimo Fred einen Fuchs, was als gutes Omen gewertet wurde.

Außerdem hatten die Männer nun auch in gewisser Weise Nachrichten aus der Heimat. In der *Proteus*-Cache fand sich eine alte Ausgabe des *Louisville Courier-Journal* mit einem Brief von Henry Clay, der den Versorgungsplan der Regierung für die Greely-Expedition als ungeeignet abtat und darauf drängte, unverzüglich zwei Schiffe nach Norden zu schicken. »Was Beebe mit der *Neptune* am Kap Sabine zurückließ, kann Greelys Männer nicht endlos am Leben halten. Die Cache mit 240 Rationen, sofern sie sie finden, wird ihre Not nur um ein paar Tage verlängern.« Dann käme das Ende. Als Rice dies vorlas, erinnerte sich Greely an Clay als einen potenziell wertvollen Teilnehmer der Expedition, der nur gegangen war, weil der verhasste Arzt bleiben musste. Jedenfalls waren zwei Schiffe nach Norden gekommen – das eine war gesunken; der Verbleib des anderen war unklar. Als eine verzweifelte Geste nannte Greely das neue Lager der Mannschaft Camp Clay; Pavy hatte keine Einwände.

Clays weitere Worte machten auf traurige Weise deutlich, dass der amerikanische Dampfer *Jeannette* in die Katastrophe gefahren war; die Suche nach dem verschollenen Schiff und die Übergabe von Emma De Longs Briefen an ihren Mann waren auch ein erklärtes Teilziel der Greely-Expedition gewesen. »Wie der arme De Long müssen sie sich dann unter den stummen Sternen auf dem kalten Boden betten«, sollten die Männer der Lady-Franklin-Bay-Expedition keine Vorräte mehr haben. Doch Greely wollte sich nicht mit dieser Prognose aufhalten, er musste Pläne für die Zukunft machen, konnte sie aber »nur auf das gründen, was wir wirklich in Händen haben«. Und anders als die Männer, die mehr Zuversicht zeigten, weigerte er sich, auf etwas zu zählen, das sie nur »unter Umständen« auf der anderen Seite des Smithsund erwartete. »Da sich die Garlingtonsche Nachricht in jeder Beziehung auf Kap Isabella als falsch erwiesen hat, so ist es auch fraglich, ob sich etwas auf Littleton Island vorfindet.«

Am 20. Oktober schrieb Greely: »Bei strikter Rationierung« könnten die Vorräte bis Mitte März reichen, bis dahin wären sie auf eine Versorgungsmannschaft getroffen oder hätten auf andere Weise Littleton Island sicher erreicht. »Und wenn nicht – was dann?« Drei Tage später schickte er einen Trupp aus, um die Aufzeichnungen der Expedition und das Pendel auf Stalnecht Island in der Einfahrt von Payer Harbor in einem Cairn zu deponieren, wo eine Versorgungsmannschaft die Gegenstände sicherlich finden würde. »Ich will nicht, dass unsere Arbeit mit uns untergeht.« In den folgenden Tagen wurden hauptsächlich Vorräte von der *Neptune* und der *Proteus* eingebracht, eine Aufgabe, die sich als anstrengender erwies, als erwartet, denn der Schlitten brach dauernd zusammen. Wie das Licht langsam dem langen arktischen Winter wich, schwanden auch die Hoffnungen auf Wild als üppige Nahrungsgrundlage. Entgegen Pavys Einwänden rationierte Greely das Essen strengstens. Pro Tag und Mann gab es 14 Unzen Lebensmittel, ein Drittel davon Fleisch. Lockwood schrieb: »Ob wir von diesen kleinen Mengen Essen leben können, bleibt abzuwarten. Wir haben ständig Hunger, wir denken und sprechen nur vom Essen, das wir in der Zivilisation hoffentlich wieder zu uns nehmen können.«

Der Spiritus ging langsam aus, und das Stearin verursachte bei allen Husten. Mit der Zeit wurden als Brennstoff Robbentran, Fassdauben und geteerte Taue verwendet. Doch noch immer waren nicht alle Vorräte eingebracht. Eine englische Cache wurde noch am Kap Isabella vermutet. Am 2. November brachen Elison, Frederick und der degradierte Linn unter Rices Kommando mit einem leichten Schlitten und Proviant für acht Tage auf. Vor ihnen lagen 40 Meilen durch tiefen Schnee und stäubendes Eis. Die Nächte wurden länger, die Temperaturen fielen teilweise auf unter minus 30 °C. Offenes Wasser lag eine Meile vom Kap entfernt, und es gab keinen Eisfuß, der das Gewicht des Schlittens hätte halten können; die Männer mussten also den Schlitten stehen lassen und über eisbedeckte Hügel zum Kap vorstoßen. »Wir kletterten, so gut wir es vermochten«, schrieb Elison gequält in sein Notizbuch. »Wir holten die vier Kisten Fleisch und marschierten wieder zum Schlitten, das kostete uns fünf Stunden. Die Hände waren eiskalt, wir konnten sie nicht in den steif gefrorenen Schlafsäcken auftauen.« Am nächsten Tag erfroren Elison beide Füße. »Ich kann beim Schlitten nicht mehr helfen, was es für die anderen sehr schwierig macht. Um 16 Uhr zurück im Lager.« Am 7. November schrieb er: »Lager um

9 Uhr abgeschlagen. Ich kämpfe mich weiter, gehe wie auf Stelzen.«

Der kleine Frederick stützte Elison; Rice und Linn zogen den Schlitten, bis sie fast zusammenbrachen. In der Nähe des Baird Inlet schnitten sie Elisons Stiefel auf und massierten seine Füße, um den Kreislauf wieder anzuregen, doch es half nichts; Elison hatte Frostbeulen bis zu den Knien, auch seine Hände waren mittlerweile steif. Die Frage war, was auf dem Schlitten gezogen werden sollte – der Proviant oder der erschöpfte Elison. Rice entschied schnell. Er ließ den Proviant abladen, deponieren und mit einer umgedrehten *Springfield* auf dem Schneehügel markieren. Weitere neun Stunden marschierten sie durch die Nacht und führten Elison, der immer wieder vom Weg abkam, weil seine Lider vom Eis zusammenklebten.

Auf einem Grat nördlich von Eskimo Point sank Linn auf die Knie. Elison heulte unablässig; seine Schmerzen waren durch die erfolglosen Versuche, seine gefrorenen Füße aufzutauen, noch schlimmer geworden. Rice und Frederick luden einen eisharten Schlafsack ab und schoben Elison hinein, zwängten sich daneben in der Hoffnung, die Körperwärme würde die Qual des Korporals lindern. Rice ging alleine weiter; die Worte, die er dem Kommandanten zu melden hätte, zitterten schon auf seinen geschwollenen Lippen: »Elison liegt dem Tode nah in der Ross Bay.«

Im Lager gab es die ersten Anzeichen von Essensdiebstahl, Angst und gegenseitigem Misstrauen. Private Schneider, einer von Greelys Lieblingen, zeitweise Schreiber und einer der beiden besten Köche der Mannschaft, wurde bei verdächtigen Bewegungen im Lagerraum beobachtet. Greely war überzeugt, dass er sich schuldig gemacht hatte, und ließ ihn als Koch durch Bender ersetzen (Benders richtiger Name war Georg Leyerzopf). Den Raum ließ er mit einem Segeltuchdach und einer verschließbaren Tür sichern. Während sich Greely wegen dieses Vorfalls sorgte und auch noch wachsende Furcht wegen Rices langer Abwesenheit hatte, wankte Rice alleine ins Lager und verkündete die erschreckende Nachricht über die Männer, die in der Ross Bay zurückgeblieben waren.

Sergeant Brainard und Eskimo Fred machten sich unverzüglich auf den Weg. Sie stapften über das raue, holprige Eis und brachten die drei Männer 17 Stunden später zurück. Sie waren so sehr im Schlafsack festgefroren, dass er aufgeschnitten werden musste. Pavy untersuchte Elisons schwarze Finger und Zehen und riet zur Amputation; doch er wagte es nicht, weil ihm die richtigen Instrumente fehlten und er fürchtete, den Mann durch die Operation zu töten. Selbst jene, die Elison immer schon für eine tapfere Seele gehalten hatten, staunten nun über dessen Ausdauer. Er konnte den Schlafsack aus Schafleder nicht verlassen, musste gefüttert und mit einer improvisierten Bettpfanne versorgt werden, und entweder Pavy oder Biederbick wechselten regelmäßig die Verbände, doch Elison beklagte sich nur selten. Nur die anderen klagten ständig wegen Hungers. Greely musste sich wieder etwas einfallen lassen, um die Moral zu heben. »Der Hunger der ganzen Mannschaft muss ja die meisten Männer zermürben und argwöhnisch machen«, schrieb er. In den wenigen Stunden mit Tageslicht mussten Dienste geleistet werden: Essen kochen, spülen, täglich für Frischwasser ein Eisloch in den See schlagen, die große Latrine neben der flatternden Türklappe leeren. Doch die langen Nächte zehrten an den Männern, und abgesehen von den wenigen Büchern und Spielen, die die Mannschaft noch besaß, konnte Greely wenig Zerstreuung bieten.

Also begann er Mitte November wieder mit seinen Vorträgen. Die Themen rangierten vom US-Staat Maine, »seiner Geografie, seiner wichtigsten Fabriken, seiner Geschichte und den berühmten Männern«, bis hin zu den großen Schlachten des Bürgerkriegs. Er las Dickens vor, er las aus der Bibel und zitierte sogar die Armeevorschriften. Oft übernahm das Lesen auch Private Henry, »weil er die lauteste Stimme hatte«, so Lockwood. In der Nacht hörte man aus den Schlafsäcken zusammenhangloses Gerede und Gemurmel über eingebildete Menüs und Frauen, nach denen die Männer solche Sehnsucht hatten.

Pavy, dessen Verachtung für den Kommandanten zwar kaschiert, aber unvermindert war, hatte mit den Kranken alle Hände voll zu tun. In der letzten Novemberwoche musste sich Kislingbury von einem Bruch erholen, Linn hatte Rheuma, und sein Allgemeinzustand hatte sich nach dem jüngsten Marsch durch die Kälte verschlechtert, Connell hatte Schwächeanfälle wegen Hungers, Cross' Erfrierungen heilten, doch Elisons Zustand war immer noch kritisch. Biederbick schoss einen weißen Fuchs von fünf Pfund. An Thanksgiving gab es zum Frühstück eine doppelte Ration Kaffee, und zum Abendessen wurden Fuchsbraten, Rosinenkuchen und Punsch aus Rum und Zitronen bereitet. »Gut für unsere Köche!«, berichtete ein sanfter gewordener Cross, dessen höhnische Bemerkungen über Greely nun immer seltener wurden, als hätte der Hunger seine Feindseligkeit und seinen Groll beschwichtigt.

Doch als der Dezember schwere Stürme brachte und den Schnee in die Hütte drückte, erwachten die alten Animositäten wieder. Hinter Greelys Rücken wurde gemunkelt, er drücke sich vor der Arbeit. Auch die Adventszeit versprach keine gute Kameradschaft. Lockwood bemerkte: »Der Doktor, Whisler, Cross, Bender, Connell und Schneider behaupten, verdächtige Dinge gesehen zu haben«, nämlich dass der Kommandant Brainard und Frederick bevorzuge und ihnen mehr Essen gebe, als ihnen zustand. Frederick und Long kochten abwechselnd. Eines Nachts hörte Greely angeblich deutlich, wie sich jemand an Elisons Brotbüchse zu schaffen machte. Sogleich verdächtigte er Pavy. »Ich war tief ergriffen darüber, dass der Arzt der Expedition im Stande war, so sehr seine Pflicht zu verletzen.« Doch er erzählte davon nur seinem Stellvertreter Lockwood und Brainard, der die Rationen ausgab. Der Arzt war theoretisch immer noch unter Arrest, doch »die Dienste des Doktors waren uns allen sehr nötig … und es blieb uns nichts weiter übrig, als zu schweigen«.

An Weihnachten »schillerten die Sterne in ihrem Bett aus dunkelstem Blau«, wie Brainard es ausdrückte. Das Fest wurde begangen, wenn auch bescheiden. Cross klagte, dass der Hunger ihm den Schlaf raube. Einige Männer hatten ein paar Reste für die Festtage aufgespart, andere tauschten Zwieback gegen Tran. Lockwood, der drei Tage zuvor »eine Apathie und Umwölktheit« verspürte, die er nicht »abschütteln« konnte, erklärte das Weihnachtsfest zu einem »großen Erfolg«. »Brainard … weissagte voll Begeisterung die Ankunft Garlingtons für des Januars Vollmond.« Englische, französische und deutsche Weihnachtslieder wurden gesungen, die Eskimos gaben eigene Weisen zum Besten. Der Festschmaus bestand aus Robbenbraten, Rosinen und Kondensmilch, und die Köche hatten einen guten Punsch gebraut. Kislingbury drehte für jeden eine Zigarette. Greely verdrängte seine Sehnsucht nach Henrietta und den Kindern und fiel in die Feierstimmung ein.

Die Gedanken an ein Fest daheim schwangen immer noch in der Luft, als Elison in der halbdunklen, voll gestopften Hütte aufstöhnte. Die Männer halfen ihm aus dem Schlafsack, sein rechter Fuß »bot einen grauenvollen Anblick«. »Das

Fleisch war abgefallen und die Knochen standen blank hervor.« Dennoch war er laut Greely erstaunlich gelassen: »Er trägt sein Leiden mit männlicher und heldenhafter Stärke« – auch noch an Neujahr, als der Arzt die Sehnen und Hautstücke abtrennen musste, die den eiternden Fuß noch am Knöchel hielten. Einige Stunden später musste er auch einen abgestorbenen Finger an Elisons linker Hand amputieren. In dieser dunkelsten und kältesten Zeit des arktischen Winters war es unmöglich, die Ohren vor dem unablässigen Rumpeln und Knirschen der Schollen im Smithsund zu verschließen. Greely trug in der ersten Januarwoche 1884 in sein Tagebuch ein: »Wie sehr ich doch wünschte, Lieutenant Garlington würde kommen und uns retten.«

Der erste Tote

Die Aufregung über die Misere der Greely-Mannschaft griff im ganzen Land um sich, und am 20. Dezember trat die Kommission zur Planung der Rettungsexpedition im Zimmer 88 des Marineministeriums in Washington zusammen. Sofort wurde dazu geraten, zwei robuste Walfänger zu kaufen und umzurüsten, und man korrespondierte mit Konsul Molloy in St. John's und dem Amerika-Minister in London hinsichtlich der Suche geeigneter Schiffe. Unter den Zeugen, die von der Kommission gehört wurden, war auch Garlington, der nach einer kurzen Zusammenfassung seiner Arktisfahrt den Vorschlag ausformulierte, den er im November gemacht hatte. Er war der Meinung, Greely könne nördlich von Kap York gefunden werden, und behauptete, ohne eine Ahnung zu haben, wie sehr er sich irrte, dass die Mannschaft immer noch in der Lady Franklin Bay sei, »denn wir wissen von allen letztjährigen Versuchen, in die Arktis zu fahren, dass es ein sehr schlechter Sommer war«.

Garlington war gleichzeitig immer noch Zeuge vor dem Untersuchungsausschuss, und er war der einzige Heeresoffizier, der vor die Planungskommission gebeten wurde, alle anderen Berater waren Seefahrer und Angehörige der Marine. Mit Ausnahme von General Hazen schien die Kommission eine Rettungsexpedition zu favorisieren, die gänzlich der Marine unterstand, daher fanden auch Colwells Aussagen größte Beachtung. Er empfahl, baldmöglichst ein Schiff nach Littleton Island zu schicken, »anderenfalls wird ein schottischer Walfänger zuerst dort sein und die Männer zurückbringen. Es ist nur ein Umweg von einem Tag, wenn sie in die Walgründe fahren, und für sie lohnt es sich, nach den Leuten Ausschau zu halten und sie, sollten sie noch dort sein, im Sinne einer geschäftsfördernden Maßnahme zurückzubringen.«

Pike, auch er Zeuge vor dem Untersuchungsausschuss, vertrat vor der Kommission die Ansicht, dass Walfänger Ende Juli Littleton Island erreichen könnten. Pikes Eismeister James Norman sprach von »tragbaren Booten«, die man auf Schlitten ziehen konnte. Sie wurden in Neufundland gebaut und konnten leicht repariert werden. Norman behauptete, auch die Walfänger aus Dundee würden mit diesen Nachen arbeiten, sie seien leicht aufs Eis zu fieren und man brauche nur vier Männer, um sie über das Eis zu ziehen und zu Wasser zu lassen. Captain Greer, ein Mitglied der Kommission, zweifelte an ihrer Tauglichkeit in tiefem Wasser: »Sind diese Robbennachen denn seegängige Boote?« – »Ich habe sie schon in ziemlich rauer See gesehen«, gab Norman zurück. Er war der Meinung, sie könnten bei einem Vorstoß nach Norden entlang der Küste von Ellesmere Island hilfreich sein, falls eine Schlittenpartei auf der Westseite des Smithsund Greelys Mannschaft entgegengehen müsse.

John Danenhower, Navigationsoffizier der *Jeannette*, machte einen erstaunlichen Alternativvorschlag. Statt Robben- oder Walfängern könne man doch »Obstschiffe« nehmen, die ins Mittelmeer oder in die Karibik fuhren. Diese Schiffe könnten schneller in Baltimore oder Boston beschafft, auf eine Marinewerft gebracht und mit zehn Zentimeter dicken Planken verschalt werden. Als die Frage nach der Eistauglichkeit aufkam, beharrte Danenhower unbeirrt darauf: »Die Eistauglichkeit eines Schiffs wird übertrieben. Ich habe gesehen, wie die *Jeannette* ins Eis fuhr und ihre Masten jedes Mal zitterten wie Peitschenstöcke, und gebracht hat es nichts.«

Der andere umstrittene Überlebende der *Jeannette*-Katastrophe war der Erste Maschinenoffizier George Melville. Er las seine vorbereiteten Vorschläge vor, denen zufolge ein Dampfer und ein Schoner vorzugsweise im Frühjahr nach Upernavik fahren sollten. Der Schoner würde als Geleitschiff und Tender vorausfahren und den Dampfer erwarten, der sich anschließend in die Lady Franklin Bay vorwagen und gleich wieder nach Süden drehen würde, wenn Fort Conger verlassen wäre. »Cairns und Berichte von Greely werden über seine Bewegungen informieren.« Er mahnte, die Erfahrungen der *Jeannette* nicht zu vergessen – ein Durchbrechen des Eises sei möglich, aber nur wenn der Bug besser mit Eisenplatten verschalt wäre als De Longs Schiff. »Wenn Ihr auf Eis trefft, das acht Inches dick ist, und sich die Scholle über eine halbe Meile erstreckt, muss das Schiff volle Kraft, sagen wir sieben Knoten, voraus fahren und rammen. Der erste Hieb macht dem Eis nichts aus, man muss zurückstoßen und das Ganze zwei, drei Mal wiederholen, dann hat man die Chance, dass das Eis bricht.« Beide Männer machten ihre Aussage zu einer Zeit, als sie sich noch privat stritten, doch vor der Kommission waren sie sich einig, dass es sinnlos sei, Hunde mitzunehmen. Danenhower erklärte, »es wäre für uns besser gewesen«, wenn keine Hund an Bord der *Jeannette* gewesen wären, und Melville erklärte: »Sie essen halb so viel wie ein Mensch und tun nur ein Achtel seiner Arbeit.«

Währenddessen ermittelte der Untersuchungsausschuss zum Untergang der *Proteus* weiter. Der Fall war komplizierter, als es General Benet und seinen Kollegen lieb gewesen wäre, doch als Grund für die Probleme stellte sich bald unzureichendes Wissen über die unberechenbaren Verhältnisse in der Arktis heraus. Von Anfang an hatte die Planung ohne direkte Beteiligung erfahrener Arktisforscher stattgefunden. Garlington war nur mit einer ziemlich vagen Vorstellung dessen, was er dort antreffen könnte, nach Norden gefahren. Beebe war noch weniger für diese Aufgabe geeignet gewesen, und Clapp und Caziarc hatten ihr gesamtes Wissen lediglich aus Büchern bezogen. All dies blieb dem Untersuchungsausschuss nicht verborgen, genauso wenig wird er übersehen haben, dass Greely bei der Planung der ersten Versorgungsexpedition mit dem strikten Verbot von »Handlungsspielraum« auf fatale Weise gegen sich selbst gearbeitet hatte.

Während der Untersuchungsausschuss noch ermittelte, gab der Kriegsminister seinen Jahresbericht für 1883 heraus, mit dem die Angst um die Sicherheit Greelys beschwichtigt werden sollte. Wenn er in Fort Conger geblieben war, hätte er bis zum nächsten Sommer ausreichend Proviant, Kleidung und anderes wichtige Material. Dennoch könnten sie im Hinblick auf die vorgefassten Pläne und die Fehlschläge der Versorgungsexpeditionen nach Süden zur Einfahrt des Smithsund gekommen sein. »Selbst in diesem Fall wäre Greelys Lage keineswegs hoffnungslos«, denn an diesem Punkt und weiter nördlich waren Vorräte gelagert. Und sollten diese Vorräte unzureichend sein, »ist nicht unmöglich, dass er umkehrt und zu seinen Vorräten in der Lady Franklin Bay zurückmarschiert«. Das konnte nur jemand sagen, der nicht die leiseste Ahnung hatte, was ein Marsch kurz vor Wintereinbruch in diesen Breiten bedeutete.

Im Dezember traf sich der Untersuchungsausschuss nur gelegentlich. Bei der Wiederaufnahme der Arbeit im neuen Jahr brachte Garlingtons Anwalt Linden Kent folgendes Argument vor: Das Memo bezüglich der Anlandung von Vorräten auf dem Weg nach Norden sei »das Gift, das in alle Zweige der Ermittlungen eingeflossen ist«, und am Tag, nachdem Garlington in St. John's seine traurige Meldung vom Untergang der *Proteus* absetzte, »wurde das Memorandum wieder ... eingesetzt, um seine grausame Wirkung zu zeigen«. Nach dem Schiffbruch hätte Garlington Greely nur helfen können, indem er Verbindung zur *Yantic* aufnahm, was Garlington auch »versucht« habe. Das Schiff und die Boote hätten sich aber verfehlt, das Eis hatte sie auseinander gehalten. Garlingtons Vorräte seien »hoffnungslos unergiebig« gewesen. Er habe sich in weit größerer Gefahr befunden als Greely »in seinem Haus in Discovery Harbor«. Garlington schuldig zu sprechen für das, was offensichtlich im Stab des Fernmeldecorps versäumt worden war, sei, »um das Mindeste zu sagen, ein grausames, erbarmungsloses und unberechtigtes Umspringen mit dem Ruf eines Soldaten«.

Hazen sah, welche Entwicklung die Sache nehmen würde: Die Schuld für Garlingtons Versagen sollte nicht nur auf das Fernmeldecorps, sondern auch auf dessen Kommandeur abgewälzt werden. Ohne die Ermittlungsergebnisse abzuwarten, verlangte er von Lincoln, Garlington wegen Ungehorsams und Pflichtversäumnisses vor ein Militärgericht zu stellen. Lincoln weigerte sich. »Im Interesse der Dienste des Militärs« sei so ein Prozess nicht erforderlich. Eine Woche später, am 12. Januar, gab der Untersuchungsausschuss seinen Bericht heraus.

Wie Hazen erwartet hatte, wurde Garlington milde behandelt. Er habe lediglich die falschen Entscheidungen getroffen. Er hatte Order, seine Nordfahrt durch nichts behindern zu lassen, und so habe er recht gehandelt, als er das langsamere Schiff zurückließ. Als die *Proteus* gesunken war, hätte er sinnvollerweise auf die *Yantic* warten sollen, nachdem Colwell und Pike gemeint hatten, es gebe »eine letzte leise Hoffnung«, dass die *Yantic* durchkäme. Dann hätte er Garlington dafür sorgen können, dass das Marineschiff einen Teil der Vorräte in der Lifeboat Cove ablud, eine Monatsration der *Yantic*-Crew hätte Greelys Leuten fünf Mal so lange gereicht. Doch Garlington hatte nicht gewartet, stattdessen war er mit Vorräten für seine und Pikes Mannschaft nach Süden geeilt, nicht aber mit Proviant für Greely. Ein Großteil der Ereignisse, die dem Leutnant angelastet werden konnten, war jedoch zurückzuverfolgen auf das Versäumnis des Kommandeurs des Fernmeldecorps, ihm klare Anweisungen und Order zu geben.

Und Wildes? Am 3. August hatte er Littleton Island verlassen, er hatte Rationen für vier Monate an Bord und davon drei Monatsrationen wieder nach St. John's zurückgebracht. Der Ausschuss kam zu dem Schluss: »Es ist bedauerlich, dass er in dem ernsthaften Bestreben, die Expeditionsmannschaft und die Crew der *Proteus* zu retten«, bevor sie in die gefährlichen Gewässer der Melville Bay einfuhren, keine »ein- oder auch mehrtägige Verspätung [riskiert hatte], um Rationen seiner eigenen üppigen Vorräte [auf Littleton Island] zu deponieren, die Lieutenant Greely und seine Mannschaft an diesem unwirtlichen Gestade willkommen geheißen hätten«.

Über General William Babcock Hazen urteilte der Ausschuss am härtesten, seine Hauptwaffe war Caziarcs Memorandum. Nach Hazens eigenen Angaben vom November 1882 gegenüber dem Kriegsminister in Bezug auf die Planung der Versorgungsexpedition 1883 unter Garlington »musste für jede Unwägbarkeit vorgesorgt sein«. Und war der Untergang der *Proteus* nicht eine dieser Unwägbarkeiten? Die einzige relevante Erwähnung findet sich in Caziarcs Memo über das Anlanden von Vorräten auf Littleton Island. Der Ausschuss kam zu dem Schluss: »Das Schiff fuhr in den Untergang, ohne dass im Vorfeld für die Sicherheit der 37 Leben an Bord gesorgt und auch für den Fall einer Seenot eine Vorsorge für das Lagern von Vorräten für die Greely-Mannschaft getroffen worden war.« Das dringliche Anlegen eines Depots auf dem Weg nach Norden war gegenüber General Hazen mehrmals vorgebracht worden, »und seine Erklärungen für diese Unterlassung – es sei eine Abweichung von Lieutenant Greelys Vorgaben und das Geleitschiff *Yantic* sei ›ein Depot‹ – sind unhaltbar und widersinnig«.

Schlimmer noch: Hazen hatte das Memo ohne weiteren Vermerk an Caziarc zur Übermittlung an Garlington zurückgeschickt, und Caziarc musste annehmen, dass Hazen es gebilligt hätte. Nie wäre er auf die gegenteilige Idee gekommen. Hazen hatte Caziarc nicht gesagt, dass Garlington am Abend vor dem Aufbruch zu ihm ins Büro gekommen war und ihn dazu befragt hatte und des Weiteren er, Hazen, gemeint hatte, es sei nicht bindend. Daher rührten Caziarcs unglückliche Annahme, Garlington habe den Befehl nicht befolgt, und seine entsprechenden Äußerungen gegenüber der Presse. Der Ausschuss kam zu dem Urteil, es sei alles Hazens Schuld, »seine laxe, nachlässige, mangelhafte und unglückliche Vorgehensweise beim Durchführen von Aufträgen … seine beklagenswerte und unverständliche Blindheit gegenüber den Fakten«.

Der Schaden war angerichtet. Greelys ursprüngliche Vorgaben sahen vor, dass auf Littleton Island oder in der nahen Lifeboat Cove ein Winterlager errichtet werden sollte, wenn die nachfolgenden Versorgungsexpeditionen die Lady Franklin Bay nicht erreichen könnten. Das Lager hätte »unter allen Umständen« errichtet werden müssen, »denn davon hing das Leben von Greely und seinen Männern ab«. Auf dem Weg entlang der Küste des Kennedy Channel und des Smithsund gebe es wahrscheinlich in regelmäßigen Abständen ausreichend Caches, um die Mannschaft auf dem Rückzug am Leben zu erhalten, doch nur bis zum Kap Sabine – zusammen mit der kleinen Cache auf Littleton Island insgesamt 240 Rationen, die der mittlerweile verstorbene Beebe hinterlassen hatte.

Der Ausschuss bescheinigte einen »Mangel an vernünftiger Urteilskraft, die nicht von vorsätzlichem Säumnis oder absichtlichem Vernachlässigen der Pflicht geprägt war«, und sah keine weiteren Prozesse und auch kein militärgerichtliches Verfahren vor. Nur in der klagenvollen Zusammenfassung der vermuteten Not der Lady-Franklin-Bay-Expedition waren die Äußerungen des Ausschusses unmissverständlich: »Das Versäumnis, ein Depot [auf Littleton Island] anzulegen, bedeutet Lebensgefahr für Lieutenant Greely und seine Truppe.« Alles in allem waren vom Juli 1882 bis zum August 1883 mit der *Neptune*, der *Proteus* und der *Yantic* nicht weniger als 50 000 Rationen nach Norden transportiert worden, nur etwa 1 000 wurden an Orten deponiert, wo sie von Nutzen sein konnten, »der Rest kehrte in die Vereinigten Staaten zurück oder sank mit der *Proteus*«. Dass Greelys Männer Kap Sabine erreichten, »war sehr wahrscheinlich, auch dass sie über den Smithsund nach Littleton Island übersetzen könnten, doch dann lägen sie an einer kargen Küste ohne Behausung und mit wenig Nahrung«. Eine Rückkehr zur Lady Franklin Bay war ein fürchterliches Unterfangen, ebenso ein Weitermarsch nach Süden. »Das Leiden und die Enttäuschung darüber, vergessen zu sein, macht es unmöglich, sich vorzustellen, wie ihr künftiges Vorgehen aussehen wird. Der Schleier kann erst gelüftet werden, wenn die nächste Sommersonne das Dunkel der arktischen Nacht vertreibt.«

Hazen reagierte auf die Anschuldigungen wie erwartet. Er tadelte den Ausschuss, weil er Garlington zu milde davonkommen ließ, und gegenüber dem Mann, den er einst als die ideale Wahl für das Kommando über eine Versorgungsexpedition gepriesen hatte, fand er nur mehr scharfe Worte. Dass der Rückzug der Schiffbrüchigen nach Süden sicher vonstatten ging, war nicht, wie der Ausschuss glauben wollte, Garlingtons Verdienst, der nichts weiter als ein Passagier und »hilflos und abhängig« war von Pikes Leuten, die im Süden Hilfe suchten. Hazen spottete abschließend: »Zum ersten Mal in der Militärgeschichte wurde ein Offizier für die Schnelligkeit gelobt, mit der er von seinem Posten geflüchtet war.«

In Camp Clay wurde weiter gestohlen. Am Tag, als Elison seinen rechten Fuß verlor, hatte jemand ein Loch in das Leinwanddach des Vorratshauses geschnitten und ein Viertelpfund Speck gestohlen. Eine Woche später verschwand noch mehr Speck und auch Brot. Einer verdächtigte den anderen. »Connell plündert nachts unsere Rationen«, kritzelte Private Henry in sein Notizbuch. Einige Finger zeigten auf Private Schneider: Er sollte ins Lager eingebrochen haben, und man munkelte, ihn erdrosseln zu wollen. Doch die Mannschaft hielt immer noch zusammen. In dem Bemühen, gut zu schlafen, änderte sich immer wieder die Belegung der Schlafsäcke. »Lockwood immer noch in meinem Schlafsack«, schrieb Greely am 12. Januar. »Cross ist schwach, Zeichen von Skorbut. Bender beschwert sich, also kommt er in Lockwoods Schlafsack. Jewell nimmt Cross' Platz bei Bender und Henry ein.« Auf Pavys Rat hatte Greely stundenweise Bewegung im Freien angeordnet, die allerdings mit dem Fortschreiten des Winters immer seltener ausgeführt wurde. Was der Kommandant »das kleine Brevier der Natur« nannte, wurde in der Hütte in einem Eimer nahe dem Eingang verrichtet, »der sehr frequentiert wurde, nachdem die Kälte die Nieren zu schwächen scheint« – und damit auch die Blase. Die andere Notdurft wurde ebenfalls zum Problem, »wegen der körperlichen Anstrengungen im Freien, die die Därme erschlaffen lassen«. Die Verstopfung hielt bei einzelnen Männern manchmal bis zu zwei Wochen an.

Am 9. Januar kam Rice von einer schnellen Erkundung auf dem Hügel hinter der Hütte zurück; er meldete dichten Nebel, der von kollidierenden Schollen aufstieg. Die Geräusche des Treibeises wurden lauter. Greely sorgte sich, denn durch die zunehmende Beweglichkeit des Eises sanken ihre Chancen, nach Littleton Island überzusetzen.

Am 12. Januar war Elisons Geburtstag, Greely gab ihm »zur Feier des Tages« einen Achtelpint Rum. Dass er einen Fuß und einen Finger verloren hatte, schien er nicht zu wissen.

Dann wurde Cross krank. Am 15. Januar hatte er, um sich zu bewegen, im Freien Holz gesägt, am folgenden Tag fiel er ins Koma. Pavy diagnostizierte Skorbut und gab ihm Branntwein und Salmiakgeist, eine Mischung, die ihn zu kräftigen schien, denn er schälte sich ständig aus seinem Schlafsack. Biederbick, der Sanitäter der Mannschaft, rief Pavy. Die beiden Männer bastelten Wärmflaschen aus Gummi, drückten sie an den zitternden Cross im Schlafsack, der wieder ins Koma fiel. Um Mitternacht vom 17. auf den 18. Januar starb er, zwei Tage vor seinem 40. Geburtstag, für den er Brotkrümel zum Feiern aufbewahrt hatte.

Pavy sagte dem Kommandanten auf Französisch, es sei

eindeutig Skorbut. Cross war an Unterernährung gestorben. Greely fühlte sich gezwungen, es den Männern zu sagen, doch von Skorbut und Hungertod sprach er nicht. »Ich suchte, die Leute zu ermutigen, und erinnerte sie daran, dass Cross schon in Conger keine schwere Arbeit tun konnte, da seine Konstitution durch seine schlechten Gewohnheiten untergraben war.« Es war Greelys unauslöschlicher Hang zu moralisieren, dem er in der Vergangenheit jahrelang mit selbstgerechter Lust gefrönt hatte. Nun verfolgte er den praktischen Zweck, die Männer von der Bedrohung durch Hunger und Skorbut abzulenken.

Die nächste Frage war, wie man mit der Leiche umging. Einige schlugen vor, sie unters Eis im nahen See zu senken, die Mehrheit war für eine konventionelle Vorgehensweise. Cross wurde in einen Kaffeesack eingenäht, Greely las die Totenrede, dann zogen er, Kislingbury, Brainard, Rice, Salor, Israel, Connell und Whisler ihn mit dem kleinen Schlitten den Hügel am Südostende des Sees hinauf, »welchen ich Crosssee benannte«, schrieb der Kommandant, über den sich Cross so böse lustig gemacht hatte. Laut Brainard war Cross' Begräbnis »eine geisterhafte Prozession ausgemergelter Männer, die sich langsam und leise in der diffusen arktischen Nacht von ihrem schrecklichen Eisgefängnis wegbewegten«. Ohne Werkzeuge und mit schwachen Händen scharrten sie mehr im Schutt, als dass sie gruben, und hoben ein gerade mal 30 Zentimeter tiefes Grab aus. Um Munition zu sparen, wurde über Sergeant Cross' flachem Grab keine Salve abgefeuert.

Die Männer lagen die meiste Zeit in den Schlafsäcken. Nur um die Notdurft zu verrichten, verließen sie die Hütte. Wenige Männer lasen. Frost und Eis bedeckten die Innenwände. Im trüben Licht der Tranlampe kniff der Kommandant über Psalmen und Gedichten die Augen zusammen, seine Stimme war in den tosenden Böen kaum zu hören. Lockwood hielt aus dem Stegreif einen Vortrag über die Aufstände von St. Louis, und während er eine Mischung aus Teeblättern und Tabak rauchte, träumte er von einem Restaurant in dieser Stadt, *The Silver Moon*, wo man für 50 Cents ein Essen kaufen konnte und wo die Bäckerei nebenan »ausgezeichnetes Brot und so etwas Feines wie Tapioka und Kokoskuchen« anbot. Der Leutnant unterbrach seinen Monolog und gab Ralston ein Stück Tabak, mit dem er seinen schmerzenden hohlen Zahn stopfen konnte. Mit dieser improvisierten Füllung konnte Ralston dann murmelnd von seinen frühen Tagen als Knecht in Iowa erzählen und aus Dickens' *Die Pickwickier* lesen. Brainard erzählte vom Kampf gegen die Indianer, Pavy schilderte einen Stierkampf und eine Wanderreise durch die Schweiz. Das diente der Stärkung der Moral. Hin und wieder gab es auch tröstende Kameradschaft, ja sogar Vertrautheit.

Nichts bot jedoch Schutz vor dem körperlichen Verfall. Lockwood wurde so schwach und lahm, dass er aus seinem Schlafsack gezogen und zum Pissoir gebracht werden musste. Jewell lag bis auf zwei Stunden täglich im Stupor. Die körperliche Schwäche führte zu gelegentlichen Fällen von Ungehorsam. Greely wies Bender in harschem Ton zurecht und Whisler schickte er ins Freie, bis er wieder mehr Respekt zeigte. Doch am nächsten Tag schon las der Kommandant zur Zerstreuung aus *Spofford's American Almanac*. Auch bat er die Männer, ihm dabei zu helfen, »eine chronologische Tafel« aller wichtigen Weltereignisse zu erstellen; Sergeant Israel und Pavy ergänzten fehlende Angaben.

Am 25. Januar war Biederbicks Geburtstag. Brainard kehrte von seinem täglichen Marsch auf den Hügel zurück und meldete, dass der Smithsund offen sei. Greely wollte seinen Männern davon zunächst nichts sagen. »Es ist besser, dass sie in der Hoffnung weiterleben«, bald den Sund nach Littleton Island mit Schlitten zu queren. Dieser Moment kam früher als erwartet; Ende des Monats setzte der Kommandant Rice und Eskimo Jens auf doppelte Rationen, um sie für den Marsch zu stärken.

Das Mahlen des Eises war nicht mehr zu hören – ein Zeichen, dass die Wasserstraße vollständig zugefroren war. Die meisten Männer glaubten immer noch, dass ein Teil von Garlingtons Mannschaft mit Proviant von der *Yantic* auf der Insel überwinterte, doch Greely sagte ihnen unumwunden: »Ich [hoffe] dort nichts zu finden als ein kleines Depot«, namentlich die 240 Rationen der *Neptune*. Rice und Jens waren bald abmarschbereit, und ihr Vorstoß über den Smithsund bot ihnen wenigstens die Möglichkeit, den jüngsten Streitereien auszuweichen. Lockwood war wieder etwas zu Kräften gekommen, er schrieb: »Dergleichen kommt jetzt häufig vor, wobei der eine oft kaum versteht, was der andere meint. Es ist ein Jammer, immer nur ans Essen denken und einem elenden Stück harten Schiffszwieback einen großen Wert beimessen zu müssen.« Doch sie vertrauten darauf, dass sich die Lage zum Besseren wenden würde, wenn Rice und Jens Littleton Island erreichten. Die Insel war an klaren Tagen fast zu sehen und versprach Erlösung.

Die größte Inselgruppe lag in einer Bucht der grönländischen Küste, die frühere amerikanische Entdecker Lifeboat Cove genannt hatten. Das Land war karg und bestand hauptsächlich aus einem etwa 30 Meter hohen Granitplateau, dennoch war es wegen seiner günstigen Lage zwischen dem Kanebecken und dem Smithsund einerseits und der Nähe zu Ellesmere Island andererseits ein beliebter Landeplatz, außerdem waren die Nachbarinseln von Littleton dicht mit Eiderenten und anderen Seevögeln bevölkert.

Anfang Februar brachen Rice und Jens auf. Durch ihre Versorgung mit doppelten Rationen mussten die anderen Männer zurückstecken. Sie aßen schon Robbentran, mit dem früher die Lampen gefüllt worden waren; als Beleuchtung dienten nun Stearinkerzen. Der Tran war eine schlechte Zusatzration und verursachte bei einigen Männern Übelkeit. Die Suppe aus Tran war so dick, dass der Löffel darin stehen blieb, wie Ralston bemerkte.

Brainard hatte Rice und Jens ein Stück des Weges begleitet. Wieder war das Knirschen des Eises zu hören, und er glaubte, die beiden würden nicht sehr weit kommen. Doch bei der Rückkehr ins Lager und in dem Sturm, der in der Nacht aufzog, sagte er davon nichts.

Rice und Jens hatten je 50 Pfund an Ausrüstung dabei, darunter auch Abschriften von Testamenten und eine Liste, die Greely erstellt hatte. »Ich schicke ein Verzeichnis der Gegenstände mit, die wir am nötigsten brauchen, für den Fall, dass er dort Leute findet; wenn dies nicht der Fall ist, soll er zu den Etah gehen, um mit Hundeschlitten herüberzukommen.« Sein eigenes Testament hatte Rice in Camp Clay gelassen, er hatte es in Form eines Briefs verfasst, den er komischerweise nicht an den Kommandanten, sondern an dessen ehemaligen Stellvertreter adressiert hatte: »Sehr geehrter Freund Kislingbury.« Er ermächtigte ihn, sein Notizbuch und andere Unterlagen einzusehen, und verfügte geheimnisvoll: »Alle Papiere, Briefe, Fotos etc., welche wegen ihrer Art, oder weil andere Rechte daran haben, nicht von meinen Eltern oder anderen gesehen werden dürfen, sollen ungeöffnet vernichtet werden.«

Nach nur einer Woche kamen Rice und Jens zurück. Die Temperaturen waren so niedrig, dass selbst Quecksilber gefror und die Hoffnungen stiegen, eine weitere kalte Woche würde das Eis im Smithsund festigen. Die beiden waren zehn

Meilen über Eis marschiert, doch auf halbem Weg nach Littleton Island brach das Packeis in Schollen, und sie standen vor offenem Wasser. Um die Stimmung, die nach dieser enttäuschenden Neuigkeit getrübt war, wieder etwas aufzuheitern, sagte Greely voraus, dass der Sund bestimmt in drei Wochen wieder ausreichend zugefroren sei und sie ihn queren könnten. Aus Brainards Privatbericht leitete er ab, »dass wir hier bis zum 10. April bleiben dürfen, wenn wir von vier Unzen Fleisch und acht Unzen Brot täglich leben können«.

Der Ton vieler Tagebucheintragungen verriet, dass die Männer sich auf das Schlimmste gefasst machten. Sollte sich das Schicksal gegen die Mannschaft wenden, »werden wir dem Namen von Amerikanern und Soldaten keine Schande machen«, meinte Lockwood. Ralston schrieb am 10. Februar: »Gott helfe uns nach dem Zehnten des Monats, wenn der Sund sich nicht schließt. Wenn wir sterben müssen, werden wir unsere Seelenruhe wahren und wie Männer sterben.« Sollten sie trotzdem den Sund queren können, glaubte Greely nicht, dass Garlington auf Littleton Island wäre, nachdem seine Berichte über Ankunft und Abfahrt zeigten, dass er wohl nicht genügend Zeit gehabt hatte, in die Lifeboat Cove zurückzukehren. Außerdem fand er Garlingtons Berichte unzuverlässig. »Ich war noch nie weniger gewillt, auf etwas zu zählen, das wir nicht unmittelbar in Händen hatten.« In der Zwischenzeit musste er sich mit der schlechten Moral herumschlagen.

Wieder kam es zu Misshelligkeiten. »Jewell beschuldigte Dr. Pavy, sich die größten Portionen herauszusuchen.« Bender beklagte sich, dass seine Brotration zu klein sei. Für Greely war Bender »ein ständiger Stachel. Wegen seiner schlechten Gesundheit muss er mit Umsicht behandelt werden.« Am Morgen des 19. Februar stritten sich Bender und Whisler, die im gleichen Schlafsack lagen. »Ich tadelte beide und stellte ihnen das Schimpfliche ihres Betragens vor.« Von dem letzten Robbenfleisch wurde ein guter Braten gekocht, bald waren auch die Reste des gepökelten Rindfleischs aufgebraucht, und an reichhaltigen Nahrungsmitteln blieben nur noch Schinken und Speck. »Wenn der Sund nicht gefriert, wenn von der anderen Seite keine Hilfe kommt und wir kein Wild finden, sind wir verloren«, schrieb Brainard.

Kislingbury schrieb täglich die Ereignisse nieder, »eine Pflicht, die ich meinen geliebten Söhnen schuldig bin«. Dass er an jenem traurigen Tag im August 1881 die *Proteus* verpasst hatte, hatte sich als weitaus tragischer erwiesen, als er sich damals vorstellen konnte. Wenn alles anders gekommen wäre, wäre der zweifache Witwer nun bei seinen Söhnen, die eine schwere Zeit durchmachten – von der Kislingbury gnädigerweise nicht die leiseste Ahnung hatte.

Seinen jüngsten Sohn Wheeler hatte Kislingbury in der Obhut von Colonel George Wheeler Schofield gelassen, dem Mann der dritten verstorbenen Bullock-Schwester. Schofield galt als innovativer Kopf auf dem Gebiet der Artillerie und hatte einen berühmten Bruder, General John A. Schofield, der während Andrew Johnsons Präsidentschaft für kurze Zeit Kriegsminister gewesen war und fünf Jahre lang die Militärakademie von West Point geleitet hatte. Kislingbury hatte also darauf vertraut, dass der kleine Wheeler bei den zuverlässigen und einflussreichen Verwandten gut aufgehoben war. Doch die Schofields hatten ein Geheimnis: Der Oberst litt vor allem seit seiner Ernennung zum Kommandeur des 6. Kavallerieregiments in Fort Apache an Anfällen von geistiger Umnachtung.

Am Morgen des 17. Dezember 1882, es war ein Sonntag, wurde zum Wecken geblasen – da erschoss sich der Oberst mit seiner *Smith & Wesson*. Wahrscheinlich (und zum Glück) war Kislingburys Sohn damals bei Schofields Schwester in St. Louis. Der Oberst hatte kein Testament hinterlassen, und in der folglich ungeklärten Situation, wem die Versicherungssumme und das persönliche Vermögen ausbezahlt werden sollten, kam es auch zu Unklarheiten in Bezug auf die Zukunft des siebenjährigen Wheeler Kislingbury. Schofield hatte zwar vorgesorgt und zu seiner Schwester gesagt: »Es ist wünschenswert, dass du dich weiterhin um den Jungen kümmerst, bis sein Vater aus der Arktis zurückkommt; wir werden die Mittel stellen«; doch die Lage hatte sich durch eine Verfügung kompliziert, die Kislingbury für den Fall von Schofields Ableben getroffen hatte. Dann nämlich sollte Charles Clark, Kislingburys Schulfreund und Geschäftsmann in Detroit, den Jungen in seine Obhut nehmen.

Diese Abmachungen, die zu großem Ärger führten, waren getroffen worden, weil Kislingburys Brüder in Rochester nicht über ausreichende Mittel verfügten. Der 13-jährige Walter Kislingbury, der zu Beginn von Kislingburys Reise Clarks Mündel war, wollte lieber zu seinem Onkel und war von Detroit nach Rochester geflohen. Nach Schofields Freitod sollte nun Wheeler zu Clark kommen, und als die Onkel später protestierten, ließ er sie in Bezug auf das Wohlergehen des Jungen im Unklaren. Kislingburys ältester Sohn Harry lebte damals bei den Eltern seiner toten Mutter in Sandwich, Ontario. Der zehnjährige Douglas war bei Kislingburys Schwager Seth Bullock; der Bezirksbeamte und Sheriff säuberte Deadwood im Territorium Dakota eifrig von Gesetzlosen. Alles in allem war es für die vier Kislingbury-Söhne eine traurige Situation, sie waren voneinander getrennt, sie wurden dauernd hin und her gezerrt, sie hatten keine Mutter, und ihr Vater war irgendwo nördlich des Polarkreises; wie es seinen

Jungen ging, wusste er nicht, und er lebte nur noch für die Stunde, da er sie wieder in seine Arme schließen könnte.

Lieutenant Lockwood, der sich früher als einen der Kräftigsten betrachtet hatte, gehörte mittlerweile zu den Schwächsten in Camp Clay. Kurz nachdem er in sein Tagebuch geschrieben hatte: »Aß zwei Stück Hundebrot, die ich mir vom Frühstück aufgespart hatte«, beklagte er sich bei Greely über die kleinen Brotrationen. Der Kommandant fand es in jenem Moment unziemlich für einen Offizier, mit der Größe der Ration unzufrieden zu sein, doch Greely verzieh ihm, nachdem Lockwood »den ständigen Hunger als Grund für die schlechte Laune« angeführt hatte.

Doch Hunger verursachte auch Angst. Greely hatte den 1. März als Datum zur Querung des Smithsund angesetzt, doch der Tag verging, ohne dass sich junges Eis gebildet hätte. Das Quecksilber war immer noch gefroren, doch die Springfluten hielten den Sund teilweise offen. Auf seinem Aussichtspunkt auf der Hügelkuppe hörte Brainard das Eis im Sund und in der Buchananstraße knirschen; bei jedem Atemzug formten sich Eiskristalle. Er schrieb: »Wie ferner Donner löst es Unruhe und ein Gefühl der Bedrohung aus.«

Hätten die Männer ausreichend Kraft gehabt, das Boot, das ihre Behausung bedeckte, zu entfernen, hätten sie einen Marsch mit Boot und Schlitten wagen können. Denn niemand rechnete damit, dass der Sund in den kommenden Frühlingswochen fest zufrieren würde, und das junge Eis, über das sie vielleicht fünf, sechs Meilen zurücklegen könnten, bewegte sich stetig nach Süden in die Baffin Bay. Greely betete immer noch, dass sich festes Jungeis bilden würde, und setzte nun als letztes Datum für den Aufbruch den 10. März fest. Die Kundschafter meldeten jedoch weiterhin dichte Wolken vor der grönländischen Küste. Stürme zogen auf, und unter diesen Bedingungen konnte nicht auf die Festigung einer Eisbrücke gezählt werden. Schließlich sprach Greely offen aus, keine Hoffnung mehr zu haben, dass der Sund zufrieren würde.

Die meisten Männer meinten, selbst wenn sie Littleton Island erreichten, würden sie nur wenige Vorräte und keine Rettungsmannschaft finden, und es gab auch nur noch eine schwache Hoffnung, dass sie mit Wild den Winter überlebten. Rice, der sein Tagebuch für einige Zeit »vernachlässigt« hatte, nahm die Niederschrift wieder auf, »weil die Zukunft die Möglichkeit, ja die Wahrscheinlichkeit birgt, dass die ganze Mannschaft zu Tode kommt«. Diese Wahrscheinlichkeit wurde mit jedem Tag größer, und auch andere Männer griffen wieder zum Stift und schrieben ihre Gedanken auf feuchte Seiten im Schein der Stearinkerzen, die im Übrigen besseres Licht boten als die Tranlampe; außerdem konnte der Tran als Proviant aufgespart werden. Rice: »Wir können doch nicht wie Ratten in einem Loch sterben, nachdem wir so kurz vor dem Ziel waren.« Brainard: »Der Kommandant rechnet, dass unsere momentanen Rationen bis in die erste Aprilwoche reichen. Wen wir nicht nach Littleton Island queren können und wenn wir kein Wild finden, wird unser Ende gegen den 15. April nicht mehr weit sein.« Greely: »Die Elemente scheinen uns feindlich zu sein; aber wir haben bis zur Entscheidung noch zwei Wochen vor uns.«

Viele Tagebucheinträge beschreiben die Stimmung dennoch manchmal als »ausgezeichnet« und »ausgelassen«. Arbeit würde den Geist wieder beschäftigen. Schneider formte Stearinkerzen, Bender machte Kerzenständer. Julius Frederick, der an Cross' Stelle zum Sergeanten befördert worden war, fertigte Schuhwerk für den Marsch nach Grönland, auch wenn die Zeit für die erwartete Eisbrücke überschritten war und alle es wussten. Und obwohl ein Eintopf aus Tran, Brotkrumen, Rosinen und Salzwasser Biederbick mit Magenkrämpfen ans Lager fesselte, war er bald wieder auf den Beinen, um als »Krankenschwester« zu arbeiten.

Doch die Stimmung konnte im Bruchteil einer Sekunde umschlagen. Am Tag, nachdem Rice auf der Kuppe Schneehühner sichtete – sie flohen, bevor die Eskimos mit den Gewehren den Hügel hinaufeilen konnten –, führte Private Henry in Anwesenheit Greelys »gotteslästerliche Reden«, er meinte: »In fünf Wochen sind wir alle tot.« Selbst wenn der Sund sich auf wundersame Weise schließen sollte, wusste Greely, dass die Männer in ihrem gegenwärtigen Zustand nicht marschieren konnten, und er selbst gab zu: »Ich bin besorgt, meine Stimmung ist nicht so gut, wie sie sein sollte. Ich habe versucht, es allen recht zu machen, doch nun muss ich aufgeben.«

Ein schwerer Schneesturm begrub die Hütte und verhinderte jede Tätigkeit im Freien. Jemand beschuldigte Pavy, dem kranken Elison Schinken zu stehlen. Rice erwähnt »eine unangenehme Diskussion am Abend«, lässt sich aber nicht weiter darüber aus. »Ich fürchte das Grauen unseres letzten Tages hier.« In einem späteren Eintrag schilderte er ein Gespräch mit Ellis, der gehört haben wollte, dass von Kannibalismus die Rede war. »Ich habe wirklich Angst vor der Demoralisierung der ganzen Mannschaft. Die Gespräche und Andeutungen verraten eine verschleierte Fantasie, die in Dingen enden könnte, über die man lieber nicht nachdenken will.«

Stürme aus Südosten tobten. Zitronen, Rosinen und Butter gingen zu Ende. Es gab nur noch Tran, Kartoffeln, eine Dose Fleisch, Zwieback und Speck. Greely schickte Long mit den beiden Eskimos auf einen ausgedehnten Jagdausflug. Der deutschstämmige Long, mit eigentlichem Namen Franz Joseph Lang, war Infanterist des US-Heeres und ein ausgezeichneter

Schütze, vielleicht der beste der Mannschaft; doch nach zwei Tagen kamen er und seine Begleiter mit leeren Händen und völlig erschöpft zurück. Longs Schlafsack fror zu, und er musste sich in den Sack zu den Eskimos zwängen. Brainard schoss ein einziges Schneehuhn; es bot zwar wenig Nahrung, dennoch munterte es die Männer auf. Sehr willkommen waren auch vier Alke, die Long und Eskimo Fred erlegten. Biederbick, der Koch, bereitete ein köstliches Mahl, die Männer jubelten laut, und Greely war um einen Hauch zuversichtlicher, dennoch wusste er: »Hier kommen wir nur mit dem Schiff heraus.« Außerdem musste Brainard das Vorratshaus mit den Extrarationen streng bewachen. »Gewissen Männern ist nicht zu trauen, wenn es hart auf hart kommt«, schrieb Greely. »Ich habe ein Auge auf das Gewehr und werde nicht zögern, es auch zu benutzen, sollte es die Situation erfordern.«

Sie hatten nun ausreichend Proviant bis zum 15. April, also noch etwa vier Wochen. Brainard fertigte aus einem Eisenring und einem Tuch ein grobes Netz zum Krabbenfischen. Nach einem Tag mit kärglicher Ration – Frühstück aus viereinhalb Unzen Fleisch pro Mann, Abendessen aus achteinhalb Unzen Fleisch und einer Suppe aus Salzwasser und Zwieback – trug Rice das Krabbennetz mit einem Köder aus einem Stück Robbenfleisch zu einer Stelle am Eisfuß, etwa eine Meile vom Lager entfernt. Bei Ebbe legte er das Netz aus, bei Ebbe holte er es auch wieder ein. Rice war vier Stunden bei Temperaturen weit unter null draußen und ergatterte eine Hand voll kleiner »Krabben«, Krustentiere von höchstens einem Zentimeter Länge; die Walfischer nannten sie »Seeflöhe« oder »Seeläuse«. Sie bestanden vor allem aus Schale, und für eine Unze Fleisch brauchte man 700 Tiere, also sieben Mal so viel wie Rices Fang ausmachte. »Nur Wild kann uns retten«, schrieb Greely, und er fügte hinzu: »Außer Henrys gotteslästerlichen Bemerkungen habe ich keinen anders als anständig und ernst von unserer Zukunft sprechen hören.« Er konnte nicht in die Köpfe der Männer schauen, und er wusste auch nicht, was sie heimlich in ihre Tagebücher schrieben. Dass Pavy ihn immer noch »für alle Qualen« verantwortlich machte, hätte ihn sicherlich nicht erstaunt.

Wer noch Kraft hatte, nach draußen zu wanken, erhaschte peinigende Bilder von Vögeln, Robben, Bärenspuren und flüchtenden Füchsen. Doch so hungrig und verzagt manche Männer oft waren, so waren sie aber auch besonders erfinderisch. Gardiner baute aus Jute und Fassreifen einen Schlitten, Bender erfand einen Haken, »um Mollusken oder Seetang zu sammeln«, Whisler nähte aus Gummistreifen und Säcken Schals und Handschuhe für die Krabbenfischer.

Es war weiterhin stürmisch, andauernd fiel Schnee, und in der Hütte bildete sich ständig Reif, »der auf uns herabfällt, uns durchnässend und erkältend«. Beide Eskimos wurden sehr krank, Füße und Gesichter schwollen ihnen an, Pavy diagnostizierte »ödemische Ergüsse«. Brainard und Rice kletterten abwechselnd um gestrandete Eisberge und über eisbedeckte Felsen, um Krabben zu fischen – die leider nur zu einem Drittel essbar seien, so Greely. Und Brainard schrieb am 22. März: »Nur bei Ebbe können wir das Netz im Spalt auslegen, und dazu müssen wir um 3 Uhr nachts aufstehen.« Er schließt seinen Eintrag mit der düsteren Frage: »Wir können noch weitere 20 Tage leben. Und dann?«

Thetis *und* Bear

Während die Männer der Lady-Franklin-Bay-Expedition zu Anfang des Jahres 1884 in ihrer engen Behausung am Kap Sabine um Rettung beteten, gingen die übrigen Unternehmen, die von Carl Weyprechts Visionen angeregt worden waren, entweder zu Ende oder standen kurz vor dem Abschluss. An dem großen Experiment hatten etwa 700 Personen teilgenommen. Die *London Times* schrieb: »Die Ziele der Arktisforschung haben sich verändert. Es wird weniger daran gedacht, nur um des Nordpunkts willen in hohe Breiten zu fahren, sondern es geht viel mehr darum, eingehend zu erforschen, was die Polarregion für wissenschaftliche Zwecke bereithält.« Elf Nationen hatten Forscher ausgeschickt. Eine deutsche Expedition war ein Jahr später als Greely nach Baffin Island aufgebrochen und triumphierend nach Hamburg zurückgekehrt. Ein russischer Trupp war von Archangelsk nach Nowaja Semlja gefahren, bekam aber Probleme: Einem Matrosen erfroren nach einem verbrüdernden Besäufnis mit den Eskimos die Beine, er starb nach der Amputation. Außerdem kam es zwischen dem Zoologen und dem Kommandanten der Expedition zu Feindseligkeiten. Dennoch waren die wissenschaftlichen Ziele erreicht worden, und die Russen kehrten nach St. Petersburg zurück, zu dem Zeitpunkt, als Greely auf dem Rückzug ins Kanebecken war. Ein zweiter russischer Expeditionstrupp war mit dem Zug von St. Petersburg nach Sibirien gefahren, dann mit dem Schlitten nach Jakutsk und weiter ins Lena-Delta gereist, ein wahrhaftiges Labyrinth, das dem Amerikaner George De Long zum Verhängnis geworden war. Die Russen aber überlebten; sie kartierten das Delta und errichteten eine Forschungsstation, die noch weit bis ins nächste Jahrhundert betrieben wurde. Ende 1882 war der Trupp wieder zurück in Jakutsk.

Im Sommer 1882 stach in Amsterdam eine holländische Mannschaft in See; ihr Schiff wurde jedoch in der Arktis vom Eis eingeschlossen und sank, die Männer konnten gerettet werden. Eine österreichisch-ungarische Expedition hatte nützliche meteorologische Messungen auf der Vulkaninsel Jan Mayen zwischen Grönland und Norwegen durchgeführt und jeden Quadratmeter der Insel vermessen. Eine dänische Mannschaft steckte zwar im Eis der Karasee fest, konnte aber dennoch ihren wissenschaftlichen Auftrag erfüllen. In der Nähe des Großen Sklavensees im Nordwesten Kanadas errichteten die Briten eine meteorologische Station. Die Schweden bauten eine Station auf Spitzbergen, die Norweger eine Warte am Nordkap. Die amerikanische Forschungsmannschaft am Point Barrow konnte das Innere Alaskas unter dem Kommando von Lieutenant P. Henry Ray erkunden, bevor die Station aufgelassen wurde und die Männer – ein Dutzend Soldaten des Fernmeldecorps und Zivilisten – wohlbehalten zurückkehrten. Nur die Greely-Expedition, die das nördlichste Glied der großen internationalen Zirkumpolar-Kette bilden sollte, war verschollen.

In Washington tagte die Planungskommission bis zum

22. Januar 1884 und sandte dem Kongress ihre Empfehlung, »mindestens zwei neue eistaugliche Schiffe zu erstehen«; begleitet wurde das Schreiben von einem Vermerk des Präsidenten Chester Arthur. Die Schiffe sollten spätestens am 1. Mai auslaufen und Mitte des Monats in Upernavik sein. Dieser Zeitplan wurde in Übereinstimmung mit zwei britischen Experten erstellt, die der Kommission telegrafisch zur Seite standen: Sir George Nares und Sir Clements Markham. Für Markham stand fest, dass Greely seine Rückzugspläne »auf die Annahme gründete, dass große Vorratslager am Kap Sabine oder in der Nähe angelegt waren und dass die Hilfsmannschaft in der Lifeboat Cove überwintern würde«. Wenn sie nach Kap Sabine vorstießen, könnten sie sich also wieder stärken. Nur ein »außergewöhnlicher Unglücksfall« könnte sie daran hindern, nach Littleton Island überzusetzen, wo die Hilfsmannschaft sie erwartete.

Das Abgeordnetenhaus verabschiedete den Antrag ohne große Debatte, nicht so der Senat, wo es schon am Anfang zum Disput kam. Die Opposition stellten vor allem Chandlers politische Gegner. Lincoln war froh, dass er in den Hintergrund treten konnte. Er wusste, dass außer seinem stets zänkischen Kommandeur des Fernmeldecorps auch andere der Meinung waren, die Organisation der früheren Versorgungsexpeditionen sei durch seine Lethargie und seinen Mangel an Interesse behindert worden. Nun war er gerne bereit, Chandler die Initiative zu überlassen, der seinerseits die Aussicht auf Greelys Rettung durch die Marine für sehr öffentlichkeitswirksam hielt, nachdem der Ruf dieses Teils der Streitkräfte in jüngster Zeit ohnehin nicht sehr gut war und als Folge der *Jeannette*-Katastrophe noch mehr gelitten hatte.

Mit Ausnahme des Eismeisters und der eingeborenen Hundeführer, die sich später der Mannschaft anschließen würden, sollte die ganze Expedition ausschließlich eine Marineoperation sein. Bewerbungen von Zivilisten und anderen Personen, die nicht der Marine angehörten, wurden abgelehnt. Auch Frederick Kislingburys Bruder William meldete sich freiwillig, ihm wurde jedoch erklärt, die Mannschaft werde ausschließlich von Marineoffizieren gestellt, »die der Marinedisziplin treu waren«.

Deutlich zurückgewiesen wurde auch Garlington. Am 27. Februar schrieb er an den Kriegsminister: »Ich fürchte ernsthaft um meine Ehre als Offizier, wenn ich von dieser Operation ausgeschlossen werde.« Doch Lincoln teilte ihm mit, dass die Mannschaft nur aus Marinepersonal bestehe, und fügte kurz angebunden hinzu, dass er nicht sehen könne, inwiefern eine Ablehnung seinem Ruf schade.

Als Kommandanten für die jüngste Hilfsexpedition wünschte Chandler Winfield Scott Schley, einen 45 Jahre alten Veteranen aus Maryland, der im Bürgerkrieg gekämpft und sich im Jahr 1870, als er in China stationiert war, durch die Einnahme koreanischer Stellungen einen Namen gemacht hatte. Schley schrieb später: »Chandler fragte, ob ich mich zum Dienst in der Arktis berufen fühlte.« Schley war bereit, freiwillig oder unter Befehl zu fahren, obwohl er wusste, dass der Dienst nicht nach »jedermanns Geschmack« war. Er bat Chandler für den Fall seiner Ernennung, sie »bis zum letztmöglichen Moment geheim zu halten, um meiner Familie bis dahin die Sorge zu ersparen«. Chandler tat ihm den Gefallen. Am 18. Februar übertrug er ihm das Kommando.

Hätte der Senat den Antrag schneller gebilligt, hätte Schley auch schon früher ernannt werden können, doch die Debatte war hitzig und schwerfällig geworden. Die Senatoren erinnerten sich an Chandlers frühere Verwicklungen in Finanzskandale und drängten auf genaue Kostenvoranschläge, zu deren eingehendem Studium sie jedoch bei der angeblichen Dringlichkeit der Sache nur knapp bemessene Zeit hätten – so klagten sie. Da nur wenige konkrete Zahlen verfügbar waren, nannte Senator Eli Saulsbury aus Delaware den vorliegenden Antrag »die verwerflichste Entscheidung, die der Kongress je getroffen hat«.

Von Amts wegen waren die Gesetzgeber gegen kostspielige Bestrebungen, den Nordpol zu erobern, und wetterten gegen weitere Expeditionen in »diese geheimnisvolle, gefährliche und herausfordernde Region«. Die Vertreter der Ostküstenstaaten begehrten bei den Plänen zum Kauf britischer Schiffe auf und verlangten, die Schiffe im eigenen Land zu beschaffen. Einige fragten sich auch, was die Marine mit alldem zu tun habe, da das Ganze doch ursprünglich eine Heeresoperation gewesen sei. John McPherson aus New Jersey bezeichnete Chandlers Antwort, der Auftrag falle samt und sonders in das Feld der Marine, als »eine dreiste Frechheit und eine unverschämte Anmaßung«.

Senator Eugene Hale aus Maine wurde des Zeit raubenden Streits müde und flüchtete sich in Sarkasmus; schließlich war die Verabschiedung des Antrags die letzte Möglichkeit, Greely lebend zu retten. »Wenn wir Lieutenant Greely und seine Männer sterben lassen, so hoffe ich, sie dürfen auf parlamentarische Weise sterben, so dass sich hinterher nicht die Frage stellt, ob sie irgendwelche Vorschriften übertreten haben.« Als der Antrag schließlich mit 29 zu 22 Stimmen unverändert angenommen wurde, erklärte Hale sachlich: »Ich weiß nicht, wie ich mich fühlen werde, wenn die Expedition nach Norden geht und ich feststellen muss, dass die armen Männer während unserer langen Debatte hier gestorben sind.«

Doch während die Debatte noch weiterging, verlor Chandler keine Zeit. Er hatte an Konsul Molloy geschrieben und ihn gebeten, sich vor Ort nach einem geeigneten Schiff umzusehen; dabei hatte er sich wie immer auf die mit Eisen verschalkten, im schottischen Dundee gebauten Wal- und Robbenfänger konzentriert. Verfügbar war der zehn Jahre alte Dampfer *Bear*, ein Schwesterschiff der gesunkenen *Proteus*. Die schottischen Eigner stimmten Ende Januar zu, das Schiff für 100 000 Dollar zu verkaufen, und gemäß den Anweisungen aus Washington schloss der Konsul den Vertrag ab. Am 15. Februar, zwei Tage, nachdem der Antrag schließlich verabschiedet worden war, lief die *Bear* in der Marinereederei von Brooklyn ein, wo sie überholt und ausgerüstet werden sollte.

Auch ein zweites Schiff wurde gekauft: der nur zwei Jahre alte Dreimaster *Thetis*, angeblich das robusteste Schiff der schottischen Walfängerflotte. Es wurde mit amerikanischen Matrosen von der European Squadron bemannt und von Dundee in die Staaten überführt. Ein drittes Schiff wurde der Expedition zugeschlagen, die *Alert*, ursprünglich ein Kanonenboot der Royal Navy mit fünf Geschützen. Sie war für die Nares-Expedition 1875 umgerüstet worden, und die britische Admiralität hatte den Vereinigten Staaten zum Dank für Kanes Hilfe bei der Franklin-Suche das Schiff als Leihgabe angeboten, was die Amerikaner auch gerne annahmen. Die *Alert* lief aus ihrem Themse-Hafen aus und wurde dem Marineminister am 25. März übergeben.

Die verschiedenen Marinebehörden in Washington zeichneten sich nicht immer durch Zusammenarbeit und schnelles Handeln aus. Doch Chandler ordnete nun an, ihre Differenzen hintanzustellen, schnellstens zu agieren »und unsere in Gefahr befindlichen Landsleute zu retten, um deren Leben das ganze Volk bangt«. Gleichzeitig sollte Schley »Greelys Fahrt nachvollziehen und sich auf dem Gebiet der Arktisforschung und in Bezug auf eine Rettungsexpedition kundig machen« sowie die Ausrüstung der drei Schiffe überwachen, über die er das oberste Kommando hatte. Da die Expedition schon binnen zehn Wochen aufbrechen sollte, war dies ein umfangreicher Befehl.

Mit Lincolns bereitwilliger Duldung wollte Chandler der US-Marine die Ehre verschaffen, die Lady-Franklin-Bay-Expedition zu retten. Doch es gab auch noch weitere Bestrebungen, die Rettungsaussichten durch konzertierte Suchaktionen, einschließlich der Dienste erfahrener Walfänger, zu vergrößern. Henrietta Greely war in San Diego sehr aktiv. Freunde und Verwandte halfen ihr, Presse, Politiker und den Marineminister selbst zur Annahme eines Plans zu drängen, der im Schriftverkehr bald »Bounty-Plan« hieß.

Henriettas Bruder Otto, Rechtsanwalt in Boston, war zuversichtlich, »ein Ergebnis zu erzielen, wenn ich alle Strippen ziehe«, und riet seiner Schwester, auch Unterstützung im Weißen Haus zu suchen. Die Frau eines Redakteurs des *Journal of Commerce* meldete sich zu Wort und riet Henrietta, dem Präsidenten »einen starken Brief« zu schreiben und dabei ihren weiblichen Charme einzusetzen, um ihn für sich zu gewinnen. »Es soll Euch gleichgültig sein, ob es würdevoll ist oder nicht! Ihr wollt ihm doch das ganze Ausmaß Eurer Situation vor Augen führen.« Aus anderen Quellen hörte Henrietta, dass sowohl der Präsident als auch der Marineminister gegen den »Bounty-Plan« waren, weil so viele Männer in den unterschiedlichsten Schiffen ausliefen und dazuhin die amerikanische Regierung schuld wäre, wenn Menschenleben zu beklagen wären. Auch ein Verwandter von Henrietta stellte in Frage, dass Walfänger »leichter und schneller Eis brechen und Eisberge umschiffen können als unsere robusten Schiffe«. Dennoch wurde dem Kongress eine Resolution vorgelegt, nach der Walfängern und anderen Personen, die zu Greelys Rettung beitrugen, eine Belohnung von 25 000 Dollar versprochen wurde.

Das Abgeordnetenhaus widersetzte sich diesem Antrag, doch der Senat stimmte zu. Chandler witterte sofort, dass seine Marine nun der Ehre verlustig gehen könnte, Greely zuerst zu finden. Er legte Schley in einer privaten Unterredung nahe, dass es erstrebenswert sei, mindestens ein Schiff der Hilfsexpedition nach Upernavik zu schicken, sobald es die Eisverhältnisse zuließen. Mittlerweile war die Nachricht über Chandlers Zögern bezüglich des »Bounty-Plans« zu Henrietta nach San Diego durchgedrungen. Sie schrieb an Präsident Arthur und adressierte den Brief an General Lockwood, der ihn persönlich im Weißen Haus abliefern sollte.

Lockwood wurde nicht zum Präsidenten vorgelassen, er musste den Brief einem Sekretär anvertrauen, der ihm versicherte, er werde ihn Arthur persönlich geben. Bald erhielt Lockwood auf dem Briefpapier des Weißen Hauses die Antwort, die er wiederum nach San Diego schickte. Der Präsident drückte seine Sorge aus, war jedoch zuversichtlich, dass die Marineexpedition im nächsten Sommer erfolgreich zurückkehren würde. In einem persönlichen Wort an Henrietta Greely bestätigte er: »Nichts wird unterlassen, was für den Erfolg der Expedition als wesentlich erachtet wird.«

General Lockwood wandte sich auch an Schley, »der genauso gegen den ›Bounty-Plan‹ war wie der Kriegs- und der Marineminister, und ich konnte ihn auch nicht von seiner Position abbringen«. Schley fand den Plan sinnlos, wenn nicht gar gefährlich, und versuchte dem General einzureden, dass sein Sohn sowie der Rest der Mannschaft in Sicherheit seien und dass die offizielle Rettungsexpedition sie alle wohlbehalten nach Hause bringe. Doch Lockwood ließ sich nicht überzeugen; sein Optimismus vom Vorjahr war wie weggeblasen. »Ich muss zugeben, dass ich mit jenen übereinstimme, die glauben, dass die Mannschaft im letzten Sommer [die Lady Franklin Bay] verlassen hat und nun in größter Gefahr schwebt. Wenn dies zutreffend ist, ist unser Plan wichtig und darf nicht aufgegeben werden.«

Er wurde auch nicht aufgegeben. Dennoch verzögerte die Senatsdebatte über den »Bounty-Plan« die Verabschiedung bis zum Karfreitag, dem 11. April. Lockwood übermittelte Henrietta die Neuigkeiten. Die Nachricht von der Verabschiedung des Antrags und der hohen Belohnung würde bald St. John's und kurz darauf die Walfänger erreichen, die sich in Upernavik versammelten. Also könnten auch sie Greely suchen und finden. Doch Lockwood fügte hinzu: »Wie schon gesagt, fürchte ich den Zustand, in welchem sie die Mannschaft finden könnten.« Wenn sie, wie Schley glaubte, einen weiteren Winter in der Lady Franklin Bay geblieben waren, ging es ihnen wahrscheinlich recht gut, doch Lockwood neigte nun wieder zu der Überzeugung, die Männer hätten Fort Conger im vergangenen Sommer verlassen.

Der Präsident zögerte, bevor er seine Unterschrift unter den »Bounty-Plan« setzte, und suchte in letzter Minute Rat bei seinem Marineminister. Chandler antwortete umgehend: »Wie Ihr wisst, glauben der Kriegsminister und ich nicht an den Nutzen einer Belohnung.« Er hielt es jedoch für seine Pflicht hinzuzufügen: »Der Kongress ist anderer Meinung. Ich rate also zur Unterschrift.« Damals war er damit beschäftigt, die Moral von Schleys Mannschaften zu stärken, indem er beispielsweise ein Dutzend Backgammon-Bretter, sechs Schachspiele und zwölf Dominospiele für jedes Schiff kaufte. Nach einer stürmischen Atlantiküberfahrt war die *Thetis* im März in Brooklyn eingetroffen – etwa zur gleichen Zeit, als

Greely im hohen Norden seine Rationen noch auf vier Wochen schätzte.

Die Überführungsbesatzung der *Thetis* wurde abgemustert und durch die Freiwilligen der Marine ersetzt. Dabei waren auch George Melville von der *Jeannette* und John Colwell, der zum zweiten Mal innerhalb eines Jahres in die Arktis fuhr. Die *Thetis* wurde eistauglich gemacht und sollte Schleys Flaggschiff sein. Schley würde einen Brief von Hazen mitführen, der Greely das »alleinige Ziel der Expedition« mitteilen würde, nämlich die Mannschaft sicher zurückzuführen. »Jeder Plan hinsichtlich einer Weiterführung der Forschungsarbeit in der Lady Franklin Bay im Rahmen des Internationalen Polarprogramms wurde von der Regierung abgelehnt ... Alle Polarexpeditionen außer Eurer und derjenigen der Russen im Lena-Delta sind letztes Jahr wohlbehalten in ihre Heimathäfen zurückgekehrt.«

Anders als die Kommandanten der früheren Hilfsexpeditionen, hätte Schley völlig freie Hand. »Wir haben vollstes Vertrauen in Euch, dass Ihr sowohl die Befähigung als auch den Mut und die Umsicht habt, um alles zu tun, was von Euch verlangt wird«, sagte Chandler. Vor dem Aufbruch der Expedition wurden noch die letzten Briefe geschrieben. Greelys Mutter versicherte Henrietta, dass sie Königin Viktoria immer lieben werde, weil sie die *Alert* zur Verfügung gestellt habe; auch Mrs Greely hatte sich schon auf alles vorbereitet – sie hatte das Haus geputzt und »Adolphs Kleider zum Lüften hinausgehängt und sie für den Sommer weggepackt. Welch ein Held wird Adolph sein, wenn er je nach Hause kommt! Ich habe Hoffnung.« Schley schrieb einen Abschiedsbrief an Henrietta: »Ich verlasse meine Lieben zu Hause mit der ernsthaften Absicht, Euch den tapfersten aller Gatten zurückzubringen.«

Am 23. April lief die *Bear* als erstes Schiff der Rettungsexpedition in New York aus. Menschen säumten winkend und jubelnd die Kaianlagen und die neu erbaute Brooklyn Bridge. Eine Woche später stach die *Thetis* in See. Marineleutnant Charles Harlow bezweifelte, dass je ein Krieger königlicher ins Feld verabschiedet wurde. Neben den jubelnden Massen »zeugten auch die geblasenen Hörner und die gedippten Flaggen der Schiffe, die wir passierten, von dem großen Interesse aller an der Operation«. Schlepper und Marinebarkassen mit Chandler, Lincoln, Senatoren und anderen Würdenträgern an Bord folgten der *Thetis* noch für Stunden, bevor sie sie endgültig auf die Reise schickten.

Zu dieser Zeit lag die *Bear* schon zwei Tage in St. John's, um Kohle zu bunkern sowie Proviant und Hunde zu übernehmen, und wieder lief sie aus. Noch einige Zeit später fuhr die *Alert* ohne Fanfaren den New Yorker East River hinunter und ins offene Meer. Nach Schleys Plänen würden *Bear* und *Thetis* zwar getrennt auslaufen, sich jedoch Ende Mai wieder in Upernavik treffen und dann gemeinsam nach Kap York und Littleton Island fahren. Die *Alert* würde folgen und sollte um den 1. Juli Littleton Island mit Baumaterial für Winterquartiere erreichen.

Während die *Thetis* durch den Nebel nach Nordosten dampfte, drehten sich die Gespräche der acht Offiziere in der Messe um frühere Vorstöße in nördliche Gewässer. Melville erzählte von seinen Erfahrungen auf der *Jeannette* und gab dem Starrsinn des irischen Meteorologen die Schuld an einigen Schwierigkeiten der Expedition. Eismeister James Norman stellte sich bald als geschwätziger Neufundländer heraus und deutete den wahren Grund für das Desaster der *Jeannette* nicht nur an: Der Navigationsoffizier Danenhower sei fast blind gewesen (ein verheimlichtes Syphilis-Symptom). »Er machte ein paar geheimnisvolle Andeutungen über den Untersuchungsausschuss zum Untergang der *Proteus* – es sei noch nicht ganz vorbei; wenn Greely zurückkehre, würde noch mehr bevorstehen.«

Zwischen Liebesbriefen an seine Frau bestätigte Harlow in seinem privaten Tagebuch, dass Schley entschlossen sei, kein Schiff passieren zu lassen, außer der *Bear*, die jedoch auch nicht immer die Führung halten dürfe. »Wir werden sie sicherlich vor Upernavik oder Disko überholen. Ich habe den Ehrgeiz, der Erste zu sein, und ich bezweifle nicht, dass der Kommandant meine Gefühle teilt. Wir werden an die Spitze fahren und an der Spitze bleiben. Wir müssen das Schiff sein, das Greely findet und zurückbringt.«

»Ich sollte ihn erschießen!«

In Camp Clay kam die Sonne zurück. Das Thermometer zeigte am 24. März minus 32 °C, und es gab ausreichend Licht, um im Freien zu lesen, doch es war ein elender Tag. Die Männer hatten den Schlot verstopft, der normalerweise beim Kochen zur Entlüftung wieder frei gemacht wurde. Da der Tran aufgebraucht war, brühte der Koch Tee über einer Spirituslampe und vergaß, den Lumpen zu entfernen. Der Qualm stach den Männern in Augen, Nase und Hals. Keuchend und würgend quälten sie sich aus den Schlafsäcken und wankten hinaus, um die kalte Luft tief einzuatmen. Manche wurden ohnmächtig. Es vergingen Stunden, bevor sich alle wieder so weit erholt hatten, dass sie in ihren kleinen Schuppen zurückgehen konnten. In dem ganzen Durcheinander hatte jemand ein halbes Pfund Schinken gestohlen, das Biederbick als eiserne Reserve unter der Ruderbank des Boots versteckt hatte.

Der Dieb verriet sich, indem er sich in die Latrine erbrach. Private Frederick sah, wie sich Private Henry über den Eimer beugte, später entdeckte er darin Reste von unverdautem Schinken. Niemand schrieb nieder, was in den Köpfen der Männer in jener Nacht vorging, aber sicherlich dachten sie an Mord. Am nächsten Morgen ordnete Greely einen Schauprozess an. Rice vertrat die Anklage. »Ich machte Henry den Prozess«, schrieb er. Eskimo Jens bezeugte, er habe gesehen, wie Henry den Schinken genommen hatte und in sein Hemd stecken wollte. Allein hätte der Eskimo bestimmt Skrupel gehabt, solch eine schwere Anklage gegen einen amerikanischen Soldaten vorzubringen, aber er hatte sichere Unterstützung. Lockwood erinnerte sich, es habe nach Schinken gerochen, als Henry gespuckt habe. Long berichtete, er habe gesehen, wie Henry zwei Rationen Rum geschluckt habe, während seine Kameraden sich von dem erstickenden Qualm erholten.

Frühere Diebstähle wurden erinnert. Ellis behauptete, Henry habe auch schon in Fort Conger Konserven gestohlen – eine Anklage, die der degradierte Maurice Connell stützte, denn er war selbst immer unter Verdacht, wenn Lebensmittel fehlten. Es war eine bizarre Verhandlung, Teilnehmer und Geschworene hatten alles andere als einen klaren Kopf und lagen größtenteils eng in die Schlafsäcke geschnürt. Greely fragte jeden Einzelnen nach seiner Meinung, die Antwort war stets ein uneingeschränktes »schuldig«. Am Abend schrieb Greely in sein Tagebuch: »Man sprach leise davon, dass man gegen ihn Gewalt anwenden müsse, aber ich brachte in Erinnerung, dass man sich unter militärischer Gerichtsbarkeit befinde und die nötigen Maßregeln von mir abhingen.« Nur die Schwäche der Männer und Greelys Anwesenheit retteten Henry davor, gelyncht zu werden. Monatelang hatte er den Arzt vor schweren disziplinarischen Maßnahmen verschont, »so konnte ich mit einem Gemeinen nicht anders verfahren. Ich befreite Henry von aller Arbeit, und da ich ihn nicht gefangen halten konnte, verbot ich ihm, seinen Schlafsack anders als unter Aufsicht eines Kameraden zu verlassen.« Rice fasst die Gedanken der anderen zusammen: »Ich glaube, wir hätten Recht daran getan, ihn zum Tode zu verurteilen.«

Private Charles Henry war ein kräftig gebauter Mann und ein guter Schütze, er sprach laut und deutlich, wenn auch manchmal »gotteslästerlich«. Seine Vergangenheit war dunkel. Zum einen hieß er mit richtigem Namen Charles Henry Buck und war, wie auch andere in der Mannschaft, deutschstämmig. Eine Kleinstadtzeitung aus Missouri, für die er als junger Bursche gearbeitet hatte, behauptete, sein Vater sei einmal Präsident einer deutschen Bank gewesen. 1876 hatte sich Henry beim 7. Kavallerieregiment listen lassen. In Fort Buford im Territorium Montana wurde er von einem Militärgericht verurteilt, weil er Händler im Fort mit gefälschten Schecks betrogen hatte. Er hatte zwölf Monate Schwerstarbeit leisten müssen und war unehrenhaft entlassen worden. Danach streifte er durch den Westen und tötete einen Chinesen bei einer Schlägerei in einer Bar in Deadwood. Als Charles B. Henry bewarb er sich wieder beim 5. Kavallerieregiment und schloss sich ohne offensichtlichen Makel an seinem Ruf der Lady-Franklin-Bay-Expedition an. Offenbar hatte er einer Zeitung zugesagt, Berichte über das Leben in der Arktis zu verfassen. Mindestens ein Artikel wurde später in der *Chicago Times* veröffentlicht und verriet, dass er die englische Sprache sehr gut und sehr flüssig beherrschte.

Drei Tage nach dem »Prozess« feierte der Kommandant seinen 40. Geburtstag. Long, Jens und Salor brachten zur Feier des Tages 16 Alke von einem Jagdausflug mit und wurden mit Jubel empfangen. Die roten Ständer der Vögel waren ein guter Krabbenköder. Rice ging zwei Mal aus und fing 50 Unzen. »Allen schmeckt der Krabben- und Talgeintopf.« Nur der entehrte Henry nahm an dem Fest nicht teil. Er hatte darum gebeten, Dienst zu tun, und geweint, als Greely abgelehnt hatte.

Der April brachte gutes Wetter, aber kein Wild. Für das Krabbenfischen gingen langsam die Köder aus, außerdem konnten die Männer mit »Shrimps« allein auch nicht überleben. »Wir sehnen uns alle nach einem dicken, üppigen Eintopf aus Robbenfleisch und Robbenblut«, schrieb Brainard. »Wie Tiere haben wir nur mehr den Instinkt fürs Essen übrig.« Wer kräftig genug war, sich draußen Bewegung zu verschaffen, wandte dem südlichen Horizont in der Hoffnung auf Errettung ein ausgemergeltes Gesicht und tief liegende Augen zu. Würde je ein Schiff kommen? Am 3. April delirierte Eskimo Fred im Fieberwahn, am nächsten Morgen war er tot.

Der Arzt untersuchte die Leiche und meldete Symptome von Skorbut, Greely tippte auf Unterernährung. Eine Messe wurde gelesen, dann zogen die stärksten Männer die Leiche aus der Hütte und auf den Hügel hinauf, wo er neben Cross notdürftig begraben wurde. »Ich fürchte, Linn wird bald der Nächste sein«, schrieb Israel, der selbst »ziemlich am Ende« war. David Linn starb am nächsten Tag, während er noch nach Wasser lechzte, um seinen Durst zu stillen, doch es gab kein Wasser. Acht Männer zogen Linns Leiche auf den Hügel und scharrten neben den beiden Gräbern ein Loch von kaum 25 Zentimetern Tiefe in den Schotter, darunter war der Boden hart wie Marmor. Wie auch die anderen Leichen wurde Linn nur spärlich bedeckt. Um Munition zu sparen, wurde auch dieses Begräbnis ohne Salutschüsse begangen.

Greely wusste, dass es südlich von Baird Inlet am Kap Isabella Proviant gab; Rice und Frederick hatten die Überreste der Nares-Cache im vergangenen November dort gelassen, um Elisons Leben zu retten. Doch Greely hatte Rices Idee verworfen, den kleinen Vorrat einzuholen, weil er keinen der geschwächten Männer über die beschwerlichen 30, 40 Meilen schicken wollte. Mittlerweile bereute er, das Risiko nicht eingegangen zu sein, denn durch die verstrichene Zeit und die Umstände war die Gefahr nur noch größer geworden. Mehr als einmal hatte Rice um Erlaubnis gebeten, zum Baird Inlet zu marschieren, doch Greely hatte seine Zustimmung verweigert. Nach Linns Begräbnis ließ er Rice schließlich gehen.

Gegen Mitternacht des 6. April brachen George Rice – auch seine Kräfte ließen langsam nach – und Julius Frederick mit einem Zweier-Schlafsack und dem leichten Schlitten auf. Selbst wenn sie die Kraft gehabt hätten, ein Zelt zu ziehen, hätte keines zur Verfügung gestanden. Vor dem Marsch nahmen beide je eine Tasse Krabbeneintopf, eine Unze Schinken, ein und drei Viertel Unzen Zwieback und wässrigen Tee zu sich.

Drei Tage nach ihrem Aufbruch zwangen die Ereignisse Greely zu weiterem Umdenken, dieses Mal verspätet durch seinen sturen Stolz und sein striktes Pflichtgefühl. Über zweieinhalb Jahre hatte Greely, wenn überhaupt, nur wenig Bereitschaft gezeigt, in seiner Missachtung gegenüber Lieutenant Kislingbury als einem Teilnehmer der Expedition und noch weniger als seinem Stellvertreter nachzulassen. Doch nun war Lockwood ins Koma gefallen. Am Morgen des 9. April rief Greely Kislingbury zu sich und sagte ihm, man könne nicht voraussehen, was die Zukunft bringe, aber: »Im Falle meines Todes fällt Euch das Kommando über die Expedition zu.«

Lockwood starb um 16.30 Uhr. Er wurde neben den drei anderen Toten auf dem Hügel begraben. »Durch Lockwoods Tod war ich gezwungen, Lieutenant Kislingbury wieder in die Expeditionsmannschaft aufzunehmen«, damit musste er ihn auch »öffentlich loben für die ausgezeichnete Arbeit, die er geleistet hat«. In Biederbicks Notizen hatte Greely sich offenbar bedauernd über diese anhaltende Misshelligkeit geäußert. Kislingbury vermerkte, Greely habe ihm bestätigt, dass er sich ungeachtet seiner Trennung von der Expedition »aufrecht« verhalten habe. Kislingbury dankte ihm gerührt.

Wenn Greelys Anerkennung von Kislingburys Leistungen eine Versöhnung bedeutet hatte, so dauerte sie jedoch nicht an. Auch in Bezug auf die Streitigkeiten mit Pavy begruben weder der Kommandant noch der Arzt das Kriegsbeil – der, wie Biederbick berichtete, weiterhin die Rationen des hilflosen Elison stibitzte. »Ich sah dennoch von einer Anklage ab«, so Greely, »denn seine medizinischen Dienste sind sehr nötig.«

Glück und Pech spielten abwechselnd mit den Männern in Camp Clay. Am Morgen des 11. April stürzte Greely in die Hütte, »er fiel durch die kleine Tür«, vermerkte Ralston, »und schrie nach den Jägern, weil er einen Bären gesehen hatte«. Long und Jens machten sich sofort auf den Weg, Kislingbury folgte mit der *Remington* im Anschlag. Beim Aufstieg auf den Begräbnishügel verließen Kislingbury die Kräfte, er stürzte kopfüber zu Boden. Doch die Jäger jagten das Tier drei Meilen weit und erlegten es. Sie mussten Hilfe und den großen Schlitten holen, weil der Bär so schwer war. Ralston schätzte ihn auf »300 Pfund, die die Expeditionsteilnehmer wahrscheinlich retten«. Doch für Sergeant Winfield Jewell kam die Beute zu spät; er starb, als der Bär eingebracht wurde.

Insgesamt konnte die Mannschaft sich an dem Bären nicht sehr stärken. Die meisten Männer träumten von den reichhaltigen Mahlzeiten, die sie zu Hause erwarteten, sollten sie je zurückkehren, und konnten allem, das sie gezwungenermaßen essen mussten, keinen Geschmack mehr abgewinnen. »Von Krabben wird einem übel«, schrieb Greely gequält. »Einige Männer können sie nicht mehr sehen.« Der Bär war eine willkommene Abwechslung, und als Belohnung für Longs guten Schuss beförderte Greely ihn als Jewells Nachfolger zum Sergeanten. Doch für Brainard, den Verpflegungswart, war die Ausgabe von frischem Fleisch keine leichte Aufgabe. »Der Bär war tief gefroren und musste mit einer Handsäge zerteilt werden. Manchmal hätte ich am liebsten aus Verzweiflung aufgegeben.« Auch Greelys Kräfte ließen nach. Biederbick fiel auf, dass seine Hände zitterten, als hätte er Schüttellähmung. »Ich glaube, er weiß gar nicht, wie schwach er ist. Auch anderen geht es nicht gut.« Das galt nicht für Connell, der niemals müde zu werden schien, auch nicht für den geächteten Henry, den Kräftigsten der Mannschaft, und nicht für Elison, dem zwar ein Fuß und ein Finger fehlten, der aber über solch eine innere Stärke verfügte, dass Greely ihn zum Sergeanten beförderte. Allerdings hatte Greely nicht die Befugnis, Beförderungen und Degradierungen vorzunehmen, und so wurden sie im Nachhinein nicht offiziell anerkannt.

Rice und Frederick hatten mittlerweile Ross Bay erreicht. Die Tortur hatte für die beiden schon früh begonnen. Gerade als sie in der Bucht südlich von Kap Sabine ankamen, zwang sie ein Schneesturm ins Lager – sie rollten ihren einzigen Schlafsack auf dem Eis aus, krochen hinein, kauerten sich zusammen und kauten gefrorenen Pemmikan. Wirbelnde Schneeböen und heftige Winde hielten sie 22 Stunden lang gefangen. Als der Sturm am Morgen des 8. April abflaute, krochen sie aus dem Schlafsack und gingen weiter bis zum Abend, wo sie im Windschatten eines gestrandeten Eisbergs lagerten. Am nächsten Morgen erreichten sie das alte Lager in Eskimo Point; sie vermuteten, dass die Fleischvorräte in einem Radius von 16 Meilen vergraben waren. Um mit einem leichteren Schlitten schneller voranzukommen, ließen sie den Schlafsack und einen Teil des Proviants zurück; bald schon quälten sie sich blind durch Schneewehen und spähten nach den Rindfleischkonserven.

Wassertümpel hatten das Gebiet in ein Eislabyrinth verwandelt. Um 15 Uhr nahmen sie an, am genauen Ort der Cache zu sein, aber sie sahen das Gewehr nicht, mit dem der Cairn damals markiert worden war. Möglicherweise hatte das Treibeis, das sich in den Baird Inlet hinausschob, die Vorräte mitgenommen. Die große Enttäuschung verstärkte noch die Erschöpfung der beiden Männer. Rice wurde so schwach, dass er weder gehen noch stehen konnte. Frederick redete auf ihn ein, dass sie beide sterben müssten, wenn sie sich nicht in den schützenden Schlafsack legten. Er belebte Rice mit Branntwein und brachte ihn dazu, sich etwa eine Meile zu einem schneeumhüllten Eisberg zu schleppen, an den sie sich fallen ließen. »Hier blieben wir«, schrieb Frederick später, »auf diesem tristen Stück Eis; der Wind toste über zwei Stunden wie ein Hurrikan, danach verlor mein armer Gefährte das Bewusstsein.« Frederick zog seine Jacke aus, um Rice einigermaßen warm zu halten, er wiegte ihn auf dem Schlitten in den Armen und war selbst zu erschöpft und zu benommen, um den genauen Moment zu erkennen, da Sergeant George Rice gestorben war.

Um 20 Uhr endete Fredericks Totenwache. »Ich stand da, völlig erschöpft, zitternd vor Kälte, ich konnte mich kaum regen, geschweige denn die Überreste des armen Rice begraben. Ich wusste, meine Chancen standen sehr schlecht, Eskimo Point etwa sieben Meilen weiter nördlich zu erreichen.« Doch er hatte eine traurige Pflicht zu erfüllen. Sieben Stunden später war er in Eskimo Point, wo er den Schlafsack fand, »hart gefroren wie Klafterholz«. Er stärkte sich mit ein paar Tropfen Rum und Ammoniak, machte den Schlafsack mit Mühe auf und zwang sich hinein. Am nächsten Morgen stapfte er zurück, um seinen toten Kameraden zu begraben. »Ich hatte keinen Spaten, nur eine Axt. Hier, auf einer paläokrystischen Scholle, bettete ich die Überreste des Mannes, der mir so viel bedeutete, zur Ruhe und bedeckte ihn mit dem Eis, das ich mit den Händen abbrach.«

Fredericks einsamer Rückmarsch nach Camp Clay, ohne Vorräte und mit schrecklichen Meldungen, dauerte drei Tage. Rice war bei fast allen sehr beliebt gewesen. Es war Ostersonntag, in der Nähe sang ein Vogel. Niemand sah ihn und niemand sprach, bis der Vogel wieder fortflog. Nach Fredericks Rückkehr verfasste Greely sogleich einen Brief an Hazen: »Wir lebten den ganzen Winter lang von einer unglaublich kleinen Ration, und es ist nun doppelt hart, im Sommer zu sterben, einen Monat oder sechs Wochen vor der Erlösung. Dr. Pavy bestahl seit November systematisch seinen verkrüppelten Patienten. Ich sage dies, damit die öffentliche Meinung diesen Mann verflucht, sollte er die Rückkehr erleben – was möglich scheint. Ich schreibe vom Rande des Grabes, ohne persönliche oder bittere Gefühle.«

Greelys Äußerungen beruhten zum Teil darauf, dass sein Herz immer schwächer wurde, was ihm der Arzt bestätigt hatte. Für kurze Zeit waren die Aussichten wieder besser geworden. Der erlegte Bär hatte es Greely erlaubt, die Fleischrationen auf ein Pfund pro Mann und Tag zu erhöhen, doch nachdem kein Wild in Sicht war, musste er wieder auf zehn Unzen reduzieren. Der Spiritus war beim Kochen aufgebraucht worden, der Rest des Alkohols war für medizinische Zwecke bestimmt und unterstand Pavy. Auch das Stearin war zu Ende. »Bender und Henry haben die Innenseite des Boots herausgerissen, um mit dem Holz zu kochen – ein deprimierender Anblick, denn er schien das Schicksal der ganzen Mannschaft vorauszusagen.«

Heitere Bemerkungen wurden immer schwächer und immer seltener, manchmal jedoch gab es Lichtblicke. Schneider verkündete stolz, dass er 350 Kerzen gemacht habe. Brainard dachte an sein Offizierspatent, zu dem ihm Greely bei der Rückkehr verhelfen wollte. So ein Versprechen und die wachsende Neigung des Kommandanten, sich Rat und Hilfe suchend an den Sergeanten zu wenden, hatte die Gehässigkeit aus Brainards privatem Tagebuch genommen und – so schien es jedenfalls – echte Zuneigung zwischen den beiden entstehen lassen. Frederick wurde sofort zum Sergeanten und Nachfolger des Freundes befördert, der in seinen Armen gestorben war. »Aber wir sind ein hungriger Pöbel«, schrieb Ralston, weigerte sich jedoch zu kochen, als er an der Reihe war.

Trotz seines beruflichen Wertes reizte Pavy den Kommandanten immer noch bis aufs Blut. Am 18. April schrieb Greely, der Arzt habe den Bericht über den Gesundheitszustand der Mannschaft abgeliefert und ihn dabei mit einem großzügigen Freundschaftsangebot überrascht. Doch die schöne Zeit war bald zu Ende. Sergeant Long meldete, er habe beobachtet, wie Pavy einen Teil von Schneiders Rum trank, und Biederbick schwor unter Eid, Pavy habe Elisons Brot genommen. Greely hatte in der Vergangenheit stets versucht, Pavys unberechenbaren Verhaltensschwankungen mit einer Mischung aus Höflichkeit und Strenge zu begegnen. Er musste »akutes Leiden, Versuchungen des Fleisches, persönliche Eigenheiten, Züge von Deprivation und vielleicht auch seelische Spannungen« berücksichtigen. Wenn Greely es für den Zusammenhalt und die Sicherheit der Mannschaft wichtig fand, zögerte er nie, tätig zu werden; und genau aus diesem Grund konnte Greely im Fall des Arztes wenig oder gar nichts unternehmen.

Was den Kommandanten besonders quälte, war seine Überzeugung, dass die Schuld an der Not der Mannschaft einem Heeresleutnant zugeschrieben werden musste, der nun sicherlich wohlbehalten zurück in der bequemen Heimat war.

Am 20. April ließ Greely in einem Bericht an General Hazen seinen Gefühlen freien Lauf. »Hätte Lieutenant Garlington Euren Befehl befolgt und die englische Cache mit 240 Rationen Rum und 120 Rationen Spiritus aufgefüllt sowie 210 Pfund schimmliges englisches Brot, ranzige englische Schokolade und verfaulte Kartoffeln, geschmolzenen Zucker und 210 Pfund verdorbenes Hundebrot gleichwertig ersetzt, wären wir zweifellos gerettet.«

So vergingen die letzten Wochen des bizarrsten amerikanischen Vorstoßes nördlich des Polarkreises. Der 20. April war jedoch ein vergleichsweise festlicher Tag. Das Frühstück bestand zwar nur aus Zwieback und Talg, aber zum Abendessen gab es »ein feines Mahl aus Gänseklein, Herz, Leber etc., mit zwei Butterdosen von je drei Pfund voll Blut«, schrieb Gardiner. Schneider wurde wieder zum Kochdienst eingeteilt, und Brainard drohte ihm mit Erschießung, sollte er wieder beim Stehlen erwischt werden. Connell, der selbst nicht über jeden Verdacht erhaben war, schimpfte Schneider den größten Dieb im Lager.

Zwei Tage später rieten Pavy und Kislingbury, die Fleischration wieder auf ein Pfund aufzustocken. Greely fürchtete, dass die Vorräte in diesem Fall in zwei Wochen aufgebraucht wären, und verweigerte zunächst die Zustimmung, dann aber erhöhte er auf zwölf Unzen. Starke Bauchschmerzen hatten Greely geschwächt, »und mein Herz macht mir Beschwerden«. Er versuchte, den Männern klar zu machen, »wie wichtig Schneid und Zusammenhalt sind, falls mir etwas zustößt«. Für den Fall seines Todes setzte er Brainard ein, »da Kislingbury körperlich und geistig dazu unfähig ist«. Diese Behauptung war eigenartig im Hinblick auf Kislingburys zusammenhängende Tagebucheintragungen und den freundlichen Brief, den er an jenem Tag bezüglich der täglichen Rationen geschrieben hatte. Er endet: »Ich weiß, dass Ihr alles tut und nur das Beste wollt, und ich habe den einen Wunsch, Euch in dieser großen Prüfung beizustehen, sosehr ich es vermag. Euer Leiden am Morgen und Euer geschwächter Zustand ängstigen mich.«

Auch Pavys Dienste lobte Kislingbury freimütig. Der Arzt sei »unermüdlich in seinem Bemühen, uns allen zu helfen, obschon er immer noch unter Arrest steht«. Er hätte allerdings wissen müssen, dass zumindest in Greelys Augen »alles Essen für Elison in irgendeiner Weise von Dr. Pavy eigennützig rationiert worden war«. Bislang hatte Pavy Elison gefüttert, doch der verwundete Sergeant war wieder kräftig genug, um kurze Zeit aufzusitzen, und seine Kameraden hatten ihm einen Löffel in die verkrüppelte Hand gesteckt. Greely: »Nachdem Sergeant Elison wieder selbst essen und auf seinen Eintopf aufpassen kann, nehme ich an, dass Doktor P. das Füttern nicht mehr lohnenswert findet.«

Nach einem Jagdausflug kam Long mit einer schrecklichen Nachricht zurück: Er und Jens hatten mit dem Kajak eine eisfreie Rinne passiert, um zu einer Robbe zu gelangen, die sich verlockend auf einer Scholle aalte. Da kam ihnen ein Feld Trümmereis in den Weg. Sie stiegen sofort aus, und Jens zog den Kajak über das gesplitterte Eis zum offenen Wasser. Dann stieg er wieder in den Kajak und nahm seine *Springfield*, doch das messerscharfe Eis hatte ein Loch in die Robbenhaut des Boots geschnitten. Es sank mit Jens.

Im Allgemeinen hatte Greely die Eskimos für eine Arktisexpedition nie als besonders wichtig erachtet. Er erkannte zwar die Geschicklichkeit der Hundeführer an, fand aber, »sie wussten die Ziele dieser Touren nicht zu schätzen ... und ihre Fähigkeit, Entbehrungen und Not auszuhalten, wurden stark übertrieben«. Pavy war da anderer Meinung; in seinen Augen hatte die Geschichte der Arktisforschung bewiesen, dass die Eingeborenen für den Erfolg einer Expedition unerlässlich waren. Jedenfalls war Eskimo Jens sehr beliebt, er war nicht nur ein heiteres Mitglied der Lady-Franklin-Bay-Truppe, sondern auch einer ihrer besten Jäger. Mit ihm waren auch der nützliche, wenn auch kleine Kajak und die einzig gute Büchse, die *Springfield*, gesunken.

Am Monatsende ernährten sich die 19 Überlebenden in Camp Clay von zwei Unzen Brot und zwölf Unzen Fleisch pro Mann und Tag, abgesehen von den frischen Krabben. Es gab auch noch Reste von Schinken, aber der Bär war bis auf das Fell und die Knochen aufgegessen. Die Jäger kamen immer wieder enttäuscht und ohne Beute zurück. Brainard war der Hauptkrabbenfischer geworden, jeden Tag stapfte er über den Begräbnishügel an den kaum bedeckten Leichen vorbei und in die eisverkrustete Bucht hinunter, legte die Netze aus, köderte mit Robbenhaut oder Vogelkrallen und hoffte auf einen großzügigen Fang dieser winzigen Tierchen, die die Ebbe zurückließ. Hin und wieder ging Kislingbury nach draußen und hackte Kistenbretter und Bootsplanken zu Brennholz. »Wir haben einen kleinen Ofen aus Eisenblech und dünn gehacktes Holz, damit es so schnell wie möglich heizt.«

Gegen Greelys Verstopfung gab ihm Pavy zwei Mal täglich Quecksilberchlorid. Die beiden stritten immer noch, meist über die Rationen. »Schade«, fand Greely, »aber der Mann ist zweigesichtig und unzuverlässig.« Jeder wusste von ihrer gegenseitigen Abneigung. Kislingbury glaubte, dass Greely den Männern seine Abscheu vor dem Arzt einimpfen wolle, aber das war unwahrscheinlich. In Wahrheit drückten die wachsenden Spannungen und die Hoffnungslosigkeit schwer auf Greely; er wurde immer reizbarer, was er früher bei seinem Dienst am Telegrafennetz an der Grenze niemals gewesen war. Connell bemerkte laut, dass sich jemand vor Gott für die Gräber auf dem Hügel zu verantworten habe. Greely drohte, dass er solche Rede nach kurzem Prozess abstrafen würde.

Dass Verstöße gegen die Disziplin ihn zu einer folgenschweren Entscheidung treiben könnten, belastete den Kommandanten immer mehr. »Jeder Versuch, eine Meuterei anzuzetteln, muss mit dem Tode enden.« Er hatte sicherlich die gefährliche Stimmung bei den Männern gespürt, auch wenn er nicht wusste, dass Kislingbury ihn im Geheimen als »den Teufel unter uns« bezeichnete. Gardiner nannte ihn einen »Barbaren und Rohling«.

Henry erklärte sich bereit, Biederbick beim Verdünnen von medizinischem Alkohol zu helfen. Greely vermutete sofort, dass das schwärzeste Schaf seiner Herde Profit aus seiner »Krankheit« ziehen wolle, um Alkohol zu stehlen. Der unselige Henry spuckte denn auch ausreichend beweiskräftige Flüssigkeit und maulte: »Geh zum Teufel!«, als Kislingbury ihn zur Rede stellte. Schneider notierte: »Wäre Lieutenant Greely nicht gewesen, hätten wir ihn mit unseren eigenen Händen umgebracht.« Und Greely selbst schrieb: »Ich glaube, ich hätte recht daran getan, ihn zu töten.«

Der Mai begann mit einem gleißenden Schneesturm, und es kam erneut zu Diebstählen. Private Whisler wurde erwischt, als er ein Pfund Schinken aus dem Vorratshaus entwendete. Zur Entschuldigung brachte er vor, entweder Henry oder Bender hätten die Tür aufgebrochen und offen gelassen. Greely vermutete, dass der Hunger über Whislers Prinzipien gesiegt hatte. »Er war bereit, den Tod auf sich zu nehmen, und unterwarf sich jeder Strafe«, die die Mannschaft für ihn wählte. Greely glaubte an Whislers Reumütigkeit. Derartige Milde brachte den immer noch geächteten Henry auf, vor allem als er hörte, dass der Kommandant bei der Nachricht von dem Einbruch sogleich gerufen hatte: »Henry natürlich!«

Jeder dachte nur ans Essen. Manchmal hallte die kleine Hütte wider von dem fiebrigen Lallen der Männer, die laut von ausgiebigen Mahlzeiten träumten, die sie zu Hause genießen würden. Pavy hatte für eine Erhöhung der Rationen »gepredigt«. »Hätten wir seinen Rat befolgt, wären wir schon längst tot. Wir haben jetzt noch zehn Tage vor uns, danach werden wir uns am Seetang versuchen.« Die Krabbenköder gingen aus. David Ralston hatte sich bereits mit dem Hungertod abgefunden, vielleicht konnte er sich auch nicht mehr an die Frau erinnern, die er mittellos sitzen ließ. Er schrieb schwach: »Ich bin zufrieden, meine Seele ist ruhig.« Greely hegte die größte Bewunderung für Brainard, der ihm regelmäßig Meldung machte und der als Verteiler der Rationen »sicher und vorsichtig unbekanntes Gewicht von Brot und Fleisch schätzte«. Über die schrecklichen Wintermonate hatte »keine Unze unerlaubtes Essen seine Lippen passiert«.

Greelys Geduld mit dem Arzt war bald zu Ende. Dass seine entkräftende Verstopfung gelindert war, hatte er zwar Pavys Behandlung zu verdanken, doch an einem verschneiten Tag Anfang Mai stritten sich die beiden wieder. »Wäre er nicht der Arzt – ich sollte ihn erschießen!«, so Greely. Die Lage drohte in ein Blutvergießen auszuarten. Auf dem Höhepunkt der Auseinandersetzung versuchte Bender einzugreifen und schlug sich auf Pavys Seite. Greely ging nun auf den Soldaten los. »Eine Meuterei schien unmittelbar bevorzustehen, und ich hätte ihn getötet, hätte ich Longs Flinte gehabt.«

Der Schnee fiel unaufhörlich, Schneewehen blockierten den Eingang zur Hütte. In jener Nacht kritzelte Schneider in sein Tagebuch: »Die meisten sind nicht mehr richtig bei Verstand.« Und Greely schrieb: »Ich fürchte für die Zukunft.«

Kein Schiff in Sicht

Am Morgen des 9. Mai lief die *Thetis* St. John's an. Beim Bunkern von Kohle erfuhr Schley, dass nicht nur die *Bear* ausgelaufen war, sondern auch zwölf Walfänger in die Arktis gefahren waren, weil ihre Kapitäne die Belohnung kassieren wollten. Außer Kohle übernahm die *Thetis* auch eine Ladung Robbenfellstiefel und 22 Labrador-Hunde. Zwei Tage später lichtete sie Anker und nahm Kurs auf Godhavn und die Eisfelder. In der Offiziersmesse fürchteten Eismeister Norman und Melville, der Erste Maschinenoffizier, ernsthaft um Greely, der mit leichtem Gepäck auf dem Rückzug sein könnte, weil er reiche Vorräte erwartete. Die *Thetis* fuhr unter Volldampf nach Norden. Als Schley zum Kommandanten ernannt worden war, hatte er das Unternehmen als »eine Art vergebliche Liebesmüh« bezeichnet, doch nun war er im Jagdfieber.

Die *Bear* hielt immer noch die Führung. Die dreimastige Schonerbark mit 690 Bruttoregistertonnen war vom Kiel bis zur Wasserlinie mit Grünharzholz aus der Karibik verschalt, das zu den härtesten Hölzern der Welt zählte. Drei Tage, nachdem die *Thetis* St. John's verlassen hatte, traf sie auf schweres Eis. Sie wurde schwerfällig. Harlow schrieb: »Unsere Maschi-

Von links nach rechts: USS *Alert*, USS *Bear* und USS *Thetis* im Hafen von Godhavn während der Rettungsexpedition im Mai 1884.

Bug der *Thetis*; Eskimos mit Schlitten, Hunden und Robben während der Rettungsexpedition (Mai bis Juni 1884).

nen sind eine große Enttäuschung. Mehr als 50 Pfund Dampf und 50 Umdrehungen zu machen, scheint unmöglich, obwohl sie 75 machen sollte.« Doch durch den Kohleverbrauch wurde sie wieder schneller. Und so verstärkt die *Bear* auch war, die *Thetis* war immer noch stärker; 30 Meter ihrer Haut waren über der Wasserlinie mit Eisen verschalkt, und schon ihr Name vermittelte Zuversicht: Thetis war die Nereide, die sich mit einem Sterblichen hatte vermählen müssen und den trojanischen Kriegshelden Achill gebar.

Weit vor der *Thetis* hatte die *Bear* Godhavn auf Disko angelaufen. Das dritte Schiff der Expedition lag schlecht im Rennen: Die *Alert* war lediglich ein Versorgungsschiff und hatte erst St. John's erreicht. Die *Bear* verließ Godhavn, sie fuhr in schweres Eis und musste umkehren. Es stellte sich heraus, dass die schottischen Walfänger *Nova Zemlya* und *Polynia* schon nach Norden unterwegs waren. Die *Thetis* fuhr erst am 22. Mai in Godhavn ein, die *Loch Garry*, ein Kohlenschiff aus St. John's, dampfte in ihrem Kielwasser hinterher.

Schley erholte sich gerade von Magenkrämpfen, als er Meldungen der *Bear* über die Walfänger bekam. Harlow schrieb: »Der Kapitän will nur zwei Tage auf Disko bleiben. Er will unbedingt die *Bear* überholen – je früher, desto besser auch für mich. Ich kenne meinen Ehrgeiz, ich will unbedingt den Ruhm ernten, Greely mit unserem Schiff zu finden.«

In Camp Clay hatte der beschämte Henry eine Postkarte an einen Offizier geschrieben, unter dem er in den Plains gedient hatte. »Wir haben nur noch sechs Tage. Wir sehen dem Hungertode schon ins Gesicht. Sieben von unserer Mannschaft sind schon tot, der Rest wird bald folgen. Die Expedition war ein Erfolg, aber ich habe es leider nicht geschafft. Grüßt meine alten Kameraden.« Auch seiner Familie in Chicago gegenüber erwähnte er den Erfolg der Expedition. »Liebe Eltern, Brüder und Schwestern, trauert nicht um mich, ich bin es nicht wert.« Er unterschrieb den Brief mit »Charles H. Buck« und »Charles B. Henry«. Auch die anderen schrieben Abschiedsbriefe. Greely schrieb für Elison, der ihm diktierte: »Ich sterbe in Ruhe und Zufriedenheit. Ich habe bei der Pflichterfüllung meine Füße und Finger verloren, und ihr braucht euch meinetwegen nicht zu schämen.« Pavy wollte, dass seine Aufzeichnungen und Unterlagen nur seine Frau bekommt; Brainard sollte sie übergeben.

Brainard selbst verschwendete auf Abschiedsbriefe wenig oder gar keine Zeit. Stattdessen führte er weiter Tagebuch; er schrieb über Pavys Vermutung, dass die Mannschaft noch eine Weile von Krabben und dem roten Steinbrech, der hier in den Felsspalten wächst, leben könnte, wenn die Vorräte erst einmal aufgebraucht seien. »Einige der Schwächeren müssen uns verlassen. Sie können die Kürzung der Rationen kaum überleben.« Immer wieder besuchte er die Krabbengründe, auch wenn der Wind zeitweise so heftig war, dass er ihn fast vom Begräbnishügel fegte.

Tagelang war Schnee gefallen. Am 12. Mai schrieb der Arzt, das Ende sei in Sicht, sein Tod könne vielleicht durch »ein wenig Schweinefleisch und Speck« 72 Stunden hinausgezögert werden. »Ich gehe hinaus ins Eis …« Der Kommandant und die Männer lagen »demoralisiert« in den Schlafsäcken. Pavy schrieb, er verstecke die Essensreste. »Wie ein Geizhals stecke ich sie in einen kleinen Beutel unter meinem Kopf.« Pavy ging in den Sonnenschein hinaus, die grönländische Küste war deutlich auf der anderen Seite des Sunds zu sehen – doch kein Schiff war in Sicht.

Die letzten Rationen wurden ausgegeben, zwölf Unzen Schinken und Talg. »Wir leben jetzt bloß von Krabben und

Seetang«, schrieb Henry. »Der schreckliche Kampf gegen den Hungertod besitzt für uns keinerlei Schrecken, wir sehen unserem Schicksal mit Gleichmut entgegen.« Ellis, mit 44 Jahren der Älteste der Mannschaft, machte sein Testament; er hinterließ den ausstehenden Sold seiner Mutter und seinem Sohn. Dass das Kind im Frühjahr 1881, schon vor dem Aufbruch der Expedition, gestorben war, hatte er bereits vergessen.

Schneider: »Es ist grauenvoll, mit anzusehen, wie 18 Mann allmählich sterben. Wir haben nur noch den schlechten Krabbeneintopf.« Nur wenige der 18 Mann konnten längere Strecken gehen; lediglich Pavy, Frederick und Brainard waren kräftig genug – Brainard sei »einer unter tausend«. Diese Männer zogen die ramponierten Reste eines Armeezelts zu einer steinigen, sonnigen Stelle südöstlich des Winterquartiers und schlugen unweit des Begräbnishügels ein Lager auf, »um die letzten Überlebenden zu beherbergen, die wahrscheinlich nicht die Kraft haben werden, ihre toten Kameraden zu begraben«, schrieb Brainard.

Greely hatte Fetzen seiner Robbenfelljacke als Köder benutzt, den Rest gab er den Männern zum Braten und Essen. »Auch der ölgetränkte Überzug meines Schlafsacks wurde zerschnitten und verteilt.« Er riss eine weiße Seite aus seinem Tagebuch und schrieb seiner »lieben Ritta« Anweisungen im Hinblick auf die Zukunft ihrer Töchter: »Lass sie nur Nützliches lernen, auch Deutsch, selbst wenn Französisch vernachlässigt wird.« Er hatte sich eine Haarlocke abgeschnitten, auch einen Stein, den Lockwood »aus dem höchsten Norden« gebracht hatte, würde sie bekommen. »Unsere Chancen schwinden schnell – seit 27 Tagen kein Wild; nur noch Essen für drei Tage.«

Während Schneider schrieb, dass die Männer dem Tod »wie Soldaten« ins Auge sähen, war offenbar noch genug

Kraft vorhanden, um die alten Streitigkeiten wieder aufflammen zu lassen. In den Tagen, als Greely an seine Frau schrieb, überraschte er Kislingbury mit einem Handschlag und halb zusammenhängenden Äußerungen des Bedauerns. Doch Kislingbury wollte unbedingt, dass seine Söhne zu Hause stolz auf ihn wären, und ergriff die Gelegenheit, um eine schriftliche Bestätigung seiner Wiedereinsetzung zu erbitten. Greely weigerte sich, obwohl Kislingbury meinte, er habe es versprochen. »Als ich ihn daran erinnerte, unterbrach er mich, wurde hitzig und nannte mich laut einen Lügner. Gott möge mir beistehen, ich musste mir das gefallen lassen. Ich bin zu schwach, um heute mehr zu schreiben.« Bender schrieb, dass die beiden Offiziere »auf dem Kriegspfad« seien, und der ganze Vorfall wurde vor den verhungernden Untergebenen ausgetragen.

Greelys gekritzelter Bericht beschrieb Kislingbury als »gewalttätig« – was man ihm jedoch verzeihen könne. »Später entschuldigte ich mich bei ihm und den Männern für meine unbeherrschte Rede. Der mündliche Befehl zur Wiedereinsetzung Kislingburys [erging] am 3. April 1884.« Auch Pavy verlangte vom Kommandanten eine Bescheinigung seiner guten Leistungen – für seine Frau, wie er betonte. Greely lehnte erst ab, doch dann beugte er sich, um eine weitere entkräftende Konfrontation zu vermeiden, beschränkte das Zeugnis allerdings zu Hazens Kenntnisnahme »strikt auf die beruflichen Pflichten«. In seinem Tagebuch erklärte Greely, er habe es »unter Druck verfasst. Ich resümierte darin alles, was über Dr. Pavy an *Gutem* gesagt werden kann, es darf nicht frei gedeutet werden.« Er gab Brainard und Israel Abschriften, die sie in ihre Tagebücher legen sollten, »aus Angst, dass mit dem Schriftstück Schindluder getrieben wird. Dr. Pavys Leistungen, mit Ausnahme seiner medizinischen Dienste, waren sehr schlecht. Ich sage all dies mit einem Bein im Grab.«

Ein heulender Schneesturm verhinderte jegliche Tätigkeit im Freien. Vier Tage am Stück blieb Greely im Schlafsack; er war zu schwach, um Ellis vor Bender zu schützen, der ihn »brutal behandelte«. Ellis, ein ruhiger, pflichtbewusster Soldat, hatte vor vielen Jahren seine Frau verlassen und sie in dem Glauben gelassen, er habe mit Custer am Little Bighorn den Tod gefunden. Als er zurückkehrte, war sie wieder verheiratet. Abermals ging er fort, dieses Mal als Teilnehmer der Lady-Franklin-Bay-Expedition.

Ellis starb am 19. Mai, er war der erste Hungertote. Die Kräftigsten der Mannschaft zogen am folgenden Tag seine Leiche auf den Hügel und bedeckten sie mit einer dünnen Kiesschicht. Greely schrieb an Henrietta: »Mein Herz macht mir Sorgen, es wird schlimmer, meine Chancen sind sehr schlecht.« Er hatte sein Testament verfasst. Doch am nächsten Tag schoss Long einen Raben, der als Krabbenköder Verwendung fand. Plötzlich wurde Greely in seinem Tagebuch gegenüber seinem alten Feind, dem Arzt, wieder großzügig. »Dr. Pavy [ist] sehr tätig, holt Eis und Wasser [vom nahen See] … Seine Kraft und Tatenfreude waren in letzter Zeit überraschend, und ich freue mich, Gutes über ihn schreiben zu können.«

Am nächsten Tag schlug Greelys Stimmung, unberechenbarer denn je, wieder um. Israel sagte ihm, dass der Arzt sich selbst ein Zeugnis des Dankes für seine Dienste ausgestellt habe, das bei den Männern die Runde mache. Er hatte 13 Unterschriften bekommen, auch von Lieutenant Kislingbury und Sergeant Brainard. Pavy wurde »hingebungsvoller Eifer und berufliches Können in der Ausübung seiner medizinischen Pflichten« bescheinigt. Der Kommandant konnte sich kaum mehr aus dem Schlafsack schieben, aber er verfasste einen weiteren wütenden Bericht für Hazen: »Dr. Pavy ist unser kräftigster Mann und wird wahrscheinlich überleben. Alle stehen kurz vor dem Tod, die meisten sind völlig hilflos und in ihrem Zustand seiner Gnade ausgeliefert.«

Wie steter Regen tropfte Schmelzwasser in ihre kärgliche Behausung. Greely beschloss, die »elende Hütte« zu verlassen und ins Zelt nahe des Begräbnishügels zu ziehen. Doch zuvor starb Ralston, »ein ausgezeichneter Beobachter«, der in den vergangenen Tagen so schwach gewesen war, dass er den Löffel nicht mehr halten konnte. Auch Greely hatte ihn gefüttert. Greely, Israel und Ralston hatten einen Schlafsack geteilt. Israel zog nach Ralstons Tod aus, doch Greely blieb, »bis die Kälte des Toten mich hinaustrieb«. Beim Frühstück hielt er die Totenrede, dann ließ er ihn am Eisfuß nordwestlich des Lagers begraben, weil die Leute zu schwach waren, ihn den Hügel hinaufzuziehen. Erst nach zwei Tagen konnte der Sergeant langsam zum Hügel getragen werden, in der Zwischenzeit hatte der Umzug ins Zelt begonnen.

Zunächst bezogen die Schwächsten das neue Lager. Darunter waren auch Elison und Israel, die getragen werden mussten. Einige Männer, unter ihnen Whisler, konnten alleine gehen, auch Greely schleppte sich mit Mühe vorwärts. »Ich nahm den ›Afghanen‹ mit, den ich als inneren Schlafsack benutzte.« Auf dem Transport zerbrach das Barometer, »was mir sehr Leid tat, denn ich beabsichtigte, die Beobachtungen fortzusetzen, bis der letzte Mann stürbe«. Elf Mann schafften es schließlich ins Zelt und den angrenzenden Anbau. Es gab nicht genügend Platz und Planen für alle, die Zeltflügel waren am Boden der Hütte festgefroren. Die Stärksten – Pavy, Brainard, Long, Salor, Frederick und Henry – wohnten noch in der undichten Hütte, nahmen die Mahlzeiten aber mit Greely und den anderen im Zelt ein.

Am 24. Mai starb Whisler, am Morgen darauf wurde er in

einem unbarmherzigen Schneesturm auf den Hügel gezogen. Der Hunger war unerträglich. »Ich begreife nicht, wie wir das aushalten«, schrieb Greely an Henrietta. »Zum Mittagessen hatten wir eine Hand voll Steinbrech, eine halbe Unze Robbenhaut und zwei, drei Löffel Krabben.« Der Steinbrech bestand lediglich aus ein paar Fasern, die Robbenhaut war von den Zugriemen der Schlitten abgeschnitten und im Krabbeneintopf gekocht worden, der von Zeit zu Zeit mit ein paar Fetzen der Schlafsäcke gestreckt wurde. Am 26. Mai dachte Biederbick, der sich als einer der wertvollsten Männer der Truppe erwiesen hatte, über die Kommandofolge unter den gegebenen Umständen nach. Sollte Greely sterben, ginge das Kommando auf Kislingbury als den dienstgradältesten Offizier über.

Doch Kislingbury wurde selbst immer schwächer, womit Brainard, der dienstgradälteste Unteroffizier, das Kommando bekäme – eine Situation, die natürlich Dissens hervorrief. Biederbick arbeitete weiterhin als Sanitäter, er half Pavy und fütterte die Schwächsten, doch er hielt es nun für seine erste Pflicht, den Kommandanten am Leben zu erhalten. Greely habe »mehr Charakterstärke« gezeigt, als Biederbick ihm zugetraut hätte. »Besser, er und unsere Aufzeichnungen werden gerettet, als wir alle zusammen. Es tut mir sehr Leid, dass ich seinen vollen Wert nicht schon früher erkannt habe.«

Ein weiteres wertvolles Mitglied der Mannschaft, der junge Astronom Edward Israel, lallte im Delirium von den Kochkünsten seiner Mutter. Der Kamerad im Schlafsack war Greely besonders ans Herz gewachsen. »Ich habe ihn lieben gelernt wie einen Bruder.« Israel starb am Morgen des 27. Mai. Bei der Totenrede ließ Greely alles beiseite, »was seinen [jüdischen] Religionsgenossen anstößig sein könnte«. Kaum war die traurige Pflicht erfüllt, vermerkte Biederbick »einen weiteren Zank« zwischen Greely und Pavy. Greely bezichtigte ihn, die Arznei der Mannschaft für sich selbst zu horten. Kislingbury verteidigte ihn »wie gewöhnlich. Ich ließ ihn schweigen. Alles sehr unangenehm, vor allem in unserer Lage«, schrieb Greely an Henrietta, allerdings mit einem leisen zuversichtlichen Unterton. Ein Walfänger könnte durchkommen – in den letzten beiden Wochen war der Smithsund eisfrei gewesen.

14 Männer waren noch am Leben. Long schoss eine Möwe, die der Kommandant zwischen Long und Brainard teilte; die beiden waren nun die besten Jäger, und Greely hatte den Unteroffizier zum Nachfolger bestimmt. Der Vogel war schnell aufgegessen, und das quälende Warten auf den Tod ging weiter. Brainard stapfte zu den Krabbengründen und musste jedes Mal über den Hügel, »wo meine verblichenen Kameraden lagen. Lockwoods Messingknöpfe, die von dem wehenden Kies blank geputzt waren, stachen durch die dünne Erdschicht, mit der wir ihn bei unserer schwindenden Kraft gerade noch bedecken konnten.« Manchmal brachte Brainard Seetang und Krabben, doch es waren meist nur kleine Mengen.

Einige der 14 Mann machten weiterhin in ihren Schlafsäcken Notizen. Henry schien erstaunlicherweise in guter körperlicher und seelischer Verfassung zu sein und schrieb im Stil eines Reporters der *Chicago Times*: »Ein Begräbnishügel mit fünf Gräbern ist die letzte Ruhestätte in ungeweihter Erde. Doch ein paar haben immer noch die Chance, ein Ende dieser schrecklichen Tragödie zu erleben und wie unter lautem Jubel als heldenhafte Söhne von Uncle Sam empfangen zu werden.« Greely hingegen hatte den Glauben an ein Überleben verloren. »Wir warten nur noch auf das Grab«, schrieb er an Henrietta. »Trage keine Trauer für mich. Wie glücklich wir vier damals mit Antoinette im *Aberdeen* [Hotel] waren!

Gott segne sie und dich und Adola.« Das schrieb er am 30. Mai, am Memorial Day, während Feuerstrahlen von Horizont zu Horizont schossen und der Kommandant seinen Gefährten lauschte, die im Zelt darüber spekulierten, was in der Welt, »von der wir abgeschnitten sind«, vor sich ging.

Die Exekution eines Gefreiten

Am 25. Mai – fünf Tage, bevor Greely schrieb, er stehe mit einem Bein im Grab – gab Harlow dem Kohlendampfer *Loch Garry* Zeichen, in Godhavn auf günstigen Wind zu warten, um unter Segel bis Upernavik weiterzufahren. Die *Thetis* verließ Godhavn zusammen mit zwei Walfängern. Die Flottille holte die *Bear* zwei Tage später in Upernavik ein. Die *Nova Zemlya* und die *Polynia*, bislang die Vorhut der Walfänger, ankerten an Schollen, und Schley lud die Kapitäne ein. Sie erzählten von harten Wintern und knappem Entkommen zwischen riesigen Eisbergen, dennoch lauschte Schley mit Genuss. Harlow schrieb: »Jeder Kapitän ist hinter der Belohnung her.« Schley fand nun, seine eigenen Chancen stünden besser, denn »ihre Erfahrungen haben sie zu vorsichtig gemacht«. Hätte er das Gleiche durchgemacht wie diese Seeleute, »würden mich diese Erfahrungen zweifellos dazu befähigen, Wale zu fangen, aber sie nützen keinen Deut, um Greely zu retten. Mir wurde klar, dass diese Aufgabe von mir ungerechtfertigte Risiken verlangte.«

Schley ließ sich auch nicht von der Meldung entmutigen, dass weitere Walfänger – *Aurora*, *Cornwallis* und *Narwhal* –

25 Meilen weiter nördlich durchs Jungeis pflügten. Dieses Mal würde er die Führung vor der *Bear* übernehmen, denn das Schiff musste noch Kohle bunkern. Schnell ließ Schley Anker lichten, verabschiedete sich von dem erstaunten William H. Emory, dem Kapitän der *Bear*, und machte sich auf die 300 Meilen durch die Melville Bay. »Ein täglicher Kampf gegen das Eis« – und ein Wettrennen mit den Walfängern. Auf halbem Weg durch die Bucht überholten *Arctic* und *Wolf* die *Thetis*, die die *Aurora* noch abdrängen konnte. Ihr Kapitän Fairweather hatte 36 Stunden lang eine offene Rinne gesucht, hatte schließlich aufgegeben und Kurs auf die Küste genommen. »Sie hatte uns kaum verlassen, als sich eine Rinne öffnete und die vier verbleibenden Schiffe [*Arctic, Wolf, Cornwallis, Narwhal*] gute Fahrt auf Kap York machten.« Die *Arctic* war Schleys Hauptgegnerin, es war das stärkste Schiff der Walfängerflotte, und selbst am Monatsende zeigte sie noch keine Schwäche.

Den ganzen 1. Juni über krümmte sich das Zelt im tosenden Sturm. Die heulenden Böen und die laut schlagende Plane konnten Kislingburys Stimme nicht übertönen, der sich halb aus dem Schlafsack schob, sich aufsetzte und ein paar Töne eines alten Lobgesangs anstimmte. Dann fiel er zurück, in der Nacht um 3 Uhr starb er. Am Nachmittag las Greely die Totenrede für seinen Leutnantskameraden und Waffenbruder in den Great Plains, einen Offizier, der im eisigen Norden eine Demütigung ertragen hatte, die dauerhafter und unwiderruflicher gewesen war, als Greely damals gedacht hätte, und die stete Anwesenheit des Opfers hatte, wie alle wussten, im Stillen sehr auf dem Gewissen des Kommandanten gelastet.

Kislingbury war im Zelt gestorben. Nach der Trauerfeier wurde die Leiche in den Schnee gezogen. »Morgen wird man versuchen, ihn zu begraben«, schrieb Greely. Weiter lässt er sich nicht über den Vorfall aus. Unten am Hügel, in der feuchten Winterhütte, tat Corporal Nicholas Salor am 3. Juni seinen letzten Atemzug. Er hatte mit Brainard den Schlafsack geteilt. »Ich hatte weder die Kraft, den Leichnam zu entfernen, noch den Drang, selbst aufzustehen, und schlief bis 9 Uhr.« Maurice Connell klagte über eine Erkältung. Der Arzt verordnete Salmiakgeist, den Biederbick ihm gerade verabreichen wollte, als der Kommandant eingriff. Zum einen waren die Medikamente knapp geworden, doch Greely bezweifelte vor allem, dass der Arzt noch in der Lage wäre, richtige Diagnosen zu stellen. Brainard stimmte mit ihm darin überein, dass Pavy langsam den Verstand verlor.

Am 4. Juni schrieb Brainard in sein Tagebuch, es sei eine Abmachung getroffen worden zwischen dem Kommandanten, vier anderen Männern und ihm selbst, »um unsere Lage zu verbessern«. Doch was es damit auf sich hatte, wurde nicht klar. »Unsere Lage« konnte sich auf die ganze Mannschaft beziehen, allerdings werden die »vier anderen« nicht namentlich genannt, es gab auch keine Stellungnahme zum Ausschluss der fünf Verbleibenden aus der »Abmachung«. Noch rätselhafter war eine Notiz desselben Tages von Private Henry, die merkwürdigerweise unvollständig blieb: »Brainard machte am Morgen Cairns und Krabbenköder. Salor soll heute Abend begraben werden, und Eskimo Fred …« Danach kam nichts mehr. Eskimo Fred war allerdings schon zwei Monate zuvor gestorben und auf dem Begräbnishügel beerdigt worden. Was wollte Henry damit sagen? Es sind die letzten Worte in seinem Tagebuch, und sie können nicht geklärt werden. Salor, der bislang letzte Tote der Mannschaft, wurde am Abend nicht beerdigt, niemand hatte die Kraft, ihn den Hügel hinaufzuziehen, »sie brachten ihn zum Eisfuß«. Dahinter war der Smithsund »eine schöne Wasserfläche. Kein Eis in Sicht. Wie einfach könnten wir gerettet werden!«

Ausnahmsweise sprachen Greely und Pavy einmal ohne Feindseligkeit über den Nutzen der Steinflechte, von deren Verzehr der Arzt abriet und sich dabei auf frühere Forschungsreisende berief, nach denen der Schaden durch den Verzehr der Flechte größer war als ihr Nährwert. Die »Hauptnahrung« bestand immer noch aus den kleinen Krabben. Henry, Bender und andere wurden dabei erwischt, wie sie die Krustentiere stahlen. »Es wird nötig werden, Strenge anzuwenden, sonst kommen wir alle um«, fürchtete Greely.

Der nächste Tag war vergleichsweise warm und sonnig. Greely krabbelte mit einigen anderen zwischen Felsen herum und sammelte ein paar Büchsen voll Flechte. Danach nahm er Henry beiseite und redete ihm ins Gewissen, dass nur Einigkeit und Gerechtigkeit die Männer retten könnten. Greely ließ sich von Henrys Versprechen, mit dem Stehlen aufzuhören, nicht überzeugen und stellte einen schriftlichen Befehl aus.

Bei Kap Sabine, am 5. Juni
An die Sergeanten Brainard, Frederick und Long

Obgleich der Soldat Henry wiederholt Diebstähle an Provisionen der Expedition begangen hat, welche jetzt langsam hungers stirbt, so ist ihm doch bis jetzt vergeben worden. Hiermit wird aber ausdrücklich befohlen, dass, wenn dieser Mann wieder dabei gefunden wird, wie er Nahrung genießt, die ihm nicht regelmäßig verabfolgt worden ist, oder sie versteckt, oder sich irgendetwas dergleichen zueignet, ihr ihn erschießen und mir über die Sache berichten sollt. Jedes andere Verfahren wäre verhängnisvolle Nachsicht, da der Mann stark genug ist, um je zwei von uns niederzuwerfen.

Der entscheidende Moment kam noch innerhalb eines Tages. Frederick erwischte Henry beim Stehlen von Krabben aus dem großen Topf. Frederick war aber unbewaffnet und konnte den Befehl nicht befolgen. Im Laufe des Tages ging das Stibitzen weiter, der stämmige Soldat ging zwei Mal zum früheren Quartier. Greely schleppte sich aus dem Zelt und fing ihn bei der Rückkehr ab. »[Ich] fragte ihn, was er dort gemacht habe und was er bei sich trage. Nach einiger Zeit gestand er, dass er dort gegen ausdrücklichen Befehl Robbenfellriemen weggenommen [habe].« Greely wankte zurück ins Zelt und verfasste den schriftlichen Befehl:

Bei Kap Sabine, am 6. Juni
An die Sergeanten Brainard, Long und Frederick

Trotz seines gestrigen Versprechens hat der Soldat C. B. Henry abermals, wie er mir eingestanden, Robbenfellriemen und wahrscheinlich andere Nahrungsmittel aus dem alten Lager entwendet. Diese Hartnäckigkeit und Kühnheit muss den Tod aller zur Folge haben, wenn ihr nicht schnellstens ein Ende gemacht wird. Der Soldat Henry wird heute erschossen werden, und zwar mit Vorsicht, dass niemand dabei Schaden leidet, denn er ist körperlich stärker als je zwei von uns. Er ist zu erschießen mit zwei Kugeln und einer Platzpatrone. Dieser Befehl ist dringend und durchaus notwendig, wenn wir am Leben bleiben wollen.

A. W. Greely
First Lieutenant im 5. Kavallerieregiment der V. St.-Armee und Assistent, Kommandant der L.-F.-B.-Expedition

Henry wurde nicht militärgerichtlich verurteilt, die Benommenheit seiner Kameraden ließ so eine Formalität nicht zu. Greely schreibt: »Seine Exekution wurde von mir als Selbsterhaltungsmaßregel der Überlebenden betrachtet und auf meine eigene ungeteilte Verantwortlichkeit übernommen.«

Greely verfolgte die Vorgänge am Nachmittag nicht. Er blieb in seinem Schlafsack. Nachdem die drei Sergeanten den Befehl bekommen hatten, unterhielten sie sich kurz einige Meter abseits des Zelts. Die Klappe war offen, und Greely konnte sie sehen, aber nicht hören, und er erfuhr nie, was die drei besprochen hatten.

Es ging darum, wie die Exekution auszuführen sei. Heimlich, so dass der stämmige Soldat nicht fliehen oder Widerstand leisten konnte? Durch eine Kugel in den Nacken? Sollten sie ihm das Todesurteil feierlich verkünden, von Angesicht zu Angesicht? Standen ihm ein Gebet oder letzte Worte zu? Henry wäre trotzdem überrascht gewesen, denn er wusste nichts von Greelys Befehl (die anderen auch nicht). Um 13.30 Uhr waren die Sergeanten außerhalb von Greelys Sichtweite, sie waren zum alten Quartier hinuntergegangen. Eine halbe Stunde später kam Frederick zurück und orderte Henry in die Hütte. Henry ging mit. Was dann folgte, findet nur kurze oder gar keine Erwähnung. Biederbick schrieb: »Gegen 15 Uhr hörten wir Schüsse.«

Wie starb Henry? Greely erfuhr es nie. Und zwei Männer des Exekutionskommandos gaben seltsamerweise widersprüchliche Berichte. Ein Bericht kam drei Monate nach der Tat an die Öffentlichkeit: »Drei Gewehre wurden geladen, zwei mit Kugeln, eines mit der Platzpatrone. Wer die Platzpatrone hatte, wussten wir nicht, ich kann es nicht sagen, nur der Mann, der sie geladen hatte, wusste es.« Die Waffen wurden auf den Boden gelegt, die Männer nahmen sie auf. »Henry war allein am Strand. Er wusste nicht, dass wir ihn töten mussten, obwohl er gewarnt worden war. Wir näherten uns auf 20 Meter.« Sie verlasen den Befehl des Kommandanten, dann schossen sie. »Auf diese Entfernung konnten wir ihn nicht verfehlen. Der Mann fiel ohne ein Wort tot um.«

50 Jahre später ergab sich ein anderes Bild. Greelys Befehl, der zwei Kugeln und eine Platzpatrone verlangte, konnte in dieser Form nicht ausgeführt werden. »Die einzigen funktionierenden Gewehre hatten unterschiedliche Kaliber. Wir beschlossen, dass nur ein Gewehr geeignet sei. Wir zogen das Los. Der Mann, der den kürzesten Halm zog, musste schießen.« Die drei Sergeanten schworen, niemals zu sagen, wer den tödlichen Schuss abgegeben hatte.

Erst als die drei wieder zurückkamen, wurde den Männern der Exekutionsbefehl verlesen; Greely hatte Biederbick diese Aufgabe übertragen. Mehr sagen die Berichte nicht aus. Greely bekam keine ausführliche Meldung darüber, wie Henry gestorben war, er verlangte auch nicht danach. Es gibt keinen offiziellen Bericht, der besagen könnte, ob Henry sich verabschiedete, ob er um Gnade flehte; auch über den genauen Ort, wo er begraben wurde, ist nichts bekannt. Greely vermerkte nur, dass er am Fuße des nördlichen Eisfelds die letzte Ruhe fand. Wäre er nicht so schwach und an den Schlafsack gefesselt gewesen, »hätte ich Henry selbst erschossen«.

Doch der schreckliche Tag war noch nicht zu Ende. Um 15.45 Uhr starb Private Bender – »sehr feige«, wie Schneider schrieb, der für Diebstähle zur Rede gestellt wurde, die Bender begangen hatte. Um 18 Uhr starb Pavy, »früher, als ich erwartet hatte«, notierte Greely. »Besonders zuletzt [hat er] viele Narkotika gebraucht … Wahrscheinlich ist sein Tod durch das Mutterkorn beschleunigt worden.« Biederbick hatte Greely davon in Kenntnis gesetzt, dass Pavy den Mutterkornextrakt aus der Medizinkiste genommen »und die ganze Menge, etwa drei Unzen, ausgetrunken hat ... Nach allen Berichten hat [er] fortwährend Arzneien genommen.«

Kurz nach Henrys Exekution verließ Brainard wieder das Lager und blieb sieben Stunden aus. Gegen 23 Uhr brachte er zweieinhalb Pfund Krabben. Die Stimmung im Lager war seltsamerweise umgeschlagen. Schneider schrieb: »Obwohl dies ein schrecklicher Tag war, ist heute Abend jedermann guten Muts.« Am nächsten Morgen sagte Brainard zu Schneider, er habe eine bessere Nacht verbracht als in vielen Wochen zuvor.

Am Morgen des 7. Juni las Greely die Totenrede für Pavy und Bender. Nach dem Frühstück banden Brainard, Long und Frederick, immer noch die kräftigsten Männer im Lager, die Leichen zusammen und zogen sie vom Zelt weg. Greely wusste nicht, ob jemand die Kraft hätte, sie auf dem Hügel zu begraben, oder ob sie zum Eisfuß gebracht wurden. »Wahrscheinlich werden wir sie am Eisfuß begraben müssen.«

Die Überlebenden ernährten sich weiterhin von Steinflechte und Steinbrech mit ein wenig Eintopf aus Krabben und Robbenfell. Brainard und Schneider sammelten auf den Knien Rentiermoos zum Abendessen. Schneider, den die falschen Anschuldigungen immer noch bedrückten, verlangte eine Wiedergutmachung, nachdem er bei Benders und Pavys Sachen »eine Menge Robbenhaut [fand], zum Beweis, wie unehrlich sie waren«. Schneider wollte, dass die Welt die Wahrheit erfuhr, und beteuerte, »obgleich er dem Tode nahe« war, seine Unschuld: »Ich habe nur meine eigenen Stiefel und einen Teil von einem Paar Hosen gegessen«, die er von Kislingbury bekommen hatte.

Durch das Dahinsterben von einem nach dem anderen mussten die Schlafplätze neu verteilt werden, und die Überlebenden rückten körperlich näher zusammen. Schneider zog von dem kleinen Anbau aus Plane ins Hauptzelt, Greely nahm Benders Schlafsack.

Am 8. Juli fand Biederbick beim Flechtensammeln einen Strumpf, in dem ein Pfund Fleisch versteckt war, offensichtlich Bärenfleisch, das Henry gestohlen hatte. Schneider kochte es noch am selben Abend. Wenn es Bärenfleisch war, so war es acht Wochen alt, doch es war immer noch »sehr köstlich«. Dennoch waren sie immer noch am Verhungern, wie Schneider schrieb. Brainard, Long und Frederick brachten die Leichen von Bender und Pavy zu einer Gezeitenspalte. »Es gelang, Dr. Pavy und Bender in der Eisspalte unterzubringen«, schrieb Greely.

In jenen letzten Tagen von Camp Clay war die Mannschaft praktisch ohne Führung. Greely lag hilflos und über Stunden bewusstlos in seinem Schlafsack. Die Eisschollen brachen an den Krabbengründen und trugen die Netze und Taue unwiederbringlich hinaus ins Meer. Soweit Greely wusste, aßen seine Männer Robbenfellriemen, Schuhsohlen und Moos. Später sagte Greely aus: »Sollte es Kannibalismus gegeben haben, so geschah es heimlich und gänzlich ohne mein Wissen.« Es könnte schon im Mai entsprechende Vorfälle gegeben haben, doch ein kritisches Datum ist Kislingburys Todestag, der 2. Juni. Damals lebten noch Greely, Elison, Brainard, Long, Gardiner, Frederick, Biederbick, Connell, Schneider, Bender, Henry und Pavy. Die nachfolgende pathologische Untersuchung lässt keinen Zweifel daran, dass im fahlen Licht der Sonne, die in jenen frühen arktischen Sommerwochen nicht unterging, der eine oder andere verzweifelte Mann am Kap Sabine mit einem Jagdmesser oder einem Skalpell auf dem Hügel gewesen sein musste.

Wiederholt war Kislingburys Leichnam angeschnitten worden. Von der linken Schulter über das Brustbein zu den unteren Rippen »fehlten Haut und Muskeln«. Unter dem Brustkorb klafften zwei tiefe Einschnitte, teilweise war das Fleisch abgetrennt und das vertebrale Gewebe entfernt worden. »Die Beckenknochen waren komplett fleischlos.« Auch von Ober- und Unterschenkelknochen wurde hinten und vorne das Fleisch abgetrennt. Kislingbury war als Letzter dort begraben worden. Vom Oberkörper Whislers, der eine Woche vor dem Leutnant gestorben war, war nur der Brustkorb geblieben, »die Knochen waren blank«. Es gab auch andere Verstümmelungen. Bis auf eine waren alle fünf Leichen, die Seite an Seite auf dem Hügel lagen, zerschnitten worden; vermutlich von geübter Hand. Der einzige intakte Leichnam war der des Juden Edward Israel.

Von den neun Überlebenden in Camp Clay litten einige an einer quälenden Unfähigkeit, ihre Notdurft zu verrichten. Die Muskelschwäche verhinderte eine normale Ausscheidung. Die Männer steckten Finger oder Stöcke in den Darm, um den harten Stuhl zu lockern. Auch Sergeant Gardiner litt. Biederbick gab ihm Quecksilberchlorid und verabreichte ihm Zäpfchen, es half jedoch nicht viel. Frederick, der unermüdliche Koch, schnitt die letzten Rationen Robbenfell in kleine Stücke und kochte sie mit Flechten und Krabben. Er hatte sogar noch die Kraft, Holz zu sägen und andere Arbeiten zu verrichten. Elison urinierte fast ausgelassen und ohne Hilfe, er hielt mit seinen verkrüppelten Händen die Bettpfanne, auch konnte er ohne Hilfe essen. »Er ist der Gesündeste von uns allen«, schrieb Greely nicht ohne Stolz.

Es wurde wärmer, die Temperaturen stiegen auf 1 oder 2 °C, und Long schoss drei Möwen. Zwei bekamen die Jäger als Extraration. Um sicherzugehen, dass die Jäger zwischen den Ausflügen richtig schliefen, tränkte Biederbick die Vögel mit Opiumtinktur. Long und Brainard verließen jeden Abend nach dem Essen das Lager, suchten nach Wild oder legten Krabbennetze aus. Doch am 10. Juni schrieb Brainard: »Meine Netze sind weg, der Köder auch.« Am 12. Juni fand er die Kraft, den höchsten Punkt an der Küste zu erklimmen, einen Felsen von 30 Metern, und steckte eine Notflagge aus Tauen und Kleiderfetzen in den Stein, damit ein Walfänger im Nordwasser sie sehen könnte. Doch ein Sturm blies die Flagge um, Brainard musste im tosenden Wind hinaufklettern und sie wieder aufstellen.

Am Morgen quälte sich Gardiner halb aus seinem Schlafsack, in der Hand Daguerreotypien seiner Mutter und der Frau, die er nur zwei Monate nach der Hochzeit hatte verlassen müssen. Ruhig sprach er mit den Bildern, wie er es in den vergangenen Tagen oft getan hatte. Um 17 Uhr starb er mit den Fotos in der Hand. »Wir werden ihn am Eisfuß begraben«, schrieb Schneider, »denn die Leichen werden bei jedem leichten Wind aufgedeckt und liegen blank.«

Die Entsorgung der Leichen war zu einer anstrengenden Aufgabe geworden, auch für die drei kräftigsten Überlebenden Brainard, Long und Biederbick. Erst nach zwei Tagen konnten sie Gardiners Leiche eine Meile über den unebenen Grund zum Eisfuß ziehen. Zu jener Zeit sagte Connell, jeder sei nun auf sich allein gestellt. Greely war in Sorge. Der Sergeant, den er zum Gefreiten degradiert hatte, erklärte seine Absicht, die Kameraden zu verlassen, er wolle allein und auf eigene Faust leben. Er war noch einigermaßen bei Kräften, »die Gewehre wurden außerhalb seiner Reichweite deponiert«. Nahrung gab es praktisch keine mehr. Das Krabbenfischen war zu Ende, die Tierchen wollten nicht an den Robbenfellstücken anbeißen, die Brainard ausgelegt hatte. Die Männer kochten Brühe aus daumennagelgroßen Stückchen Robbenfell sowie aus Moosen und Flechten, die die geschwächten Männer kaum noch von den Felsen scharren konnten. Brainard schrieb: »Wir sind so hungrig, dass wir wohl alles äßen.«

Am 16. Juni mussten Brainard und Long Private Schneider wegen Darmkrämpfen aus dem Schlafsack ziehen. Er war halb gelähmt von der Hüfte abwärts und bat um Opiumpillen, die ihm einen leichten Tod bescheren würden, doch am nächsten Tag ging es ihm wieder besser, »er nähte sogar einen Flicken auf Brainards Stiefel«. Dann wurde er bewusstlos und delirierte. Connell ergriff die Gelegenheit und stahl seine kleine Ration geröstetes Robbenfell. Die anderen im Schlafsack konnten lediglich verächtlich fluchen. Um 18 Uhr starb Schneider. »Wenn möglich, wird er noch heute in der Eisspalte begraben«, kritzelte Greely schwach in sein Tagebuch.

Greely war der Meinung, seine sechs überlebenden Gefährten könnten nun Robbenfell von den Kleidern der Lebenden und Toten schneiden, so dass sie noch zehn Mahlzeiten hätten, »wenn mit Rentiermoos, Steinbrechknospen und Steinflechte gestreckt wird«. Greely befand sich wieder etwas besser, bis auf seine schwachen Knie. »Ich weiß nicht, wie wir am Leben bleiben; nur die Hoffnung auf ein Schiff hält uns aufrecht.« Er listete die Todesfälle und deren Ursachen auf. Cross starb an Skorbut, Jens ertrank, Rice starb an Entkräftung, die anderen verhungerten; Pavys Tod war durch Narkotika »beschleunigt« worden. Was unter Henrys Name stand, bleibt für immer ein Geheimnis, denn entweder der Kommandant selbst oder ein anderer Mann hat die Todesursache ausgestrichen.

Sieben kommen durch

Schleys Wettrennen mit den Walfängern war zu Ende. Die Fischerflotte war zurückgefallen oder hatte Kurs auf Westen und die Walgründe genommen. Schley konnte aufatmen. Am 18. Juni hatte er vom Krähennest der *Thetis* Kurs auf Kap York befohlen. Mittlerweile hatte die *Bear* Upernavik verlassen, und Emory versuchte vergeblich, die Entfernung zum Flaggschiff zu verringern. Dennoch sah er vorübergehend eine Chance, das Rennen zu Greely zu gewinnen, denn Eskimos hatten behauptet, südlich von Kap York Weiße gesehen zu haben. Emory ließ an den Masttoppen Flaggen aufziehen, die vom Land aus gesehen werden konnten. Doch nichts geschah, und die *Thetis* lag inzwischen meilenweit vor der *Bear* am Kap York.

Colwell ging mit vier Mann, einem Schlitten und einem Nachen voller Proviant an Land. Er suchte zwischen kahlen Felsen und in schneebedeckten Senken, er verständigte sich in Zeichensprache mit Eingeborenen, doch er kehrte an Bord zurück, ohne eine Spur von Greely gefunden zu haben. Die *Thetis* hatte ein beschädigtes Ruder, kurz entschlossen wurde ein neues angebracht, und das Schiff fuhr weiter mit der *Bear* im Kielwasser durch die eisgesäumten Gewässer, an deren Nordende zwischen Kap Isabella an der Küste von Ellesmere Island und Kap Alexander auf der grönländischen Seite die Einfahrt zum Smithsund lag. Beide Schiffe kamen nun näher zur Küste und schoben sich durch weiches Eis. Schley war stundenlang im Krähennest, an Deck herrschte emsige Betriebsamkeit, die Übernahme von Passagieren wurde vorbereitet; an jeder Landspitze und an jedem Meeresarm wurde Halt gemacht und nach Nachrichten gesucht.

Am Abend des 19. Juni blockierten nördlich von Kap Dudley Digges zwei große Schollen von je 20 Metern Durchmesser eine ansonsten eisfreie Rinne. Harlow schrieb: »Durch Rammen konnten wir uns die Durchfahrt nicht erzwingen, wir hingen trocken und mit erhöhtem Bug an den Schollen fest, und die Maschinen konnten sie nicht frei fahren.« Die Besatzung bohrte Löcher in die Scholle und ließ sechs Torpedos einen Meter tief ins Eis. »Sie explodierten und lockerten die Eisklammer, und wir konnten sofort rückwärts ausfahren.« Doch die *Thetis* musste immer noch kräftig bohren. Sie wurde langsamer. Am 20. Juni dampfte sie an Saunders Island und Kap Parry vorbei, um Mitternacht erreichte sie Littleton Island.

Am 18. Juni 1884 war Greelys sechster Hochzeitstag. Die Sommersonnenwende war nah, aber Temperaturen unter dem Gefrierpunkt und ein Schneesturm verurteilten selbst jene zur Untätigkeit, die sich nach draußen geschleppt hätten, um sich ein wenig Bewegung zu verschaffen. Es stürmte so sehr, dass das dünne Zelt zusammenfiel, nun die Behausung der Überlebenden, die sich in steif gefrorenen Schlafsäcken aneinander drängten. Keiner hatte die Kraft, die Zeltstange wieder aufzurichten. Neben den sieben Männern lag Private

Schneiders Leiche, die Kameraden hatten lediglich den Kopf aus dem Zelt ziehen können. Stunden später versuchten sie noch einmal, ihn zum Eisfuß zu schleppen, doch auf halbem Weg brachen sie zusammen. Sie ließen Schneider in den Schneewehen liegen, krochen zum Zelt zurück, das sie wie ein feuchtes Leichentuch einhüllte, nachdem die Stange umgefallen war. In seinem Schlafsack schrieb der Kommandant: »Connells Beine sind vom Knie abwärts gelähmt. Biederbick leidet schrecklich an Rheumatismus. Die Buchananstraße ist entlang der Küste weithin offen.« Dann fiel ihm der Stift aus den zitternden Fingern.

Am 21. Juni um 3 Uhr nachts fuhr die *Thetis* im Schneesturm an der Nordküste von Littleton Island entlang und ankerte an einem gestrandeten Eisberg. Der Sturm ließ nach und gewährte bessere Sicht. Von der *Bear* und den Walfängern, die der Belohnung nachjagten, war nichts zu sehen. Die Flaute war kurz; bald schon zog wieder ein Unwetter auf, und im Westen schob sich die graue Wand des stiebenden Schnees vor die kahlen Umrisse von Kap Sabine.

Schley, Norman und Melville wurden an Land gerudert. Im Südwesten der Insel fanden sie die Nares-Cache von 1875, die Vorräte waren noch in sehr gutem Zustand. Sie entdeckten auch Garlingtons und Beebes Meldungen. Es war klar, dass Greely nicht nach Littleton Island gekommen war, doch laut den Plänen von 1881 war er auch nicht in Fort Conger geblieben. »Wenn er und seine Männer auf dem Weg nach Süden Kraft oder Boote oder beides verloren hatten, wenn sie ein anderes Unglück erlitten hatten und nicht zum Smithsund kommen konnten«, so wären sie sicherlich nicht auf dieser Seite des Sunds zu finden.

Schley konnte andererseits auch nicht glauben, dass Greely

Kap Sabine erreicht hatte. Wenn doch, dann hätte er das Walfangboot dabei, das Garlington angeblich am nahen Kap Isabella deponiert hatte, und dann hätte Greely auch den Sund queren können. Und wenn der Sund gefroren war, hätte er zu Fuß gehen können. Da aber Greely nachweislich nicht auf Littleton Island gewesen war, konnte er nach Schleys Meinung auch nicht am Kap Sabine sein. Er fürchtete das Schlimmste. »Der Fehlschlag der *Proteus*, ihre Aufgabe zu erfüllen, verurteilte Greely zum Tode, wenn er sich an die Order gehalten hatte«, vermutete Harlow. Die letzte Hoffnung war, dass Greely in Fort Conger geblieben wäre.

Es war eine Mittsommernacht, die Sonne stand im nördlichen Zenit, doch die Männer an Bord der *Thetis* konnten sie im Gischtdunst und im wirbelnden Schnee nicht sehen. Schley überdachte die Pläne. Er wollte wissen, was oder wer ihn auf der anderen Seite des Smithsund erwartete, »auch wenn sich niemand auch nur einen Augenblick vorstellen konnte, dass bei der Aussicht auf den Hungertod an der einen Küste und der Aussicht auf ein Depot, so klein es auch wäre, an der 23 Meilen entfernten anderen Küste eine Mannschaft mit einem Boot und mit Rudern die erstere Möglichkeit gewählt hatte«. Schley grübelte über dem Mittagessen, da kam die *Bear* in Sicht und drehte bei. Emory kam an Bord, die beiden Kapitäne beratschlagten. Schley bezweifelte weiterhin, in diesem Gebiet jemanden zu finden.

Seine optimistischste Mutmaßung war, dass Greely und seine Männer wohlbehalten in Fort Conger wären, oder dass sie im Falle eines Rückzugs vernünftigerweise umgekehrt wären, nachdem sie vom Untergang der *Proteus* erfahren hatten. Dennoch waren Brevoort Island und Kap Sabine traditionelle Anlaufstellen für Nordfahrer, um Nachrichten zu hinterlassen. Also beschloss Schley, die Gegend abzusuchen, bevor sie nach Norden ins Kanebecken weiterfuhren. Sie wollten die Punkte vor der Küste von Ellesmere Island prüfen, die ihnen durch die Fahrtenberichte der *Proteus* vor dem Untersuchungsausschuss und durch zahllose Veröffentlichungen von Arktisforschern vertraut waren: Stalnecht Island, Brevoort Island, Payer Harbor, Kap Sabine.

Am Morgen des 22. Juni hatten die Gezeiten die Schollen aufgebrochen. Harlow schrieb: »Die Nordwinde hatten das Eis zu allerlei Formen aufgehäuft. Die ganze Bucht war ein Netz aus Flutspalten.« Am nächsten lagen Brevoort Island, eine drei Meilen lange Ansammlung glänzender schwarzer Felsen, und Stalnecht Island, ein flacher Felsen, der bei Ebbe mit Ellesmere Island verbunden war. Ellesmere selbst lag weiter im Westen, die Küste war durchzogen von Gletscherschluchten und kahlen Felswänden, an der Nordostspitze lag Kap Sabine. Die *Thetis* würde unter Segel und unter Dampf fahren, die *Bear* sollte folgen. Schleys Männer wollten zumindest den Zustand der kargen Rationen prüfen und ein neues, größeres Depot anlegen. »Wir wollten unbedingt weiter«, so Harlow. »Der Sund war fast eisfrei, der Wind war günstig, nahm aber an Stärke zu.« Am frühen Nachmittag des 22. Juni »wurde Dampf gemacht, das Tau, mit dem wir am Eisberg festgemacht waren, wurde eingeholt. Wir waren startklar.«

Vier Stunden lang kreuzte Schley im Smithsund, dann ankerte er am Eisfuß unterhalb des konischen Brevoort Island. Er schickte Trupps an Land; ein Trupp sollte die Insel absuchen, der andere Stalnecht Island, der dritte würde die Küste von Payer Harbor durchkämmen, und ein vierter Trupp unter Colwell würde mit der *Cub*, dem Beiboot der *Bear*, die Küste entlangfahren und den Cairn suchen, den Garlington drei Meilen nördlich des *Proteus*-Wracks hinterlassen hatte, wie sich Colwell erinnerte. Gerade war Colwells Trupp marschbereit und das Beiboot klar zum Fieren, da kam ein Mann vom Brevoort-Trupp schreiend zum Schiff gelaufen: »Greely ist auf Kap Sabine!« In der Hand hielt er ein Päckchen.

Schnell wurde Schley das Päckchen übergeben und ausgewickelt; es waren die sechs Logbücher mit den Berichten über die Forschungsarbeiten in Fort Conger, den Rückzug zum Smithsund, die Entdeckung von Garlingtons bedauernswerten Nachrichten und die Koordinaten von Greelys Lager am Kap Sabine. Doch Greely hatte die Dokumente am 21. Oktober 1883 unterzeichnet. Also hatte er Fort Conger verlassen und war sicherlich nicht dorthin zurückgekehrt. Doch wie hatte er acht Monate und vor allem den Winter mit Rationen für nur 40 Tage und nur wenig Brennstoff aus dem Depot überleben können? Die Expeditionsmannschaft war möglicherweise am Kap Sabine, doch in welchem Zustand? Tot oder lebend? Schley wollte es sich kaum ausmalen.

Während er die Papiere studierte, machte Harlows Trupp auf Stalnecht Island neue Entdeckungen. Erst fanden sie die Meldungen, die Nares 1875 in einer Flasche deponiert hatte, sowie die nachfolgenden Unterschriften von Beebe und Garlington. Harlow zeichnete die Meldungen ab, stopfte sie in eine neue Flasche und steckte sie zwischen die Felsen. Dann fand er einen Cairn. »Ich entfernte ein paar Steine und sah ein paar zerkratzte Blechkisten, zwei Holzkisten, ein Bündel Flaggen und die Lederkassette eines Sextanten.«

Im Cairn stand auch das Pendel aufrecht in der schmalen Kassette. An einer Seite der Sextantenkassette steckte ein Blatt aus einem Notizbuch, darauf stand mit Bleistift: »Dieser Cairn enthält die Originalaufzeichnungen der Lady-Franklin-Bay-Expedition, Lieutenant Lockwoods private Tagebücher und einen Satz Negative. Die Mannschaft hat auf halbem Weg zwischen Kap Sabine und Cocked Hat Island Lager bezogen. Alle sind wohlauf.« Auch diese Meldung war vom Oktober 1883. Harlow entrollte die Flaggen, band eine von ihnen an einen Stock und eilte zum höchsten Punkt der Insel, wo er aufgeregt die Flagge schwang und seine Entdeckung meldete.

Colwell fuhr mit der Dampfbarkasse neben dem Flagg-schiff und suchte nach der Cache des *Proteus*-Wracks. Schley gab ihm neue Anweisungen, er befahl, dass die Dampfpfeife betätigt und eine Flagge aufgezogen werden sollte, um die Suchtrupps zurückzurufen. Colwell eilte zur Küste. Schley stieg auf die *Bear* um, damit er hinter der *Cub* näher an der Küste fahren konnte. Vorsichtig bewegten sich die beiden Schiffe entlang der eisgesäumten Felsküste, die Colwell ver-traut war. Er drehte neben der Cache der *Proteus* bei und suchte die Gegend mit dem Fernglas ab, doch er sah nichts von Bedeutung und setzte seine Suche fort, die von schlech-tem Wetter bald behindert wurde. Der Wind frischte auf, niedrige Wolken jagten über eine zunehmend raue See. Es war kurz nach 21 Uhr an jenem 22. Juni.

In Camp Clay war eine Schiffssirene zu hören gewesen, und Greely fragte sich, ob seine benommenen Sinne ihm einen Streich spielten. In den vergangenen 44 Stunden hatte er lediglich ein paar Tropfen Wasser und ein paar kleine Stücke Robbenfell in den Magen bekommen. Mit heiserer Stimme bat er Brainard und Long, nach draußen zu gehen und aufs Meer zu sehen. Long schleppte sich auf den Hügel, der den besten Blick bot. Brainard wollte ihm folgen, musste jedoch auf halbem Weg aufgeben. Er sah zu, wie Long die Notflagge aufstellte, die der Sturm erneut umgeweht hatte. Doch mehr schien sich nicht zu tun. Brainard schwankte wieder den Hü-gel hinunter und meldete, dass keine Hilfe in Sicht sei. Nach einigen Minuten hörte Brainard, der an der Klappe des zusammengefallenen Zeltes kauerte, feste Schritte, die im Schnee knirschten und näher kamen. Greely lag reglos im Schlafsack und war fast ganz von der Zeltplane bedeckt. Er hörte eine fremde Stimme, die seinen Namen rief.

Als Brainard am Hügel umgekehrt war, hatte Long die Flagge wieder aufgestellt und wollte zurückgehen – da sah er im Sund einen schwarzen Fleck. Er kniff die Augen zusammen und identifizierte den Fleck als Schiff. Long stand mit der Flagge in der Hand da, während Colwell mit der *Cub* die Landspitze umrundete und den Hügel erblickte. Longs Silhouette zeichnete sich vor dem dämmernden Himmel ab. Colwell fuhr das Boot so nah wie möglich an die Küste heran und sprang an Land. Long ließ die Flagge sinken, stolperte den Hang hinab und fiel in die Arme seines Retters.

Colwell brachte den Sergeanten an Bord der *Cub* und eilte mit Norman wieder den Hügel hinauf. Brot und Pemmikan hatten sie dabei. Von der Kuppe aus sahen sie, was von der Lady-Franklin-Bay-Expedition übrig geblieben war – mit Ausnahme der bereits von Harlows Trupp auf Stalnecht geborgenen Geräte und Aufzeichnungen: ein eingestürztes Zelt, das sieben verhungernde Männer bedeckte, leere Büchsen, verstreute Munition, Kleiderfetzen und anderer Müll. Colwell tastete sich im dunklen Zelt durch einen Wirrwarr aus Tauen und Planen. Er fand Greely reglos im Schlafsack, der Kopf ruhte auf seiner Hand. Wie bei seinen Gefährten »war auch Greelys Haar lang und verfilzt, Gesicht und Hände von Dreck verkrustet, der Körper dünn bekleidet mit schmutzigen, abgetragenen Kleidern«. Jeder Mann hielt das kleine Bündel seiner persönlichen Wertgegenstände und Papiere in der Hand, die er in Sicherheit wissen wollte. »Alle lagen in den Schlafsäcken und warteten auf ihr Ende.«

Colwell und Norman verteilten umsichtig Nahrung an die ausgemergelten Überlebenden. Harlow kam mit Kamera und Dreifuß. Greely hatte inzwischen die Brille aufgesetzt, und daran erkannte Harlow ihn. »Ich machte die Platte fertig für das Foto, das ich mir so oft vorgestellt hatte – das Treffen mit Greely.« Doch die Aufnahme war alles andere als einfach, Harlow hatte nämlich nur vier Platten, das Licht schwand schnell, »und der Wind warf trotz der gespreizten Beine des Gestells zwei Mal meine Kamera um«. Die Kamera wurde nass, die Kassette klemmte. »Dennoch konnte ich das Objektiv einstellen und die Blende schließen. Zwei Aufnahmen machte ich vom Zelt, eine vom Winterhaus und eine von den Gräbern.«

Am Vormittag des 23. Juni kamen die Kapitäne der Rettungsschiffe mit Ärzten an Land, Tragen und Medikamente wurden gebracht. Der Wind wurde noch stärker und brachte heftigen Schneeregen. In Decken gehüllt und auf Tragen gebunden, wurden die letzten Überlebenden von Camp Clay zum Eisfuß getragen, wo sie von der *Cub* übernommen und zu den wartenden Schiffen transportiert wurden. Emory blieb an Land, um das Lager und die Umgebung eingehend abzusuchen und an verstreuten Dokumenten zu retten, was noch zu finden war – und um die Exhumierungen zu überwachen. »Commander Schley hatte kurzerhand beschlossen, alle Toten zu exhumieren und in die Vereinigten Staaten zu überführen.«

Die Exhumierung war nicht schwierig. Die Toten lagen nur von einer dünnen Schicht Kies bedeckt nebeneinander auf dem Hügel. Schley schilderte die Reihe der Gräber, die keine 50 Meter vom Zelt entfernt war. »Füße und Köpfe derer ragten heraus, die als Letzte beerdigt worden waren.« Einer nach dem anderen wurde exhumiert und in Decken gewickelt.

Nachdem Harlow seine Fotoausrüstung vorsichtig abgestellt hatte, half er Emory und Colwell bei dieser makabren Aufgabe, die im Halbdunkel und in Hagelböen erfüllt werden musste. »Ich zeichnete einen Plan der Gräber und nummerierte sie. Diese Maßnahme war nötig, um eine Verwechslung bei der Identifizierung der Überreste zu vermeiden.« Schleys Männer nähten in der Reihenfolge der Exhumierung Etiketten aus Segeltuch an die Decken. Greely war ohnmächtig geworden, während er in die Kapitänskajüte der *Thetis* getragen wurde. Laut Bericht des Schiffsarztes Green bot Greely einen jämmerlichen Anblick, »die Haut hing in Fetzen von seinen Gliedern, Gesicht, Hände und Schädel waren schwarz verkrustet von Ruß und Dreck«. Er wurde gewaschen und frisch angekleidet. Stimulanzien belebten ihn wieder so weit, »dass er sprechen will, nach Neuigkeiten fragt und feste Nahrung verlangt«. Als er wieder bei Kräften war, hatte er jedoch noch mehr zu erzählen.

Greely war gegen Schleys Entscheidung, die Toten zu überführen; seiner Meinung nach sollten die Soldaten ruhen, wo sie gefallen waren. Schley erklärte später jedoch, dass die Angehörigen ihre Verstorbenen sicherlich zu Hause haben wollten. Außerdem hatte die Regierung bereitwillig die Überführung aller Toten der *Jeannette*-Expedition aus Sibirien bezahlt. »Es wäre ein Pflichtversäumnis, diese Entdecker in ihren kruden Gräbern am Kap Sabine liegen zu lassen.« Laut Greely hatte Lockwood den Wunsch geäußert, »auf ewig auf dem Feld zu ruhen«. Warum sollte man diese Ruhe nun stören? Doch es war zu spät. Zwei Beiboote schaukelten bereits mit elf Toten über eisbedeckte Wellen zur *Thetis* und zur *Bear*.

Für den Raub der Toten rächte sich die Natur mit einem wütenden Ausbruch. Der Wind wurde so stark und die geborstenen Schollen wirbelten so heftig um die Boote, dass Harlow

Zusammengefallenes Zelt; dort wurden die Verhungernden entdeckt.

fürchtete, sie würden die Schiffe nie mehr erreichen. *Thetis* und *Bear* fuhren so nah an die Boote, wie es die Sicherheit erlaubte. Harlow schrieb: »Abwechselnd ruderten wir und ließen uns treiben, um die Boote im Wind zu halten, die Vorschiffe waren schwer beladen mit Leichen, gallonenweise schwappte Wasser mit gebrochenem Eis mittschiffs; schließlich konnten wir beidrehen.« Doch der Sturm war noch nicht vorüber. Ein Boot rammte den Rumpf der *Thetis*, zwei Leichen wurden ins Wasser geschleudert und konnten, nur Sekunden, bevor die Wellen sie weggespült hätten, geborgen werden.

Sechs Leichen wurden an Bord der *Bear* genommen, die anderen kamen auf die *Thetis*. Sie wurden vorsichtig eingewickelt, in die Fraчträume gelegt und mit Eis bedeckt. Colwell war immer noch in Camp Clay und vergewisserte sich, dass nichts Wichtiges zurückblieb. Vom Winterquartier aus spähte er zum Eisfuß, da sah er einen dunklen Gegenstand in den Schneefeldern. Harlow beschrieb später, was Colwell gefunden hatte: »die verwesenden Überreste des nachträglich

Die sechs Überlebenden an Bord der *Thetis*;
vordere Reihe: Brainard und Greely;
hintere Reihe von links nach rechts: Long,
Frederick, Connell und Biederbick.

an einem Einschussloch identifizierten Private Henry«. Auch diese Leiche wurde an Bord der *Bear* gebracht.

Ungeachtet der Bemühungen von Harlow, Colwell, Melville und anderen, die Toten zweifelsfrei zu identifizieren, waren die Aufzeichnungen und Erinnerungen an diese schrecklichen Stunden am Kap Sabine ziemlich wirr. Henrys Leiche war durch Zufall entdeckt worden. Die Stelle des Einschusses (oder der Einschüsse?) wurde nie verzeichnet. Schley berichtet über Greelys Aussage: »Offiziell – wobei er sein Tagebuch als Beweis heranzieht – verhungerten 17 Mann der Lady-Franklin-Bay-Expedition, einer ertrank beim Robbenjagen.

Winfield Scott Schley, Greelys Retter.

Namen und Daten folgen.« Auch Henrys Name war verzeichnet. Doch Greely sagte auf der *Thetis*, wenn überhaupt etwas, dann nichts »Offizielles« zur Erschießung des Soldaten. Es erfolgte auch keine Begehung der Stelle nahe Eskimo Point, wo Frederick seinen toten Kameraden Rice notdürftig begraben hatte; Rice wurde vermutlich mit den Leichen von Salor, Gardiner, Bender und Pavy ins Meer gespült. Unklarheiten verdunkelten die Tatsachen. Schley zitierte Greely, der fünf Leichen am Eisfuß angab, und meldete: »Sie wurden vor meiner Ankunft von Wellen und Wind fortgetragen ... Von ihnen konnte keine Spur gefunden werden.«

Die Matrosen der *Thetis* hievten einen Öltank aus dem Maschinenraum und klemmten ihn ins Vorschiff. Darin sollten fünf Leichen transportiert werden, Nr. 1, 3, 8, 9 und 10, namentlich Kislingbury, Whisler, Linn, Eskimo Fred und Cross. An Bord der *Bear* machten die Maschinisten zu beiden Seiten des Fockmasts je einen Schneeschmelztank wasserdicht und füllten ihn wie auch auf der *Thetis* mit einer Mischung aus Salzwasser und Alkohol. Als den Leichen die schmutzigen, zerrissenen Kleider ausgezogen wurden, um sie in die Tanks zu legen, konnten einige anhand von Fotos, die sie mit in die Arktis gebracht hatten, andere »durch andere Charakteristika« identifiziert werden. Schley schrieb: »Ich bin froh, dass kein Fehler unterlaufen ist.«

Diese Aufgabe füllte die Stunden von Mitternacht bis zum Morgen des 24. Juni aus, während die Schiffe für die Rückfahrt klargemacht wurden. Von den Decks beider Schiffe wurden erschreckende Enthüllungen gemeldet. Als alle Leichen entblößt waren und wie Mumien in Baumwollstreifen gewickelt, etikettiert und in die Tanks gelegt wurden, »stellte sich heraus, dass sechs Leichen – Lieutenant Kislingbury, die Sergeanten Jewell und Ralston sowie die Gefreiten Whisler, Henry und Ellis – aufgeschnitten waren und ihr Fleisch entfernt worden war«, schrieb Schley. Harlow war einer der Offiziere auf der *Thetis*, die die »Toten bereitmachen mussten für die Lagerung und sichere Überführung nach St. John's, wo der Kapitän Eisensärge besorgen und versiegeln lassen will, damit sie nie wieder geöffnet werden können. Es war eine grässliche Arbeit, aber ich schreckte nicht davor zurück. Über Einzelheiten will ich nicht berichten, ich halte es für das Beste, sie nicht schriftlich niederzulegen.«

Am dunstigen Vormittag des 24. Juni gab die *Thetis* der *Bear* Zeichen zum Auslaufen. Am Nachmittag waren beide Schiffe mit ihrer Mitleid erregenden Fracht auf dem Weg, die *Bear* fuhr im Kielwasser des Flaggschiffs. Die Überlebenden kamen an Bord allmählich wieder zu Kräften, außer Joseph Elison, der in der ersten Nacht auf See schreiend erwachte und heulte, er habe geträumt, dass man ihn am Kap Sabine zurückließe. Nebel, Schnee und schwere See verzögerten die Fahrt nach Süden.

In der Nacht des 25. Juni wurden die Schiffe zwischen Northumberland Island und Haklyut Island von dichten Eisfeldern mit Eisbergen eingeschlossen. Howard Ames, Arzt auf der *Bear*, ging an Bord der *Thetis* und half seinem Kollegen Green, den delirierenden Elison mit Morphium zu sedieren und seine Verletzungen zu untersuchen. Beide Füße fehlten, die Enden von Schienbein und Wadenbein standen hervor, und die Stümpfe »eiterten offen«. Die Finger von Elisons linker Hand waren noch da, »aber gebrochen und abgestorben«. An der rechten Hand fehlten zwei Finger. »[Green] entfernte die restlichen Finger und den Daumen mit einer Knochenzange.« Des Weiteren beratschlagte er mit Ames über eine Amputation von Elisons Unterschenkel, fand es aber am besten, noch abzuwarten.

Nördlich von Upernavik stießen die Schiffe auf die *Alert* und die *Loch Garry*. Die Kapitäne und die schottischen Walfänger, die sie auf dem Weg vor der grönländischen Küste trafen, wurden sogleich ins Bild gesetzt. Greely würde später »den weisen Akt des Kongresses« billigen. »Den Walfängern eine Belohnung auszusprechen, war der Wendepunkt unseres Schicksals.« Ohne den Wettstreit zwischen den schottischen Mannschaften und ihren amerikanischen Gegenparts hätten Schleys Schiffe Kap Sabine erst erreicht, wenn alle Männer tot gewesen wären. Für die Walfänger und auch für die *Alert* war es nach Harlows Ansicht »ziemlich hart, dass sie so früh schon aus dem Rennen scheiden mussten«. Ihre Enttäuschung war für Harlow umso sichtbarer, nachdem sich Schley seit der Rettung sehr brüstete. Harlow war durch und durch angewidert. Beim Abendessen tauschten Schley und Emory in einem Maß Lobreden aus, das der Leutnant »absolut Ekel erregend« fand. »Zwei Männer sitzen vor acht anderen und streichen sich gegenseitig um den Bart. Warum gehen sie nicht in die Kabine und fallen sich in die Arme?« Offene Rede in der Offiziersmesse war möglich, aber nur von kurzer Dauer. Vor der Anlandung wurde Schweigepflicht verhängt.

Der 4. Juli wurde mit Rum aus der *Neptune*-Cache auf Littleton Island gefeiert. An jenem Tag beschlossen die beiden Ärzte, Elisons Beine zu amputieren – mit Hilfe von Whisky und Äther. »Er ist so benommen, dass ihm der Schock erspart bleibt.« Ames sägte den linken Stumpf ab, Green den rechten. Doch die Operation war sinnlos, Elison starb drei Tage später. Ohne Hände und Unterschenkel wog der Soldat, der so eine wundersame Ausdauer bewiesen hatte, gerade mal 78 Pfund. Er wurde in eine Decke genäht und zu seinen Kameraden in den Tank gelegt.

Die Flottille aus den vier Schiffen erreichte Godhavn. Auf Beharren des dänischen Inspektors von Disko wurden die sterblichen Überreste von Eskimo Fred Christiansen an Land gebracht und auf dem Hügel begraben.

Die Schiffe fuhren weiter nach Süden. Die Besatzungen hatten viel zu klatschen, meist tuschelten sie. Nach einem Sturm, der die *Thetis* und die *Bear* bis auf zwei Knoten verlangsamt und die *Alert* und die *Loch Garry* weit achteraus gelassen hatte, liefen sie am 16. Juli vor Labrador. Alle Mann mussten an Deck antreten, eine Sondervorschrift wurde verlesen: Bei der Ankunft in St. John's dürfe niemand mit Personen an Land oder Nicht-Beteiligten an der Expedition in Verbindung treten, bis der Marineminister Meldung über die Fahrt erhalten habe.

Am nächsten Morgen liefen die Schiffe Neufundland an. Kaum hatte sich der Nebel gelichtet, waren die Offiziere an Land gegangen, die Telegrafenleitungen surrten. Die ersten Meldungen trafen um 9 Uhr in Washington ein. Telefone klingelten, Typisten klapperten, Hektografien von jeder eintreffenden Meldung wurden umgehend an die Regierungsbehörden und das Weiße Haus geschickt. Präsident Arthur äußerte sich mit Bedauern über den Verlust von Menschenleben, was seine Freude über die neuen Forschungsergebnisse, die die Expedition für sein Land gewonnen hatte, und die Benennung eines Berges nach ihm zu übersteigen schien. Greelys erste Meldung war dagegen überschwänglich: »Zum ersten Mal in drei Jahrhunderten muss England die Ehre abtreten, den höchsten Nordpunkt erreicht zu haben. Der zweijährige Dienst auf der Station, die Forschungsarbeiten und Erkundungen sowie der Rückzug zum Kap Sabine waren ohne den Verlust von Menschenleben, ohne Krankheiten, schwere Unfälle und schwere Erfrierungen erfüllt worden.« Harlow kabelte der *New York Times*, dass er gegenwärtig unter Schweigepflicht stehe.

In keiner dieser frühen Meldungen wurde Henrys Erschießung erwähnt. Schleys erster Bericht fasst die Informationen zusammen, die Greely ihm auf der Fahrt gegeben hatte: Nach dem erfolgreichen Rückzug nach Kap Sabine war eine Querung des Smithsund nicht möglich, die Winterstürme verhinderten eine geschlossene Eisdecke auf dem Sund, 240 Rationen auf Littleton Island konnten somit nicht geborgen werden. In Bezug auf die Toten schließt Schleys Telegramm: »Ich würde dringend dazu raten, die Leichen, die sich nun an Bord befinden, für eine bessere und sicherere Überführung in Eisensärge zu verlegen. Diese Maßnahme scheint mir zwingend geboten.«

Die Rettungsschiffe in St. John's waren Anziehungspunkte für Neugierige. Greely wurde heimlich an Land gebracht und durfte kurze Spaziergänge machen. Herausgeber amerikanischer Zeitungen baten Schley und seine Offiziere telegrafisch, »baldmöglichst alles zu schicken, was Ihr könnt«. Die *New York Times* wollte 6 000 Worte für die Sonntagsausgabe. Schließlich gab Schley Harlow freie Hand. »Dann schickt eben, was Ihr wollt.« Harlow eilte zum Telegrafenamt »und saß an den Leitungen, bis das Amt sich weigerte, mehr zu versenden«. Der Telegrafist war am Ende. In seiner Meldung an die *New York Times* erwähnte Harlow die Leichenschändungen nicht.

Auf den Korridoren von Außen-, Kriegs- und Marineministerium in Washington herrschte reges Treiben. Der Marineminister war nicht in der Stadt, aber er übermittelte den Heimkommenden seine Glückwünsche und wies Schley an, »nach Gutdünken mit der Versorgung und dem Transport der Leichen zu verfahren. Handelt nach Eurem eigenen Urteil.« Präsident Arthur wiederholte seine Ablehnung gegenüber Arktisprojekten, deren Nutzen er im Vergleich zu den Kosten an Geld und Menschenleben gering fand. »Durch die Arktisforschung wurden eine Menge Geld und Menschenleben vergeudet«, erklärte die *Chicago Tribune*. »Dies muss nun ein Ende haben.« Und die Ressentiments wurden noch größer, nachdem die Berichte über die Lady-Franklin-Bay-Expedition so kurz nach dem *Jeannette*-Desaster eintrafen, über dessen Skandale und Vertuschungen damals gerade ein Untersuchungsausschuss des Kongresses befand. »Nicht einmal unter günstigen Bedingungen ist dieses Spiel seinen Einsatz wert«, meinte die *New York Times*. Eine Zeitung aus Philadelphia nannte die Arktisforschung einen »monströsen und mörderischen Wahnsinn«.

Zwei Amerikaner stachen aus der Menge der Menschen heraus, die sich mit Pro und Kontra an die Öffentlichkeit wandten. Beide verfügten über jüngste Erfahrungen mit den Nöten und Gefahren von Forschungsreisen im hohen Norden. Lieutenant Danenhower, einer der beiden berühmtesten Überlebenden der *Jeannette*-Expedition, war halb blind zurückgekehrt und auf sehr persönliche Weise eines der tragischsten Opfer der Katastrophe geworden. Wiederholt drückte er seine Überzeugung aus, dass die Polarforschung eine zwecklose Übung sei. »Es gibt sehr viel bessere Felder für Forschungen und Entdeckungen.«

Schley fragte sich, warum Garlington nach dem Untergang der *Proteus* mit den Booten nach Südosten statt nach Südwesten zu den Cary Islands gefahren war, »die die *Yantic* aller Wahrscheinlichkeit nach anlaufen musste«. Dort hätten sich die Mannschaften getroffen und gemeinsam Littleton Island angelaufen, wo sie laut Befehl ein Winterquartier errichten sollten. Stattdessen hatten die Boote und das Schiff den entgegengesetzten Kurs eingeschlagen. Die Presse verdammte Hazen, weil er Garlington keine klare Order gegeben hatte. Zu seiner Verteidigung brachte Hazen vor, er habe in Einklang mit Greelys Vorgaben gehandelt. Und man konnte ihn kaum für die Vorfälle schuldig sprechen, die sich durch den Untergang der *Proteus* ergeben hatten. Doch alle Streitigkeiten, alle Entschuldigungen und die öffentlichen Nachrufe sollten in der amerikanischen Presse von sensationellen Schlagzeilen überschattet werden: Mitglieder der Lady-Franklin-Bay-Expedition hätten in den letzten Tagen am Kap Sabine in ihrer Verzweiflung nur mehr einen einzigen Ausweg gesehen, um zu überleben: sich gegenseitig zu essen.

Die Trauerflotte

Auf Grund der Erlaubnis des Marineministers, mit den Toten nach Gutdünken zu verfahren, hatte Schley in St. John's Eisensärge geordert und Chandler über seine Aktion informiert. Sobald die Särge ankämen und die Leichen gebettet wären, wollte er in die Vereinigten Staaten fahren. Wegen der Toten musste also eine Verspätung von acht Tagen in Kauf genommen werden, dennoch war es eine Zeit lebhafter Dinnerpartys an Bord der *Thetis*, zu denen prominente Neufundländer geladen waren. »Die Gesellschaft verlangt nach den Offizieren«, schrieb Harlow. »Jeden Abend ist etwas los.«

Die tägliche Gastfreundschaft an Bord war mit der Übernahme der zwölf Särge aus Kesseleisen schnell zu Ende. Jeder Sarg wog 700 Pfund, er hatte einen Deckel, der mit 52 großen Schraubenbolzen befestigt und mit einer Schicht schwarzer Farbe bedeckt wurde. Schley vergewisserte sich, dass auf jedem Sarg eine Silbertafel mit Namen und Todestag angebracht wurde. Als die Deckel fest verschlossen waren, nahmen die Rettungsschiffe, begleitet von pfeifenden Schleppern voller Menschen, Kurs auf Süden.

In den Vereinigten Staaten konzentrierten sich die politischen Überlegungen auf die kommenden Präsidentschaftswahlen. Chandler war daran gelegen, dass sich die Republikaner an der Macht hielten, denn dann verblieb er weiterhin als Marineminister im Kabinett. Er wollte der Marine wieder zu Ruhm verhelfen und die alten Holzschiffe durch Kriegsschiffe aus Stahl ersetzen. Das Marinegesetz von 1881 war verabschiedet und damit das Fundament für eine Seestreitkraft des 20. Jahrhunderts gelegt worden; für diese Pläne hatte er sich wiederholt Ärger eingehandelt. Um einen Skandal in Zusammenhang mit dem Verlust der *Jeannette* zu vermeiden, hatte der Minister sogar militärgerichtliche Anklagen unterdrückt, die der verstorbene Kommandant De Long noch in der Arktis gegen seinen Navigationsoffizier erhoben hatte. Außerdem musste sich Chandler gegen die Anschuldigungen des Amtsmissbrauchs zur Wehr setzen. Der Erfolg der Schley-Expedition kam also wie ein politisches Gottesgeschenk. Daraus wollte er nun das Beste machen und bereitete einen großen Empfang in Portsmouth in seinem Heimatstaat New Hampshire vor.

Er kabelte an Lincoln: »Ich vertraue auf Eure Anwesenheit.« Doch der Kriegsminister sagte ab – aus gutem Grund: Er wollte nicht mit den Soldaten und Entdeckern zusammentreffen, die ihn sehr wahrscheinlich für die fehlgeschlagenen Versorgungsexpeditionen verantwortlich machten. In der Zwischenzeit wollten die Hinterbliebenen etwas über das wahre Schicksal und den Verbleib ihrer verstorbenen Angehörigen erfahren. Lilla Mae Pavy war verwirrt von den »schmerzlich widersprüchlichen Telegrammen«. Sie schrieb an Henrietta, die sich zum Empfang ihres Gatten auf die lange Bahnreise von San Diego an die Ostküste vorbereitete: »Ich freue mich mit Euch, wenn auch mein Herz gebrochen ist.« Eine zweite Mrs Pavy, die behauptete, die einzige rechtmäßige Witwe zu sein, war zwar besorgt, doch weit davon entfernt, Pavys Tod zu betrauern. Aus Frankreich schrieb Alicia Pavy an den Kriegsminister und fragte, ob ihr Mann unter den Überlebenden sei; er habe sie 1871 mittellos und mit einem Kind zurückgelassen. »Sollte er verhungert oder erfroren sein, so hat er seine verdiente Strafe bekommen.«

Am frühen Morgen des 1. August hielt die Flottille der Versorgungsschiffe, nun eine Trauerflotte, vor der nebligen Küste Neuenglands Kurs auf Portsmouth. Die *Thetis*, die *Bear* und die *Alert* wurden zuerst von dem Kanonenboot *Alliance* gesichtet, das vor der Küste lag und sie in den Hafen lotste. Ein Dutzend Kriegsschiffe wartete, auf Deck drängten sich die Würdenträger von Portsmouth, Politiker aus Washington sowie Greelys Freunde und Angehörige. Chandler und Hazen hatten sich mit den Marineoffizieren auf dem Achterdeck des Flaggschiffs der Nordatlantikflotte versammelt, auf dem 5 000-Tonnen-Schiff *Tennessee*, einem typischen alten Holzschiff von der Sorte, die Chandler durch Schlachtschiffe aus Stahl ersetzen wollte.

Chandler hatte das Programm gestaltet – es war ein Festtag für die Marine. Strikte Order war ergangen, dass niemand, nicht einmal Schleys Gattin, die *Thetis* borden dürfte, bevor nicht Henrietta Greely in Begleitung ihrer Brüder, der Zwillinge Otto und Loring Nesmith, mit dem Kommandanten der Lady-Franklin-Bay-Expedition privat zusammengetroffen wäre. Und erst einige Zeit darauf wurde es den übrigen Angehörigen gestattet, namentlich Greelys Mutter und seinen beiden Töchtern, den Entdecker an Bord zu umarmen.

Gegen Abend wurde Greely mit der Admiralsbarke der Marinereederei an Land gebracht. Chandler hatte arrangiert, dass er auf dem nahen Seavy's Island zwischen Apfelbäumen ein Landhaus bezog, wo er für die nächsten Wochen abgeschirmt von nachrichtenhungrigen Reportern wohnen sollte. Die fünf anderen Überlebenden wurden ins Marinehospital gebracht. In der Zwischenzeit wurde in Portsmouth ausgelassen gefeiert. Die Leute, die an Bord der *Thetis* die Relikte der Expedition sehen wollten, waren so zahlreich, dass beispielsweise vor Greelys Schlitten und seiner Notflagge Wachen aufgestellt werden mussten, damit Andenkenjäger sie nicht in Stücke rissen.

Während die Besucher noch auf Deck umherschwärmten, trafen sich Chandler und Hazen am Samstag in der Kapitänskajüte mit Schley. Schley informierte sie über die verstümmelten Leichen. (Dank James Norman war das Wort »Kannibalismus« zu dieser Zeit in St. John's schon in aller Munde; der Alkohol hatte dem Eismeister die Zunge gelöst, und er war voller Groll gegen Schley, der ihn wegen Trunkenheit des Schiffs verwiesen hatte.) Bei einer Unterredung unter vier Augen in Portsmouth machte Greely gegenüber Hazen auch erste Andeutungen über die »schreckliche Verantwortung«, die ihn gezwungen hatte, die Exekution eines Mannes zu befehlen.

Am Montag, dem 4. August, wurde in Portsmouth eine Parade abgehalten. Die Kapitäne der Rettungsschiffe fuhren in offenen Kutschen, Greely, der immer noch schwach war, verfolgte das Spektakel von der Tribüne auf dem Market Square. Auf Anraten seines Arztes nahm er auch nicht an der Veranstaltung in der Music Hall teil, dem Höhepunkt des Tages. Hauptredner war Chandler; er pries die Rettungsexpedition der Marine und verstieg sich dabei sogar in verächtliche Anklagen gegen die Fehlschläge des Heeres. Lincoln, der zu dieser Zeit geschickterweise eine Inspektion in Gettysburg vornahm, wurde von keinem Redner erwähnt. Lauten Applaus bekam General Benjamin Butlers Erklärung, die Amerikaner würden nicht ruhen, bis sie ihre althergebrachte Ruhmesstellung an der Spitze der Welt wieder einnähmen. »Der Nordpol gehört uns!«

Am Mittag des 8. August lief die Trauerflotte New York an. Die Toten wurden von einem Marineschlepper übernommen und nach Governor's Island verbracht. Die Artillerie feuerte 21 Schuss Salut. Die Särge wurden auf Geschützwagen verladen, und der Trauerzug rumpelte im hellen Sonnenschein zum Hospital der Insel, wo alle Särge bis auf zwei nach einem Trauergottesdienst den Freunden und Angehörigen übergeben wurden. Die Leichen von Henry und Schneider wurden zum Kai zurückgebracht, ein Dampfer überführte sie nach Brooklyn. Schneiders Überreste wurden in einer Gruft aufgebahrt, bis die Angehörigen aus Deutschland kämen. Henry wurde mit allen militärischen Ehren auf dem Soldatenfriedhof von Cypress Hill beigesetzt; Angehörige und Freunde nahmen am Begräbnis nicht teil.

Mittlerweile waren schon Maßnahmen getroffen und jeder Versuch vereitelt worden, die Särge zu öffnen. Zu diesem Zweck hatte Lincoln den Quartiermeistern der einzelnen Standorte gekabelt und ihnen die offizielle Erklärung übermittelt, dass ein Öffnen der Särge die Volksgesundheit gefährden könne, außerdem seien die Leichen ohnehin unkenntlich. Divisionskommandeur General Winfield Scott Hancock erklärte dies auch einem Leutnant in Delphi, Indiana, der telegrafiert hatte, dass Whislers Angehörige den Toten noch einmal sehen wollten. Der General fügte hinzu: »Je früher sie unter die Erde kommen, desto besser.« Auch den Verwandten von Sergeant Cross wurde ein abschlägiger Bescheid erteilt. Cross wurde auf dem Congressional Cemetery in Washington beigesetzt und auf seinem Grab ein großer Kranz mit der Aufschrift *Arctic* niedergelegt. Sergeant Israel fand in der

Parzelle der jüdischen Gemeinde auf dem Mountain Home Cemetery von Kalamazoo in Michigan seine letzte Ruhe. Lieutenant Lockwood ruhte kurze Zeit in der St. Anne's Church in Annapolis, dann wurde er auf dem Naval Academy Cemetery begraben. Und Private Schneider wurde bald mit dem Schiff nach Bremerhaven überführt.

Gerüchte über die wahre Ursache von Henrys Tod wurden von offizieller Seite ignoriert. Am 11. August bekam Greely von Hazen ein Telegramm aus Long Branch, New Jersey, wo er »nach einer angenehmen Reise und der geziemenden Versorgung der Toten« angekommen war – was nur bedingt stimmte. Der Geist von Private Henry konnte nicht so leicht vertrieben werden. Hazen teilte Greely mit, er habe bei einer privaten Unterredung mit Lincoln in New York »das Thema besprochen, das Ihr und ich am Abend vor meinem Aufbruch in Portsmouth beredet hatten«.

Es ging um Henrys Exekution. Laut Hazen hatte der Kriegsminister Greelys Entscheidung »im bestmöglichen Licht« betrachtet. Die Frage war nun, wie man öffentlich damit umging. Sollte man einen Untersuchungsausschuss einberufen? Doch Greely müsse sich »keine Sorgen machen, denn [Henrys] Fehlverhalten war von aufrührerischer Natur«. Das Kriegsministerium würde nichts verlauten lassen, bis Greely wieder ausreichend bei Kräften wäre, um den offiziellen Bericht zu schreiben. Und wenn jemand fragte, warum Henry mit militärischen Ehren beigesetzt worden sei, so wäre die Antwort: Zur Zeit des Begräbnisses war die Vorgehensweise durch ein »geziemendes Schweigegebot« bestimmt gewesen.

In der Gesundheitsbehörde von Queens County, New York, war man nicht so zurückhaltend. Der Amtsleiter von Brooklyn hatte damals auf Anfrage die Genehmigung erteilt,

Henrys Leichnam durch die Straßen zu fahren, weil er der Meinung war, der Soldat sei verhungert. Später hörte er eine andere Version und riet zur Exhumierung. Auch der County Coroner wollte eine Untersuchung. Cypress Hill war zwar ein Militärfriedhof, unterstand aber dem Coroner und nicht den Behörden in Washington. Der Coroner wollte unbedingt eine Exhumierung anordnen, sobald jemand eine eidesstattliche Erklärung gab, die nahe legte, dass Henry eines gewaltsamen Todes gestorben sei. Henrys Schwester Dora Buck, eine Beamtin aus Lincoln, Nebraska, verlangte eine Autopsie. Doch nichts geschah.

Am 12. August erschienen in der *New York Times* auf der Titelseite unter der Schlagzeile »Die Grauen von Kap Sabine« Berichte über die Exekution eines Soldaten und über hemmungslosen Kannibalismus in der Arktis. Hazen vermutete einen Angriff auf seine Person; der General hatte vor Jahren mit Persönlichkeiten im Clinch gelegen, die das Blatt unterstützten, und die *Times* verpasste keine Gelegenheit, einen Hieb gegen ihn auszuteilen. Hazen teilte Greely mit, nun gelange alles an die Öffentlichkeit, »hinter dem [das Blatt] die ganze Zeit her war, und [es] fügt all die Lügen hinzu, die es nur gibt«. Der Kommandeur des Fernmeldecorps hatte keinen Zweifel, dass Private Henry »ein übler Schurke« gewesen sei, dennoch solle Greely eine kurze Stellungnahme in dieser Sache abgeben. »Und was das Gerede über den Verzehr menschlichen Fleisches angeht, sagt, was Ihr Euch zurechtgelegt habt«, riet der General.

Ein Großteil der Behauptungen in der *Times* war offenkundig erlogen, doch die Zeitung hatte nun eine Rechtfertigung für die Ablehnung, die sie der Arktisforschung schon immer entgegengebracht hatte, und konnte sich in einem Sensationsjournalismus sonnen, der der auflageheischenden

Schreibe seines Konkurrenten *New York Herald* in nichts nachstand. Die *Times* fragte: Wollte Greely die Toten in der Arktis lassen, weil »alle Männer den Wunsch geäußert hatten, an der Küste des großen Eismeers begraben zu werden«? Das sei höchst verdächtig, posaunte das Blatt. Und Schleys offizieller Grund für die versiegelten Särge sei der »große Temperaturunterschied« zwischen St. John's und New York. Welcher »große Temperaturunterschied«? Und in Bezug auf die Berichte über Leichen, die nach der Beerdigung zwischen Eisschollen hinweggespült wurden, liege »die Wahrheit ja auf der Hand«, fand die *Times*. Die Offiziere der beiden Rettungsschiffe wüssten Bescheid, drückten sich aber vor Interviews, klagte die Zeitung und vermutete, dass die Regierungsbehörden einen Feldzug zur Vertuschung des Kannibalismus begonnen hätten.

Die »Kannibalismusangelegenheit«

Damit sich die Aufregung wieder legte, die die *Times* verursacht hatte, befragte der *Herald* einen Stabsoffizier des Marineministeriums. Seine Antworten waren jedoch nicht sehr hilfreich. Sollte es Fälle von Kannibalismus gegeben haben, seien sie »nicht schlimmer, als es von Zeit zu Zeit immer wieder vorkam«. Auch andere Zeitungen meldeten sich zu Wort. Das *Philadelphia Bulletin* verlangte eine Untersuchung der Anklagen und wollte Hazen vor dem Militärgericht sehen. »Warum ist er bislang davongekommen?« Da es nicht in Hazens Natur lag, lange den Mund zu halten, rief er Reporter in sein nettes Heim in der K Street und gab zu, dass es Fälle von Kannibalismus gegeben haben könnte.

Chandler hielt sich aus dem Disput heraus, er wollte den zu jener Zeit guten Ruf der Marine nicht gefährden. Ein Berater warnte ihn vor dem großen Ärger, der sich zusammenbraute, und riet, er solle sich schon im Vorfeld von der ganzen Sache distanzieren. Mittlerweile war durchgesickert, dass es in Fort Conger zwischen Greely und seinem Stellvertreter zu Konflikten gekommen und Kislingbury daraufhin von der wissenschaftlichen Arbeit ausgeschlossen worden war. »Bald kommt es zur Explosion. Ich hoffe, Ihr kündigt die Vormund-schaft [für Greely] auf, bevor es passiert«, so der Berater. Chandler kabelte sofort an Lincoln: Greelys Männer müssten unbedingt eine Zeit lang vom Dienst befreit werden. Lincoln stimmte zu und gewährte ihnen darüber hinaus noch einen Teil des angesparten Solds.

Die Familie Kislingbury in Rochester wollte in Ruhe ge-lassen werden, doch auf Drängen des Herausgebers des *Ro-chester Post Express*, der als Gegenleistung für die Exklusiv-rechte an einer Reportage versprach, eine Exhumierung zu finanzieren, ließen sich die drei Brüder des Leutnants breit-schlagen. Während Greely am Morgen des 14. August in seiner Heimatstadt Newportbury gefeiert wurde, hoben ein Bestattungsunternehmer und fünf Gehilfen auf dem Mount Hope Cemetery den schweren Sarg aus der Erde, schraubten im Beisein der Kislingbury-Brüder und zweier Ärzte die 52 Eisenbolzen auf und öffneten den Deckel. Die patholo-gische Untersuchung dauerte 45 Minuten. Nachdem der Sarg wieder in die Erde gelassen war, unterzeichneten die Ärzte eine eidesstattliche Erklärung: »Unserer Meinung nach wurde das Fleisch mit einem scharfen Schnittinstrument abgetrennt.« Schauerliche Einzelheiten folgten, alle Zweifel waren besei-tigt. Die Kislingburys waren außer sich vor Schock und Ver-zweiflung. Ihr Bruder hatte nicht nur eine lang andauernde Demütigung durch den Kommandanten ertragen müssen – er war seiner Würde auch noch im Tod auf unsägliche Weise beraubt worden.

Der Bericht über die Exhumierung in Rochester zog wei-tere Maßnahmen nach sich. Private Whisler, dessen Eltern abgeschieden am Rande von Delphi in Indiana lebten, ließen ihren Sohn auf dem kleinen Kirchhof im fahlen Morgenlicht exhumieren. Wie in Rochester waren auch hier zwei Ärzte zugegen, sie weigerten sich aber, eine Erklärung abzugeben, wenn sie nicht von höherer Stelle gezwungen würden. 14 Personen hatten dem Vorgang beigewohnt, und lokale Beobachter berichteten, dass kaum mehr als das Skelett im Sarg lag, »das ganze Fleisch war von geübter Hand von Gliedmaßen und Oberkörper abgetrennt«.

Greely hatte eine Einladung von der British Association for the Advancement of Science in Montreal, wo er die Vereinigten Staaten vertreten sollte. Neben der zeitweiligen Flucht vor den amerikanischen Reportern hatte er auf dieser Reise auch Gelegenheit, sich als erfahrener Arktisforscher an ein ausgesuchtes Publikum zu wenden. Einst war er von dem Bestreben besessen, den britischen Rekord im Norden zu brechen, was ihm auch gelungen war, doch nun hatte er guten Grund, den Briten zu danken. Die Londoner Zeitungen priesen seine Errungenschaften und spielten die Kannibalismusanklagen herunter – »eine Schande für den amerikanischen Journalismus«, so Clements Markham, der Präsident der Royal Geographical Society.

Am 23. August schrieb Greely an den Marineminister: »Die Aufregung über die Kannibalismusvorwürfe hat sich gelegt. Die öffentliche Meinung hat sich vom ersten Schock erholt, und wenn nicht, ist das auch nicht Euer Untergang. Unsere Errettung ist eine Feder an Eurem Hut, die niemand ausreißen kann.« Ähnliches Lob konnte sich der Kriegsminister nicht anheften. Lincoln war sich nicht sicher, ob die Aufregung um den Kannibalismus schon vorbei war, bestimmt aber war er verunsichert von den Berichten über eine Exekution am Kap Sabine. Greely wusste, dass die Öffentlichkeit eine Stellungnahme erwartete, und so ließ er verlauten, dass er über die Erschießung geschwiegen habe, »um einen öffentlichen Skandal zu vermeiden«. Wollte die Nation Einzelheiten erfahren, so müsste sie seinen offiziellen Bericht abwarten. Er behauptete sogar, wenn er Henrys Erschießung nicht befohlen hätte, »hätte ich meine Pflicht gegenüber der restlichen Truppe vernachlässigt«.

Von der *New York Times* wurden nun keine makabren Ausgaben mehr erwartet. Hätten die Eltern von Private Linn die Behauptungen frühzeitig gekannt, hätten sie ihn ungeachtet Lincolns Verbot exhumieren und den Sarg öffnen lassen; nun war es zu spät, sie wollten das Grab ihres Sohnes nicht mehr schänden. Doch die Geschichte war noch nicht zu Ende. Teile von Schleys Bericht kamen an die Öffentlichkeit, darunter auch die Erwähnung von Verstümmelungen. Ein Reporter wollte Brainard befragen, doch der sagte nur kurz angebunden: »Von Kannibalismus weiß ich nichts.« Frederick sagte zu Hause in Indianapolis: »Vielleicht hat es Kannibalismus gegeben, ich habe jedoch keinen Fall erlebt.«

Auch Greely war der Ansicht, dass er sich besser gleich zu diesen Behauptungen äußern sollte, anstatt sie erst in seinem Bericht zu bearbeiten. Er sagte, die Presseberichte ließen zwar keinen Zweifel daran, dass es Fälle von Kannibalismus gegeben habe, er aber wisse davon nichts. »Deutlicher kann ich diese Behauptungen nicht bestreiten.« Greelys Gefährten hatten sich darauf verlassen, dass der Kommandant für ihre Unschuld bürgte, und hätten eine gewichtigere Aussage erwartet, doch sie bekamen nur zu hören: »Ob sie die Wahrheit gesagt haben, weiß ich nicht. Ich kann nur für mich selbst und für meine Befehle sprechen.«

Hätte er noch ein paar Tage gewartet, hätte er weiterhin schweigen können. Nach einer privaten Unterredung zwischen Chandler, Lincoln und Schley in der Marinereederei Brooklyn gab die Regierung nämlich eine Erklärung zu den Verstümmelungen ab, die bei einem vertraulichen Treffen von

Chandler und Lincoln verfasst und möglicherweise auch vom Weißen Haus abgesegnet worden war. Zurück in Washington, hatte Lincoln unverzüglich an Chandler gekabelt, der sich zu diesem Zeitpunkt in Neuengland befand: »Ich denke, wir sollten baldmöglichst mit dem Präsidenten zusammentreffen.« Und so entstand aus dieser Konferenz eine neue Theorie.

Schleys Bericht müsste in wichtigen Punkten revidiert werden. Schley hatte ursprünglich geschrieben: »Sechs [Tote] waren aufgeschnitten, das Fleisch teilweise abgetrennt worden.« Die aufpolierte Version lautete nun: Das Fleisch wurde »in größerem und geringerem Maß [entfernt], zweifellos um als Krabbenköder zu dienen«.

Durch die Hinzufügung dieser Worte wurde Schleys Bericht abgeschwächt, und mit der Veröffentlichung dieser Erklärung schien die Kannibalismusfrage nun erledigt. Im Übrigen konnte nichts die Meinung derer ändern, die an der Sensation festhalten wollten. Es war ja die Zeit von *Barnum's* Zirkus, und die Show hatte in jenem Moment begonnen, da die Überlebenden in New York an Land gegangen waren.

Das Union Square Theater wollte eine Neubearbeitung des englischen Stücks *God and Man* unter dem reißerischen Titel *Storm Beaten* aufführen, und da die Produktion Schiffbrüchige im Eis vorsah, erwarteten die Intendanten einen Gewinn durch den Auftritt von echten Opfern.

Hazen informierte Greely über diese Pläne und auch seine Zustimmung für den Fall, dass einer der Männer, die in Portsmouth auf Urlaub waren, mitwirken wollte. Doch von der aufgelösten Lady-Franklin-Bay-Expeditionsmannschaft belebte nur Biederbick das Stück durch kurze Auftritte. Brainard, Long, Frederick und Connell hatten sich ohne das Wissen ihrer Vorgesetzten einen Manager namens Randolph genommen und traten im Kuriositätenkabinett von Cleve-

land, Ohio, für 1 000 Dollar die Woche auf. Randolph ver-
wahrte sich dagegen, dass die Männer den Ruf der US-Armee
schändeten: »Weder Sergeant Brainard noch seine Kameraden
werden als Spinner oder Monster ausgestellt.« Dennoch erging aus Washington alsbald Befehl nach Cleveland, und Brainard und Co. wurden mit dem nächsten Zug zurückbeordert.

Greely beendete seinen detaillierten Bericht nach Ablauf
von sieben Monaten, doch aus unerfindlichen Gründen zögerte sich die Veröffentlichung drei Jahre hinaus. Die meisten
Tagebücher wurden den Überlebenden oder den Angehörigen der Toten zurückgegeben, Private Schneiders Tagebuch
jedoch fand sich nicht mehr. Greely vermutete, dass es auf der
Heimfahrt versehentlich von Bord gefallen oder von der Besatzung der *Thetis* gestohlen worden war. Lieutenant Ray, der
ehemalige Kommandant von Point Barrow, nun Stabsoffizier
im Fernmeldecorps, behauptete, Messer hätten nicht nur die
Toten von Kap Sabine entweiht, sondern auch Tagebücher
geschändet, »vor allem Kislingburys«. Hazen teilte Greely mit,
dass dem Kriegsminister Informationen zugegangen seien,
nach denen »Aufzeichnungen und Tagebücher verunstaltet
wurden, um gewisse Dinge zu kaschieren«.

Charles Clark, der Vormund von Kislingburys Söhnen,
verlangte die sofortige Herausgabe von Kislingburys Tagebuch. Greely erwiderte, ihm sei nicht bekannt, dass Kislingbury überhaupt ein Tagebuch geführt habe, und fügte hinzu:
»Ungeschriebene Tatsachen« seien aus Rücksicht vor den Gefühlen der Kinder zurückgehalten worden. Greely war entschlossen, noch vor der Veröffentlichung seines offiziellen
Berichts eine eindeutige Version der Ereignisse zu geben. Er
sagte Hazen, verschiedene Verleger seien begierig auf seine
persönliche Geschichte; der General gab seine Zustimmung,
und Greely ging zu Werke. Doch seine Dokumentation war

bestenfalls unzusammenhängend. Die Tagebücher, die Hazen ihn einsehen ließ, wiesen große Lücken auf, und Greelys eigenes Tagebuch endete 1883 am Tag vor der Landung in Eskimo Point. Die Aufzeichnungen des Kommandanten und die fehlenden Angaben waren in Notizbüchern statt in offiziellen Journalen ergänzt worden, dabei war mindestens ein Buch verloren gegangen oder in Camp Clay zurückgeblieben. Er bezog die Angaben nachträglich aus Briefen an Henrietta, die er in der Angst geschrieben hatte, sie nie wieder zu sehen.

Die Tagebücher waren seit dem Tag der Rettung bis zur Ankunft in Washington in Brainards Obhut gewesen. Darunter fanden sich auch Cross' wüste Verunglimpfungen des Kommandanten. Als eigenen Beitrag zu den Expeditionsberichten hatte Brainard auf der *Thetis* eine Erzählung in Tagebuchform verfasst und sie Schley vorgelegt. Sie handelt von dem täglichen Leben in Fort Conger, den Schlittentouren, einschließlich der Rekordfahrt mit Lockwood, und von den Todesfällen am Kap Sabine. Seine eigenen Aufzeichnungen veröffentlichte Brainard nicht.

Der Expeditionsfotograf Rice hatte verfügt, dass im Fall seines Todes seine persönlichen Unterlagen, die in einem versiegelten Paket aufbewahrt wurden, »ungeöffnet vernichtet« werden sollten. Sie wurden jedoch zusammen mit Rices übrigem Eigentum und einer reichen Ausbeute an Fotos in die Vereinigten Staaten gebracht und von Hazen geöffnet. Auszugsweise wurde sein Tagebuch kopiert. Greely äußerte sich »zuversichtlich, dass das Paket nichts außer sehr privaten Briefen und Papieren enthält«, und empfahl, den letzten Willen des Sergeanten zu respektieren. So wurde das Paket am 1. Dezember im Kriegsministerium verbrannt.

Greely unternahm eine Vortragsreise, die die Massen anzog. Die Presse berichtete, wie anmutig der stämmige, vollbärtige Mann mit dem langen, in der Mitte gescheitelten Haar und der Brille das Podium betrat. Er wurde »frenetisch gefeiert, hingerissene Frauen umringten ihn«. Greely war ein bekannter Mann, doch die Beförderung, die er während seines Aufenthalts in der Arktis versäumt hatte, war nirgends in Sicht, und er fürchtete »böse Intrigen«. Seine militärische Karriere war unsicher. »Ich bedaure«, schrieb Chandler, »dass Ihr nicht die Anerkennung findet, die Ihr verdient. Sie wird noch folgen.«

Doch was folgte, war ein Streich von Lincoln, der Greely davon überzeugte, dass der Minister nicht nur gegen Unternehmungen in der Arktis eingestellt war, sondern auch gegen ihn persönlich. Beim Regierungswechsel musste Lincoln das Ministerium verlassen; er riet Hazen daraufhin, die Expeditionstagebücher, die beim Fernmeldecorps aufbewahrt wurden, auf Anfrage jedermann einsehen zu lassen. Greely war jedoch der Meinung gewesen, sie würden bis zur Veröffentlichung seines Berichts geheim gehalten.

Die Skandalpresse feierte wieder Urstände. Mit eifrig gezückten Stiften standen die Reporter im Hauptquartier in der G Street Schlange, um einen Blick in intime Aufzeichnungen zu werfen. Und sie wurden nicht enttäuscht. Henry hatte den Kommandanten als einen »elenden Feigling« bezeichnet. Kislingbury stand tatsächlich bis zu seinem Tod unter Arrest. Wäre Pavy nicht der Arzt gewesen – »ich hätte ihn erschießen sollen«, so Greelys eigene Worte. Greely hatte auch Bender mit dem Gewehr bedroht … Das waren die schockierenden Happen und Häppchen, die die Presse den Amerikanern in jenen kalten Februartagen des Jahres 1885 vorsetzte.

Da Schneiders Tagebuch angeblich Einzelheiten über die Kannibalismusvorfälle enthielt, kam es unter merkwürdigen Umständen ans Licht. Ein Angestellter der Mississippi River

Commission in Missouri fand über 100 Meter am Ufer verstreut Blätter eines Notizbuchs. Das Ablesen des Pegels ergab, dass der Fluss die Papiere um den 22. Februar ans Ufer gespült haben musste. (Das Datum fällt mit Lincolns Verfügung zusammen, die Tagebücher der Öffentlichkeit zugänglich zu machen.) Der Finder übergab sie seinem Vorgesetzten J. A. Ockerson, der aus dem Inhalt schloss, dass es Teile von Roderick Schneiders Tagebuch sein mussten.

Bevor er den Fund jedoch meldete, betätigte sich Ockerson ein wenig als Detektiv, »um das Rätsel zu lösen, wie ein Tagebuch, das am Kap Sabine über Bord ging« – oder gar gestohlen wurde, wie Greely vermutete – »an die Stelle gelangt sein konnte, wo es schließlich gefunden wurde«. Das Rätsel blieb ungelöst. In den Aufzeichnungen stand nichts von Kannibalismus, auch Greely, der Schneiders Handschrift identifizierte, wurde nicht kritisiert. Greely kommentierte auch nicht den merkwürdigen Umstand, dass der Finder Brainard hieß, laut Ockerson jedoch »kein Verwandter des Mitglieds Eurer Mannschaft« sei und auch nicht mehr länger bei ihm angestellt.

Hazen und der scheidende Kriegsminister stritten sich zum letzten Mal über die Tragödie am Kap Sabine. Der Jahresbericht 1884 des Kommandeurs des Fernmeldecorps beschuldigte Frank Wildes, auf Disko zu viel Zeit vergeudet und dabei versagt zu haben, den Proviant auf Littleton Island zu deponieren. Garlingtons Cache habe die Greely-Mannschaft zu einem falschen Gefühl der Sicherheit verleitet, die Garlingtons »deprimiertem Zustand und seinem Ungehorsam gegenüber einem Befehl« zuzuschreiben sei. Garlington schlug zurück und kabelte von seinem Posten im Wilden Westen: »Kann ich mich denn nicht vor den grausamen Attacken des Kommandeurs des Fernmeldecorps schützen?« Lincoln verlangte, dass diese beleidigenden Äußerungen aus Hazens Bericht gestrichen würden. (Wildes musste sich zu diesem Zeitpunkt auch gegen Anschuldigungen der Feigheit seitens des Marineministers wehren: »Nur ein lebhaftes Gefühl für die Gefahr konnte Euch dazu bewegen, die Heimat anzusteuern.«) Hazen zielte mit scharfen Spitzen auf Lincoln: Hätte der Minister eine zweite Versorgungsexpedition ausgeschickt, als Hazen darauf gedrängt hatte, hätten alle Männer von Greelys Mannschaft gerettet werden können. Es sei noch genug Zeit verblieben; die Wal- und Robbenfänger in St. John's hätten Kohle gebunkert und seien startklar gewesen. Ein Telegramm an Konsul Molloy hätte genügt, und alle wären mit voller Kraft voraus ans Kap Sabine gedampft.

In seinem eigenen Bericht bezeichnete er Hazens Worte als eine Einmischung in Angelegenheiten, die ihn nichts angingen. Keine weitere Mannschaft auszusenden, nachdem die *Yantic* zurückkam, »war eine richtige Entscheidung vom Marineminister und mir«. Lincoln betonte, dass die Entscheidung vom Herbst 1883 ebenso Chandler anzulasten sei. Ob sie es wollten oder nicht, die beiden Minister waren gemeinsam betroffen, und keiner wollte aus dem Amt scheiden, während das Gespenst von Kap Sabine über ihren Köpfen schwebte. Also musste ein Sündenbock her. Und William Babcock Hazen war für diese Rolle wie geschaffen.

Hazen wollte einen Untersuchungsausschuss. Der Kriegsminister wusste, dass der General unmöglich zu stoppen war, also schrieb er: »Weiter gehende Ermittlungen würden einen Bruch der Disziplin bedeuten.« Am 1. März unterhielt sich Hazen im *Ebbitt House*, Washingtons vornehmstem Hotel, offen mit einem Reporter des *Evening Star*. Später behauptete er, das Gespräch sei »in keiner Weise ein Interview« gewesen. »Ich hatte nicht die geringste Ahnung, dass er veröffentlichen würde, was ich sagte.« Vielleicht. Jedenfalls fuhr Hazen bei dem Gespräch in der gewohnten Weise fort, Lincoln wegen Kap Sabine zu attackieren. Zwei Tage, bevor der Minister aus dem Amt schied, erschien der Bericht auf der Titelseite der Abendzeitung. Unverzüglich bezichtigte er Hazen »abträglichen Verhaltens gegen die Vorschriften und gegen die militärische Disziplin«. Am 3. März, kurz vor seinem Auszug aus dem Weißen Haus, stellte Präsident Arthur den General unter Anklage und unter Arrest.

Der neu gewählte Präsident Grover Cleveland war ein alter Freund von Hazen, doch er gab der Anklage statt. Der Prozess dauerte zwei Wochen. Hazens Verteidigung zielte auf drei Personen: Lincoln, Garlington und Wildes wegen Pflichtversäumnisses. Das Gericht vertagte sich auf den 20. März, kündigte jedoch keinen Urteilsspruch an. Lincoln war derweil aus der Stadt gezogen, sein Nachfolger im Amt befand sich in einem ausgedehnten Urlaub. Hazen bat Greely um öffentliche Unterstützung, er drängte: »Ihr und ich, wir hielten uns beide an den Plan, den wir kennen. Warum er gescheitert ist, könnt Ihr besser erklären als jeder andere.« Doch auf Anraten von Freunden wollte Greely für Hazen nicht die Kastanien aus dem Feuer holen. Henriettas Brüder meinten, er wäre dumm, wenn er es auch nur versuchen würde. Da das Urteil noch ausstand, schrieb Greely an seinen Kommandeur: »Es wäre geschmacklos von mir, das Thema wieder aufzubringen. Lassen wir die Sache ruhen.« Im darauf folgenden Monat sprach das Gericht sein Urteil: »Durch die ungerechtfertigte und verfängliche Kritik an einem Vorgesetzten hat Hazen ein schändliches Beispiel gegeben.« Er wurde schuldig gesprochen im Sinne der Anklage und pro forma vom Präsidenten bestraft.

Hazen war ausreichend erniedrigt und verließ den Ring. Im Jahr seines Prozesses veröffentlichte er *A Narrative of Mili-*

tary Service, einen selbstgefälligen Bericht über die Feldzüge des Bürgerkriegs. Doch der Diabetiker, in dessen Bein noch eine Komantschen-Kugel steckte, zog sich immer mehr aus der Öffentlichkeit zurück, und langsam ging der alte Soldat dahin.

»Wir waren immer ein Kommando«

Anfang des Jahres 1886 veröffentlichte der Verlag *Charles Scribener's Sons* Greelys Memoiren *Three Years of Arctic Service* [deutsch: *Drei Jahre im hohen Norden*, Jena 1887]. Das Buch war frei von all den technischen Details, mit denen er pflichtbewusst seinen noch immer unveröffentlichten offiziellen Bericht gespickt hatte. Nun konnte er sagen, was er immer hatte sagen wollen. Lincoln war aus Washington weggezogen und leitete eine Kanzlei in Chicago, Chandler war nicht mehr Marineminister, doch er war und blieb Greelys treuer Freund. Der kranke Hazen befehligte weiterhin das Fernmeldecorps, war aber ansonsten unauffällig. Greely widmete sein zweibändiges Werk den toten und den überlebenden Expeditionsteilnehmern, »deren Ausdauer in den höchsten Norden vordrang«. Er pries »ihre Pflichttreue, ihren Mut, ihre Achtung vor dem Gesetz«. Im ersten Kapitel behandelt er kursorisch Weyprechts Pläne und die wissenschaftlichen Ziele. Er beruft sich hauptsächlich auf Lockwoods und Brainards Tagebücher, »welche, nebst meinem eigenen, während des Rückzugs und des darauf folgenden Aufenthalts in Camp Clay als Einzige regelmäßig geführt worden sind«.

Vor allem lobt er Brainard, der seiner Meinung nach in einem anderen Land schon längst das Offizierspatent bekommen hätte.

Auch erklärt er, dass Henry im Interesse der Gerechtigkeit sterben musste.

Und Kislingbury? Er wurde auf seine eigene Bitte hin nach Hause geschickt, verpasste das Schiff und musste untätig in Fort Conger bleiben.

Dr. Pavy? Er war ein ausgezeichneter Arzt, »aber sein früheres umherschweifendes Leben machte ihm jede Beschränkung ärgerlich und die Unterordnung unter militärische Disziplin besonders verhasst«.

Kannibalismus? Je weniger man darüber spricht, desto besser. »Ich [kenne] weder ein menschliches noch göttliches Gesetz, das bei Kap Sabine übertreten worden wäre, und fühle mich weder als Mensch noch als Offizier berufen, bei einem so schmerzlichen Gegenstand länger zu verweilen.«

Für Garlington hatte er harsche Worte: »Seine Entscheidung, jede Unze [Proviant] bei der Umkehr nach Süden mitzunehmen, wie auch das Halten eines großen Hundes unter diesen Umständen können nicht entschuldigt werden.«

Wildes? Er wusste, dass 25 Landsleute in jenem Jahr auf Hilfe warteten, aber seine Order beinhaltete nicht, ihnen diese Hilfe zu geben. Doch hier wählt Greely vorsichtig seine Worte, denn Wildes gehörte der Marine an, und er wollte ihn nicht zu hart kritisieren, damit das Ganze nicht auf Chandler zurückfiele.

Robert Lincoln war an allem schuld. Die Expedition war zwar eine Heeresoperation, doch »die Organisation und Ausrüstung unserer Expedition kam unter großen Schwierigkeiten zu Stande, welche nicht nur aus der Geringfügigkeit der Mittel, sondern auch aus der zugestandenen Feindseligkeit [des Ministers] resultierten«. Hätte Lincoln zehn Tage nach der Ankunft der *Yantic* im Herbst 1883 eine Mannschaft ausgeschickt, hätten alle Männer gerettet werden können. Dass seine eigenen dogmatischen Vorgaben für eine Versorgungsexpedition zum Fehlschlag beigetragen haben könnten, wollte Greely nicht sehen. Zu seiner strikten Anweisung, die Versorgungsschiffe sollten keinen Halt auf dem Weg nach Norden machen, äußerte er sich nicht. Er wusste, dass Caziarcs »zusätzliche Instruktionen« beiseite geschoben worden waren, um den Marschbefehl laut seiner eigenen Order zu geben. Zu dieser umstrittenen Frage schrieb Greely lediglich: »General Hazen bedauert sicherlich, dass [das Memo] keine Gültigkeit haben durfte.«

Mit den Briten meinte es Greely gut, sie fanden, Greely hätte allen Grund, seine Regierung anzugreifen. Britische Zeitungen stellten die »extreme Kargheit«, mit der die Lady-Franklin-Bay-Expedition ausgerüstet worden war, den »uneingeschränkten Summen« gegenüber, die für die Expedition von Sir George Nares zur Verfügung gestanden hatten. Auch die Franzosen sprachen positiv von Greely. In Paris wurde er gefeiert und hatte Gelegenheit, die mittellose, verlassene Frau kennen zu lernen, die angeblich Octave Pavys Gattin war. Auf der anderen Seite des Atlantiks wollte Lilla Pavy immer noch Einzelheiten über den Tod des Arztes und den Verbleib seiner Unterlagen wissen.

Greely hatte nichts gegen eine Ermittlung im Fall Pavy, »[ich] wünsche jedoch keine zweite *Jeannette*-Untersuchung, nur damit diese Frau zu Bekanntheit gelangt«. Wie war Pavy gestorben? Er war geistig verwirrt und selbstmordgefährdet gewesen, vielleicht hatte er den Mutterkornextrakt mit Rum verwechselt. Doch die lästige Lilla Pavy behauptete, diese Theorie widerspreche Brainards Schilderungen ihres Mannes, der an seinem Todestag angeblich noch von Errettung und von einer weiteren Expedition gesprochen habe. Brainard gestand Greely gegenüber zu, dass sein Bericht möglicherweise von den Schilderungen der anderen Überlebenden abweiche, versicherte ihm jedoch, dass er »der Sache treu verbunden« sei und bleibe. Brainard wurde belohnt. Greelys Lobreden waren dem Weißen Haus nicht verborgen geblieben, und noch vor Jahresende wurde Brainard zum Unterleutnant der Kavallerie befördert.

Von den Überlebenden stellte nur Maurice Connell ein Problem dar. Wäre er auch nur »im Geringsten geneigt«, so könnte er der Welt Fakten berichten, die das Hauptquartier des Fernmeldecorps kaum in der Öffentlichkeit würde ausbreiten wollen. Connell war beim Wetterdienst des Fernmeldecorps in San Francisco stationiert, er war Gefreiter, fand aber, dass er Unteroffizier sein sollte, »vom gleichen Rang wie die anderen«. Greely solle sich stärker für eine Beförderung einsetzen, sonst werde er mit gewissen Kongressabgeordneten reden. Brainard warnte Connell, dass er überwacht wurde. Connell zeigte sich nicht überrascht: »Wie du weißt, wurde dazu [zum Spionieren] ja sogar im Eis von *unserem Offizier* ermutigt, und offenbar lauert der Teufel mir immer noch auf.« Dem »Teufel« schrieb Connell persönlich: »Wenn Ihr wüsstet, welcher Druck auf mich ausgeübt wird, damit ich über gewisse Dinge spreche – und dem ich bislang widerstanden habe –, würdet Ihr über mein Verhalten anders denken.« Aus dieser Erklärung sollte jedoch eine Erpressung werden. Connells Militärdienst endete bald, und er drohte, von seinem Bürgerrecht auf freie Meinungsäußerung Gebrauch zu machen, vielleicht sogar ein Buch zu schreiben. Er stehe auch schon in Kontakt mit der Familie Frederick Kislingburys.

Greely sah in dem Iren einen Unruhestifter und riet ihm,

sich wieder listen zu lassen. Dazu riet auch Hazen, der dem Gefreiten versicherte, dass er immer auf seine, des Kommandeurs, Freundschaft zählen könne, er aber hoffe, »dass er die Sache fallen lässt«. Doch Connells Schweigen konnte nur mit einer Beförderung gesichert werden. Also wurde er zum Obergefreiten, dann zum Unteroffizier befördert, und als er nach Eureka versetzt werden wollte, »ein ruhiger Posten und ein gutes Klima«, bekam er abermals seinen Willen. »Ich glaube, Connell wird jetzt Ruhe geben«, meinte Brainard.

Der andere Stachel in Greelys Fleisch war Lilla Pavy. Sie hatte von Hazen ein Dutzend oder mehr Seiten der Aufzeichnungen ihres Mannes bekommen – Hazen fand sie »nicht zu entziffern«, weil sie auf Französisch waren. In englischer Übersetzung erschienen sie in zwei aufeinander folgenden Ausgaben der *North American Review*. James Redpath, Herausgeber der Zeitschrift, hatte früher eine Agentur für Musiker und Zauberkünstler betrieben. Er war gewitzt, unternehmungslustig, ein Reformer von eigenen Gnaden, ein Kämpfer für eine verlorene Sache und ein Schreiberling, der glaubte, einen Riecher für eine gute Story zu haben. Als Brainard gegen den ersten Teil von Pavys »Enthüllungen« klagte, war Redpath konziliant. Er bat Brainard, ihm zu zeigen, welche Absätze seiner Ansicht nach falsch seien, dann werde er dafür sorgen, dass der Verfasser »sie stützt oder widerruft«. Der zweite Teil war jedoch schon im Druck, und Redpath war sicher, dass dieser Teil die Behauptungen »bekräftigt«. »Ich nehme an, der Kongress verlangt eine Untersuchung und stellt jeden Überlebenden unter Eid.«

Es gab keinen Widerruf. Aber der Kongress war auch nicht geneigt, bei einer Untersuchung noch schlimmere Widersprüche zu Tage zu fördern als im Fall *Jeannette*, und vermutlich hätten die letzten Überlebenden das ebenfalls nicht gerne gesehen. Eine Kongressdebatte über Kannibalismus, meuterische Intrigen, Ämterpfusch und die Erschießung eines Soldaten in einer entlegenen Ecke der Arktis wäre natürlich Wasser auf Redpaths Mühlen gewesen. Aber es gab keine Untersuchung, und Brainard, der wiederholt Treue gegenüber »der Sache« gelobte, meinte, Greely habe von dieser Missis Pavy nichts mehr zu befürchten.

Hazen starb Anfang 1887, zwei Jahre, nachdem er vom Militärgericht verurteilt worden war. Greelys Ernennung und nachfolgende Einsetzung als Kommandeur des Fernmeldecorps sowie seine automatische Beförderung zum Brigadegeneral stießen auf Kritik. Ehrgeizige junge Offiziere fühlten sich übergangen. Kislingburys Brüder beschwerten sich, Greely habe nicht einmal jetzt »Skrupel, Freds guten Ruf zu besudeln«. Lilla Pavy protestierte persönlich vor dem Militärausschuss des Senats – ungeachtet dessen ging sie Greely um finanzielle Unterstützung an. Doch laut Brainard habe sie »alles Gift nun verspritzt«.

Greely war nun in einer besseren Position, hinsichtlich einer finanziellen Unterstützung der Überlebenden und der Hinterbliebenen Druck auf den Kongress auszuüben. Brainard wurde zum Hauptmann befördert, und mit seiner Hilfe – und der von ihm angeheuerten Lobbyisten – wurden die Gelder gerecht verteilt; auch die Kinder von Jens Edward und Frederik Christiansen bekamen eine kleine Pension; die Eskimos seien »tapfer und loyal« gewesen. Greely veranlasste auch, dass Kislingburys Söhnen Mittel zugingen. »Ich weiß, dass er immer nur an seine Kinder dachte und hoffte und darauf vertraute, dass die Regierung sie nicht leiden lässt.« Und als Lilla Pavy Mittel verlangte, bestätigte Greely: Auch wenn Dr. Pavy ungehorsam gewesen sei und unter Arrest gestanden habe, weise ihn sein Vertrag zumindest zeitweilig als Angehörigen des Fernmeldecorps aus, und er habe »seine Pflicht bis zum Ende erfüllt«.

Keiner von Greelys Leuten musste Not leiden. Biederbick bekam einen Posten als Sanitäter in einem Heereshospital, den er verließ, um Zollbeamter in New York zu werden; dieses Amt bekleidete er bis zu seinem Tod im März 1916. Matilde Ralston, seit dem Tod ihrer beiden Männer mittellos und »dazu verurteilt, im Armenhaus zu sterben«, fand Arbeit in Washington, nachdem Greely die richtigen Fäden gezogen hatte. Für Mary Cross, deren Mann Greely so schwer verleumdet hatte und der als Erster in Camp Clay gestorben war, fand Greely eine Stelle im Finanzministerium. Und so sehr die Expeditionsteilnehmer auch zögerten, über immer noch unbeantwortete Fragen zu sprechen, so stolz waren sie auch, dazugehört zu haben. Als Julius Frederick 1904 starb, hinterließ er zwei Töchter – Thetis und Sabine. Im Jahr zuvor war Long auf Initiative eines reichen Amerikaners, der den Nordpol erobern wollte, in die Arktis zurückgekehrt und verbrachte abermals zwei Winter im Eis. Er hatte 32 Jahre beim Wetterdienst gedient und starb 1916 an einem Schlaganfall. Im Juni 1921 verstarb Sergeant Connell, der ganz auf Versöhnung bedacht war, in San Diego.

Greelys offizieller Bericht über die Lady-Franklin-Bay-Expedition erschien schließlich 1888. Vieles entspricht den Schilderungen in seinem Buch, zeichnet die Konflikte jedoch weicher.

Warum war er am Kap Sabine geblieben? Der Smithsund war den ganzen Winter über offen gewesen und machte eine Querung unmöglich.

Wild? Ungenügend – trotz täglicher Jagd.

Insubordination? Wenn es sie gab, so konnte sie die Mannschaft nicht demoralisieren. »Kurz gesagt, wir waren immer ein Kommando, nie eine lose Gruppe« – hehre Worte, die Captain Brainard jedoch unvollständig fand.

Am 19. Januar 1890 schrieb Brainard in Fort Bidwell, Kalifornien, in einem Brief, er habe Schweigen bewahrt, »bis alle Akteure in dieser Angelegenheit tot sind, außer Connell, der davon gewusst, sich aber nicht beteiligt hat«. Eine seltsame Einführung, wenn man bedenkt, dass »alle Akteure« 1884 am Kap Sabine umkamen. Brainard fährt fort mit einer »Tatsachenerklärung, die in Verbindung mit meinem Tagebuch gelesen werden muss«. Von wem gelesen? Das sagt Brainard nicht. Der Brief trägt keine Adresse. Brainard schildert darin Greelys Wunsch, auf Schollen nach Süden zu driften, »er vertraute auf die göttliche Vorsehung, das kam dem Wahnsinn gleich«. Also wurde mitten im Kanebecken eine Verschwörung ausgeheckt, und Brainard sollte die Meuterei anführen, »denn eine solche war es«. Er hatte abgelehnt, obwohl er die Idee gut fand. Wäre es zur Meuterei gekommen, »so ist nicht unwahrscheinlich, dass alle Männer mit dem Leben davongekommen wären«.

Wie aus dem Vorwort seines Berichts hervorging, äußerte sich Brainard so spät, »damit niemand mehr zu Schaden kommt«. Hatte er vergessen, dass Greely noch lebte? Die letzten Zeilen von Captain Brainards »Tatsachenerklärung« waren gleichbedeutend mit einer Anklage Greelys als dem Verantwortlichen für die Todesfälle am Kap Sabine. Hatte Brainard vor, den Bericht zu veröffentlichen oder an offizieller Stelle vorzulegen? Wenn dem so gewesen war, dann hatte er es sich anders überlegt, denn er tat die Erklärung schließlich ab als etwas, das nicht für aller Augen bestimmt war. Noch nicht.

In jenem Jahr führte Greely Fridtjof Nansens Theorie ad absurdum, dass man nur ins Eis fahren und mit dem Eis durchs Polarmeer treiben müsse, um den Nordpol zu erreichen. Zu dieser Zeit hatte Greely sich bereits so intensiv mit arktischen Themen befasst, er hatte gelesen, geschrieben und Vorträge gehalten, dass er sich selbst als Kapazität auf diesem Gebiet betrachtete. Über die Idee des Norwegers schrieb er: »Die Geschichte der Arktisforschung beinhaltet schon so viele Wahnsinnstaten, dass sie nicht auch noch die Last von Doktor Nansens irrationalem Plan zur Selbstzerstörung braucht.« Andere teilten Greelys Ansichten. Dennoch stach Nansen im September 1893 in See. Mit der *Fram* fuhr er durchs Kanebecken und ins Packeis vor den Neusibirischen Inseln. Dann war er verschollen.

Bevor die Welt wieder etwas von dem norwegischen Entdecker hörte, war derjenige wieder aufgetaucht, der die Lady-Franklin-Bay-Expedition praktisch ins Leben gerufen und Greelys Entdeckungen ermöglicht hatte: Henry Howgate. Vielleicht wollte Greely Kontakt mit ihm aufnehmen, nachdem er aus der Arktis zurückgekehrt war und die erschreckenden Nachrichten über seinen alten Freund gehört hatte. Möglicherweise hatte es Greely heimlich versucht, aber Howgate und seine Geliebte waren sogar den Detektiven des Kriegsministers entkommen. Howgate hatte immer noch Freunde in Washington, die sich gerne an den lustigen Ideengeber und die Partys erinnerten, die er und Nettie Burrill gegeben hatten, und sie stimmten sicher zu, als eine Zeitung aus dem Norden des Staates New York General Greelys hervorragenden Ruf als Arktisexperte dem Hauptmann des Fernmeldecorps zuschrieb, »trotz moralischer Schwächen ein kluger Mann, der wusste, was er wollte, als er Greely für das Kommando über die Lady-Franklin-Bay-Expedition ausgesucht hatte«.

In seinem Versteck am Nordufer des Michigansees erfuhr Howgate, dass Greely Befehl hatte, die Benennungen arktischer Orte nach ihm zurückzunehmen – ein See, ein Berg, ein Gletscher. Howgate musste den Grund für diese Maßnahme traurig einsehen, doch er ließ Greely über seine Tochter, mittlerweile Lehrerin in Ohio, bitten, zumindest ihren Namen – Mount Ida – zu belassen. So viel war ihm Greely schuldig. »Du weißt besser als jeder andere lebende Mann, wie ernsthaft, wirkungsvoll und uneigennützig ich die Arktisforschung vorangetrieben und den Boden für deine Errungenschaften bereitet habe.« Greely übergab den Brief damals Lincoln, der ihn beiseite legte, weil er keinen Hinweis auf Howgates Aufenthaltsort enthielt.

Als Harvey W. Williams kehrte Howgate heimlich an die Ostküste zurück und betrieb in einem Keller der 4th Avenue in New York eine Buchhandlung. Er wohnte acht Jahre dort, erschien regelmäßig auf Buchauktionen und genügte sogar seiner Bürgerpflicht als Geschworener. Er heiratete Nettie Burrill, nachdem seine Frau in Florida gestorben war. Doch ein ehemaliger leitender Angestellter des Geheimdienstes entlarvte ihn und fing ihn am 27. September 1894 auf der Straße ab, als er die Buchhandlung verließ. Howgate gestand seine wahre Identität und ging gelassen mit.

Er wurde zu 15 Jahren Haft verurteilt – ungefähr so lange war er auch flüchtig gewesen –, doch aus gesundheitlichen Gründen und wegen guter Führung hatte er seine Haftstrafe nach fünf Jahren verbüßt. Er zog zu Ida nach Washington. Die Vergangenheit ihres Vaters als Salonlöwe und Quasi-Kommandeur des Fernmeldecorps war nur noch eine ferne Erinnerung, seine Pläne zur Kolonisierung der Arktis ein geplatzter Traum. Doch niemand konnte bestreiten, dass Henry Howgate sich energischer als jeder andere Amerikaner für die Lady-Franklin-Bay-Expedition stark gemacht hatte. Und Greely sei es verziehen, wenn er seinem alten Freund mehr als nur einen heimlichen Besuch abstattete, bevor Howgate im Jahr 1909 verstarb.

Die Welt erklärte Fridtjof Nansen für tot, da erschien ein weiterer Skandinavier mit einer Idee zur Eroberung des Nordpols auf der Bildfläche: Salomon Andree, ein 41-jähriger Ballonfahrer aus Schweden. Beim 6. Internationalen Kongress für Geografie in London höhnte Greely über Andrees Plan, weil der Ballon sicherlich leck schlagen und Gas ausströmen werde. Auch andere Delegierte äußerten sich skeptisch. Doch Andree hatte das letzte Wort. Er blickte seine Kritiker an und fragte: »Wenn Euren Schiffen etwas zustößt, wie kommt Ihr dann zurück? Ich setze drei Leben aufs Spiel. Und Ihr? Eine ganze Schiffsbesatzung.« Vielleicht hatte Greely vorgebracht, dass Eis in luftigen Höhen nicht weniger gefährlich war als auf dem Meeresspiegel. Jedenfalls verließen Andree und seine zweiköpfige Besatzung Ende Juli 1897 Spitzbergen. Schon nach kurzer Zeit überzog das Eis den doppelten Seidenballon. Das Wrack und die drei Skelette wurden erst 30 Jahre später gefunden.

Nansen tauchte 1896 wieder auf. Er war bislang der Letzte in einer langen Reihe von Entdeckern, die der Nordpol gelockt hatte – nur um sie zu verhöhnen. Die Schollen hatten die *Fram* nicht weit genug in die Nähe des Pols gebracht, also hatte er mit einem Gefährten das Schiff verlassen und war mit Kajak und Hundeschlitten weitergezogen. Als er zum Rückzug gezwungen wurde, konnte er die *Fram* nicht mehr erreichen, und die beiden Männer kämpften sich nach Süden Richtung Spitzbergen durch; am Leben blieben sie nur, weil sie die Hunde aßen. Doch das Eis hatte die kleine *Fram* von Sibirien nach Spitzbergen getragen und Nansens Theorie der Polardrift untermauert. Darüber hinaus hatte der Norweger auf seinem Überlandmarsch einen höheren Nordpunkt erreicht als Lockwood und Brainard. Greely reagierte darauf, indem er Nansen in aller Öffentlichkeit verdammte, weil er sein Schiff verlassen hatte. In *Harper's Weekly* erschien Greelys Stellungnahme, in der darauf folgenden Ausgabe wurde die Meinung von Nansens Verteidiger abgedruckt, und so ging es gerade weiter. Nansen selbst schwieg bis 1897, dann veröffentlichte er zu Greelys größtem Verdruss seine Berichte unter dem stolzen Titel *Farthest North* [deutsch: *In Nacht und Eis*].

In jenem Jahr wurde auch bekannt, dass dem Mann, den Greely neben Lincoln am meisten für das Grauen von Kap Sabine verantwortlich gemacht hatte, die höchste Ehre zuteil wurde. Nach dem Untergang der *Proteus* schien Garlingtons militärische Karriere zunächst zu versanden, und er wurde auf unbedeutende Posten versetzt, bis er wieder zu seinem alten Regiment stieß. 15 Jahre lang hatte der Leutnant des 7. Kavallerieregiments sehnlichst auf eine Gelegenheit gewartet, Custers Niederlage am Little Bighorn zu rächen. Am Wounded Knee Creek kam der Moment. Garlingtons Einheit eröffnete das Feuer auf die »feindlichen Indianer«. Das Dahinmorden der Eingeborenen Amerikas war genauso schrecklich wie bei all den anderen so genannten Schlachten jener Zeit, und beide Seiten zeichneten sich durch Tapferkeit und Grausamkeit aus.

Schwer verwundet kämpfte Garlington weiter. Für seine »Tapferkeit im Kampf« wurde er zum Hauptmann befördert und mit der Congressional Medal of Honor ausgezeichnet. Die Erinnerung an den bedauernswerten Untergang der *Proteus* war verblasst. 1901 wurde er Generalinspekteur der Armee, diesen Posten bekleidete er zehn Jahre. Er verließ die Armee 1917 und ließ sich in San Diego nieder, wo er 1934 81-jährig starb.

Nach dem Schiffbruch war John Colwell auf der Fahrt von Kap Sabine nach Upernavik sein bester Verbündeter gewesen. Als Marineattaché in London hatte Colwell während des Spanisch-Amerikanischen Krieges ein weit gefasstes Spionagenetz auf die Beine gestellt. 36 Jahre lang diente Colwell in der Marine, 1936 starb er.

Auch Wildes' Ruf konnten die fehlgeschlagenen Versorgungsexpeditionen nicht schaden. Nur ein Jahr nach seiner erfolglosen Rückkehr aus der Arktis wurde er zum Kapitän und später wegen »hervorragender Leistungen« im Krieg gegen Spanien zum Konteradmiral befördert.

Das war die ironische Fügung des Schicksals für drei Männer, deren Sonderauftrag darin bestanden hatte, Greelys verschollene Mannschaft zu retten. Ein jeder war zurückgekehrt und musste seinen Fehlschlag eingestehen. Beebe nahm sich das Leben; Wildes wurde in höchste Ränge befördert; Garlington, in Greelys Augen der Unwürdigste von allen, war ein hoch gestellter Stabsoffizier und wurde für seine Tapferkeit mit der höchsten nationalen Auszeichnung dekoriert.

Die unerbittliche Arktis

Greely war 20 Jahre lang Kommandeur des Fernmeldecorps. In dieser Zeit beeinflusste er entscheidend die Modernisierung militärischer Kommunikation. Hätten die düsteren Vorkommnisse am Kap Sabine nicht nachhaltig ihre Schatten auf die Entscheidungen einflussreicher Persönlichkeiten geworfen, wären ihm jede Menge Auszeichnungen zuteil geworden. Zwischen 1899 und 1903 überwachte er die Errichtung und Inbetriebnahme von 10 000 Meilen Telegrafenleitungen auf den Philippinen, auf Kuba und in Alaska und erfand einen Geheimcode für die Absetzung telegrafischer Meldungen im Krieg gegen Spanien. Doch befördert wurde er nicht, so dass er 1903 einen Antrag stellte. »In meinem 42-jährigen Dienst habe ich jeden militärischen Auftrag, der mir übertragen wurde, erfolgreich ausgeführt«, behauptete er. Der Kriegsminister trat für seine Bewerbung ein; doch es half nichts. Kurz danach unterstützte Greely die Versuche des Smithsonian Institute unter der Leitung von Samuel Langley zur motorisierten Luftfahrt. Greely hatte schon lange den militärischen Nutzen bemannter Flüge erkannt und trug wesentlich dazu bei, dass Langley 50 000 Dollar aus Bundesmitteln bekam, um sein *Aerodrome* zu finanzieren. Auch als das Flugzeug im Potomac unterging, unterstützte Greely Langley mit eigenem Geld, damit er seine Versuche fortsetzen konnte, die allerdings bald mit den Meldungen über den ersten Motorflug der Gebrüder Wright bei Kitty Hawk in North Carolina beendet waren. Neben dem verlorenen Geld musste Greely auch einen Teil des Spotts auf sich nehmen, dem der Luftfahrtpionier ausgesetzt war.

Greely wusste, dass er nie wieder über den Polarkreis hinauskommen würde, verbesserte aber seinen Ruf als Kapazität auf dem Gebiet der Polarforschung durch intensives Studium und fundierte Veröffentlichungen. Doch die militärische Pflicht hatte Vorrang. Im Jahr 1906 brach ein Erdbeben in San Francisco aus, während er, damals Kommandeur der Pazifikdivision des Heeres, gerade auf der Fahrt nach Osten zur Hochzeit seiner Tochter Adola war. Er steckte auf halbem Weg fest und bat das Kriegsministerium, zurückkehren zu dürfen. Das Ministerium gab Greelys beharrlichem Drängen schließlich statt, aber es wollte zeigen, wie es mit einem Offizier umging, der ein Nein nicht akzeptieren konnte, und berechnete ihm die Reisekosten. Greely musste die Rückreise in die immer noch brennende Stadt selbst finanzieren. Nachdem er drei Wochen lang Rettungsarbeiten überwacht hatte, bekam er die Situation unter Kontrolle. »Ich stecke bis zum Hals in Arbeit«, kabelte er vom Militärposten in Presidio an Henrietta. Ein Besuch im Weißen Haus, um Präsident Roosevelt Meldung über die Sachlage im Westen zu machen, wurde ihm zwar verweigert, aber endlich wurde er zum Generalmajor befördert.

Später im Jahr 1906 wurde dem Kriegsministerium gemeldet, dass Indianer vom Stamm der Ute von ihren Reservaten in South Dakota nach Wyoming schwärmten und Rinderfarmer angriffen. Greely sollte die Ute nun in ihre Schranken weisen. Er ließ eine Furcht erregende Kavallerieeinheit aufmarschieren und verhandelte ruhig mit den eingeborenen Eindringlingen. Die Indianer zogen sich in ihre Gebiete zurück, ohne dass ein Schuss gefallen wäre, und Greely hatte wieder einmal seine Befähigung zum Kommandanten unter Beweis gestellt. Menschenführung, Kampfesmut, Organisationstalent, Takt und Fantasie konnte Adolphus Greely über sein ganzes langes Leben eindrucksvoll demonstrieren. Mit einer Ausnahme: Mit der Arktis konnte er es nicht aufnehmen.

In der Zwischenzeit waren wieder zwei Amerikaner ins Rennen um den Pol eingestiegen. Die »Stürmer« hatten sich auf einen vorweyprechtschen Nationalismus berufen. Der bekannteste der beiden war Greely von Anfang an unsympathisch. »Peary erreicht neuen Nordpunkt«, tönte eine Schlagzeile der *New York Times*, während Greely gerade mit den Ute verhandelte. Peary hatte den Rekord gebrochen, den Nansen zehn Jahre zuvor aufgestellt hatte. Mit eigenen Mitteln und mit der Unterstützung einer gut situierten Gruppe, die sich selbst Peary Arctic Club nannte, tat sich Robert E. Peary bald als derjenige hervor, der am eifrigsten die Eroberung des Nordpols anstrebte, und als das 19. ins 20. Jahrhundert überging, erreichte viele Jahre nach Greely wieder ein Entdecker Fort Conger.

Bei seiner Rückkehr 1903 wurde Peary als Held gefeiert. Greely war nicht unter den Bewunderern, er hielt Peary für einen Egoisten, der von der Idee besessen war, das Schicksal habe ihm den Nordpol zugedacht, dabei war er noch 400 Meilen vom Ziel entfernt gewesen. Greelys Feindseligkeit wurde umso größer, als er erfuhr, dass Peary das Haupthaus der Station, das seine Mannschaft so mühsam aufgebaut hatte, abgerissen und aus dem Holz drei kleine Quartiere errichtet hatte.

Peary berichtete, er habe Fort Conger voller Müll, zerrissene Kleider und falsch etikettierte Nahrungsmittelkonserven vorgefunden – für ihn ein Beweis, dass Greely die Station panikartig verlassen hatte. Zu den »Grauen von Kap Sabine« sagte Peary, »sie waren nicht unvermeidbar, sie sind ein Makel für die Errungenschaften der Arktisforschung«. In dem Streit um die Frage, wer nun den Nordpol als Erster erreicht habe – Peary oder sein ehemaliger Expeditionsarzt Frederick Cook, schlug sich Greely zunächst auf Cooks Seite. 15 Jahre später hielt er immer noch zu Cook, der »wahrscheinlich in seinen Behauptungen zu 90 Prozent Recht hatte«, aber keiner der beiden hatte nach Greelys jüngster Ansicht das Ziel erreicht.

Auch hatten diese beiden Amerikaner nichts erreicht, was den Zielen des damals schon vergessenen Carl Weyprecht näher gekommen wäre. Dennoch wäre der Österreicher trotz Verlusten von Menschenleben geschmeichelt gewesen von den Ergebnissen, die das Internationale Polarjahr erzielt hatte. Keine der teilnehmenden Nationen hatte versagt, die Amerikaner hatten genauso gekämpft wie die anderen. Trotz schlechter Vorbereitung und persönlichen Auseinandersetzungen, trotz Mühen und Leiden hatte die Lady-Franklin-Bay-Expedition die meisten ihrer erklärten Ziele erreicht. Greely konnte stolz sein. Die Expedition war damals bis auf Pavy und die Eskimos ohne jede Arktiserfahrung und mit nur wenig Unterstützung seitens der Regierung aufgebrochen, hatte sich aber trotzdem getreu an Weyprechts Vorgaben gehalten.

Die wissenschaftlichen Ziele waren jedoch mehr, als Weyprecht wünschen konnte, verdrängt worden vom Ehrgeiz, den höchsten Nordpunkt zu erreichen und den Rekord der Briten zu brechen. Dennoch bildete die amerikanische Station das nördlichste Glied der Kette, und die Lady-Franklin-Bay-Mannschaft verhalf zu neuen Erkenntnissen auf den Gebieten der Meteorologie, des Erdmagnetismus, der Gezeitenbewegungen und des Nordlichts. Auch auf ihrem gefährlichen Rückzug hatten die Männer versucht, die naturkundlichen Exemplare, die wichtigsten Aufzeichnungen, Karten, Fotos und Geräte zu bewahren.

Zum Nutzen künftiger Entdecker hatten sie auch Sicherheitsmaßnahmen in Bezug auf die Ernährung getroffen. Dass die Mannschaft mit einer Ausnahme nicht an Skorbut litt, konnte Greelys Verordnung von frischem Moschusochsenfleisch und Pemmikan mit Zitrone zugeschrieben werden. Ernährungspläne waren ein Teil des reichhaltigen Materials im zweiten Band von Greelys spät veröffentlichtem Bericht. Seine Expedition war dem Nordpol näher gekommen als jede andere zuvor und hatte das neue Gebiet kartiert – ein nationalistisches Unternehmen, das Weyprecht verurteilt hätte; dennoch bestand darin ein anerkanntes Ziel der Amerikaner, nachdem der betrügerische Henry Howgate die Politiker so lange gedrängt und gelockt hatte, bis sie schließlich seine Kolonialpläne in das Programm des Internationalen Polarjahrs integrierten. Greely beanspruchte also neben dem neuen Nordpunkt auch andere »Erstbegehungen« für sich. Seine Mannschaft hatte »eine Reihe von Polarorten entdeckt, über die Daten verfügbar waren«, gleichzeitig hatte er sich mit Umsicht der botanischen Forschung gewidmet und »über 60 Arten [arktischer Pflanzen] gesammelt, die teilweise der Aufmerksamkeit der geschulten Naturkundler der britischen Expeditionen von 1875/76 entgangen waren«.

Im Jahr 1908 verließ Greely die Armee. Er machte mit Henrietta eine Weltreise, danach schrieb er *A Handbook of Alaska* und veröffentlichte die letzte Version seines *Handbook of Polar Discoveries*; 1912 erschien *True Tales of Arctic Heroism in the New World.* Auch im Kongress hatte er Freunde; Henry T. Helgesen aus South Dakota versuchte, Robert Peary seine Entdeckungen abzusprechen. Greely lieferte ihm statistisches Material, doch Helgesen starb noch im selben Jahr. Außerdem stand Amerika kurz vor dem Krieg mit Deutschland, und die öffentliche Aufmerksamkeit konzentrierte sich auf dringendere Fragen als die der Arktis. Der Kongress machte sich nicht mehr die Mühe, das Für und Wider in Pearys Fall abzuwägen, und erklärte seine Errungenschaften für unanfechtbar. Greely protestierte in aller Öffentlichkeit, doch Peary höhnte nur: »Sicherlich will General Greely nicht behaupten, dass er selbst eine Schlittenpartei in Grönland oder sonst wo geführt hat.«

Greelys Söhne zogen nach Frankreich in den Krieg. Zu dieser Zeit, am 15. März 1918, starb ganz unerwartet Henrietta, während sie sich angeblich von einer Rippenfell- und Lungenentzündung erholte. Ihr Tod wurde in Washington sehr bedauert, vor allem von jenen, die sie als reizende Gastgeberin und als eine fortschrittliche Frau kannten, die ihrer Zeit in Bezug auf soziale Vorstellungen voraus war. Auch Greely setzte sich für die Verbesserung der sozialen Verhältnisse ein und unterstützte besonders die Einrichtung der ersten freien Bücherei in der Hauptstadt.

Doch stetig lauerten auf Greely die Schatten von Kap Sabine. Ein Marinekapitän schrieb 1923 der *New York Times*, Greelys Expedition sei »eine der größten Tragödien der letzten Generation« gewesen. Greely war damals 79 Jahre alt und rügte den Offizier, er würde die Expedition mit ihren Versorgungsexpeditionen verwechseln. »Feldarbeit und wissenschaftliche Messungen meiner Expedition waren unübertroffen. Niemand starb, niemand wurde krank. Nach einem

Rückzug über 500 Meilen landete die Mannschaft am vereinbarten Treffpunkt, alle Männer waren gesund, alle Aufzeichnungen vollständig, die wissenschaftlichen Geräte erhalten.« Die Expedition war ein Erfolg, nur die Rettungsversuche waren gescheitert.

Wilhjalmur Stefansson, ein berühmter Entdecker des 20. Jahrhunderts, glaubte, allein Greelys schlechte Augen hätten ihn vom Kommando über eine Expedition ausschließen müssen. Darüber hinaus soll Stefansson von Peary erfahren haben, Greely hätte seinen Männern vor dem Aufbruch noch gesagt: »Wie Ihr wisst, verstehe ich nichts von Eisnavigation.« Und in Bezug auf die Kannibalismusfrage hätte er »das größte Tabu unserer Zivilisation gebrochen«. Stefansson und andere distanzierten sich ausdrücklich von Greely; sie konnten nicht wissen, dass dieses Tabu im hohen Norden nicht selten verletzt worden war, wie sich viele Jahre später herausstellen sollte. Ein zeitgenössischer kanadischer Anthropologe sagte dazu: »Die Arktis ist vielleicht die unerbittlichste Umgebung, und wir fordern sie unter Gefahren heraus.«

Greely fuhr nie wieder in die eisige Fremde. Doch er studierte die Berichte späterer Expeditionen mit großem Interesse, und auch noch in hohem Alter schrieb er Dutzende von Artikeln und einzelne Bücher zu diesem Thema; 1927 erschienen *Reminiscences of Adventure and Service*, ein Jahr später *The Polar Region in the Twentieth Century*. Immer noch hatte er Feinde; manch ein Politiker schlug sich heimlich auf Pearys Seite, und auch Greelys Beziehungen zur National Geographic Society verschlechterten sich, nachdem die Gesellschaft an Pearys Erfolg glaubte und sich von ihrem langjährigen Vertrauensmann abwandte. Vier Mal wurde ihm die Präsidentschaft verwehrt, er schrieb: »Mein Einfluss bei der National Geographic Society ist nicht bedeutend.« Dennoch nahm er an vielen Veranstaltungen teil, wo er mit dem einzigen anderen Überlebenden seiner Expedition zusammentraf.

Im Gegensatz zu seinem ehemaligen Kommandanten hatte sich David Brainard wieder verheiratet – seine erste Frau hatte einen Seitensprung eingestanden und vergebens um Verzeihung gebeten. 1918 war Brainard Militärattaché der amerikanischen Botschaft in Portugal, im Jahr darauf verließ er die Armee als Brigadegeneral. Die Presse war immer noch auf der Suche nach Sensationsberichten über die Lady-Franklin-Bay-Expedition und drängte ihn, Material herauszugeben und frischen Wind in die Sache zu bringen. Ein Reporter war der Meinung, Brainard habe dunkle Geheimnisse; er wollte mehr über die geplante Meuterei im Kanebecken wissen und sagte zu Brainard: »Ich erinnere mich, dass Ihr mich batet, diese Dinge nicht zu veröffentlichen, weil es für Greely ein Schock sein könnte.« Doch Brainard schwieg sich darüber auch in seinem Buch *Outpost of the Lost* aus, das er noch zu Greelys Lebzeiten verfasste.

Im Morgengrauen des 27. März 1935 wurde die gewohnte Ruhe im ältesten Washingtoner Stadtteil Georgetown von den Klängen einer Militärkapelle und Hufgeklapper auf dem Kopfsteinpflaster gestört: Kompanie F des 2. Kavallerieregiments ließ die Pferde an einem Häuserblock der O Street halten, die Nachbarn hatten sich neugierig versammelt. Zuerst sahen sie nichts von Interesse: Soldaten in Uniform, Pferde, eine Militärkapelle. Vier Unteroffiziere hatten das kleine Backsteinhaus mit der Nummer 3131 schon betreten und waren mit der Regimentsfahne stillgestanden. Auf einem Tisch stand ein Geburtstagskuchen, die Kerzen waren zu der Zahl 91 aufgestellt. Neben dem Kuchen lag ein Säbel zum Anschneiden.

Draußen spielte die Kapelle einen Tusch. Autos fuhren vor, der Wagen an der Spitze trug die rote Flagge des Kriegsministers, und die Zaungäste erkannten in dem befrackten Mann, der ausstieg und die Holztreppe zum Haus 3131 hinaufstieg, Kriegsminister George Dern. Die Kapelle spielte die Nationalhymne. Im Haus las Dern, umringt von Adjutanten mit goldenen Paradeschnüren, eine Laudatio auf »ein langes Leben im Dienste des Volkes«. Er heftete einen sternförmigen Orden mit einem blauen Band an das linke Revers von Greelys maßgeschneiderter Jacke, Greely murmelte seinen Dank. Nach der kurzen Zeremonie trat die kleine Abordnung auf die erhöhte Veranda, die Kavalleristen präsentierten die Säbel.

Zu beiden Seiten des abgesperrten Häuserblocks ertönte Beifall. Die Nachbarn wussten, dass der hoch dekorierte Greely früher ein bedeutender General gewesen war, doch nur wenige kannten seine Laufbahn. Viele hatten ihn noch nie gesehen, er lebte zwar seit acht Jahren in dem kleinen Haus, doch er ging nur selten zu einem Spaziergang durch Georgetowns baumgesäumte Straßen aus. Die Kapelle spielte einen schmissigen Marsch, die Würdenträger drängten sich auf der Veranda neben Greely, darunter der bekannte William Mitchell, auch er General a. D., der zehn Jahre zuvor Hauptperson in einem Konflikt auf höchster Ebene gewesen war und schließlich vor ein Militärgericht gestellt wurde. Dann hielt die Kapelle inne. »Billy« Mitchell verlas eine dreiseitige, dichte Zusammenfassung von Greelys Karriere und betonte dessen wertvollen Beitrag zum Wachstum und zum technischen Fortschritt der amerikanischen Armee des 20. Jahrhunderts. Vier seiner sechs Kinder und zwei Enkel flankierten Greely mit feierlicher Miene. Greely selbst schwieg. Er blinzelte durch dicke Brillengläser und winkte den Kavalleristen, als sie mit ihren Pferden kehrtmachten und davontrabten; die Militärkapelle folgte. Der Kriegsminister stieg wieder in seinen

Dienstwagen, auch die anderen Politiker und Militärangehörigen fuhren ab.

Man kann Vermutungen darüber anstellen, ob Greely es als eine Ironie empfand, dass er ein halbes Jahrhundert nach dem Offizier, der bei der Rettung seiner Expedition versagt hatte, die höchste Auszeichnung bekam; doch Greely hegte wahrscheinlich keinen Groll mehr. Einem Nichtkombattanten diesen Orden zu verleihen, erforderte einen Kongressbeschluss; darüber hinaus wurde diese Ehre traditionell ausschließlich Personen zuteil, die in Friedenszeiten eine einzigartige Leistung erbracht hatten, wie Lindbergh mit seinem Flug über den Atlantik oder Byrd mit seinem Flug über den Nordpol. Greely war der vierte Mann, dem diese Ehre zuteil wurde, und er war der Einzige, der sie nicht für eine spezielle Heldentat bekam.

Alles Gute, was er in Uniform und in Zivil geleistet hatte, berechtigte Greely unfraglich dazu, dass die Nation ihm ihren Dank aussprach. Er hatte ein hohes Alter erreicht und auf vielen Gebieten gewirkt. Doch kein Wort verlautete zu der Tatsache, dass er die erste Teilnahme Amerikas an einem internationalen Programm geleitet hatte. Greely hatte sich wahrscheinlich damit abgefunden, dass das Thema tabu war.

Er starb am 20. Oktober 1935. Unter den letzten Briefen fand sich auch eine Geburtstagskarte der sowjetischen Botschaft – was ihm vielleicht wichtiger war als die verspätete Congressional Medal of Honor. Die Russen gratulierten ihm dazu, ein weiteres Jahr in einem reichen, ausgefüllten Leben zu feiern. »Unsere Wissenschaftler in der Arktis kämpfen gegen das Eis, um die Nordostpassage für die Schifffahrt zu öffnen, und sie werden immer ermutigt von der tapferen und wertvollen Arbeit, die Ihr selbst und andere Amerikaner im hohen Norden geleistet haben.« Als Held der Nation wurde er mit allen militärischen Ehren auf dem Arlington National Cemetery zu Grabe getragen. Das Kriegsministerium pries seinen »höchsten Mut«, nicht nur im Kampf, sondern auch bei den »abenteuerlichen Herausforderungen, denen er sich in Friedenszeiten im Dienste der Wissenschaft stellte«. Deutlicher wurden Greelys Verdienste in der Arktis nie erwähnt.

Fünf Jahre nach Greelys Tod schrieb der letzte Überlebende ein weiteres Buch: *Six Came Back. The Arctic Adventure of David L. Brainard.* Erst jetzt sprach Brainard über die Pläne zu einer Meuterei im Kanebecken. Es war eine gereinigte Version seiner »Tatsachenerklärung« von 1890, aber das Buch enthüllt, dass ein Großteil der Mannschaft Greelys Idee, auf dem Eis zu driften, für Wahnsinn gehalten hatte.

Kurz vor seinem Tod am 22. März 1946 sagte Brainard einem Reporter, wie und warum Henry gestorben war, doch er hielt sich an seinen »Schwur«, niemals den Mann zu nennen, der die Kugel abgefeuert hatte. Brainard wurde auf demselben Ehrenfriedhof begraben und bekam dieselben Ehrbezeigungen wie auch Henry, dessen Tod er und andere 64 Jahre zuvor erzwungen hatten – vielleicht war Brainards Begräbnis sogar weniger ehrenvoll, wenn man bedenkt, dass damals Hunderte von Menschen die Straßen von Brooklyn gesäumt und den Hut vor Henrys Sarg gezogen hatten. Brainards Grab schmückt ein schöner Stein, Henry liegt im selben geweihten Boden wie derjenige, der die Exekution ausführte: Ein kleiner flacher Stein mit der Nummer 3912 auf dem Soldatenfriedhof des Cypress Hill Cemetery trägt seinen Namen. Die wahre Todesursache wird nicht erwähnt. Im Friedhofsarchiv steht nur, dass Private B. Henry »hungers« gestorben sei.

Und die Stationen der Lady-Franklin-Bay-Expedition? Donald Baxter MacMillan, ein junges Mitglied der umstrittenen Peary-Expedition von 1908/09, konnte als Einziger kurz nach Peary in den hohen Norden vorstoßen. Er beschrieb Fort Conger ähnlich wie Peary: überall Müll, Kleiderfetzen, ausgestopfte Vögel und Tomatenkonserven, die als »Kartoffeln« etikettiert waren. Er betrat »die Hütte« (dabei gab es *drei* Hütten, nachdem Peary Greelys Haus abgerissen hatte) und entdeckte auf einem kleinen Tisch ein ramponiertes Schulbuch. Auf dem Deckblatt stand in kindlicher Handschrift die Widmung: »Für meinen lieben Vater. Möge Gott mit dir sein und dich gesund zu mir zurückbringen. Dein dich liebender Sohn Harry Kislingbury.« MacMillan berichtete, er habe das Buch in Öltuch eingeschlagen, Jahre später den Waisenjungen in Arizona ausfindig gemacht und ihm das Buch gegeben.

Doch MacMillan entdeckte auch noch etwas Beunruhigendes in Fort Conger: »Ich konnte mir nicht erklären, warum der Ofen in der Küche voller Eskimoschädel war.« Auch John Goodsell, ein junger Arzt und ebenfalls Teilnehmer der Peary-Expedition 1908/09, berichtete von Schädeln, allerdings nicht im Ofen – darin waren verschiedene Konserven, von denen eine mit dem Etikett »Zwiebeln« Rhabarber enthielt. Goodsell schrieb, er habe insgesamt neun Schädel bei der Station gefunden, einer »von langem blondem Haar bedeckt«. Vielleicht waren es die Schädel von Eskimos, die während Pearys unvollständig dokumentierten Aufenthalts in Fort Conger 1901 verdorbenes Essen zu sich genommen hatten. Die Lebensmittel, die Greely hinterlassen hatte, wären damals schon 20 Jahre alt gewesen. Peary starb 1920; zu MacMillans und Goodsells Funden hatte er sich nie geäußert. »Wir konnten das Rätsel nicht lösen«, so Goodsell.

MacMillan stand 1917 auf dem Hügel am Kap Sabine, den Brainard in seinen Büchern Cemetery Ridge getauft hatte, und sah auf das hinab, was von Camp Clay übrig geblieben war. »Ich konnte deutlich den Ring aus Steinen sehen, die das Zelt der sterbenden Männer festgehalten hatten.« Im Jahr 1924 nahm MacMillan eine Messingtafel mit nach Norden, gestiftet von der National Geographic Society. Seine Männer bohrten Löcher in einen Fels nahe der Ruinen von Camp Clay und befestigten die Tafel mit der Inschrift: »Zum Gedenken der Menschen, die hier ihr Leben ließen für den umfassenden und letztendlichen Erfolg der ersten wissenschaftlichen Zusammenarbeit der Vereinigten Staaten mit anderen Nationen.«

Was wurde aus den Schiffen? Nach der Rettung der Greely-Mannschaft patrouillierte die *Thetis* im Westatlantik und im Pazifik von Alaska bis hinunter nach Kap Hoorn, später wurde sie zu einem neufundländischen Robbenfänger umgerüstet, 1950 ließ man sie in St. John's auf Grund laufen und ausweiden. Ihr Schwesterschiff *Bear* fuhr in beiden Weltkriegen. 1948 wurde sie von Kanada zum Verkauf nach Philadelphia geschleppt, doch die alten Spanten und Planken brachen, das Schlepptau riss, sie wurde ein Raub der See.

Was wurde aus Carl Weyprechts Traum? 1932/33 gab es ein zweites Internationales Polarjahr, an dem 44 Nationen teilnahmen. Das dritte Internationale Polarjahr 1952 wurde umbenannt in Internationales Geophysikalisches Jahr, woraus eine Vielzahl von Projekten zum Studium der Naturphänomene entstand. Bemannte Stationen wurden an beiden Ufern des Hazensees errichtet – einer der wenigen Orte in der Arktis, die den Namen behielten, den Greely ihnen gegeben hatte; daneben gibt es noch den Greelyfjord und die Ricestraße. Die Namen, die das Wort »Eskimo« enthielten, wurden größtenteils nach dem Protest der stolzen Etah-Inuit abgeschafft. Ellesmere Island mit dem nördlichsten Nationalpark Kanadas ist ein reiches Mekka für Anthropologen, Archäologen und Polarökologen.

Zwischen der kanadischen Regierung und den Inuit wurde 1993 ein Vertrag geschlossen, laut dem die eingeborene Bevölkerung ein Maß an Autonomie und Achtung genießt, das zu Greelys Lebzeiten undenkbar gewesen wäre. Das Gebiet ist seit 1999 das dritte kanadische Territorium Nunavut, was so viel wie »Unser Land« bedeutet. Fort Conger liegt heute im Ellesmere National Park Preserve, der sich allerdings nicht ganz bis nach Bedford Pim Island erstreckt. Diese Insel wird vor allem von Mitarbeitern des Arctic Institute of North America besucht, das der Universität Calgary angeschlossen ist; Ziel der Arbeit ist natürlich vorrangig die Forschung und weniger die Huldigung alter amerikanischer Fehlschläge. Doch im Jahr 1983 flog eine Gruppe von Studenten der Mercersburg Academy, Pennsylvania, zur Hundertjahrfeier der Lady-Franklin-Bay-Expedition nach Norden und marschierte zu Fuß über die eine Meile breite Eisbrücke zwischen Cocked Hat und Bedford Pim Island. Schlechtes Wetter und Zweifel über die Tragfähigkeit des Eises beschränkten die Suche nach den Überresten des Lagers von Camp Clay, und so brachte die kleine Abordnung eine Messingtafel zu Greelys Ehren an einem Cairn in Wade Point an, ehemals Eskimo Point, wo er angelandet war.

Regelmäßig überfliegen Maschinen der US-Luftwaffe von ihrem Stützpunkt im grönländischen Thule Ellesmere Island. Die Royal Canadian Mounted Police bemannt jeden Sommer zwei Monate lang einen Behelfsflugplatz am Alexandrafjord. Wenn das Wetter mitspielt, fahren Eisbrecher mit Helikoptern an Bord auf Kreuzfahrt durch den Smithsund bis zum Kanebecken. An klaren Tagen kann man im Osten die Silhouette von Littleton Island, im Westen Kap Sabine sehen. An den eisgesäumten Küsten können die Schiffe nicht anlegen, das Land ist nur mit dem Helikopter zu erreichen. Die

Region ist ein Anziehungspunkt für Wissenschaftler, doch Greelys letztes Lager wird nur selten besucht und bleibt weit gehend ungestört. Ein Steinfundament lässt die Lage des Hauses erkennen, Fetzen des Zelts sind in Eisstücken eingeschlossen. Auf dem Begräbnishügel kann man aus der Nähe zehn flache Gräber in einer Reihe erkennen – der Abdruck einer Tragödie in eishartem Geröll, der wahrscheinlich auf ewig erhalten bleibt.

Anhang

Die Teilnehmer
der Lady-Franklin-Bay-Expedition

First Lieutenant Adolphus W. Greely
5. Kavallerieregiment, Offizier des Fernmeldecorps

Second Lieutenant Frederick F. Kislingbury
11. Infanterieregiment, Offizier des Fernmeldecorps

Second Lieutenant James B. Lockwood
23. Infanterieregiment, Offizier des Fernmeldecorps

Octave Pavy
Physiker und Naturkundler

Sergeant Edward Israel
Fernmeldecorps des US-Heeres

Sergeant Winfield S. Jewell
Fernmeldecorps des US-Heeres

Sergeant George W. Rice
Fernmeldecorps des US-Heeres

Sergeant David C. Ralston
Fernmeldecorps des US-Heeres

Sergeant Hampden S. Gardiner
Fernmeldecorps des US-Heeres

Sergeant William H. Cross
Allgemeiner Dienst des US-Heeres

Sergeant David L. Brainard
Kompanie L, 2. Kavallerieregiment

Sergeant David Linn
Kompanie C, 2. Kavallerieregiment

Corporal Nicholas Salor
Kompanie H, 2. Kavallerieregiment

Corporal Joseph Elison
Kompanie E, 10. Infanterieregiment

Private Charles B. Henry
Kompanie E, 5. Kavallerieregiment

Private Maurice Connell
Kompanie B, 3. Kavallerieregiment

Private Jacob Bender
Kompanie F, 9. Infanterieregiment

Private Francis Long
Kompanie F, 9. Infanterieregiment

Private William Whisler
Kompanie F, 9. Infanterieregiment

Private Henry Biederbick
Kompanie L, 2. Kavallerieregiment

Private Julius Frederick
Kompanie L, 2. Kavallerieregiment

Private William A. Ellis
Kompanie C, 2. Kavallerieregiment

Private Roderick R. Schneider
1. Artillerieregiment

Jens Edward
Jäger und Hundeführer, Grönland

Thorlip Frederik Christiansen (»Eskimo Fred«)
Jäger und Hundeführer, Grönland

Anmerkungen

Das Quellenmaterial dieses Buches entstammt in erster Linie den reichhaltigen Sammlungen folgender Einrichtungen: National Archives and Records Administration (NARA) in Washington, D. C., und in College Park, Maryland; Library of Congress in Washington, D. C.; Dartmouth College in Hanover, New Hampshire; Explorers Club in New York City; Militärhistorisches Institut des US-Heeres in Carlisle Barracks, Pennsylvania.

In Carlisle Barracks stieß ich auf einige aufschlussreiche Briefe Adolphus Greelys an seine Nichte Clarissa, die größtenteils sehr ausführlich von seinen Erlebnissen während der Zeit berichten, als er am Aufbau des Telegrafennetzes zwischen den einzelnen Armeestützpunkten in den Great Plains mitarbeitete. Unerlässlich für das Studium sowohl des Menschen als auch des Arktisforschers Adolphus Greely sind die 141 Kartons mit Aufzeichnungen, die seine Töchter der Library of Congress übereignet haben und die inhaltlich ein sehr weites Spektrum abdecken: Sie reichen von Greelys Jugendjahren und seinem Militärdienst im Bürgerkrieg über das Kommando der Lady-Franklin-Bay-Expedition bis hin zur erfolgreichen

Leitung von Rettungsaktionen nach dem verheerenden Erdbeben in San Francisco. Außerdem berichten sie von der Beilegung eines Streits mit den Ute-Indianern und legen ein beredtes Zeugnis ab von Greelys ausgeprägtem Interesse an wissenschaftlichen Entwicklungen, das sich in Briefwechseln mit den Erfindern Guglielmo Marconi, Alexander Graham Bell und Thomas Alva Edison niederschlug.

In den National Archives (NARA) finden sich die lohnendsten Materialsammlungen unter dem Eintrag RG27 (College Park, Maryland), bei denen es sich um die Aufzeichnungen des Wetteramts zu den Polarexpeditionen handelt, sowie unter dem Eintrag RG94 – *Letters Received by the Office of the Adjutant General (Main Series) 1881–1889* –, die als Mikrofilm 689 in Washington, D. C., hinterlegt sind.

Statt einer ermüdenden Herkunftsbenennung der einzelnen Zitate dürfte dem Leser eine Übersicht über die Tagebücher der Expeditionsteilnehmer weitaus nützlicher sein. Selten hat eine Unternehmung so viele Tagebücher hervorgebracht wie die Lady-Franklin-Bay-Expedition, von denen einige pflicht- und vorschriftsgemäß, andere wiederum eher nachlässig und unleserlich die verschiedensten Naturerscheinungen schriftlich festhalten und in emotionaler Hinsicht eine seltsame Mischung aus Eifersucht, Verachtung und Verzweiflung auf der einen Seite sowie Unerschrockenheit und Loyalität auf der anderen Seite widerspiegeln.

Die zugänglichste Quelle für die Mehrzahl der Tagebücher ist M689, Dokumente 12 bis 18, in den National Archives (NARA). Der Explorers Club besitzt hingegen neben dem »Schlitten-Tagebuch« des Fotografen George Rice auch die Tagebücher der Gefreiten Roderick Schneider und Joseph Elison sowie – mit Einträgen bis zum 18. April 1882 – des Sergeanten William Cross. Die Schuylkill County Historical

Society in Pottsville, Pennsylvania, verfügt über weitere Seiten aus Elisons Tagebuch. In den *Greely Papers* der Library of Congress, Karton 69, befindet sich auch eine Abschrift von Schneiders Tagebuch, von dem Greely behauptet, es sei »von einem Mitglied der Rettungsexpedition gestohlen worden«. Für diese Anschuldigung fanden sich jedoch keinerlei Beweise; ungeklärt bleibt auch, weshalb die Originalseiten des Tagebuchs am Ufer des Mississippi verstreut aufgefunden wurden. Diese Tagebuchfragmente, zusammen mit Briefwechseln, die sich auf die Umstände ihres Auffindens beziehen, können unter RG27 in den National Archives (NARA) eingesehen werden. Ein weiteres Tagebuch von George Rice über die Zeit vom 7. Juli 1881 bis zum 2. August 1883 ist im Dartmouth College aufbewahrt.

Sergeant David Ralstons Tagebuch – mit Einträgen von 1881 bis 1884 – befindet sich unter RG27, NARA, ebenso wie dasjenige des Gefreiten Henry, mit seinen rätselhaften Schlussworten »Salor soll heute Abend begraben werden und Eskimo Fred ...«. Auszüge daraus wurden am 7. Februar 1885 in der *New York Times* veröffentlicht und sorgten als »traurige arktische Erinnerungen« am 8. Februar auch für Schlagzeilen im Washingtoner *Evening Star*, der sich dabei auf »ein kurioses Tagebuch des Gefreiten Henry« bezog. Sergeant Cross' Verunglimpfungen seines Kommandanten finden sich in den Tagebüchern, die in M689, NARA, aufbewahrt werden. Am gleichen Ort können auch die von Verbitterung geprägten Tagebucheinträge Octave Pavys recherchiert werden.

Nicht weniger vorwurfsvoll sind die geheimen Notizen Sergeant Brainards. Eine sorgfältige Untersuchung der *Brainard Collection* (RG200, NARA, College Park, Maryland) lässt einigen Raum für Spekulationen. Dieses Material besteht mit den Worten eines Archivars aus »originalen Tagebuchnotizen«

sowie drei darauf basierenden und von Brainard selbst angefertigten Bänden, die er nach der Rettung auf der Heimfahrt dem Kommandanten Schley aushändigte. Besonders interessant ist ein zwischen die Tagebuchseiten gelegter Brief vom 19. Januar, in dem ein Komplott beschrieben wird, das darauf abzielte, Greely wegen geistiger Umnachtung abzusetzen.

Eine *Brainard Collection* befindet sich auch im Dartmouth College. Der dortige Forschungsbeauftragte behauptet, Brainard habe während der gesamten Expedition ein Tagebuch geführt und dieses schließlich in Form zweier Bücher veröffentlicht, in denen »jeweils der Tagebuchanteil von anstößigen Stellen gereinigt, verschiedene Einzelheiten gestrichen und Brainards Sprachstil geändert wurde«.

1954 vermachte Brainards Stieftochter einige Dokumente und Andenken der Historischen Abteilung des US-Heeres. Einen Monat nach Weitergabe eines Großteils dieser Erbstücke an die Militärhistoriker schrieb sie, sie habe einen weiteren Fund gemacht: »Ich stieß auf eine in Papier gehüllte silberne Schale. Darinnen befand sich ein längliches Notizbuch mit den bleistiftgeschriebenen Tagebucheinträgen von 1884. Ich bin darüber ziemlich verwirrt – das meiste davon konnte ich nicht lesen … Auch kamen zwei Patronenhülsen zum Vorschein, bei denen ich das Gefühl habe, sie könnten vielleicht mit der Erschießung des Mannes zu tun haben, der die Lebensmittel gestohlen hatte.« Dieser Brief mit Datum vom 13. September 1954 befindet sich ebenfalls in der *Brainard Collection* des Dartmouth College. Die Notizbücher, deren Texte voll von Verachtung für den Kommandanten sind, gehören zur besagten *Brainard Collection* in den National Archives (RG200, NARA). Der Aufbewahrungsort der beiden Patronenhülsen ist nicht bekannt.

Der Explorers Club besitzt Tagebücher von Lieutenant Lockwood. Ein weiteres seiner Tagebücher – mit Einträgen vom 17. April 1882 bis zum 6. Januar 1884 – befindet sich im US Naval Academy Museum von Annapolis. Lockwoods Aufzeichnungen über die Zeit vom 3. April 1883 bis zum 7. April 1884 erscheinen als Anhang zu Greelys veröffentlichtem Expeditionsbericht. Das Tagebuch von Lockwoods Vorstoß zum höchsten Nordpunkt zwischen dem 31. April und dem 1. Juni 1882 befindet sich als Mikrofiche T298 in den NARA.

Kurze Auszüge aus Lieutenant Kislingburys Tagebuch, von dessen Existenz Greely nichts gewusst haben will, erschienen in der *New York Times* vom 11. Februar 1885 und im Washingtoner *Evening Star* vom 8. Februar desselben Jahres. Kopien von Tagebuchfragmenten werden unter M689, Dokument 17, NARA, aufbewahrt. Wertvolle Seiten sind im Privatbesitz von Kislingburys Urenkeln, die sie freundlicherweise für meine Arbeit an diesem Buch zur Verfügung gestellt haben.

Die schriftlichen Hinterlassenschaften Octave Pavys bestehen zum einen aus den bereits genannten Aufzeichnungen in M689, NARA, in Washington, D. C., zum anderen aus einer Abschrift seines Expeditionstagebuchs unter RG27, NARA. Pavys Frau veröffentlichte dieses Tagebuch in zwei aufeinander folgenden Ausgaben der *North American Review* vom März und April 1886 unter den Titeln »Dr. Pavy and the Polar Expedition« und »An Arctic Odyssey«.

Die Tagebücher Adolphus Greelys – im Original und als Kopie – sind nicht nur zahlreich, sondern zur Verwirrung der Forscher auch an vielen verschiedenen Orten archiviert. In den National Archives (NARA) in College Park, Maryland, findet sich beispielsweise unter RG27 ein – allerdings unvollständiges – Tagebuch vom 17. September 1883 bis zum 29. April 1884; des Weiteren finden sich dort Druckfahnen seiner veröffentlichten Tagebücher, eine handgeschriebene und von Greely unterzeichnete Zusammenfassung seines *Journal of the Expedition, 1 July, 1881 – 27 July, 1883* sowie ein originales Tagebuch über die Zeit vom 1. Juli 1881 bis zum 30. April 1882, in dem verschiedene arktische Pflanzenarten enthalten sind, »vom Salzwasser schwer beschädigt«.

Der Explorers Club verfügt über ein umfangreiches Notizbuch, dessen Inhalt sich aus folgenden Dokumenten zusammensetzt: *Daily Journal of the Lady Franklin Bay Expedition, 1 July, 1881–29 December, 1882; Papers from the Journal, 1 January, 1883 – 1 August, 1883; Fort Conger: Greely Expedition Pages from Record Book 15 July, 1882 – 28 August, 1882* sowie zwei Tagebücher von Schlittenexkursionen, die der Kommandant in das Innere von Grinnell Land unternahm. Die *Stefansson Collection* im Dartmouth College beinhaltet Tagebuchauszüge vom Juli und August 1881. Am selben Aufbewahrungsort befindet sich auch eine von Brainard aus ungeklärten Gründen angefertigte Liste der Tage, an denen Greely keine Tagebucheinträge machte. Die bedeutendste Sammlung von Greely-Tagebüchern lagert in den Kartons 69 bis 71 der *Greely Papers*, Library of Congress, sowie in den Kartons 94 bis 97 mit der Bezeichnung *Arctic File*. Unter dem Eintrag RG27, NARA, findet sich ein kleines braunes Buch, beginnend mit dem 15. Oktober 1883 und einer Anmerkung von Greely: »Teile meines Tagebuchs, eingetragen in einem vorläufigen Buch, gingen in Camp Clay verloren.«

So viel zur Fülle von Tagebüchern. Als knappe und informative Darstellung der Lady-Franklin-Bay-Expedition empfiehlt sich William Barr, *The Expeditions of the First International Polar Year, 1882–83* (Calgary 1985). Nützliche zeitgenössische Schilderungen finden sich im *Journal of Science* 21, in *Nature* 30 und *Saturday Review* 60.

Kapitel 1

Das Auslaufen der *Proteus* aus dem Hafen von St. John's beschreibt Greely in seinem Brief an Hazen vom 11. Juli 1884 (*Greely Papers*, Library of Congress) und in Adolphus W. Greely, *Drei Jahre im hohen Norden* (Jena 1887).

Die letzten Briefe Henriettas und Adolphus Greelys Reaktion, diese Briefe seiner Frau machten ihn »glücklich und unglücklich zugleich«, befinden sich ebenfalls unter den *Greely Papers* in der Library of Congress. Lieutenant Kislingbury äußert seine Empfindungen beim Auslaufen der *Proteus* in einem Brief an Ella M. Morrow, Fort Royal, New Mexico, vom 20. August 1884. Dieser Brief befindet sich heute im Privatarchiv der Familie Kislingbury, welches ebenfalls eine nützliche Materialsammlung darstellt, nicht zuletzt weil Lieutenant Kislingbury seinen Söhnen die Nordreise in zahlreichen Briefen ausführlich beschrieben hat.

Die Expedition in die Lady Franklin Bay gründet auf den Bemühungen Carl Weyprechts und Henry Howgates. Dem Militärattaché der österreichischen Botschaft in Washington, D. C., verdanke ich wissenswerte Einzelheiten über Leben und Wirken Carl Weyprechts sowie ein wertvolles Foto dieses bedeutenden Mannes. Weyprechts Leistungen im Zusammenhang mit der Gründung des Internationalen Polarjahres, das seine moderne Fortsetzung als Internationales Geophysikalisches Jahr findet, sind in William Barrs Arbeiten anschaulich dokumentiert.

Kapitel 2

Die Informationen über Adolphus Greelys Jugendjahre, seine Armeezeit während des Bürgerkriegs und seine Pläne zum Baumwollanbau in den Jahren danach entstammen zum einen den *Greely Papers*, Library of Congress, zum anderen den Briefwechseln, die im Special Collections Department der William R. Perkins Library, Duke University, Durham, North Carolina, aufbewahrt sind. Die *Greely Papers* im Militärhistorischen Institut des US-Heeres in Carlisle Barracks gestatten Einblicke in Greelys frühe Romanzen. Eine gute Schilderung seiner Arbeit beim Fernmeldecorps findet man in *The Time that Talks* (Bismarck, South Dakota, 29. Oktober 1877). Dass Greely von einer Gedenkveranstaltung zu Benjamin Franklin in der Londoner Westminster Abbey zutiefst gerührt war, verrät eine Notiz in Karton 53 der *Greely Papers*, Library of Congress.

Kapitel 3

In den Vereinigten Staaten war es vor allem Henry Howgate, der die wichtigsten Schritte zur Verwirklichung von Carl Weyprechts Vorschlägen unternahm. Über Howgates Pläne einer Kolonisierung der Arktis geben folgende Aufsätze Auskunft: »Plan for Exploration of the Arctic Regions«, *American Geographical Journal* 10, 1878; »Captain Howgate's Polar Colony«, *Western Review of Science and Industry* 2, 1878; »The Howgate Plan«, *Kansas Review* 1, 2 und 44, sowie den Nachlass von Albert J. Myer (*Albert J. Myer Papers*, Kartons 1878–1892, Militärhistorisches Institut des US-Heeres, Carlisle Barracks). Howgates aufregendes Leben wird in dem Artikel »The Fugi-

tive Captain« von George Walton in der *Washington Post* vom
16. Februar 1969 geschildert. »Je eher wir damit aufhören,
Zeit und Menschenleben für die Erforschung der Arktis zu
vergeuden, desto besser« – mit diesen Worten endet ein Leitartikel der *New York Times* vom 29. Dezember 1876, voller
Spott über die Pläne Howgates.

Kapitel 4

Die *Greely Papers*, Library of Congress, sind die einzige be-
deutende Quelle für Informationen über die frühe Beziehung
zwischen Henrietta und Adolphus, deren Liebesbriefe den
amerikanischen Kontinent ost- und westwärts zwischen 1877
und 1878 durchquerten. Greelys Glaube an die Realisierbar-
keit von Howgates Plänen und seine Überzeugung, unver-
sehrt zurückzukehren – »[andernfalls] würde ich niemals das
Kommando übernehmen« –, lassen sich in seinem Brief an
Henrietta vom 27. Januar 1878 nachlesen. Dass Howgate seine
Frau vernachlässigte und Greely sie deswegen bemitleidete,
äußert Adolphus Greely in einem Brief an Henrietta vom
27. Februar 1878. Henriettas mitfühlende Antwort datiert
vom 10. März 1878.

Kapitel 5

William Babcock Hazens abwechslungsreiche Karriere ist
im *Dictionary of American Biography* zusammengefasst. Der
Kriegsgerichtsprozess gegen einen Offizierskollegen, der Hazen Feigheit vorwarf, wird in allen Einzelheiten in den *Letters
Received by the Office of the Adjutant General (Main Series)*,

1871–1880 (M666, Dokument 344, NARA) beschrieben, weiterhin bei Marvin E. Kroeker, *Great Plains Command* (Norman, Oklahoma, 1976), sowie den Aufsatz von Paul Scheips »William Babcock Hazen« im *Cosmos Club Bulletin* 38 vom Oktober 1985.

Ein beträchtlicher Teil von Hazens schriftlichen Hinterlassenschaften wurde von der Enkelin seiner Witwe, die in zweiter Ehe Admiral George Dewey heiratete, entsorgt. Die Unterlagen wurden später auf einer Müllhalde in Lorton, Virginia, entdeckt und von einem Antiquitätenhändler erworben, der sie wiederum an die Smithsonian Institution's Armed Forces History Division verkaufte, wo sie als *Collection 427* katalogisiert sind (Archives Center, National Museum of American History, Washington, D. C.). Weitere nützliche Informationen zu Hazen finden sich in M1024, Dokument 30, NARA.

Dass Greely als Howgates »rechte Hand« betrachtet wurde, geht aus einer undatierten und anonymen Notiz in den *Greely Papers* der Duke University hervor. Die Aussage, Greely werde »Euch Papiere vorlegen«, findet sich in einem Brief Hazens an James H. Blount, Mitglied des Haushaltsausschusses des Senats, vom 4. Februar 1881 (*Greely Papers*, Library of Congress). Die Papiere wurden »von mir aufgesetzt«, notierte Greely. Auskünfte über die frühen Jahre Lieutenant Kislingburys stammen von seiner Familie. Hinweise auf seinen Dienst an den westlichen Außenposten finden sich in den *Letters and Telegrams Received from Headquarters at Fort Custer, June 1880 – July 1881* (NARA, College Park, Maryland). Kislingburys stark emotional gefärbter Bericht über sein zweifaches Witwerschicksal und seinen Wunsch, sich der Expedition anzuschließen, befindet sich in den *Greely Papers*, Library of Congress.

Kapitel 6

Die für dieses Kapitel zusammengetragenen Informationen basieren größtenteils auf dem kopierten Manuskript von Greelys offiziellem Expeditionsbericht mit Anordnungen des Kriegsministeriums, die ihm die Befehlsgewalt übertragen (RG27, NARA). Hierin unterbreitet Greely dem Kriegsminister Lincoln am 8. März 1881 in groben Zügen seinen Plan, ein Basislager in der Polarregion einzurichten, und bittet am 17. März darum, dass der Generalstabsarzt medizinischen Bedarf für 30 Mann liefere. Diese Schriftstücke und weitere Belege für die Dringlichkeit, mit der Greely das Kriegsministerium zum Handeln aufforderte, befinden sich unter RG27, NARA. Sein Brief vom 17. März 1881, in dem er Lincoln um freie Verfügung über die ihm zugesagten Haushaltsmittel ersucht, befindet sich in M689, Dokument 12, NARA, Washington, D. C.

Der Briefwechsel zwischen Greely, Hazen und dem Generaladjutanten des Heeres (d. h. Lincolns Kriegsministerium), nachlesbar in *Letters Sent by the Adjutant General (Main Series), 1880–1890* (M565, NARA), dokumentiert anschaulich Greelys Bemühungen, die Ausrüstungs- und Proviantbeschaffung zu beschleunigen. Für knappe Andeutungen bezüglich der schwierigen Niederkunft seiner Frau siehe Karton 1, *Greely Papers*, Library of Congress. Hier befindet sich auch der Brief einer Kusine vom 22. Mai 1881, die »bedauert, dass Henrietta die Zwillingsbrüder bei der Geburt verloren hat«.

Hazens Brief an den Generaladjutanten vom 23. Mai 1881, in dem er ihn auf Greelys dringenden Bedarf an Versorgungsmaterial in St. John's aufmerksam macht, gehört zu den Akten des *Proteus*-Untersuchungsausschusses, ebenso wie Hazens Brief an Lincoln vom 20. Juni 1881, in dem er um

Erlaubnis bittet, Schießpulver für das Versorgungsschiff zu ordern. Zu Greelys Wutausbrüchen in St. John's siehe seinen Brief an Caziarc vom 25. Juni 1881 sowie an Hazen vom 30. Juni 1881 (Kartons 13 bis 17, *Greely Papers*, Library of Congress). Die abschließenden Vorbereitungen und der Aufbruch der Expeditionsmannschaft werden im *New York Herald* vom 8. Juli 1881 beschrieben.

Kapitel 7

Für eine allgemeine Darstellung der Expedition und eine detaillierte Beschreibung von Fort Conger siehe Adolphus W. Greely, *Drei Jahre im hohen Norden* (Jena 1887). Die ersten Anzeichen von Disziplinmangel sind in Brainards Tagebuch vermerkt (RG200, NARA) sowie in Kislingburys privaten Tagebuchaufzeichnungen, die sich heute im Besitz der Familie befinden. Pavys Herkunft und Werdegang sind im ehrwürdigen *Dictionary of American Biography* beschrieben, wodurch Pavy in den Reigen namhafter Expeditionsteilnehmer wie Adolphus W. Greely und John Lockwood aufrückt. Vergleiche auch den Artikel im *St. Louis Courier of Medicine* vom Februar 1886 sowie »Pavy's Expedition to the North Pole« von D. Walker, *Overland Monthly* 8, Juni 1872, und Pavys Tagebuchfragmente (M689, Dokument 12, NARA). Greely berichtet in seinem Tagebuch, er habe Kislingbury und Lockwood wegen ihres verspäteten Aufstehens gerügt (*Greely Papers*, Library of Congress).

Kapitel 8

Greelys Meldung, er habe Kislingbury seines Dienstes enthoben, findet sich in seinem Tagebuch (*Greely Papers*, Library
of Congress). Kislingburys Version hingegen kann in seinem eigenen privaten Tagebuch nachgelesen werden. Die Beschreibung der Lebensumstände in Fort Conger ist zum einen Greelys Tagebuch entnommen (*Greely Papers*, Library of
Congress, und RG27, NARA), zum anderen Pavys Notizen
(M689, Dokument 12, NARA) sowie Brainards privatem
Tagebuch (RG200, NARA). Sein Selbstvorwurf, er habe »sich
zum Narren gehalten«, datiert vom 13. oder 17. September
1881 und wurde für das Buch *Six Came Back. The Arctic Adventure of David L. Brainard* (New York 1940), herausgegeben
von Bessie Rowland James, abgemildert.

Kapitel 9

Das Buch von Adolphus W. Greely, *Drei Jahre im hohen Nor-
den* (Jena 1887), und Greelys nicht abgeschickte Briefe an
Henrietta (*Greely Papers*, Library of Congress) lieferten die
Bausteine für dieses Kapitel. Greelys Tagebuch dokumentiert
darüber hinaus seine Ehrfurcht vor Himmelsschauspielen
und seine wachsende Verärgerung über den Expeditionsarzt
Octave Pavy. Dass Kislingbury keinen Zutritt mehr zum
Mannschaftsquartier hatte, notierte Brainard am 23. Dezem-
ber 1881 und am 3. Januar 1882 (*Brainard Papers*, RG200,
NARA). Lockwoods rekordbrechender Vorstoß in Richtung
Nordpol wird in allen Einzelheiten bei Charles Lanman, *The
Farthest North* (New York 1889), sowie im *Journal of the Lock-
wood Expedition, 31 April – 1 June, 1882* (Mikrofilm, T298,

NARA) beschrieben. Brainards Unzufriedenheit über Greely geht aus seinem Verweis auf den Nutzen von Frischfleisch zur Skorbutvorbeugung vom 8. Januar 1882 hervor (*Brainard Papers*, RG200, NARA).

Kapitel 10

Die spektakulären kriminellen Machenschaften Henry How-gates einschließlich seiner mehrmaligen Flucht aus Gefängnis und Polizeigewahrsam können in der *Washington Post* vom 16. Februar 1969 nachgelesen werden. Emma De Longs Brief an Henrietta Greely vom 16. März 1882 wird in Karton 16 der *Greely Papers*, Library of Congress, aufbewahrt. Informationen über William Beebes militärische Laufbahn während des Bürgerkriegs sowie sein Briefwechsel mit Henrietta Greely bezüglich der Versorgungsexpedition finden sich in einem Stapel von Dokumenten mit dem Titel *Appointment, Commission and Personal Branch of the Adjutant General's Office* (fortan *ACP-Dokumente*, NARA). Dass Hazen auf eigene Faust ein Schiff heuern würde und »der Kriegsminister immer noch unwissend ist«, steht in Caziarcs Brief an Henrietta Greely vom 28. Mai 1882 (*Greely Papers*, Library of Congress). Beebes Bericht über seine glücklose Versorgungsexpedition gehört zu den Akten des *Proteus*-Untersuchungsausschusses. Ebenso aufschlussreich auch Beebes Briefwechsel mit Konsul Molloy (RG27, NARA). Beebes »Scheitern in all meinen Bemühungen« entstammt einem Brief an Greely vom 4. September 1882 (*Greely Relief Expeditions*, RG45, NARA).

Kapitel 11

Zu Pavys fortdauernder Abneigung gegen Greely siehe M689, Dokument 12, NARA, sowie die Veröffentlichungen seiner Frau in der *North American Review* vom März und April 1886. Bei Brainards Aussage, wonach »eine Meuterei hätte ausbrechen können«, handelt es sich um einen Tagebucheintrag vom 3. Januar 1883 (*Brainard Papers*, G200, NARA). Zu den zeitgleichen Vorgängen in Washington, D. C., siehe M689, Dokument 12, NARA. In dieser Materialsammlung befindet sich unter anderem Hazens Schreiben an den Generaladjutanten vom 10. November 1882, in dem er darum bittet, Lincoln möge »unverzüglich« einen Kommandanten für die Versorgungsexpedition abstellen. Lincoln lehnte höflich ab. Hazen weist am 18. Januar 1883 abermals darauf hin, dass »Lieutenant Garlington so schnell als möglich in der Lady Franklin Bay eintreffen muss«. William T. Shermans Ausspruch »Wir wissen schon genug über den Nordpol« datiert vom 5. Februar 1883 (M689, Dokument 12, NARA). Der freundliche Rat an Hazen – »Mögt Ihr Eure Zunge im Zaume halten!« – stammt aus George W. Nichols' Brief an Hazen vom 20. Februar 1883 (Archiv des Museum of American History, Washington, D. C.).

Einige Einblicke in Garlingtons Persönlichkeit – sein Draufgängertum und seine Strenge – konnte ich in einem Gespräch mit seinem Enkel Henry Garlington in Savannah, Georgia, am 15. April 1999 gewinnen. Angaben zu Garlingtons Person finden sich auch in den bereits genannten *ACP-Dokumenten* (NARA). Telegramme zwischen Hazen und Konsul Molloy bezüglich des Charterns der *Proteus* und die Vorbereitungen der *Yantic* sind unter RG27 in den NARA archiviert (Brief mit Anweisungen an Garlington).

Kapitel 12

Greelys Verdruss über Pavy als Naturkundler kommt in seinen Tagebucheinträgen zum Ausdruck (Karton 70, *Greely Papers*, Library of Congress; hierin auch der Bericht über Pavys Arrest). Vergleiche auch Brainards Tagebuch mit dem Eintrag vom 17. Juli 1883 (RG200) sowie Pavys Tagebuch (M689, Dokument 17, NARA). Greelys Brief, in dem er verschiedene Anklagepunkte gegen Pavy vorbringt, befindet sich ebenso wie seine Anordnung, den Arzt in seiner Funktion als Naturkundler durch Lockwood zu ersetzen, unter RG27, NARA. Zum Verschwinden des Plumpuddings und zu Brainards »Aufruhr« siehe Brainards Tagebucheintrag vom 4. Juli 1883 (RG200, NARA).

Kapitel 13 und 14

Diese beiden Kapitel beruhen hauptsächlich auf dem *Report of the Lady Franklin Bay Expedition 1883* (Washington, D. C., 1883) und auf dem *Argument of Linden Kent Before the Proteus Court of Inquiry* (Washington, D. C., 1883). Siehe auch Frank Wildes' Bericht aus St. John's an Commodore J. G. Walker vom 7. September 1883 (Anhang zu *Proteus Court of Inquiry*). Garlingtons feierliches Versprechen, »alles Mögliche zu tun«, richtet sich an den Kommandeur des Fernmeldecorps, Juni 1883, mit einer Kopie für Henrietta Greely (*Greely Papers*, Library of Congress).

Kapitel 15

Für eine ausführliche Darstellung der Vorbereitungen zum Rückzug siehe Greelys Tagebücher. Pavys und Sergeant Cross' vernichtende Kritik ist in ihren Tagebüchern festgehalten (M689, Dokumente 11 und 12, NARA). Brainard schreibt am 10. August 1883, Greely habe »seinen Kopf und seine Geistesgegenwart verloren« (RG200, NARA). Ein Beispiel dafür, dass Greely einen Ratschlag seines früheren stellvertretenden Kommandanten nicht beachtet, findet sich in Greelys Tagebucheintrag vom 13. August 1883 (*Greely Papers*, Library of Congress). Das Tagebuch vermittelt immer wieder auch einen Eindruck davon, wie sehr Greely vom Verhalten seines Maschinisten Cross enttäuscht war. Brainards Bemerkung, »der Kommandant sollte für geisteskrank erklärt werden«, sowie die vereinbarte Meuterei mit dem Ziel, Greely durch Kislingbury zu ersetzen, tauchen in Brainards Tagebucheintrag vom 15. August 1883 auf (RG200, NARA). Seine »Tatsachenerklärung« vom 19. Januar 1890 wurde in die überarbeitete dreibändige Ausgabe seines *Daily Journal 1881–1884* eingefügt. Zu Brainards Verachtung gegenüber seinem Kommandanten siehe seine Tagebucheinträge vom 19. und 21. August 1883 (RG200, NARA).

Kapitel 16

Zur Irrfahrt der *Yantic* siehe die Akten des *Proteus*-Untersuchungsausschusses und das Logbuch der *Yantic* im *New York Herald* vom 21. September 1883. Auskünfte darüber geben ferner ein Brief von Wildes an Chandler mit Datum vom 16. Oktober 1883 (M147, Dokument 121, NARA) und

Chandlers Schreiben an Wildes vom 2. November 1884, das sich ebenso wie der *Annual Report of the Chief Signal Officer* (Washington, D. C., 1884) und Wildes' Antwortbrief vom 21. November 1884 in den *Hazen Papers* (Archiv des Museum of American History, Washington, D. C.) befindet. Lieutenant Colwells Bericht über die Abfahrt von Kap Sabine und die Querung der Melville Bay ist den Briefen an seine Mutter und Schwester vom 29. Juni, 7. und 12. Juli, 7. August und 12. September 1883 entnommen, die sich heute im Besitz seines Enkels befinden. Brainards Bemerkung, dass »Greely selten aus seinem Schlafsack kommt«, und sein Bericht über den Rückzug stammen aus seinem Tagebuch mit Datum vom 1. September 1883 (RG200, NARA).

Kapitel 17

Der in St. John's erscheinende *Evening Mercury* berichtete am 19. September 1884, Garlington habe »noch nie eine Eisscholle gesehen«. Caziarcs Briefe an Henrietta Greely vom 15. und 21. September 1884 finden sich in den *Greely Papers*, Library of Congress. Lincolns und Chandlers Entscheidung gegen die Entsendung einer Rettungsexpedition – »Greelys Lage ist keinesfalls hoffnungslos« – ist in Captain Samuel Mills' Brief an Henrietta Greely vom 20. September 1883 überliefert (*Greely Papers*, Library of Congress). Chandlers Briefe voller Schelte an Frank Wildes mit Datum vom 2. November und 19. Dezember 1883 befinden sich heute in den NARA (*Secretary of the Navy, Letters Sent*, M209). Dass Lincoln Garlingtons Bemühungen als »ein katastrophales Versagen« betrachtete, findet sich in M6, Dokument 88, NARA.

Kapitel 18

Dieses Kapitel, in dem die letzten Etappen der Drift der Mannschaft, darunter vor allem der vom Kommandanten einberufene Rat auf der Eisscholle, erzählt werden, basiert in erster Linie auf den Tagebüchern Greelys, Brainards und Kislingburys.

Kapitel 19

Das Rohmaterial für dieses Kapitel lieferten hauptsächlich die Akten des *Proteus*-Untersuchungsausschusses, in denen die Irrungen und Wirrungen des »Memorandums von Instruktionen« nachgezeichnet werden können. Die Protokolle des Ausschusses befinden sich in M689, Dokument 16, NARA. Über Beebes Selbstmord wird im Washingtoner *Evening Star* vom 7. August 1883 berichtet. Chandler schreibt am 5. März 1885 an Lincoln, »es wird mir ewig Leid tun« (*Chandler Papers*, Library of Congress).

Kapitel 20

Die wichtigsten Quellen für dieses Kapitel stellen zum einen Greelys Tagebuch (*Greely Papers*, Library of Congress), zum anderen sein Buch *Drei Jahre im hohen Norden* (Jena 1887) dar. Elisons Bericht über seine Qualen wird bei der Schuylkill County Historical Society in Pottsville, Pennsylvania, aufbewahrt.

Kapitel 21

Die Protokolle der Kommission werden in *Arctic Relief Expedition* (RG45, NARA) verwahrt. Siehe hierzu auch den *Annual Report of the Secretary of War* (Gouvernment Publishing Office 1883). Brainard schrieb am 22. März 1884 »noch 20 Tage« in sein Tagebuch (RG200, NARA). Zum Schicksal von Kislingburys jüngstem Sohn im Anschluss an den Selbstmord Oberst Schofields siehe *John M. Schofield Papers*, Kartons 50, 54 und 86, Library of Congress.

Kapitel 22

Die Erfolge der übrigen Nationen bezüglich der von Weyprecht anvisierten »Zirkumpolarkette« können in William Barrs Arbeiten nachgelesen werden. Garlingtons Äußerung »Ich fürchte ernsthaft um meine Ehre als Offizier« und Lincolns kurz angebundene Antwort, dass er nicht sehen könne, inwieweit ein ablehnender Bescheid seinem Ruf schaden könne, datieren vom 27. Februar bzw. 4. März (*ACP-Dokumente*, NARA). Schleys Ansinnen, die Befehlsgewalt an sich zu reißen, ist in seinem Buch *The Rescue of Greely* (New York 1885) belegt.

Henrietta Greelys Bemühungen, bei den Walfängern von St. John's Unterstützung zugesichert zu bekommen, äußern sich in zahlreichen Briefen (*Greely Papers*, Library of Congress). Die deutlichsten Anzeichen offiziellen Widerstands finden sich in Chandlers Schreiben an Chester Arthur (»Es wäre nicht sehr klug, Belohnungen für private Suchaktionen auszusetzen«) vom 17. März 1884 (*Letters Sent by the Secretary of the Navy to the President and Executive Agencies, 1821–1886*,

M472, NARA). Wertvolle Informationen enthalten auch G. W. Nesmiths Brief an Chandler vom 26. März 1884 (*Chandler Papers*, New Hampshire Historical Society, Concord, New Hampshire) sowie Lockwoods Briefe an Henrietta Greely vom 9. und 11. April 1884 (*Greely Papers*, Library of Congress). Eine knappe Darstellung von Schleys Rettungsexpedition bietet der Aufsatz »The Navy and Greely: The Rescue of the 1881–1884 Arctic Expedition« von Lieutenant David G. Colwell, *US Naval Institute Proceedings*, Januar 1958. Eine äußerst wertvolle Schilderung von Schley und seinen Rettungsbemühungen findet sich in Harlows Tagebuch vom Juni 1884 (US Naval Academy Museum, Annapolis).

Kapitel 23

Zu Private Henrys Lebenslauf siehe einen undatierten Zeitungsausschnitt aus dem *Moberly Monitor* (Moberly, Missouri) und einen Brief der Offiziere des 7. Kavallerieregiments, Fort Buford, Montana, an das *Army and Navy Register* vom 6. September 1884. Greelys Brief vom 13. April 1884, in dem er Garlington die Schuld für die missliche Lage der Mannschaft gibt, wurde bei Commander Schley gefunden und kam erst Jahre später ans Licht. Er taucht in einem undatierten Zeitungsausschnitt des Washingtoner *National Republican* auf (Karton 1, *Greely Papers*, Library of Congress). Greelys rapide sich verschlechterndes Verhältnis zu Octave Pavy während der letzten Wochen in Camp Clay geht einerseits aus den Briefen des Arztes an Greely vom 25. und 27. April 1884 (RG27, NARA) hervor, andererseits aus Greelys Tagebucheinträgen jener Zeit (*Greely Papers*, Library of Congress).

Kapitel 24

Harlows Tagebuch ist eine faszinierende Quelle. Henrys Äußerung in Camp Clay »Wir sehen dem Hungertode schon ins Gesicht« findet sich auf einer Postkarte, die er am 9. Mai 1884 an seinen früheren Kommandanten schickte – dies zumindest enthüllt ein Schreiben von Captain George F. Price an Henrietta Greely vom 18. August 1884 (*Greely Papers*, Library of Congress). Wichtig sind in diesem Zusammenhang auch die an Price adressierten Briefe von Jay Stone, stellvertretender Bürovorsteher im Verteidigungsministerium, mit Datum vom 27. September und 2. Oktober 1884 (RG27, NARA). Das Zeugnis über Pavys »hingebungsvollen Eifer und sein berufliches Können in der Ausübung medizinischer Pflichten«, das unter den Männern die Runde machte, wird ebenfalls unter RG27, NARA, aufbewahrt. Kislingburys Name steht an erster Stelle, und auch Brainards Name befindet sich auf der Liste derjenigen, die unterzeichnet haben. Greelys letzter Brief an seine Frau, abgefasst in Form eines Tagebucheintrags vom 26. bis zum 30. Mai 1884, kann heute im Archiv des Museum of American History in Washington, D. C., eingesehen werden.

Kapitel 25

Henrys Tagebuch findet sich unter RG27, NARA, ebenso wie Greelys Erschießungsbefehl, von dem eine Abschrift – mit weiteren, allerdings spärlichen Einzelheiten über die Exekution – auch in M689, Dokument 17, NARA, aufbewahrt wird. Julius Fredericks Bericht ist zwar am ausführlichsten, bleibt aber recht vage. »Drei Gewehre wurden geladen, zwei mit

Kugeln, eines mit der Platzpatrone; wer die Platzpatrone hatte, wussten wir nicht«, wurde in der *New York Times* vom 8. September 1884 berichtet. Brainards abweichende Version veröffentlichte der Washingtoner *Evening Star* am 13. Oktober 1935. Siehe auch das *Army and Navy Register* vom 6. September 1884. Über die Verstümmelungen an Kislingburys Leiche wird im *Rochester Post Express* und in der *New York Times* vom 15. August 1884 berichtet. Greelys Liste der Todesursachen, auf der diejenige Henrys unkenntlich gemacht ist, findet sich unter RG27, NARA.

Kapitel 26

Der erste Teil dieses Kapitels basiert vornehmlich auf Schleys *The Rescue of Greely* (New York 1885) und auf Harlows Tagebuch im US Naval Academy Museum von Annapolis. Die Berichte Harlows sind besonders erhellend, ebenso sein Aufsatz »Greely at Kap Sabine: Notes by a Member of the Relief Expedition« in *The Century Magazine* sowie Greelys offizieller Expeditionsbericht und die Abschnitte über seine Rettung in *Drei Jahre im hohen Norden* (Jena 1887). Während Greely sich in St. John's über Henrys Exekution ausschwieg und darüber frohlockte, die Briten geschlagen zu haben (hierüber berichtet das *Army and Navy Register* vom 18. Juli 1884), bedachte er Garlington mit einer spitzen Bemerkung, weil er »nur 150 Pfund Fleisch« zurückgelassen habe und Greely daher gezwungen war, einen Trupp nach Kap Isabella zu entsenden, »was damit endete, dass Elison die Füße und Finger erfroren«. »Sechs Tote waren aufgeschnitten, das Fleisch teilweise abgetrennt worden« ist ein Zitat aus Schleys *The Rescue of Greely* (New York 1885). Bei Schley ist auch nachzulesen, dass Greely Henrys Todesursache dem Hunger zuschreibt.

Kapitel 27

Schleys Telegramm an Chandler vom 17. Juli 1884, in dem er »dringend« Metallsärge für die Toten anfordert, befindet sich in *Greely Relief Expeditions* (RG45, NARA). Die Vorbereitungen für die Aufbewahrung der Toten werden in M689, Dokument 17, NARA, ausführlich beschrieben. »Je früher sie unter die Erde kommen, desto besser«, schreibt Hancock an Captain Louis Trudo, Delphi, Indiana, am 11. August 1884 (M689, NARA). Zur Beschwerde der Gesundheitsbehörden von Brooklyn, man habe sie über die wahre Todesursache Henrys im Unklaren gelassen, wie dem entsprechenden Brief an den Kommandanten der Atlantikdivision des US-Heeres auf Governor's Island (M689, Dokument 17, NARA) zu entnehmen ist. Hazens Klage darüber, dass die *New York Times* einen längeren Rachefeldzug gegen ihn unternehme, findet sich in einem Brief an Greely vom 23. August 1884 (*Greely Papers*, Library of Congress).

Kapitel 28

Chandlers Warnung vor »dem großen Ärger, der sich zusammenbraute«, findet sich in Gunnells Brief an Chandler vom 17. Juli 1884 (*Chandler Papers*, New Hampshire Historical Society). Greelys Äußerungen, er hätte Henry töten sollen und er wisse nichts von Kannibalismus, entstammen dem Interview, das er in Henrietta Greelys Gegenwart gab (*New*

Hampshire Traveler vom 13. August 1884). Die Behauptung, ein Untersuchungsausschuss zu Henrys Erschießung sei nicht erforderlich, findet sich in dem Schreiben des Generaladjutanten R. C. Drum an Greely vom 14. November (*Greely Papers*, Library of Congress). Zum Auffinden von Schneiders Tagebuchfragmenten an den Ufern des Mississippi siehe RG27, NARA. Der Rat, Greely solle für Hazen nicht die Kastanien aus dem Feuer holen, steht in einem Brief von Nesmith an Henrietta Greely vom 2. September 1884 (*Greely Papers*, Library of Congress).

Kapitel 29

In einem Brief an Greely vom 22. Oktober 1885 gesteht Brainard, dass seine eigene Version von Pavys Tod nicht mit den Schilderungen anderer Überlebender übereinstimme (*Greely Papers*, Library of Congress). Greely äußert seine Bereitschaft, eine Untersuchung zu Pavys Tod zuzulassen, in einem Brief an Hazen vom 16. Oktober 1885. Seine Ansicht, dass »Pavy bei seiner Pflichterfüllung versagte und ... ein unwürdiges Ende fand«, entstammt einem Dokument in Karton 72 (*Greely Papers*, Library of Congress). Lilla Pavys Verteidigung des Andenkens ihres Mannes kann in der *North American Review* vom März und April des Jahres 1886 nachgelesen werden. Maurice Connells vage Erpressungsversuche und Taktierereien, mit dem Ziel, sein Schweigen über die Vorfälle am Kap Sabine sicherzustellen, sind in seinem Schreiben an Greely vom 27. Juni und 8. Juli 1886 sowie in Hazens Brief an Greely vom 31. Juli 1886 schriftlich dokumentiert (*Greely Papers*, Library of Congress).

Dass Greely keine Skrupel habe, »Freds Ruf zu besudeln«,

findet sich in einem Schreiben William H. Kislingburys an Generalmajor John Schofield vom 25. Februar 1887 (*Schofield Papers*, Library of Congress). Ein typisches Beispiel dafür, wie wichtig für Greely die Familienangehörigen seiner Männer waren, ist seinem Brief vom 11. Dezember 1884 zu entnehmen, in dem er über die Familien der beiden Eskimos schreibt, die seinem Expeditionstrupp angehört hatten (*Greely Papers*, Library of Congress). Brainards »Tatsachenerklärung« vom 19. Januar 1890 ist in sein Tagebuch eingefügt (RG27, NARA). Henry Howgates Bitte, den Namen seiner Tochter Ida (Mount Ida) auf der Landkarte zu belassen, entstammt seinem Brief an Greely vom 9. Oktober 1884 (*Greely Papers*, Library of Congress). Seine Anfrage bei Greely bezüglich eines Darlehens erwähnte auch einen Kameraden aus dem Bürgerkrieg namens Cole, »der auf Grund einer langjährigen Freundschaft zu unserer Familie handelte«. Howgate erkundigte sich bei Greely nach den Möglichkeiten, für Cole, der eine Menge Geld in den Kauf von Pemmikan für die Lady-Franklin-Bay-Expedition gesteckt hatte, von Seiten der Regierung eine Erstattung zu erhalten. Howgate ahnte jedoch nicht, dass – als die Fahnder von Pinkerton vor seiner Haustür erschienen – Cole ihnen angeboten hatte, Howgates Aufenthaltsort für 15 000 Dollar preiszugeben. Die Agenten hatten höflich abgelehnt (siehe Howgate, *ACP-Dokumente*, NARA).

In der *New York Times* vom 30. Dezember 1923 verteidigte Greely seine Expedition als Antwort auf die Äußerung des Kommandanten Fitzhugh Green, es habe sich bei dem Unternehmen um eine »Tragödie« gehandelt. Stefanssons Hinweis auf Greelys schwache Augen und seinen »Tabubruch« findet sich in der Einleitung zu Alden Todds *Abandoned: The Story of the Greely Arctic Expedition, 1881–1884* (New York 1961). Greely trug wesentlich dazu bei, dass Bedford Pim Island nach dem Offiziersveteranen der britischen Marine benannt wurde, der ihm in London einen freundschaftlichen Dienst erwiesen hatte (siehe Pims Brief an Greely vom 19. Juni 1888, *Greely Papers*, Library of Congress). MacMillans Entdeckung von Eskimoschädeln im verwüsteten Fort Conger wird bei Miriam MacMillan, *Green Seas and White Ice* (New York 1948) näher beschrieben. John Goodsell äußert in seinen unveröffentlichten Memoiren, die bei der Mercersburg County Historical Society in Mercersburg, Pennsylvania, aufbewahrt werden, »wir konnten das Rätsel nicht lösen«. Die Charakterisierung der Arktis als »unerbittlich« geht zurück auf den Aufsatz »The Last Resort: Cannibalism in the Arctic« von Anne Keenleyside im *Explorers Journal* 72 (1994).

Danksagung

Bei der Fertigstellung eines umfassenden Berichts über die Arktisexpedition mit der *Jeannette*, die 1879 in San Francisco auslief, hatte ich Gelegenheit, Adolphus Greely zu erwähnen, der 1881 seine eigene kleine Expedition vom Wal- und Robbenfängerhafen St. John's in Neufundland nach Norden führte. Allerdings nahm ich nur wenig Bezug auf ihn, eher als Marginalie zur Hauptgeschichte, und als die Geschichte der *Jeannette* geschrieben war, fand ich, dass die Arktis mich lange genug in ihren eisigen Klauen gehalten hatte. Es bestand nicht länger die Notwendigkeit, mich in die Männer hineinzuversetzen, deren Fleisch sich von erfrorenen Gliedern löste, deren Atem zwischen aufgesprungenen Lippen Eiskristalle bildete und deren leere Mägen die trüben Augen zwangen, ihre sterbenden Kameraden als mögliche Quelle Leben spendenden Fleischs zu betrachten. Nein, ich hatte genug von der Arktis!

Aber die Arktis hatte nicht genug von mir. Bei einer Wohltätigkeitsveranstaltung in New York lenkten Mitglieder des Explorers Club meine Aufmerksamkeit auf die Lady-Franklin-Bay-Expedition, deren ganze Geschichte, so sagte man mir, erst noch erzählt werden müsse. Zusätzliche Ermutigung kam vom Arctic Institute of North America der Universität von Calgary im kanadischen Bundesstaat Alberta. Es folgten Einladungen, Material zu sichten, das bislang nicht zugänglich gewesen war, darunter auch private Tagebücher, die nicht immer in Einklang mit dem offiziellen Bericht über die Ereignisse standen. So wurde mein Widerstreben, mich in ein weiteres Arktisabenteuer zu stürzen, von Anfang an unterminiert. Ich widmete mich also der Aufgabe herauszufinden, wie die Greely-Expedition zu Stande gekommen und was ihr zugestoßen war.

Meine Recherchen führten mich zu so unverhofften Entdeckungen wie den informationsreichen Dokumenten, die auf einer Müllhalde hinter einem Gefängnis in Virginia gefunden wurden, und Fragmenten eines Notizbuchs, die lange zusammen mit zwei abgefeuerten Patronen in einer Silberschüssel versteckt waren – Teile eines arktischen Rätsels. Zweifellos hat Greely Geschichte geschrieben; er repräsentierte Amerika, das sich zum ersten Mal an einem umfassenden internationalen Projekt beteiligte. Dass er näher an den Nordpol herankam als jeder frühere Entdecker und damit den Rekord brach, den England 300 Jahre lang gehalten hatte, war sein Triumph. Doch wenn man den Lauf der Expedition von ihren turbulenten Anfängen bis zum bizarren und tragischen Ende verfolgte, taten sich quälende Fragen auf.

Unterstützung in dieser und anderen Fragen, die mein Buch aufwarf, wurde mir von Personen und Institutionen zuteil, denen ich aufrichtigen Dank schulde. Janet E. Baldwin, Kuratorin der Sammlung des Explorers Club, war mir eine große Hilfe; sie machte Fotos und hilfreiche Unterlagen ausfindig. Karen McCullough, Herausgeberin der Zeitschrift *Arctic* vom Arctic Institute of North America in Calgary, und

Peter Schledermann, auch er Mitarbeiter des Instituts, besorgten mir neueste Fotos. In besonderer Weise halfen mir auch die freundlichen Mitarbeiter der National Archives in Washington, D. C., vor allem Marjorie Ciarlante und Michael P. Musick, Virginia Steele Wood von der Library of Congress, eine Expertin in Marine- und Seefahrtsgeschichte, sowie die Forschungshilfskräfte in der Handschriftenabteilung.

Mein Dank gilt auch Leo L. Ward von der Schuylkill County Historical Society in Pottsville, Pennsylvania, Susan Lintelmann vom United States Military Academy Museum in Annapolis und James F. Caccamo, Archivar der Hudson Library und Historical Society in Hudson, Ohio. Ich danke auch Ted Heckathorne aus Woodinville, Washington, für neue Informationen über Robert Peary, Thomas F. Schwartz, dem Kurator der Lincoln Collection der Illinois State Historical Library in Springfield, Illinois, und Philip N. Cronenwirt von der Sammlung des Dartmouth College in Hanover, New Hampshire.

Willkommene Unterstützung bekam ich von dem Historiker Lyle Dick von Parks Canada in Vancouver und dem Historiker der Royal Canadian Mounted Police in Ottawa.

Ich stehe tief in der Schuld der Familie Kislingbury, die mir unveröffentlichte Fotos, Briefe und Tagebücher zur Verfügung stellte. Linda Kislingbury Cain aus Novato in Kalifornien hat im Gedenken an ihren Urgroßvater, den unglückseligen stellvertretenden Kommandanten der Lady-Franklin-Bay-Expedition, wesentlich zu meiner Arbeit beigetragen.

David G. Colwell aus Los Angeles schickte mir faszinierendes Material über seinen kühnen und gütigen Großvater. Karten und Informationen beschaffte mir bereitwillig der Archäologe und Historiker Tim D. Rockwell, der 1983 als Dekan der Mercersburg Academy von Pennsylvania eine Gruppe

Studenten und Mitglieder der Fakultät zur Hundertjahrfeier der Gründung des Internationalen Polarjahrs nach Bedford Pim Island führte.

Mein Dank gilt auch Neil S. Nyren, meinem hervorragenden Lektor und freundschaftlichen Berater, den ich zutiefst bewundere.

Zum Schluss möchte ich danken für die Beiträge von Jan Herman, Publizist und Historiker vom Naval Medical Command in Washington, D. C., Jack Towers, Morris Questal, Marty Deblinger, John Sherman und Dr. Douglas F. Greer. Vielleicht habe ich einige Namen von Personen vergessen, die mir im Laufe meiner Arbeit eine Hilfe waren, dennoch versichere ich, dass ich ihren Beitrag aufrichtig schätze.

Drei Menschen, die mir am Herzen liegen, meine Tochter Vivian Olson, meine Schwiegertochter Tamara und mein Sohn Bruce, haben mir auf unterschiedliche Weise und sehr selbstlos beigestanden. Ihnen gilt meine Liebe und mein innigster Dank.

Bibliografie

Allen, Everett S., *Arctic Odyssey: The Life of Admiral Donald B. MacMillan*, New York 1962.

Annual Report of the Secretary of War, 1883, Washington, D. C.

Annual Report of the Chief Signal Officer, 1883, Washington, D. C.

Anonymous (notes from a member of the relief expedition), »Greely at Cape Sabine«, *Century Magazine*, Mai 1885.

Barr, William, *The Expeditions of the First International Polar Year, 1882–83*, Calgary 1985.

Barr, William, »Geographical Aspects of the First International Polar Year, 1882–83«, *Annals of the Association of American Geographers* 73, 1983, S. 463–484.

Berton, Pierre, *The Arctic Grail: The Quest for the North West Passage and the North Pole, 1818–1909*, Toronto 1986.

Bixby, William, *Track of the Bear*, New York 1965.

Bruno, J. C. D./Rockwell, T. O., »The Greely Commemorative Expedition«, *The Explorers Journal* 62, 1984, S. 50–53.

Colwell, David G., »The Navy and Greely: The Rescue of the 1881–1884 Arctic Expedition«, *US Naval Institute Proceedings* 84, 1958.

Greely, Adolphus W., *Reminiscences of Adventures and Service*, New York 1912.

Greely, Adolphus W., *Report on the Proceedings of the United States Expedition to Lady Franklin Bay, Grinnel Land: International Polar Expedition*, 2 Bde., Washington, D. C., 1888.

Greely, Adolphus W., *Drei Jahre im hohen Norden: die Lady-Franklin-Bai-Expedition in den Jahren 1881–1884*, Jena 1887.

Guttridge, Leonard F., *Icebound: The* Jeannette *Expedition's Quest for the North Pole*, Annapolis 1986.

Herbert, Wally, *The Noose of Laurels: Robert E. Peary and the Race to the North Pole*, New York 1989.

Howgate, Henry W. (Hrsg.), *George Tyson: The Cruise of the* Florence*, or: Extracts from the Journal of the Preliminary Arctic Expedition of 1877–78*, Washington, D. C., 1879.

James, Bessie Rowland (Hrsg.), *Six Came Back: The Arctic Adventure of David L. Brainard*, New York 1940.

Keenleyside, Anne, »The Last Resort: Cannibalism in the Arctic«, *The Explorers Journal* 72, 1994.

Keenleyside, Anne/Bertulli, Margaret/Fricke, Henry C., »The Final Days of the Franklin Expedition: New Skeletal Evidence«, *Arctic: Journal of the Arctic Institute of North America*, 50, 1997, S. 36–46.

Kroeker, Marvin E., *Great Plains Command: William B. Hazen in the Frontier West*, Norman, Oklahoma, 1976.

Lanman, Charles, *The Farthest North, or: The Life and Explorations of James Booth Lockwood, of the Greely Arctic Expedition*, New York 1889.

Mackey, Thomas, *The Hazen Court Material: The Responsibility for the Disaster to the Lady Franklin Bay Polar Expedition Definitively Established, with Proposed Reforms in the Law and Practice of Courts Material*, New York 1885.

MacMillan, Miriam, *Green Seas and White Ice*, New York 1948.

Proceedings of the Proteus *Court of Inquiry on the Relief Expedition of 1883,* Washington, D. C., 1883.

Nansen, Fridtjof, *In Nacht und Eis: Die norwegische Polarexpedition 1893–1896,* Leipzig 1897.

Rockwell, T., »The Ellesmere Island Arctic Expedition«, *Fram: Journal of Polar Studies* 1, 1984, S. 447–460.

Sargent, John Osborne, *Major-General Hazen, on his Post of Duty in the Great American Desert, 1811–1891,* New York 1874.

Schley, Winfield Scott, *Report of Winfield S. Schley, Commander, US Navy, Commanding Greely Relief Expedition of 1884,* Washington, D. C., 1887.

Schley, Winfield Scott/Soley, James Russell, *The Rescue of Greely,* New York 1885.

Todd, Alden L., *Abandoned: The Story of the Greely Arctic Expedition, 1881–1884,* New York 1961.

Abbildungsnachweis

Heeresgeschichtliches Museum, Wien (mit freundlicher Genehmigung der österreichischen Botschaft): 31
Illinois State Historical Library: 69
Joshua Colwell: 217
Library of Congress: 54
Linda Kislingbury Cain: 31
Naval Historical Center: 91, 212, 214, 408, 442
NARA, College Park: 31, 107, 111, 440, 441
NARA, Washington, D. C.: 45
Peter Schledermann, Arctic Institute of North America: 345
The Hudson Library and Historical Society: 68, 181
U.S. Army Military History Institute: 107, 111, 172
U.S. Military Academy: 216

Valerian I. Albanow
Im Reich des weißen Todes
Roman · Aus dem Russischen von W. Berger,
überarbeitet von Matthias Weichelt

Im Jahr 1912 sticht V. I. Albanow mit der
»St. Anna« in See, um auf dem nördlichen Seeweg
nach Wladiwostok zu gelangen. Das Unterfangen
scheitert, Schiff und Besatzung werden im Eis eingeschlossen. Nach zwei Überwinterungen im Packeis
versuchen Albanow und dreizehn Männer von der
Besatzung, die Eiswüste zu Fuß zu durchqueren.
Nur zwei von ihnen werden überleben.
Die Aufzeichnungen des V. I. Albanow, die ebenso
spannend wie authentisch sind, waren lange in
Vergessenheit geraten und werden hier erstmals in
einer modernen Ausgabe vorgelegt.

»Albanow hat ein seltenes, erstaunliches, höchst
spannendes Buch geschrieben, das – unglückliche Zu-
fälle und die Launen der Geschichte wollten es so –
zunächst in den Wirren des zwanzigsten Jahrhunderts
verschwand.« Jon Krakauer

»Die Tagebuchaufzeichnungen von V. I. Albanow sind
eines der seltenen Meisterwerke der Arktisliteratur,
die es in jeder Hinsicht mit den Klassikern von
Fridtjof Nansen, Robert Falcon Scott und Sir Ernest
Shackleton aufnehmen können.« David Roberts

Berliner Taschenbuch Verlag

Caroline Alexander
Die Endurance
Shackletons legendäre Expedition in die Antarktis
Roman · Aus dem Amerikanischen von Bruno Elster

Im August 1914, kurz vor Ausbruch des Ersten Welt-
krieges, liefen Sir Ernest Shackleton und seine
Mannschaft aus, um eine Expedition in den Süd-
atlantik zu unternehmen. Ihr ehrgeiziges Ziel: Als
erste Menschen die Antarktis zu durchqueren. Doch
nur 80 Meilen vor dem Ziel wird die *Endurance*
vom Packeis eingeschlossen, die Männer müssen ihr
Schiff aufgeben. In einer spektakulären Rettungs-
aktion gelingt Sir Shackleton und fünf seiner
Männer in einem offenen Boot die 1500 Seemeilen
lange Fahrt nach Südgeorgien.
Caroline Alexander schildert die atemberaubende
Überlebensgeschichte anhand der unveröffentlichten
Tagebücher der Expeditionsteilnehmer und präsen-
tiert zum ersten Mal die weitgehend unbekannten
Aufnahmen des australischen Fotografen Frank
Hurley, der sich der Expedition angeschlossen hatte.

»Ein Abenteuer, ein echtes Heldenstück.« Die Zeit

*»Caroline Alexanders eindrucksvoller Bildband initi-
ierte die nach wie vor ungebrochene Polar-Konjunktur
auf dem Buchmarkt.«*
Frankfurter Allgemeine Zeitung

Berliner Taschenbuch Verlag